# Becher-Lesebuch

Lesebücher für unsere Zeit

Begründet von Walther Victor

# Inhaltsverzeichnis

# Über Johannes R. Becher

# Becher und seine Zeit

Sieg der deutschen Arbeiterklasse über das Bismarcksche So- 1890
zialistengesetz. Sturz des Reichskanzlers Bismarck.

*Johannes R(obert) Becher am 22. Mai 1891 als Sohn des Amts-* 1891
*richters und späteren Oberlandesgerichtspräsidenten Dr. Hein-*
*rich Becher in München geboren.*

Die deutsche Sozialdemokratie nimmt auf dem Parteitag in 1895
Erfurt das „Erfurter Programm" an. Sie ist die führende Partei
der 1889 gegründeten II. Internationale.
Friedrich Engels gibt den dritten Band des „Kapitals" von Karl
Marx heraus. Im selben Jahr stirbt Friedrich Engels (geb.
1820).

*Besuch der Volksschule in München.* 1897

Die imperialistischen USA erobern Kuba, die Philippinen und 1898
Hawaii.

*Becher wird in das Maximilians-Gymnasium aufgenommen, we-* 1900
*gen Erziehungsschwierigkeiten in das Johannes-Pensionat, Öt-*
*tingen, eingewiesen; später besucht er das Wilhelms-Gymnasium*
*in München.*

Um die Jahrhundertwende hat sich auch in Deutschland der
Imperialismus voll herausgebildet. Der junkerlich-bourgeoise
deutsche Imperialismus, der die Weltarena betritt, nachdem
die Aufteilung der Welt im wesentlichen vollendet ist, zeichnet
sich von Anbeginn durch besondere Aggressivität aus.
Wilhelm Liebknecht gestorben (geb.1826).

Auf dem II. Parteitag der Sozialdemokratischen Arbeiterpar- 1903
tei Rußlands (SDAPR) legt Lenin den Grundstein für die Par-
tei der Bolschewiki, die Partei neuen Typus.

Bürgerlich-demokratische Revolution gegen das zaristische 1905
Regime in Rußland. Aufstände in Armee und Flotte (Panzer-
kreuzer „Potemkin").

Streik der Bergarbeiter des Ruhrgebiets. 1909
Lenins Werk „Materialismus und Empiriokritizismus" er-
scheint.

Streik und Wahlrechtskämpfe in Deutschland. 1910

1911 *Abitur am Gymnasium in Ingolstadt. Studium der Medizin, Philologie und Philosophie in Berlin. Anläßlich des 100. Todestages Heinrich von Kleists erscheint die Hymne „Der Ringende", die erste Veröffentlichung Bechers.*

Bürgerlich-demokratische Revolution in China.

1912 *Becher veröffentlicht die Gedichtsammlung „Die Gnade eines Frühlings" und den Roman „Erde". Fortsetzung des Studiums in München.*

Der Basler Kongreß der II. Internationale nimmt ein Manifest an gegen den imperialistischen Krieg. Darin wird das internationale Proletariat aufgefordert, einen kommenden Krieg durch den Sturz der kapitalistischen Klassenherrschaft zu beenden.

1913 *Mitarbeit an den Münchener expressionistischen Zeitschriften „Revolution" und „Die neue Kunst".*

Streik der Hamburger Werftarbeiter.
August Bebel gestorben (geb. 1840).

1914 *Mit dem Band „Verfall und Triumph" wird der junge Becher als einer der führenden Vertreter des Expressionismus anerkannt. Becher bezieht eine entschlossene Stellung gegen den Krieg, die zum Bruch mit dem Elternhaus beiträgt. Fortsetzung des Studiums in Jena.*

Beginn des ersten Weltkrieges. Die Bolschewiki unter Führung Lenins rufen als einzige Partei konsequent zum Kampf gegen den Krieg auf. Zusammenbruch der II. Internationale. Die deutsche Sozialdemokratie bewilligt die Kriegskredite; die Linken – Karl Liebknecht, Rosa Luxemburg, Clara Zetkin und Franz Mehring – nehmen öffentlich Stellung gegen den Krieg.

1915 *Mitarbeit Bechers an den Zeitschriften „Die Aktion" und „Die weißen Blätter".*

1916 *Im Kurt-Wolff-Verlag erscheinen die Gedichtbände „An Europa" und „Verbrüderung". In ihnen manifestiert sich Bechers Einstellung gegen den Krieg.*

Am 1. Mai Friedensdemonstration in Berlin. Karl Liebknecht wird verhaftet.
Lenin schreibt sein Werk „Der Imperialismus als höchstes Stadium des Kapitalismus",

1917 *Becher tritt der USPD bei. Das „Widmungsblatt an die Russische Revolution 1917" zeugt vom Einfluß der revolutionären Umwälzungen in Rußland auf den Dichter.*

Februarrevolution in Rußland. Sturz des Zarismus.
Gründung der Unabhängigen Sozialdemokratischen Partei Deutschlands (USPD).
Erste Massenstreiks in Deutschland. Aufstand in der deutschen Flotte.
Sieg der Großen Sozialistischen Oktoberrevolution in Rußland. Durch die Errichtung der Diktatur des Proletariats entsteht unter der Führung Lenins und der Bolschewiki der erste sozialistische Staat der Arbeiter und Bauern.

*Becher schließt sich dem Spartakusbund an. Es erscheinen die Gedichtbände „Die heilige Schar", „Das neue Gedicht" und „Päan gegen die Zeit".* 1918

Militärischer, ökonomischer und politischer Zusammenbruch Deutschlands. Novemberrevolution. Sturz Wilhelms II. Die Republik wird ausgerufen. Die rechten Führer der Sozialdemokratie und der Gewerkschaften schließen ein geheimes Bündnis mit dem kaiserlichen Generalstab, unterzeichnen ein Arbeitsgemeinschaftsabkommen mit den Unternehmern und verraten die Revolution. Der Spartakusbund ist die einzige richtungweisende Kraft der Revolution. Mit anderen Linken schließt er sich zur Kommunistischen Partei Deutschlands zusammen.

*Veröffentlichung der Bände „Gedichte für ein Volk" und „Gedichte um Lotte". In der Reihe „Der Rote Hahn" erscheint die Gedichtsammlung „An alle!" mit der Widmung: „Rosa Luxemburg, Karl Liebknecht. Dem revolutionären Proletariat gewidmet. Ihr seid —: Das Salz der Erde!!!"* 1919
*Eintritt in die KPD.*

Revolutionäre Kämpfe in vielen Teilen Deutschlands zum Schutz der Errungenschaften der Novemberrevolution. Ermordung Karl Liebknechts (geb. 1871) und Rosa Luxemburgs (geb. 1871).
Eröffnung der Nationalversammlung in Weimar. Wahl Eberts zum Reichspräsidenten. Annahme der Weimarer Verfassung.
Gründung der III., der Kommunistischen Internationale.

*Nach dem Abbruch seines Studiums läßt sich Becher für längere Zeit in Berlin nieder.* 1920

Kapp-Putsch, niedergeschlagen durch den Generalstreik der deutschen Arbeiterklasse. Die Rote Ruhrarmee entsteht und führt bewaffnete Kämpfe gegen die Konterrevolution.
Intervention und Wirtschaftsblockade gegen die junge Sowjetmacht brechen unter den Schlägen der Roten Armee und den

Die Arbeiterklasse wehrt sich in machtvollen Demonstrationen und erbitterten Streikkämpfen gegen die Abwälzung der Krisenlasten auf ihre Schultern.
Die Hitlerfaschisten werden bei den Reichstagswahlen zur zweitstärksten Partei Deutschlands.

1931 Großer Streik der Bergarbeiter des Ruhrgebiets.
Die imperialistischen und militaristischen Kräfte versuchen, mit der „Harzburger Front“ einen reaktionären Block für die Errichtung der faschistischen Diktatur zu schaffen. Die KPD veröffentlicht den Arbeitsbeschaffungsplan und das Bauernhilfsprogramm.

1932 *Aufführung des Chorwerkes „Der Große Plan“ von der „Jungen Volksbühne“ in Berlin.*
*Im Verlag „Universum-Bücherei für Alle“ erscheint der Band „Der Mann, der in der Reihe geht. Neue Gedichte und Balladen“.*

In Deutschland gibt es rund acht Millionen Erwerbslose. Wiederwahl Hindenburgs zum Reichspräsidenten. Die Errichtung der faschistischen Diktatur wird unmittelbar vorbereitet. Aufruf der KPD zur antifaschistischen Aktion.

1933 *Im Frühjahr muß Becher Deutschland verlassen. Er hält sich zunächst in Österreich, in der Tschechoslowakei und in Frankreich auf, um die literarische Emigration zu organisieren.*

Errichtung der faschistischen Diktatur in Deutschland. Der von den Faschisten inszenierte Reichstagsbrand bildet den Auftakt zu brutalen Verfolgungen aller Antifaschisten, vor allem der Kommunisten. Verhaftung Ernst Thälmanns. Die KPD arbeitet in der Illegalität weiter.
Bücherverbrennung der Nazis vor der Berliner Staatsoper. Im Reichstagsbrandprozeß wird der „Angeklagte“ Georgi Dimitroff zum Ankläger.
Clara Zetkin in Moskau gestorben (geb. 1857)

1934 *Die Faschisten erkennen Becher die deutsche Staatsbürgerschaft ab.*
*In der Schweiz und in der Sowjetunion erscheint der Band „Der verwandelte Platz“.*

In Österreich erheben sich die Arbeiter gegen den vordringenden Faschismus (Februaraufstand).

1935 *Becher arbeitet aktiv an der Vorbereitung und Durchführung des Internationalen Kongresses zur Verteidigung der Kultur mit, der im Juni in Paris stattfindet.*
*Becher übersiedelt in die Sowjetunion und wird (bis 1945) Chefredakteur der Monatsschrift „Internationale Literatur. Deutsche Blätter“.*

Die Brüsseler Parteikonferenz der KPD entwickelt das nationale Programm zur Herstellung der Aktionseinheit der Arbeiterklasse und zur Schaffung der antifaschistischen Volksfront aller Hitlergegner. Wilhelm Pieck wird Vorsitzender der KPD.

*Becher unterzeichnet den Aufruf für die deutsche Volksfront „Für Frieden, Freiheit und Brot!".* 1936

Annahme der neuen Verfassung der UdSSR.
Franco-Putsch in Spanien, unterstützt von Hitler-Deutschland und Mussolini-Italien. Antifaschisten aus aller Welt, darunter viele Deutsche, eilen dem spanischen Volk zu Hilfe und kämpfen in den Internationalen Brigaden.
In Paris wird der Ausschuß zur Bildung einer antifaschistischen deutschen Volksfront gegründet.
Maxim Gorki gestorben (geb. 1868).

*In Moskau und London erscheint gleichzeitig der Gedichtband „Der Glücksucher und die sieben Lasten".* 1938

Einmarsch der Hitlertruppen in Österreich, das Deutschland angegliedert wird.
In den Abkommen von München geben die Westmächte durch ihre „Befriedungspolitik" Hitler für seine Aggressionen freie Hand. Die deutschen Faschisten okkupieren das Sudetenland.

*Es erscheint die Sonettsammlung „Gewißheit des Siegs und Sicht auf große Tage".* 1939

Hitler-Deutschland annektiert die gesamte Tschechoslowakei.
Durch den Überfall auf Polen entfesselt der faschistische deutsche Imperialismus den zweiten Weltkrieg.
Die Berner Parteikonferenz der KPD begründet das Programm einer deutschen demokratischen Republik nach dem Sturz des Hitlerregimes.
Otto Hahn und Lise Meitner entdecken die Atomkernspaltung.

*Becher beendet die Arbeit an dem Roman „Abschied".* 1940

Zur Vorbereitung des Krieges gegen die Sowjetunion unterwirft der Hitlerfaschismus zahlreiche Staaten Europas.

*Evakuierung nach Taschkent, wo die dramatische Dichtung „Schlacht um Moskau („Winterschlacht")" entsteht.* 1941

Hitler-Deutschland überfällt die Sowjetunion. Entstehung der Anti-Hitler-Koalition. In der Schlacht vor Moskau erleiden die Hitlertruppen ihre erste schwere Niederlage.

Überfall der USA auf die Demokratische Volksrepublik Korea.
Der III. Parteitag der SED beschließt den ersten Fünfjahrplan: der planmäßige Aufbau der Grundlagen des Sozialismus in der DDR beginnt.
Abkommen über die Oder-Neiße-Friedensgrenze zwischen der Volksrepublik Polen und der DDR unterzeichnet.
Heinrich Mann gestorben (geb. 1871).

1951 *Die Philosophische Fakultät der Humboldt-Universität Berlin ernennt Becher zum Ehrendoktor. Die Stadt Jena wählt ihn zum Ehrenbürger.*
*Es erscheinen die Bände „Glück der Ferne – leuchtend nah. Neue Gedichte" und „Auf andere Art so große Hoffnung. Tagebuch 1950".*

1952 *Es erscheint eine „Auswahl in sechs Bänden" und der erste Band der „Bemühungen": „Verteidigung der Poesie. Vom Neuen in der Literatur".*

Die UdSSR überreicht den Entwurf eines Friedensvertrages mit Deutschland.
Aufruf zum nationalen Aufbauprogramm in der DDR.
Bildung der ersten landwirtschaftlichen Produktionsgenossenschaften.
Machtvolle Arbeiterdemonstrationen gegen die Remilitarisierung in der BRD.

1953 *Becher erhält den Internationalen Lenin-Friedenspreis. Die Akademie der Künste wählt Becher zu ihrem Präsidenten, dieses Amt übt er bis 1956 aus.*

Umfangreiche Hilfe der UdSSR für den Aufbau des Sozialismus in der DDR.

1954 *Becher wird zum ersten Minister für Kultur berufen.*
*Es erscheint der zweite Teil der „Bemühungen": „Poetische Konfession".*

Adenauer unterzeichnet die Pariser Verträge.
In der BRD wird die Wehrpflicht eingeführt.
Martin Andersen Nexö gestorben (geb. 1869).

1955 *Anläßlich der Schiller-Ehrung in Weimar hält Becher die Rede „Denn er ist unser: Friedrich Schiller, der Dichter der Freiheit". Erneutes Zusammentreffen mit Thomas Mann. Es erscheint der dritte Teil der „Bemühungen": „Macht der Poesie".*

Abschluß des Warschauer Vertrages über Freundschaft, Zusammenarbeit und gegenseitigen Beistand.

Abschluß des Vertrages über die Beziehungen zwischen der DDR und der UdSSR.
Einbeziehung der BRD in die NATO.
Thomas Mann gestorben (geb. 1875).

*Auf dem IV. Deutschen Schriftstellerkongreß hält Becher die Rede „Von der Größe unserer Literatur".* 1956
*Es erscheint der Auswahlband „Das Sonett-Werk".*

XX. Parteitag der KPdSU.
Gründung der Nationalen Volksarmee der DDR.
Widerrechtliches Verbot der KPD in der BRD.

*Es erscheinen eine Sammlung der Liebesgedichte aus den Jahren 1913–1956 unter dem Titel „Liebe ohne Ruh" und der letzte Teil der „Bemühungen": „Das poetische Prinzip".* 1957

Beratung von Vertretern der kommunistischen und Arbeiterparteien in Moskau.
Start des ersten Sputniks in der UdSSR.

*Wahl zum Ehrensenator der Friedrich-Schiller-Universität Jena.* 1958
*Auf dem V. Bundestag des Deutschen Kulturbundes hält Becher die richtungweisende Ansprache „Die sozialistische Kultur und ihre nationale Bedeutung".*
*Es erscheint der Gedichtband „Schritt der Jahrhundertmitte. Neue Dichtungen".*
*Nach schwerer Krankheit stirbt Johannes R. Becher am 11. Oktober in Berlin.*

# Einleitung

„Er war ein Übergang. Ein Überwinder“

Schon sechs Jahre in der Emigration lebend, vollendete Johannes R. Becher sein vielleicht stärkstes Versbuch, „Der Glücksucher und die sieben Lasten“, über das Heinrich Mann damals schrieb: „Ein Gedicht wie dieses entsteht an dem entscheidenden Punkt: jemand hat alle auferlegten Lasten getragen, begriffen, gutgeheißen“ und „Damit ein Talent sich vollenden kann, muß es Partei ergriffen haben – die richtige Partei, die des menschlichen Glückes“.

Das sind in der Tat die zwei Pole, zwischen denen sich 1938 der Dichter bewegen konnte, noch beschwert von der Last seiner Zeit und schon beglückt durch die Zukunft des Jahrhunderts, die zum Greifen nah in seiner zweiten Heimat – der Sowjetunion – heranwuchs.

Jahrzehntelang hatte es nur Lasten gegeben, die ihn bis zur Verzweiflung drückten: die „Last der Kindheit“, die „Last des Krieges“, die „Last des falschen Wegs“, wie es im Gedicht „Die sieben Lasten“ heißt.

Bechers Werk kennt tatsächlich kaum Unschuld und Geborgensein der Kindheit. Von früh an wird sein Leben, seine Dichtung überschattet von düsteren Eindrücken, die nicht physischen Ursprungs sind – er hatte ja ein „behütetes Zuhause“ –, sondern aus dem Unbehagen eines wachen, kritischen Geistes gegenüber bürgerlichem Familienverfall und chauvinistischer Staatsdoktrin erwuchsen. Der autoritäre Vater, ein hoher Gerichtsbeamter, ist für den Jungen der Staat schlechthin, der Begriff des „Henkers“ steht für die ausführende Gewalt, die gegen das Volk gewendet ist. Nicht nur der Roman „Abschied“, geschrieben 1935 bis 1938 im Moskauer Exil, weist rückblickend auf diese Zusammenhänge. Schon in den frühesten Dichtungen – in Lyrik und Prosa – gibt es den Versuch, Kindheits- und Jugendeindrücke zu verallgemeinern und den eigenen Weg als symptomatisch zu betrachten. Manch einer aus Bechers Generation begann gleich ihm mit der individuellen Rebellion gegen das „Alte". Doch nicht jeder wußte die Symptome einzuordnen, nicht jedem gelang wie ihm der Sprung ans andere Ufer.

Schon die literarischen Anfänge Bechers sind entscheidend für die poetische Grundhaltung, die sein ganzes Werk durchzieht. Dichtung ist Protest gegen den Zwang einer Gesellschaftsordnung, deren menschenfeindlichen Charakter der Junge in der eigenen Familie und in der Schule spürt. Dichtung ist Sehnsucht nach einer Harmonie unter den Menschen, die es nicht gab und von der man nur träumen konnte. Solche Dichtung braucht Vorbilder. Auch Becher fand sie: in Kleist und Hölderlin, die in ihrer Zeit die Verhältnisse beklagten, in die sie hineingeboren waren; in dem Franzosen Rimbaud, der im wilden Anlauf gegen die Welt der Philister stürmte; in dem Amerikaner Walt Whitman, der die Kraft des jungen, sich selbst befreienden Amerika besang. Seine Probleme allerdings waren anders als die seiner Vorbilder, und er mußte sich unter vielen Wirren und Irrtümern selbst zurechtfinden. Welch ein Skandal mag für die gutbürgerliche Familie, für den karrierebedachten Vater der untaugliche Versuch des Gymnasiasten Hans Becher gewesen sein, durch Selbstmord den Lebensproblemen auszuweichen! Welche ständigen Auseinandersetzungen wird sein Anschluß an die Münchener Boheme provoziert und welch ein Entsetzen seine Einstellung zum ersten Weltkrieg im Elternhaus hervorgerufen haben! Zwar kam es nicht zu dem spektakulären Abbruch der Beziehungen, wie ihn der Roman „Abschied" schildert – Becher war ja 1914 schon 23 Jahre alt und konnte während des Studiums in Berlin und München zunächst noch mit dem väterlichen Monatswechsel rechnen –, aber etwa um 1914/15 erfolgte tatsächlich die Trennung, und die „Last des Krieges", an der der leicht zu beeindruckende und phantasievolle Dichter schwer zu tragen hatte, bestimmte die Dichtung der folgenden Jahre. Die Titel seiner Bücher, die während des Kriegs erschienen – „An Europa", „Päan gegen die Zeit", „Verbrüderung" –, sprechen aber auch deutlich davon, daß nicht nur subjektive Verzweiflung über das Grauen der Schlachtfelder sich künstlerisch niederschlägt, sondern daß auch eine Welthaltung sich bildet, die das Ganze, die Menschheit, im Auge hat. Im August 1916 schreibt Becher in einem Brief: „... zunächst eine niederschmetternde Depression, daß die Millionen: fürchterlich eingepfercht, von einem Hagel von Stich-Geräuschen gepeinigt ... nicht heraus*können* aus ihren Gefängnissen, daß sie, erbarmungslos verurteilt zu verhungern, abzubröckeln, ... am besten eigentlich gar nicht begännen ... Und ein jeder, der ‚en masse' fühlt, wird diesen fürchterlichen Druck erlebt haben, diesen Kampf, bei dem es keine Gefangennahme, keinen Rückzug, keinen Waffenstillstand, geschweige denn Frieden gibt ... Aber man nimmt zweitens den Kampf auf: man widersetzt sich ... man arbeitet gegen. Schritt für Schritt: und als einzelner bedeutungslos: was könnte der einzelne auch?! Was vermöchte er in einer Schlacht, wo es um Millionen geht: Das eine bleibt: *schreien, schreien, schreien,* hinweisen, das Elend gestalten, organisieren, die Menschheit interessieren .. Aber wehe uns: wenn es nur beim Wort bliebe. Verrat oder Irrtum, wie Sie wollen, schmählichstes Ende –: wenn es nur beim Wort bliebe ... Es gibt genug Bücher, genug Gedanken –: das andere, nur das, bleibt unsere Pflicht."

Kein Dokument bezeugt, wann Johannes R. Becher sich den aktiven Kriegsgegnern anschloß, aber seine Mitarbeit an den „Weißen Blättern" und der „Aktion", Zeitschriften, die Sammelpunkte für diese Kräfte waren, spricht für seine Teilnahme mindestens seit Anfang 1917. Die „Last des Krieges" wurde zu einem wesentlichen Impuls auf der Suche nach einem neuen Weg.

Sein 1919 veröffentlichter „Gruß des deutschen Dichters an die Russische Föderative Sowjet-Republik" beweist, mit welcher Anteilnahme er die revolutionären Umwälzungen im Osten Europas verfolgte: „Im Osten wächst das Licht", heißt es da, und „Es triumphieren nicht die Henker! / Und nicht die grausen Schlachtenlenker ...", „Um nun die Herrschaft der Barbaren. / Schon steigen an die Sklaven-Scharen. / Und ihre alte Fessel bricht."

Aber mit der Oktoberrevolution in Rußland waren die Probleme in Deutschland noch nicht gelöst, das deutsche Proletariat verstand es nicht, die zu Beginn der Novemberrevolution zeitweilig erreichten Positionen zu halten. Die Reaktion rief alle Kräfte wieder auf den Plan, die das Land in das Weltkriegsabenteuer getrieben hatten. Politisch gefestigte Menschen wie Karl Liebknecht und Rosa Luxemburg hielten nicht einen Tag inne im Kampf gegen diese Entwicklung. Aber gerade ihre Ermordung trifft den Dichter besonders schwer, weil er zunächst nur gefühlsmäßig und durch ihr Vorbild auf den revolutionären Weg gekommen war. Er erliegt, wie viele neben ihm, für einige Zeit der Enttäuschung, ja der Verzweiflung, und sucht seinen Weg fern der Politik. Im Juli 1920 schreibt er an den Freund Ludwig Meidner, den expressionistischen Maler und Lyriker: „... ich weiß und habe mich damit mehr oder weniger abzufinden, daß ich ein Deutscher bin, daß ich in einem verwüsteten und zerrauften Reich lebe, daß ich darunter leide ... Programme, Manifeste, Postulate: ich stelle keine mehr; ich bin, arbeite einfach und lebe. Ich habe mich zurückbesonnen auf den Künstler in mir, ich glaube an eine entbindende und auch heiligende Kraft des Wortes, mögen mich die Kläffer heute einen Ästheten nennen ..." Unter dem Einfluß jenes Freundes versucht Becher in diesen Jahren, sein Heil im Glauben zu finden; er liest die Bibel, versenkt sich in die Psalmen, muß aber bald – in seinem Buch „Um Gott" von 1920 – resigniert feststellen: „Gottes Angesicht schaute ich – nicht!"

Die „Last des falschen Wegs" trug Becher also nicht nur, als er, noch Schüler, seinem Leben ein romantisiertes Ende setzen wollte; nicht nur, als er unter dem Einfluß der Münchener und Berliner Boheme während des Krieges zeitweilig dem Rauschgift verfiel und mehr als einmal nahe am Abgrund stand. Diese Last konnte er trotz seiner revolutionären Entscheidung, trotz seines Eintritts in die KPD gleich bei deren Gründung, nicht abwerfen, weil noch keine weltanschauliche Basis und keine Bindung zur Arbeiterklasse vorhanden waren, die ihm geholfen hätten, „auf den Grund der Dinge" zu schauen. Erst 1922/23 erfolgt der eigentliche Umbruch, der Johannes R. Becher zu einer marxistischen Position gelangen läßt. Essays von Gorki kommen ihm in die Hand, Betrachtungen, die gerade *sein* Thema, die moralische und geistige Befreiung des Menschen, behandeln, und schließlich ein Buch Lenins, das ihn endlich die Ursache des menschlichen Elends erkennen läßt. Es ist die Schrift „Der Imperialismus als höchstes Stadium des Kapitalismus", über die er später, in seinem „Tagebuch 1950", schrieb: „Dieses Buch ... hat mich am tiefsten auf den Grund der Dinge schauen lassen, und ohne diesen Blick auf den tiefsten Grund der Dinge wäre mir das wesentliche Verständnis für unsere Zeit vorenthalten geblieben. Ja, auch die Große Russische Oktoberrevolution, die ich von Anfang an begeistert begrüßte, wäre für mich nur die Sache eines elementaren Gefühlsausbruches gewesen, und ich wäre nicht zu ihrem ganzen Verständnis durchgedrungen, wäre meinem Verstande nicht von Lenins Werk der richtige Weg des Denkens und des Zu-Ende-Denkens gewiesen worden." Der falsche Weg ist verlassen, mit einer Vehemenz ohnegleichen tritt Becher für das einmal als richtig Erkannte ein – in seinem beruflichen Leben, das mit dem politischen identisch wird; in seiner Dichtung, die er bewußt in den Dienst der Politik stellt:

Das war mein Bestes:
. . .
Daß ich im Traumdickicht
Mörderischen Weltenabends
Flamme schlug –
Flamme der Flamme ward,
Großen Weltenanfangs stürmisches Leuchten.

Aber auch diese Lebensphase in den zwanziger Jahren trägt Entwicklung in sich, spiegelt die ungeheure Umwälzung, die mit der Teilnahme am Kampf der Arbeiterklasse für einen aus dem Bürgertum kommenden Dichter verbunden ist. Die Poesie hat zu verstummen, wo primitivste Menschenrechte verteidigt werden müssen, so postuliert Becher zunächst in seinen 1924 erschienenen Prosastükken „Vorwärts, du rote Front!", denen er das Motto voranstellt:

Dieses Buch ist aus dem Kampf geboren.
Es ist Kampf.
Es will wieder Kampf.
Reine Kunstwerke sind für die Zeit nach dem Siege da.
Wir aber sind mitten in der Schlacht.

Sein Ziel ist Aufklärung, seine Argumentation wissenschaftlich, seine künstlerischen Mittel tragen den Charakter der Dokumentation. Der Künstler – wie der einzelne überhaupt – erfüllt nur dann seine Aufgabe, wenn er in der Masse aufgeht, eins ihrer namenlosen Teilchen wird.

Die Notwendigkeit und zugleich die Schwäche dieser Position erkennt Becher später – auch wieder im „Tagebuch 1950" –, wenn er sagt, daß der „Ablösungsprozeß vom Bürgertum, der mit einer grundsätzlichen Wandlung untrennbar verbunden ist, . . . es häufig als zweckmäßig erscheinen (läßt), daß der Intellektuelle eine Zeitlang sich ‚Hals über Kopf in den aktiven Kampf stürzt und nichts anderes mehr tut'. Mein Entwicklungsweg war ein solcher, wobei ich das ‚Zeitlang' vielleicht allzu lange ausgedehnt habe und die Selbstverstümmelung übermäßig forcierte . . ." Doch war das „Zeitlang" gar nicht übermäßig ausgedehnt, denn schon 1927, in dem Versband „Die hungrige Stadt", hat Becher den Ansatz gefunden, seine politische Aufgabe auch mit Poesie zu erfüllen. Dabei hilft ihm, so widersprüchlich das klingen mag, gerade seine kulturpolitische Arbeit als Redakteur der „Roten Fahne", als Vorsitzender des Bundes proletarisch-revolutionärer Schriftsteller, als Mitglied der Internationalen

Vereinigung revolutionärer Schriftsteller. In diesen Funktionen muß er sich auseinandersetzen mit falschen Thesen über die Rolle der Kunst im Kampf der Arbeiterklasse um die Macht und in Ausübung der Macht, er nimmt führend teil am Erkenntnisprozeß, in dem das literarische und künstlerische Erbe als integrierender Bestandteil sozialistischer Kunstentwicklung anerkannt wird.

Damit sind unermeßliche Weiten aufgetan für den Dichter, der mehr und mehr Welt und Geschichte einfließen läßt in seine Gedanken, seine Verse, der historische Dimensionen erschließt und Traditionen zu verarbeiten beginnt. Ursächlich verbunden aber ist dieser Prozeß mit den politischen Ereignissen, die mit der Machtergreifung der Faschisten ihren Kulminationspunkt erreichten und auch den politischen und künstlerischen Aktivitäten marxistischer Künstler, Becher einbegriffen, eine eindeutigere Richtung gab: es galt gegen den Faschismus zu kämpfen und ihm gleichzeitig alle humanistischen Kulturwerke streitig zu machen, die in deutscher Vergangenheit und Gegenwart zu finden waren. Johannes R. Becher nahm diese Aufgabe so ernst wie kaum einer. Er stieß damit auf ein Thema, das bisher bei ihm zwar sporadisch schon angeschlagen worden war, nun aber bestimmend für sein ganzes Leben wurde: das Deutschland-Thema.

Hatten bis 1933 die sozialen Aspekte den Vorrang, so gewannen jetzt nationale Elemente an Bedeutung. Der Verlust der Heimat gebar Sehnsucht nach der Heimat, ließ ihre Schönheit doppelt leuchten, verstärkte die Liebe zu den Menschen, die dort zurückgeblieben waren, als der Dichter in der Fremde Asyl suchen mußte, regte an zur Beschäftigung mit Gestalten und Kunstwerken aus ihrer Vergangenheit. Doch blieb immer das dialektische Verhältnis zwischen nationalem Thema und sozialem und internationalem Aspekt erhalten.

Mehr als einmal betonte Becher, daß sein Aufenthalt in der Sowjetunion ihn nicht gehindert habe, sein nationales Anliegen nach allen Seiten zu entwickeln, daß er vielmehr erlebte, wie tief verankert deutsche Traditionen, deutsche Klassik im russischen Volk waren, und daß er mehr als jemals zuvor angeregt wurde, diese Traditionen zu studieren und zu verarbeiten. Das führte ihn auf den Höhepunkt in seiner Dichtung, von dem Heinrich Mann 1938 schrieb. Es lag in der Tiefe der Beziehungen begründet, die Becher sich selber schuf, daß er sich damit auch eine Last auflud, die den überwundenen Lasten in seinem bisherigen Leben nicht nachstand:

Ferner Zeiten ungeheuere Bürde,
Tausend Jahre tragen in mir nach
Alle ihre Lasten, so, als würde
Fortbestehn noch immer ihre Schmach . . .

Ihn faszinierte und bedrückte gleichermaßen der Widerspruch zwischen geistigen und künstlerischen Leistungen deutscher Vergangenheit und dem ständigen Zug zur Barbarisierung des politisch-historischen Feldes von der Niederschlagung der Bauernaufstände bis hin zum Faschismus.

Darum stehen in seinen Gedichten so zahlreich große Gestalten der Vergangenheit wie Riemenschneider, Hölderlin oder Gryphius im Kontrast zur faschistischen Zerstörung humanistischer Werte, ganz unmittelbar ausgesprochen in dem Doppelsonett „Tränen des Vaterlandes Anno 1937“:

Du mächtig deutscher Klang. Bachs Fugen und Kantaten!
Du zartes Himmelsblau, von Grünewald gemalt!
Du Hymne Hölderlins, die feierlich uns strahlt!
O Farbe, Klang und Wort: geschändet und verraten!

Darum geht auch der Roman „Abschied“ weit über Autobiographisches hinaus, versucht in der Umgebung des Helden die Wurzeln faschistischer Barbarei aufzudecken und damit die Zwangsläufigkeit politischer Schritte nachzuweisen, die von manchen als „Fehltritt der Geschichte“, gebunden an einzelne Personen, bagatellisiert wurden. Darauf deutet auch der ursprünglich vorhandene Untertitel des Romans „Einer deutschen Tragödie erster Teil“, der später entfiel, da eine Fortsetzung dem Dichter nicht gelingen wollte. Wenn auch die Arbeiterklasse dem Bürgersohn Hans Gastl fremd ist, dringt er dennoch zu den Grundproblemen der Epoche vor. Er spürt Klassenunterschiede, wenn der Herr Staatsanwalt sich zum Holzfäller herabbeugt oder sich über den Stallburschen Xaver beschwert; er empfindet, wenn auch zu spät, die Gemeinheit, mit der ein alter Lehrer von Schülern zur Strecke gebracht wird; er erkennt die Brüchigkeit des Bohemelebens, das ihn zunächst so stark angezogen hatte. Und er erlebt schließlich, nachdem ihm seine Kameraden, das Jüdlein und Hartinger, ein wenig die Augen öffnen konnten, wie die ganze Gesellschaft, die er instinktiv haßt und ablehnt, unaufhaltsam in ihr erstes Weltkriegsabenteuer hineinsteuert. Sein Auftreten gegen den Krieg ist seine Möglichkeit, dieser Gesellschaft eine Absage zu erteilen, eine persönliche Entscheidung, die Becher nicht historisch fixiert sah, sondern übertragen wissen wollte auch auf die Haltung junger deutscher Menschen gegenüber dem Faschismus.

Für die Zuspitzung der nationalen Tragödie während des faschistischen Raubkrieges fand er jedoch die ihr angemessenere Form des Dramas in seiner „Winterschlacht", die er wiederum „eine deutsche Tragödie" nannte. In der „Hamlet-Figur" des Johannes Hörder sucht er etwas darzustellen, was ihn während der ganzen Emigrationszeit und besonders im Krieg nicht losließ: wie es geschehen konnte, daß „anständige" deutsche Menschen Hitlers Spiel spielten, mit offenen Augen in die Katastrophe liefen, in bestem Glauben unermeßliche Schuld auf sich luden. Becher konnte – obwohl glühender Antifaschist und kompromißlos in der Aburteilung von Faschisten – kein pauschales Verdammungsurteil sprechen über diese Kategorie von Deutschen. Johannes Hörder erkennt zu spät, daß er den falschen Weg ging, er muß wie viele andere seinen Irrtum mit dem Tod bezahlen. Aber in seiner Gestalt ist auch Hoffnung begründet, sind Anlage und Mut zum „Anderswerden" vorhanden, das Motiv der Wandlung, ohne das ein Neuanfang nicht denkbar gewesen wäre.

Sosehr Bechers gesamte Dichtung der Emigrationszeit beschwert ist von deutscher Geschichte und Gegenwart, sosehr ihn oftmals diese Last hinunterdrücken will in verzweifelte Trauer, so gewiß verliert er sich niemals darin, denn er hat fest „Partei ergriffen – die richtige Partei, die des menschlichen Glückes", wie Heinrich Mann sagte, und ist sich damit einer alles überwindenden Kraft bewußt. Eine Reihe von Gedichten zeugt davon, wodurch sich diese Kraft erhalten und erneuern konnte: durch das Beispiel sowjetischer und deutscher Helden, durch neues Lebensgefühl und neue Lebensbeziehungen im Land des Sozialismus, die auch durch Krieg und Tod nicht zerstört werden konnten. Bechers „Dank an die Freunde in der Sowjetunion" spricht von der Größe dieser neuen menschlichen Beziehungen, die auch ihn einbegriffen:

> Ihr aber habt mich brüderlich empfangen,
> Und alles gabt ihr mir, daß mein Gedicht
> Soll weiterleben. Dunkle Mächte rangen
> Mich damals nieder. Zwangen sie mich nicht,
> Verdank ich's euch . . .
> . . .
> Wofür euch aber tiefster Dank gebühr:
> Niemals hat falscher Stolz mir abverlangt,
> Daß ich nicht leiden dürfe, was ich litt.

Becher trug auch nach der Heimkehr im Jahre 1945 noch an der Last des zweiten Weltkrieges, an Trümmern und Elend, die er hinterließ, und mehr noch an der moralischen Zerstörung der Menschen, die weit schwerer zu beseitigen war. Gerade darin aber sah er seine ureigenste Aufgabe, die er vor allem in seiner kulturpolitischen Arbeit verfolgte. Mit Wort und Schrift sprach er die niedergedrückten Menschen an, das Motiv der Wandlung, der Gedanke der Umerziehung wurden für die ersten Jahre nach der Befreiung vom Faschismus das bestimmende Element im Denken Bechers. Die Rede „Auferstehen" dokumentiert diese Seite seines Schaffens, in der neben dem Dichter der Politiker zu Wort kommt. Er hält sie im Juli 1945 zur Gründungsversammlung des Kulturbundes und beeindruckt seine Zuhörer mit der ideologisch klaren Analyse der Niederlage und der historischen Bedingungen, die sie zwingend herbeigeführt hatten. Wie schon 1942 in seiner „Winterschlacht" stellt er auch jetzt die Frage: „Wie ist es möglich geworden, daß Millionen Deutscher – und die meisten wider besseres Wissen – einem Hitler nachfolgten ins Verderben bis zuletzt?!" und fordert, „daß wir darauf eine gründliche, geschichtliche, eine uns selbst von allem gespenstischen, reaktionären Unrat befreiende Antwort erteilen". Er verweist in dieser Rede auf den Widerspruch von Geist und Macht in der deutschen Geschichte, der ihn schon während der Emigration als „ungeheuere Bürde" belastet hatte, und ruft zu einer geistigen Neugeburt im Zeichen der Wahrheit auf. Dieser Zusammenhang beschäftigt Johannes R. Becher auch in der Folgezeit immer wieder. Er findet in vielen weiteren Reden und Aufsätzen seinen Niederschlag, nirgends jedoch so fundiert wie in der großen Rede „Der Befreier" zur 200. Wiederkehr von Goethes Geburtstag. Es ist an sich nichts Neues bei Becher, daß Literatur in Verbindung mit großen Menschheitsfragen zur Diskussion gestellt wird. Für ihn ist das eine nicht ohne das andere zu denken. Auch in den Arbeiten aus dem Exil, „Aus der Welt des Gedichts", „Der Glücksucher und die sieben Lasten" und „Wachstum und Reife", geht er von literarischen Problemen, von ästhetischen Fragestellungen aus, ohne sie jemals losgelöst von historischer und gegenwärtiger Wirklichkeit behandeln zu können. So sagt er dort auch schon, daß für ihn „in der UdSSR Goethes ‚Stirb und werde' eine neuere und tiefere Bedeutung gewann". „Es war mir vergönnt, mich eingehend mit der Größe geschichtlicher Existenzen zu befassen und so zum ‚Mitgenossen der großen Ratschläge des Schicksals zu werden'."

Das intensive Studium deutscher Klassik, ihrer Vorläufer und

Nachfolger in Verbindung mit historischen Studien, wie sie Becher in der Emigration betrieben hatte, schlägt sich denn auch deutlich nieder in der Goethe-Rede von 1949, die ihrer ganzen Anlage nach über eine „Festrede" weit hinausgeht. Gestalt und Werk Goethes sind Ausgangspunkt für die Definition von Epochenforderungen: Goethe als Prototyp einer neuen bürgerlichen Lebensform, dessen umfassendes, freies Menschenbild vom deutschen Bürgertum nicht realisiert wurde und erst in unserer Epoche – mit freiem Volk auf freiem Grund – Wirklichkeit werden kann; Goethes gesamtes Werk als „Traum einer deutschen Einheit", dessen Erfüllung bis in unsere Tage offenbleibt, da der klassischen deutschen Literatur niemals eine „klassische deutsche Politik" gefolgt ist; Goethes Selbstdarstellung als Schöpfung einer allumfassenden Persönlichkeit, als Gestaltwerdung, die Nietzsches „trunkenen Nihilismus" überholt, die das „heulende Elend" des Existentialismus im 20. Jahrhundert hinter sich läßt und erst vom Sozialismus in seiner ganzen Weite und Freiheit wieder aufgenommen werden kann. Bechers Versuch, „das Reich, das Goethe heißt", olympischer Erstarrung zu entreißen und für unsere Zeit neu zu entdecken, ist zwar gerichtet auf aktuelle Bezüge, unter denen im Jahre 1949 die deutsche Einheit der wichtigste ist, doch auch das Zurücktreten dieses Gesichtspunktes durch andere politische und historische Konstellationen nimmt seiner Rede nicht das Verdienst, echte Vorbildleistungen Goethes für uns erschlossen, das Verhältnis von Geist und Macht, von geistiger Schöpfung und Volksverbundenheit mit Gedanken Goethes für uns entwickelt zu haben, in einer Gültigkeit, die bis zum heutigen Tag und darüber hinaus reicht.

Außer dem ideologischen Gewinn, der daraus zu ziehen ist, verblieb uns auch der Reiz einer oratorischen Leistung, die selten wurde im 20. Jahrhundert, die Becher aber bewußt entwickelt hat. Nicht nur „Gedankentiefe, echt kämpferisches Pathos und sprachlichen Glanz", die er selbst jeder Rede wünschte, auch eine sinnvolle Ordnung, eine kunstvolle Verteilung der Akzente sind vielen seiner Reden und vor allem der Goethe-Rede eigen, deren sorgfältige Komposition einer Symphonie mit Thema und Gegenthema in mehreren Sätzen gleicht. Doch wäre der ganze kunstvolle Bau in seiner Wirksamkeit eingeengt, käme nicht Bechers Engagement hinzu: Liebe zu Deutschland und Liebe zur Poesie, die untrennbar sind für ihn, gewinnen in dieser Form Überzeugungskraft auch dort, wo das Wunschdenken manchmal die realen Möglichkeiten übersteigt.

In den letzten Reden von 1956 und 1958 ist vielleicht nicht ganz die sprachliche Höhe erreicht wie in der Goethe-Rede, gedanklich aber führen sie mit verschärfter Klarheit das weiter, wofür dort Grundlagen geschaffen wurden: Verpflichtungen unserer neuen Kunst; Ansprüche, die, ausgehend vom Erbe und den Traditionen ihrer eigenen Entwicklung, an die neue Literatur gestellt werden; Wissen und Denken als Voraussetzung sozialistischer Literatur. Deutschlandthematik auch hier in der Auseinandersetzung mit dem Kulturbegriff, nunmehr ohne euphorische Erwartungen. „Das Reale und Romantische ergeben eine neue sozialistische Realität." Streitbar greift Bechers Publizistik in die unmittelbaren Tageskämpfe der kulturellen Front ein, ohne daß sie an theoretischem Niveau verloren hätte.

Nach der Heimkehr waren Johannes R. Becher in seiner Lyrik zunächst kaum vergleichbare Leistungen gelungen. Das Deutschland-Thema dominierte dort lange, bis 1948, in Motiven von Trauer, Tod und Trümmern; ein Neuansatz wurde erst sichtbar mit der Gründung der Deutschen Demokratischen Republik und mit dem Auftrag der Jugend zur Schaffung der Neuen deutschen Volkslieder. Was der Kulturpolitiker kraft seiner jahrzehntelangen Erfahrungen in richtige Relationen bringen konnte – die Sehnsucht nach Einheit seines Volkes und die Erkenntnis, daß diese Möglichkeit durch reaktionäre Kräfte mehr und mehr verhindert wurde –, belastete den Dichter in einem Maße, das den seelischen Lasten während der Kriegsjahre nahekam. In dieser Situation half ihm nicht nur die politische Arbeit, ihm half auch das Aussprechen in einer anderen literarischen Gattung: der Prosa.

Von früh an hatte sich Johannes R. Becher neben der Lyrik in Prosa versucht; mit einem recht epigonalen Roman – „Erde" – schon 1912, dann 1926 mit „Levisite oder Der einzig gerechte Krieg", geschrieben im Dokumentarstil gegen die Fortsetzung des Gaskriegs und gegen ihn verwendet in einem Prozeß wegen literarischen Hochverrats, schließlich mit dem „Abschied" in der Zeit der Emigration. Aber daneben entstanden auch Erzählungen und Skizzen. „Der verwandelte Platz" und „Das Gutachten", Erinnerungen und Erlebnisse aus dem Klassenkampf der zwanziger und frühen dreißiger Jahre, gehören dazu. Diese kleine Form der Prosa nimmt der Dichter wieder auf in einer für ihn noch dunklen Zeit, 1947/48, um nachzudenken über die Hinterlassenschaft des Faschismus in den Hirnen und Herzen vieler Menschen, über eigene Schuld und über Grenzen, die er in sich selbst spürt. Er bettet die Skizzen ein in sein

„Tagebuch 1950“, löst sie aber später, 1953, auch wieder daraus und faßt sie in einem Inselbändchen unter dem Titel „Dreimal bebende Erde“ zusammen, so daß eine Auswahl für unseren Band legitim erschien. Diese Skizzen halfen Johannes R. Becher, sich von manchem, was sich in Versen nicht sagen ließ, auf diese Weise zu befreien, aber sie führten ihn nicht weiter auf der Suche nach dem Neuen im Leben und in der Literatur. Deshalb entwickelte er aus dem „Tagebuch“ heraus und sich immer mehr von ihm lösend, Betrachtungen über sein eigenes Schaffen und über Kunst und Literatur schlechthin, die er in den vier Bänden „Bemühungen“ – „Verteidigung der Poesie“, „Poetische Konfession“, „Macht der Poesie“ und „Das poetische Prinzip“ – niederschrieb. Insgesamt ergab sich aus Hunderten von kürzeren und längeren Beiträgen zur neuen Literatur, zu ihren Methoden, ihren Stärken und Schwächen, zur Aneignung von Traditionen und zur Ablehnung bestimmter literarischer Richtungen und Autoren ein Kompendium von Gedanken zur Literatur und Kunst, das bis heute in der sozialistischen Literaturgesellschaft einzig dasteht. Zwar traf Becher auch der Vorwurf des Mangels an System in diesem Kompendium, den er jedoch von sich wies mit dem Anspruch auf die Freiheit schriftstellerischen Schaffens, das sich nicht dem Zwang wissenschaftlicher Ordnung unterwerfen müsse. So gibt die hier vorgestellte Auswahl zwar keinen Überblick über das Ganze der vier Bände, aber doch einen Eindruck von der Denk- und Arbeitsmethode des Dichters.

Neben dem sichtbaren Ergebnis dieser „Denkdichtung in Prosa“ – wie Bechers eigene Bezeichnung dafür lautet – zeichnet sich noch eine andere Folge seiner Arbeit in diesem Genre ab: nach rund vier Jahren, in denen seine Lyrik völlig verstummt war, vermag er wieder Gedichte zu schreiben; Gedichte, die anknüpfen an Neuansätze aus den Jahren 1949 bis 1952, wie „Seid euch bewußt“ oder „Sommerglück“, wie „Deutschland, meine Trauer“ oder „Rückschauend“. Ein Lebensgefühl, das fest auf den Errungenschaften des Sozialismus basiert und von diesem festen Grund aus Altes vernichten und neue Widersprüche aufdecken kann, bildete sich in jenen Jahren erst keimhaft aus. Eins allerdings war damals schon deutlich ausgesprochen: daß dieser Dichter, der stets ein Kämpfender und Suchender war, auch nach der „Ankunft“ im Sozialismus nicht zur Ruhe kommen würde. Er fühlte sich – die Skizze „Die Grenze und der große Mangel“ verrät das deutlich – einer Übergangszeit zugehörig:

Auf der Suche
Nach einem festen Grund,
Auf der Suche
Nach dem Menschen,
Auf der Suche
Nach der Heimat

Auf der Suche
Nach dem,
Der ich bin . . .

ohne daß er zu hoffen wagte, noch ganz in die neue Zeit hineinreichen zu können. Die Jahrhundertmitte schien ihm die selbstgezogene, aber objektive Linie zu sein, die er nur um ein weniges überschreiten konnte. Daß er sie weit überwand mit seinen späten Gedichten, die er bezeichnenderweise „Schritt der Jahrhundertmitte" überschrieb, hat ihn viel Kraft und Qualen gekostet. Nicht ohne tief unter dem Grundwiderspruch unseres Jahrhunderts gelitten zu haben, vermag ein Dichter Verse wie „Größe und Elend" zu schreiben, und nicht ohne echte Aneignung marxistischer Lehren ist eine so dialektische Synthese zu finden wie in diesem Sonett: groß ist der Mensch erst in der Erkenntnis von Elend und Größe in sich selbst. In diesem Band stehen Verse, die das Schöpferische von Goethes Naturbeziehung aufnehmen; der Mensch findet sich wieder in der Natur, er befreit und löst sich in ihr, oder er mißt seine Kraft an ihren Kräften, wie in „Flaute" oder „Windflüchter". Und Liebe, die auch früher niemals Zutat war, sondern ein gutes Stück Lebensstärke – wie in „Die tiefste Nähe" aus dem „Glücksucher" von 1938 –, ist noch reifer geworden im Rückblick auf Jahrzehnte:

's war nicht die Zeit, dich, Liebste, so zu lieben,
Wie wir uns träumten: so soll Liebe sein.

Zukunft wird aufgenommen, Perspektive gestaltet, etwas abstrakt noch – aber wer könnte nach fast zwei weiteren Jahrzehnten sagen, das Weltall sei uns so nahegerückt, daß Bechers leicht pathetische Ehrfurcht überwunden sei? Gewiß läßt sich darüber streiten, wie über manchen Gedanken in Bechers später Dichtung. Eins aber bleibt unbestritten: daß dieser Mensch die Wahrheit suchte bis in den „Abgrund des Widerspruchs", daß das „Ergebnis eines Lebens" nicht Stolz auf Leistungen, sondern Selbsterkenntnis war, auch ein wenig Resignation, und Dank an die Gefährten – ein menschliches Ergebnis! Hier wurden Lasten getragen, und hier wurde Partei ergriffen, hier wurde ein großes Werk geschaffen und kritisch bewertet:

Gemeldet sei von mir: Er litt und rang
Um Deutschland, das er liebte, doch nicht minder
Rang er mit sich, wobei ihm viel mißlang.

Er trug viel Lasten, und als schwerste Last
Trug er sich selbst, daran zerbrach er fast.
Er war ein Übergang. Ein Überwinder.

*Ilse Siebert*

# Gedichte

# Ewig im Aufruhr

1913–1926

## DIE ABENDBÄUME

Die Abendbäume zweigen aus
Gleich Gitterfenstern.
Hinter ihren wirren Stäben, Zweigen
Ist warmes Rot –
Wie im Münster,
Wo ewigrot die heilige Ampel glüht.

Mein Herz ist wie die Sehnsucht voller Wolken,
Wie rote Sehnsucht, die am Abend
Tot
Zum Dunkel spricht . . .

Die Abendbäume zweigen aus
Gleich Gitterfenstern
Und trennen eine Welt von mir,
Die wohl Erfüllung birgt,
Doch ohne mich, ich ohne sie:
Wir müssen fahl das graue Angesicht
Ins Dunkel senken . . .

Ein zarter Vogel kreist hoch über Gipfel,
Will seinen Flug ob allen Wipfeln hin
Durchs Dunkel lenken:
Von mir zu dir? von dir zu mir? . . .

Die Abendbäume zweigen aus
Gleich Gitterfenstern,
Hinter ihren wirren Stäben, Zweigen
Ist warmes Rot.

## BAUDELAIRE

Schwarzer Engel meine Schritte leitet.
Groß Gespenst im Fluche des Jahrhunderts.
Bruder, den ich aufgelöst umarm.
Atem feucht, den ich erschauernd spür.
Schwarzer Engel meine Schritte leitet.

Blinket wohl ein Herbst in mattem Golde.
Schlägt ein giftiger Dunst aus nassem Wald.
Nebelhauche blanke Fenster trüben.
Mauern sprengen Fäulnis, Brand und Frost.
Blinket wohl ein Herbst in mattem Golde.

Such ich dich im Wirrwarr der Gebüsche.
Ruf ich dich an Sees verwachsenem Ufer.
Kauerst du im Abendhorizonte,
Der sich färbt mit deiner Greuel Blut.
Such ich dich im Wirrwarr der Gebüsche.

Atem feucht, den ich erschauernd spür.
Bruder, den ich aufgelöst umarm.
Groß Gespenst im Fluche des Jahrhunderts.
Schwarzer Engel meine Schritte leitet,
Atem feucht, den ich erschauernd spür.

Fressen Schatten gier an meinen Schultern.
Saugt aus meinen Adern Natternbrut.
Balanciere ich durch klitschige Gassen.
Himmel dräut als Eises starrer Klotz.
Fressen Schatten gier an meinen Schultern.

Und mein Weib stelzt in der nächtigen Runde,
Wüst verschminkt in Bogenlampe Glanz.
Ein Klavier bespeit mich mit Geklimper.
Rausch mich trostlos Traurigen verschwemmt.
Und mein Weib stelzt in der nächtigen Runde.

Bruder, den ich aufgelöst umarm.
Groß Gespenst im Fluche des Jahrhunderts.
Schwarzer Engel meine Schritte leitet.

Atem feucht, den ich erschauernd spür.
Bruder, den ich aufgelöst umarm.

Hoch der Grube schwankt der Sterne Lüster.
Unsere Lippen leiern schauernd das Gebet.
In Gefängniszellen toben wir zerprallend.
In den Krankenhäusern humpeln wir zerstückt.
Hoch der Grube schwankt der Sterne Lüster.

Wir, die aufgebaut an des Verfalles Ende,
Hinfällig, in Azur ragende Gerippe.
Daß der Blitz des Zorns uns bald entzünde,
*Daß wir Leuchten seien letzter Nacht!*
Wir, die aufgebaut an des Verfalles Ende.

Groß Gespenst im Fluche des Jahrhunderts.
Schwarzer Engel meine Schritte leitet.
Atem feucht, den ich erschauernd spür.
Bruder, den ich aufgelöst umarm.
Groß Gespenst im Fluche des Jahrhunderts.

## VERFALL

Unsere Leiber zerfallen,
Graben uns singend ein:
Berauschte Abende wir,
Nachtsturm- und meerverscharrt.
Heißes Blut vertrocknet,
Eitergeschwür verrinnt.
Mund, Ohr, Auge verhüllet
Schlaf, Traum, Erde, der Wind.

Gelblich träger Würmer
Enggewundener Gang.
Pochen rollender Stürme.
Wimpern, blutrot lang.
. . . *„Bin ich zerbröckelnde Mauer,*
*Säule am Wegrand, die schweigt?*
*Oder Baum der Trauer,*
*Über den Abgrund geneigt?“* . . .

Süßer Geruch der Verwesung,
Raum, Haus, Haupt erfüllend.
Blumen, flatternde Gräser.
Vögel, Lieder, quillend.

„*Ja –: verfaulter Stamm . . .*"
Schimmel, Geächz, Gestöhn.
Unter wimmelnder Himmel Flucht
Furchtbarer Laut ertönt:
Pauke. Tubegedröhn.
Donner. Wildflammiges Licht.
Zymbel. Schlagender Ton.
Trommelgeschrill. Das zerbricht. –

Der ich mich dir, weite Welt,
Hingab, leicht vertrauend,
Sieh, der arme Leib verfällt,
Doch mein Geist die Heimat schaut.
Nacht, dein Schlummer tröstet mich,
Mund ruht tief und Arm.
Heller Tag, du lösest mich
Auf in Unruh ganz und Harm.

Daß ich keinen Ausweg finde,
Ach, so weh zerteilt!
Blende bald, bald blind und Binde.
Daß kein Kuß mich heilt!
Daß ich keinen Ausweg finde,
Trag wohl ich nur Schuld:
Wildstrom, Blut und Feuerwind,
Schande, Ungeduld.

Tag, du herbe Bitternis!
Nacht, gib Traum und Rat!
Kot, Verzerrung, Schnitt und Riß –
Kühle Lagerstatt . . .
Alles muß noch ferne sein,
Fern, o fern von mir –
Blüh empor im Sternenschein,
Heimat, über mir!

Einmal werde ich am Wege stehn,
Versonnen, im Anschaun einer großen Stadt.
Umronnen von goldener Winde Wehn.
Licht fällt durch der Wolken Flucht matt.
Verzückte Gestalten, in Weiß gehüllt ...
Meine Hände rühren
An Himmel, die von Gold erfüllt,
Sich öffnen gleich Wundertüren.

Wiesen, Wälder ziehen herauf.
Gewässer sich wälzen. Brücken.
Gewölbe. Endloser Ströme Lauf.
Grauer Gebirge Rücken.
Rotes Gedonner entsetzlich schwillt.
Drachen, Erde speiend.
Aufgerissener Rachen, die Sonne brüllt.
Empörung, Lachen. Geschrei.

Verfinsterung. Erde- und Blutgeschmack.
Knäuel. Gemetzel weit ...
... „*Wann erscheinest du, ewiger Tag?*
Oder hat es noch Zeit?
Wann ertönest du, schallendes Horn,
Schrei du der Meerflut schwer?
Aus Dickicht, Moorgrund, Grab und Dorn
Rufend die Schläfer her?" ...

## DEINES ATEMS HELLER WIND

Deines Atems heller Wind
Schwellet Segel leicht
Und enthüllet
Goldene Abendländer über Wolken weiß.

Über Glutgebirgen
Blutet Sonne schwer,
Zu den himmlischen Bezirken
Wogt entrücktes Meer.

*Johannes R. Becher um 1915*

Was mag noch gelingen?
Man wird nichts mehr tun.
Kühle Lüfte, Tote bringen
Heiligen Schlaf. Komm, laß uns ruhn!

Hirt mit Flöte. Sanftes Tier.
Zerrissener Ufer bunter Klang.
Eng umschlungen sinken wir:
Seliger, süßer Untergang.

## DEUTSCHLAND

Ein Gymnasialdirektor stelzt im Grunewalde.
Ein Weib spaziert im Dunkel, grünlich und zernagt.
Ein kleiner Fürst kommt an, ganz Wichs und Bügelfalte.
Der Reichstag ward zum fünften Male heut vertagt.
Es steigen weiße Straßen, jubelnd im Geglänze
Erwachten Frühjahrs. Finster streift Napoleons
Schatten. Starr im Schein der fahlen Flammenkränze
Bewachen Batterien einen Hügelthron.

Schwer wird's, sich als Deutschen zu bekennen,
Nicht nach den Landschaften Frankreichs zu brennen,
Nach Paris nicht, unserem rosenen Kindheitstraum.
Wir leben in einem kalten rechteckigen Raum.

Ein Kritiker hat einen Dichter totgeschwiegen.
Kleists Dämon höhnisch aus verworrenem Schilfrohr grinst.
In wüsten Knäueln kotzend die Betrunkenen liegen,
Derweil ein grüner Mond in schwarze Lachen blinzt,
Auf vollem Platze sich die dumpfen Trommeln rühren.
Es ziehen bunte Haufen johlend zur Bastille.
Die Priester hetzen auf die Schar zu blutigen Schwüren.
Die weiße Dame reicht mit spitzen Fingern Pillen.

Schwer wird's, sich als Deutschen zu bekennen,
Nicht nach den Landschaften Frankreichs zu brennen,
Nach Paris nicht, unserem rosenen Kindheitstraum.
Wir leben in einem kalten rechteckigen Raum.

Mit Richard Wagner heult ein arges Pack besessen.
Die plumpen Autobusse zeigen wenig Eile.
Die Schildwache entschläft. Das Volk hat nichts zu fressen.
Ein blonder Staatsminister starb an Langerweile.
Die Fahne aber flattert stolz der Republik.
Paris beschließt der heiligen Städte ewigen Bund.
Ihr fabelhafter Ruhm erschallt von Mund zu Mund.
Paris springt auf, ein Tier, ertötend mit dem Blick.

Schwer wird's, sich als Deutschen zu bekennen,
Nicht nach den Schönheiten Frankreichs zu brennen,
Nach Paris nicht, unserem rosenen Kindheitstraum.
Wir leben in einem kalten rechteckigen Raum.

## BEENGUNG

Die Welt wird zu enge. Die Städte langweilig.
So schmal alle Länder. Die Meere zu klein.
Die Körper, in giftigen Räuschen entheiligt,
Sie welken und stürzen zu Schutthaufen ein.

Da ahnen wir Himmel wohl gischtenden Blutes.
Ekstasen trommeln wach Hölle und Grab.
Wir stöhnen verkommend in kalkfeuchter Bude,
Daß uns der Zusammenbruch rette und lab!

Was sollen wir noch? Die Welt wird zu enge.
Der Polizei gelingen unglaubliche Fänge.
Und humpeln verzweifelt wir über den Strich:
Die Mädchen ausgepreßt, fade und trocken.
In Cafés und Cinémas Spießbürger hocken.
Und Goethe glänzt, aufrecht und widerlich.

Verflucht sei der Straßen einförmige Strenge,
Die strecken sich grinsend in endlose Länge.
Oh, daß doch ein Brand unsere Haupte bewölb!
Es rascheln gewitternd Horizonte fahlgelb.

Daß auf der Galeere wir duldsam bald schwitzten,
Daß wälzten wir uns auf der Ruderer Bank!
So aber wir faulen an hohen Pultsitzen
Und bröckeln zu Mehlstaub in Wartsälen bang.

Wir horchen auf wilder Trompetdonner Stöße
Und wünschten herbei einen großen Weltkrieg.
In unseren Ohren der Waffen Lärm töset,
Kanonen und Stürme in buntem Gewieg.

Erreget Skandale! Die Welt wird zu enge.
Es johlt vor Palästen die ärmliche Menge.
Es trümmern die Tore. Es klirren die Fenster.
Die Mauern, sie wanken, die schüssedurchsiebten.
Vergessen wir unsere schmerzlich Geliebten!
Wir bleiben am besten zurück als Gespenster.

Wie funkelt das Dunkel! Der Abend voll Greuel.
Die Wagen und Nachtmenschen waten in Schmutz.
Kinder, aber Kinder in flammender Bläue
Flehen zur ewigen Mutter um Schutz.

Nicht ehren wir Gott mehr. Er hat uns geraubt
Die Kräfte. Verwarf uns zu Fetzen und Scherben.
Er hat uns mit Wolken des Zornes belaubt.
Erpresser mit Krankenhaus, Hunger und Sterben.

Die Nerven gepeitschet! Die Welt wird zu enge.
Laßt schlagen uns durchs Gestrüpp und Gedrängel!
Es wackeln Soldaten mit schiefen Hüten.
Die Welt wird zu enge. Wir zittern und frieren
In Domen und modrigen Schauerrevieren . . .
Und poltern und würgen und drohen und wüten . . .

## EINGANG

Der Dichter meidet strahlende Akkorde.
Er stößt durch Tuben, peitscht die Trommel schrill.
Er reißt das Volk auf mit gehackten Sätzen.

Ich lerne. Ich bereite vor. Ich übe mich.
Wie arbeite ich – hah leidenschaftlich! –
Gegen mein noch unplastisches Gesicht –:
Falten spanne ich.
Die Neue Welt
(– eine solche: die alte, die mystische, die Welt der Qual
austilgend –)
Zeichne ich, möglichst korrekt, darin ein.
Eine besonnte, eine äußerst gegliederte, eine *geschliffene*
Landschaft schwebt mir vor,
Eine Insel glückseliger Menschheit.
Dazu bedarf es viel. (Das weiß er auch längst sehr wohl.)

O Trinität des Werks: Erlebnis, Formulierung, Tat.

Ich lerne. Bereite vor. Ich übe mich.

... Bald werden sich die Sturzwellen meiner Sätze zu einer
unerhörten Figur verfügen.
Reden. Manifeste. Parlament. Der Experimentalroman.
Gesänge von Tribünen herab vorzutragen.
Der neue, der heilige Staat
Sei gepredigt, dem Blut der Völker, Blut von ihrem Blut,
eingeimpft.

Restlos sei er gestaltet.
Paradies setzt ein.
Laßt uns die Schlagwetter-Atmosphäre verbreiten! –
Lernt! Vorbereitet! Übt euch!

## AN DEN FRIEDEN

O süßester Traum der streicht wie Sommer lind!
Doch bald mußt du wohl mehr sein als ein Ahnen.
Da blüht er auf wie kleinster Duft von Wind.
Ein Engel durch der Leichen Schlucht sich bahnend.

Dein Tag –: er wölbt! Die Stadt birst vor Geläut.
Der Sonne Fluß erbraust in jeder Straße.
Gemäuer hoch sprießt goldener Strahl-Efeu.
Fanfarenmünder Halleluja blasen.

Das Blutgefild verbaut zu weichem Beet,
Zu Wald und See mit Stern und Wolk darein.
Millionen Toter schwarze Fahne weht
Breit auf vom Grund. Zerpeitschte Lüfte schrein.

Wird sich ein Blitz zum Mord im Abend zücken!?
Nein. Menschen wallen Heilige im Chor.
Auf Promenaden mögt ihr Frauen pflücken.
Ein Bund von Freunden tritt im Platz hervor.

Ihr —: laßt uns gern vom ewigen Frieden reden!
Ja, wissend sehr, daß er Gestalt gewinnt
Noch süßester Traum nur. Unsere Hände jäten
Das Unkraut aus, das jenen Weg bespinnt.
Ertön o Wort, das gleich zur Tat gerinnt!
Das Wort muß wirken! Also laßt uns reden!!

## KINDERKREUZZUG

Laut sangen sie der Berge Pfad herunter
Von kleinen Lämmern eine helle Schar!
„Uns haben Silberstimmen aufgeweckt
Erschlagener Vögel viel auf nächtiger Flur!"

Wie Fahne wehte dünn vom Leib das Hemde!
Der Blumen Stengel sich zum Kreuz verflochten!
Der Dörfer Glocken psalmten vor dem Zug:
„O daß im Tal uns glänz Jerusalem!"

‚Die Wölfe werden euch im Urwald fressen!!!'
„Uns werden nichts die bösen Bestien tun,
Der Weiße Heiland wird uns fernher schützen!!!"

Das heilige Schiff schmiß Sturm am Kap zu Brei!
Nun großer Haie Feueraugen schaukeln,
Ewige Lampen schwankend über Grab . . .

## WARNUNG

Mein Wort mein Wort euch Explosion und Bombe!
Das frißt und weitet. Durch die Bresche schwebt
Das letzte Licht. Daß auch der Ärmste lebt,
Ja, lebt und atmet! Ihr –: der Katakomben

Hyänen belfert wütend. Schleimt und klebt.
Ha –: euer Werk nur Flickzeug stets und Plombe.
Jetzt tagt die Tat! Drum tretet ab und bebt!
Mein Wort mein Wort euch Explosion und Bombe ...

Mein Weg heißt Diktatur. Mein Ziel: des Geistes
Gewaltige Herrschaft im befreiten Reich.
Das Paradies durch Alle Menschen kreist es.

*Ich warne vorm verstrickenden Vergleich!!!*
Im Bürger wird nur unsere Kraft erschlaffen.
Du aber mußt, Prolet, dich selbst erschaffen!

## GRUSS DES DEUTSCHEN DICHTERS AN DIE RUSSISCHE FÖDERATIVE SOWJET-REPUBLIK

Im Osten wächst das Licht. Der Dichter streue
Sich schwellend dir entgegen. Weiche Nacht!
Bewinkte Finsternis von Morgen-Bläuen
Ja: Liebe dehnt sich unbeschränkter Macht.

Die goldene Sichel und der goldene Hammer!
O Ozean-Röte! Morgen! Ährenkranz.
Der feiste Bürger schrumpft in sich zusammen.
Nun windet er sich, euere Knie umklammernd,
Geblendet von zu unerhörtem Glanz.

Ihr werdet hart sein. Und sehr unerbittlich. –
Und nicht vergessen. Wahret euer Recht.
Wälzt um! Befreit! Und dann erst: wahrhaft friedlich
Erhöbe sich ein göttliches Geschlecht.

Dann —: welche Söhne! Solche Frauen! Massen ...
Freiheit und Gleichheit! Edles Brudertum.
O Symphonie der fernsten Völker-Rassen.
In Frucht und Glanz schmölz jeder Mörder um.

Seid hart! Paßt auf! Sie kriechen: Schleim und Schemen.
Verfälscher jeder heiligen Idee.
Sie sprengten euere Phalanx, Leiber strömen
Von neuem Blut. Tod stinkt im Leichenschnee.

Der Dichter ruft euch: *Hart!* Noch triefen Wunden.
Und nicht vergessen. Nie —: Vergebung weich.
An dir, mein Volk, kann nur die Welt gesunden.
Nur euer Brot kann den Millionen munden.
In euerem Staat kommt uns das heilige Reich.

Das heilige Reich. Das Paradies. Die freie
Erhobenheit an Gottes einzig Herz.
Vermächtnis Tolstois. Unsere Heere feiern.
Zuend gebettet unser Höllenschmerz.

Der Dichter grüßt dich —: Sowjet-Republik!
Zertrümmert westliche Demokratieen!
Schon sternt ein Beil ob Albions Stiergenick.
Dein Sieg, o Frankreich, muß dich niederziehen.

Es triumphieren nicht die Henker!
Und nicht die grausen Schlachtenlenker ...
Euch alle stürzt der Zeit Gericht.
Um nun die Herrschaft der Barbaren.
Schon steigen an die Sklaven-Scharen
Und ihre alte Fessel bricht.

O ewiger Ruhm der Unbeirrten!
Wie blitzt aus trübesten Gevierten,
Wie aus Fabrik, Asyl jetzt Früh.
Der Engel steht auf Barrikaden.
Aus dem Tumult der Kanonaden
Schwingt ewigen Friedens Melodie.

## EWIG IM AUFRUHR

Ewig im Aufruhr
Wider die Feste
Wütendster Würger,
Der Schlächter des Lamms.
Reißet zerreißet
Gewaltsame Böen,
Finsternisse,
Den Wucherer-Turm!
Die Tyrannen
Zerplatzten auf Thronen.
Hah es zerschmolz
Wahn-Gewölk schon der Nacht.
Sehet auch schrumpfen
Die Kannibalen der Erben.
Nicht mehr den Reichen nur
Schenkt sich die Welt.

Wälder umzwitschern
Den Mittag der Guten.
Die Gerechten
Ruhen in Gott.
Arg in den Bergen
Zerschellen die Sünder.
Sklaven, steigt auf
Aus giftiger Schlucht.
Sterne grünen
Die toten Propheten,
Gekreuzigt einst
Von den Schergen des Baals.
Unten im Lava-Trichter
Die Heuchler,
Der Brüder Verräter:
Gespenstischer Traum.

Selig ihr Armen,
Zersprengt und erblindet!
Denn der Unschuldige
Lebt ohne Besitz.

Nur der Böse
Vergräbt sich in Erde.
Hängend grundlos
Im qualvollen Sund.
Über Gezeiten aus Moder
Sich spannen . . .!
In Gefängnisse
Quelle des Baums . . .!
Euere verschütteten
Höfe erwachen!
Aufgefegt
Im panischen Sturm.

Immer noch strotzen
Die Plätze von Henkern.
Messergegürtet.
Gewehre im Arm.
Ihre Kolben zerstampfen
Die Psalter.
Bomben-Gewitter
Ruchlos im Raum.
Aber bald endet solch Werk sich:
Da stürzen
– Fieber brüllen
Im Ölbauch der Tanks –
Sich verreckend
Die Mörder aufs Pflaster.
Fahnen hissen sich
Heilig in Rot.

## MUSIK DES ABSCHIEDS

Noch nie war ich so tief gelegen
Wie unter dieser Nacht und ohne Kleid.
Der Brunnen meines Bluts verbraust im Regen.
O Osten meines Herzens: Ferne Zeit.

Unheilbar wurzelt Wahn auf meinem Grunde.
Hoch oben schwelgt in Kronen eine Frucht.
Und eine Hymne glänzt in meinem Munde –
Nach Sternen habe ich dich abgesucht,

Uralter Raum, und nach zu seltenen Farben,
Nach einem Ton weh-braun und trunkenem Quell.
Doch ach mein Leib verschnürte sich mit Narben.
Auch diese Nacht dünkt mir noch allzu hell.

Die Saiten meiner Harfe sind zergriffen.
Jetzt hab ich Blitz und Feuer aufgespannt.
Und riß Geleit und Steuer von den Schiffen –
Ein Neuer Klang. Und es verkohlt die Hand.

Und meine Füße treiben ins Gebirge.
Doch diese Stirn, sie lechzt nur noch nach Meer.
Kein Licht wird sein, nur Sturm, wenn ich mich stumm
erwürge.
Leb wohl. Ein Ruf durch deinen Traum. Nicht mehr –

## DIE HAFENSTADT

Die Hafenstadt: schwarz atmen die Kanäle
Hindurch durch Häuser, und der Mond, ein krummer
Haken,
Flitzt in der Luft, drin alle Schlote schwälen.
Das Fisch-Volk strudelt nachts in den Kloaken.

Im Hafen-Hof versammeln sich die Kohlenbunker.
Die Nacht tropft ab wie Teer. Zweibeinig schleicht ein Tier
Quer übern Damm. Matrosenhut. Branntweindurchstunken.
Jetzt bombenschleudernd hüpft's durchs Milliardärsquartier.

Salzwinde wehn dich an. Auf Viadukten
Schwebt's dich hinab ins eingekaite Meer.
Schiffsrümpfe barsten. Masten funken-zuckten.
Leucht-Kugeln platzend schossen kreuz und quer.

Die Hafenstadt steht da: behängt mit Glocken
Im oberen Teil. Im unteren mit Flüchen
Ist sie gemauert fest. – An Leinen zappelt's: Hemden,
Jacken, Socken.
Ein Trangeruch qualmt vor den Kellerküchen.

Auswanderer lagen schlafend rings in Haufen.
Oh, uferlose Fläche ist ihr Traum.
Das Nordlicht schmolz herab in goldenen Traufen.
Die Erde schwankte, wurde glasiger Schaum.

Was hofften sie!? Vielleicht des Heilands Flotte
Läuft heut im Hafen ein. Vorauf ein fliegender Delphin.
Ein Muschel-Chor. Die Menschen-Völker rotten
Auf Plätzen sich. Und alle knien, und knien!

Ist Gott nicht tot!? Sieh, an den Wänden
Des Horizonts phosphoren ein Gesicht!
Verwelkt der Rumpf: ein Wrack, im Süd-Ost schlenkernd.
Ein Haupt dem Mast vernagelt: hör, der Tote spricht . . .

Netzbündel knäuln sich vor den Fischerhütten,
Der Mörder hockte knurrend im Verlies.
Die Leiche trieb – das Antlitz ist vom Schilf
zerschnitten –
Die Schleuse an. Das Wachthorn blies . . .

Drei saßen zechend nachts in einer Hafenschenke.
Und die Matrosen-Anne tanzte auf dem Tisch in einem
Scharlach-Frack.
Papierene Bänder flattern ihr um die Gelenke.
Der Mund war schief, wie rohes Fleisch, gezackt.

Die Drei durchzogen singend früh die Hafengasse.
Dampfhämmer knalln. Die Sonne jauchzt, die pralle.
Die ersten Kähne schleppen sich ins Wasser.
Was sangen sie!? „Auf, auf, ihr Völker alle!"

Auf! Angekrochen Würmern gleich aus kalkgeweißten
Löchern,
So wimmelt's hin. Schnellzüge überkrachten Brücken,
Schuß auf Schuß.
Auf Karren rollt's heran zum Landungssteg die Heringsfässer.
Zementene Korridore donnern unterm Fluß . . .

Auf! Auf! Da schreiten hin die Drei. Die Eisenkrane
Drehn lautlos sich im Blau. Sirenen-Pfiffe.

Bugüberbug wehn die verrußten Fahnen.
Die Schrauben flügeln an der Riesenozeanschiffe.

Es singt die Drei. Da gegensingt's. Auf Werften,
Im Heizraum dröhnt's. Die Mannschaft aufruhr-singt.
Sie schwingen ihre Äxte, die geschliffenen!
Der Raum glüht an. Und jeder Arm, der schwingt –

Die Hafenstadt: sie ist der Rote Brand.
Die Flammenströme reisen hin durchs Land auf Gleisen.
Wie Lava wälzt. Baut Dämme hoch! Umsonst . . . Brand
Ist die Welt! Und Feuerräder schleudernd sind die Sterne,
die, zerschneidend, euch umkreisen, –

# Überschauend dreißig Jahre meines Lebens

1927–1935

## DIE HUNGRIGE STADT

Die Menschen kommen, gehn. Es ist ein Fluten
Von Nichts zu Nichts. Ein ewig runder Gang.
Oft, wenn die Sonne scheint, ist es ein weißes Bluten
Von Stein zu Stein, die ganze Straße lang.

Springt auf ein Feuer wo: schon schlägt erstickt
Die Flamme nieder. Eisige Nässe
Und leere Mauern haben sie erdrückt.
Die Flamme löscht. Der Brand hat nichts zu fressen.

Die Stadt, die hungert, ist ein weites Grab
Mit Bank und Tisch, daran die Armen darben.
Sie träumt von Milch und Honig, und sie labt
Sich satt im Traum, der winkt mit vollen Garben.

Tief in den Boden gräbt sich die Kaschemme.
Sie wandert unterirdisch fort als Schlucht.
Ein Fusel pokert dort mit Fett und Schwämmen.
Die Luft ist dick. Doch ist's nur ein Geruch.

Lampione, bunte, reihen sich an Schnüren.
Mit Lumpen ist der Festsaal ausstaffiert.
Hier drehn sich keine Flügeltüren
Und kein Plafond glänzt, goldprunküberziert.

Hier hält Versammlung ab, was immer hungert.
Der Krüppel schnallt vom Rumpf sein hölzern Bein.
Sie reden kaum. Es ist ein inneres Knurren.
Ein schwerer Faustschlag knallt oft mittendrein . . .

Die Stadt, die hungert, zeugt nur wieder Hunger.
Gebiert den Hunger aus verseuchtem Schoß.
Mit Armen dürr hält sie sich selbst umschlungen.
Die Stadt, die hungert, hungert nackt und bloß.

Ein Totenkreuz kriecht schwarz aus jedem Fenster.
Die Lumpensammler in dem Abfall stochern.
Ein Kindlein liegt im Müll. Der irre Wind gespenstert –
Die hundert Hunde finden tausend Knochen.

Die Toten deckt der Himmel hoch, ein Scherben.
Ein luftiger Sarg. Ein gläsernes Versteck.
Der Mund weit offen, drin die Zunge bleckt.
Sie hungern tief. Sie hungern noch im Sterben.
– – –

Bald wird es Frühling. Und der Regen leckt
Die Erde wund. Ein Grammophon kräht blechern.
Die Kinder backen Brot aus Dreck
Und wandern heimwärts in den Gossenbächen.

## STEIN

Ich spielte gern. War ein verspieltes Kind.
Und jede Nacht kam ein gewaltiger Wind,
Der brachte Ernten goldener Früchte ein.
All diese Früchte waren mein.

Die Mutter war schon tot. Sie starb sehr früh.
Sie nahm mich eines Tags vom Knie
Und legte sich zum Sterben hin.
Die Augen glasig, unten hing das Kinn . . .

Wo Waldheim liegt? Es liegt klein in der Welt.
Ein Hungernest. Feld rings und Feld.
Das Feld gehört dem Herrn von Egloffstein.
Dort ging der Vater hin jahraus, jahrein.
Der Lohn!? Ach Gott, im „Goldenen Lamm“,
Da gab es Schnaps, und Schnaps macht satt und warm.
Die Nachbarn schimpften: „Ein versoffenes Schwein . . .“

Mit fünfzehn wurde ich schon nicht mehr satt.
Der Vater sprach: „Mensch, Hannes, wat,
Wat willst du hier? Such Arbeit in der Stadt!"
Die Stadt! Die Stadt!
Er streckt die Hand mir hin, und ich schlag ein.

So kam ich in die große Hungerstadt.
Ein lustig Volk saß da und aß sich tüchtig satt.
Volk? Nein –
Sie waren bunt geschminkt und trugen Frack.
Ein Ackersknecht wie ich kommt nicht hinein.
Sie aßen saftig Fleisch und tranken Wein.

Ich suchte Arbeit mir. Wer stellt mich ein?
Bin ich zu dünn, zu dick, zu groß, zu klein?
So zieht sich's hin und her –
Drei Monate, fünf Monate – ach, noch mehr ...

Oft hab ich mir gedacht:
Wie ist es möglich, daß ein Mensch noch lacht?
Das hat der Hunger wohl aus mir gemacht.
Ich irrte frierend durch die Nacht.
Es froren Menschen auch zu zweit.
Ich fror allein.

Ich hatte Arbeit. Las mein erstes Buch.
Ich hatte auch Besuch –
Und eines Tags –'s wird jetzt zehn Jahr her sein –
Warn wir zu zweit ...

Spät abends komme ich nach Haus. Todmüd.
Viel Hunger gab's. Es war das alte Lied.
Und wollten doch so gerne glücklich sein –
Nun fror ich auch zu zweit.

Mein Weib wird krank. Ich lauf zum Arzt.
Ich stellt ihn mir so vor: ein Mann mit Bart,
Der freundlich sich mit jedem unterhält.
Er hält die Hand weit auf: „Zuerst das Geld!"

Drückt gleich die Türe zu: „Schad! Gute Nacht!"
Da schlug ich Krach.
Ich merkte bald, man kommt damit nicht weit.
Am besten ist's: man hält das Maul und schweigt . . .

Mein Weib starb bald. Wir hatten noch kein Kind.
Ich armer Hund – ich heulte mich fast blind.
Sperr auf den Mund: schrein nur, nur schrein!!!
Soll das das Leben sein – – –
's wird wohl so sein.
Es wurde hart in mir. Ich wurde Stein.

Ich lebe in der großen Hungerstadt.
Oft geh ich den Kanal entlang. Die Stadt,
Sie spiegelt sich darin im Sonnenschein.
Spring ich hinein?
Ich sag mir: Nein!
Ich bin aus Stein.

Ich lebe in der großen Hungerstadt,
Die schier kein Ende hat.
Was schluck ich nicht in mich hinein!
Denn würd ich schrein –
Die Steine würden schrein.

Ich lebe in der großen Hungerstadt.
Was ißt ein Stein? Ein Stein wird satt
Auch von der Luft, die voll ist von Geruch.
Ein Stein ist nackt. Er braucht als Kleid kein Tuch . . .

Vielleicht hebt dieser Stein sich einmal auf.
Von vielen Steinen wird's ein harter Hauf.
Stein, Stein, Stein, Stein,
Stein,
Stein an Stein – – –
Es bricht ein ganzer Berg herein – – –

Wann wird es sein?

## DIE TROMMEL

Es rührte sich im Traum die Trommel, und ihr Fell
War weit gespannt: Es war ihr Fell die Erde,
Das Meer, die Luft – und wellengleich geschuppt
schwang hin die Erde . . .
Die Trommel trommelte im Traum Appell.

Kein Trommler war. Es waren Namenlose,
Die auf der Erde gingen, und ihr Schritt
Stieß tief die Erde wund. Aus Erde, wundgestoßen,
Aus Gräbern krochen Tote aus, marschierten mit.

Es sprang der Himmel auf. Ein Regen
Fiel schwer herab in eisenharten Tropfen.
Herzschläge von Millionen, die laut klopfen.
Die Nacht schrie schwarz. Es trommelte der Regen . . .

Kommt wieder Krieg? Ein großes Massensterben?
Vom Rumpf getrennt, es trommelt dumpf im Sarg ein Kopf.
Mit Menschen vollgepackt die Häuser jagen im Galopp.
Es trommelt, trommelt, trommelt wie auf Scherben.

Ins Bett gekreuzigt wie am Kreuz der Schächer,
Ein Sterbender: Es trommelt blutig, trommelt aus dem Mund.
Es ist ein blechern Trommeln auf den Dächern.
Die Erde birst. Es trommelt auf dem Grund.
– – –

Trommel im Traum! Hört, in die schlafende Zeit
Wirft sich der Wirbel, ihr mörderisch Schlagwerk hämmert!
Hämmert die Wege zum Marsch in die Zukunft breit.
Hämmert Stufen aus Feuer ins steinerne Dämmer . . .

Trommel im Traum. Blut fleckt die Mauer,
Wo der Erschossene kniet. Die Mauer ist lang.
Millionen Erschossener knien an der endlosen Mauer.
Es trommelt im Traum die Mauer entlang.

## DIE FABRIK

Fabrik am Rande der Stadt –
Der Wind haut durch die Felder,
Fegt die Felder glatt.
Welkgefressen am Baum jedes Blatt.
Umspült von schwarzen Kanälen,
Stinkend und ölgetupft,
Steht sie, hohe Gruft,
Am Rande der Stadt: die Fabrik.

Am Rande der Stadt die Fabrik –
Das fließende Band fließt durch Säle,
Drin kauern, krumm und zerdrückt,
Menschen, Stück an Stück,
Bohren, feilen, zählen –
Einen Bogen von Feuer ums Haupt,
Wenn der glühende Stahl sich ergießt –
Menschen: blind und taub,
Menschen: Knochen und Staub – – –
Und das fließende Band, es fließt ...

Fabrik am Rande der Stadt –
Es wurde Abend, da sprangen
Die Tore auf, und ein Zug
Von Menschen kroch übers Feld,
Kroch in die Wellblechbaracken.
Dort lagen sie hingestreckt,
Von Nacht und Kälte bedeckt.
Fabrik am Rande der Stadt –
Träumst du dich satt!? ...

Fabrik am Rande der Stadt –
Metallisch dröhnen die Hämmer.
Und der Arm wird nicht mehr matt, wird nicht matt.
Es trommeln metallisch die Hämmer.
Es kam der Tag, daß spieen
Die Schlote blutigen Rauch,
Und die Straßen schrieen und schrieen:
„Eßt euch satt!
Eßt euch satt!
Eßt euch satt!" ...

Es kam der Hunger gegangen,
Der Hunger ging durch die Stadt.
Wer jahrelang gehungert hat,
Ißt sich satt,
Ißt sich satt.
Auch der Hungrigste wurde satt ...
Und am Rande der Stadt die Fabrik,
Rot, sich entzündende Glut –
Die Fabrik,
Rot von Arbeiterblut ...

Es hallte von Schüssen die Stadt.
Die Wolken: giftige Schwaden.
... Der Wind haut durch die Felder,
Fegt die Felder glatt ...
Es wuchsen Barrikaden
Kreuz und quer durch die Stadt ...
Stand mancher an der Wand mit steifem Genick,
Starr in die Ferne den Blick:
„Die Fabrik! Die Fabrik!"

Fabrik am Rande der Stadt –
Auf! Und die Hämmer knallten,
Und das Gebläse blies.
Männer in eisernen Reihen –
Einen Bogen von Feuer ums Haupt,
Wenn der glühende Stahl sich ergießt.
„Unser die Fabrik!"
Hämmern die Hämmer weit.
Herzschlag der Stadt, die Fabrik,
Hämmert die neue Zeit.

## AUSWEGLOS

Sterne glühn, und Schiffe werden fahren,
Und das Meer wird stürmisch sein –
Kämen wieder wir nach Jahren:
In den Bergen wird es heut noch schnein.

Gehst du südwärts, wird es weit und blau.
Kinder in dem Sande knien.
Sammeln Muscheln. Eines ruft jetzt: Schau,
Dort am Leuchtturm ein Delphin!

Dort, wo Züge über Brücken rollen,
Stürzt der Fluß als Katarakt.
Unter Erde, in dem Stollen
Schlägt der Bergmann Takt auf Takt ...

Du: dein Aug war ein versunkener Traum.
Hart wie Stahl, so schien ein großes Licht.
Als ein Abgrund wölbt sich über uns der Raum,
Der uns schluckt, uns Stück für Stück zerbricht.

Du und du – wo seid ihr hingetrieben?
Nur der Druck von eurer Hand
Ist von euch in mir geblieben.
Namenlos seid ihr und unbekannt ...

Kämen wieder wir nach Jahren,
Würde Fleisch und Blut aus Kraut und Stein –
Sterne glühn und Schiffe werden fahren,
Und das Meer wird stürmisch sein.

## CHRONIK

Auf hartgesottenen Wegen
Kam ich zerlumpt daher.
Es hat nicht nur an mir gelegen.
Die Luft war dick und schwer.

Ich ging durch viele Kneipen.
Ich soff mich beinah krank.
Mit fetten alten Weibern.
Ich nachts ins Bette sank.

Es war ein Traum, der narrte
Mich bis zum Irresein:
„Einst kommt der Tag! Ich warte.
Wir werden Brüder sein."

Ich stand vor den Fabriken.
Proletenvolk in Not!
Es war wie zum Ersticken.
Sie schrien laut nach Brot . . .

Die Sonne kam ins Rollen.
O wilde Sommersglut!
Rings an den Bergen quollen
Die Wälder, schwarzes Blut.

Aus Licht mir wuchsen Schwingen.
Vom Glanz des Himmels blind,
Ich hörte singen
Wohl einen farbigen Wind.

Oft wacht ich auf. Ich lauschte,
Wie ich mit mir selbst sprach.
Wer bin ich, wer? Ich rief mich.
Ich rief umsonst danach.

Und eines Tags – August,
Es waren heiße Wochen –,
Da kamen Leute, schrien:
„Der Krieg ist ausgebrochen!“

Sie gingen Arm in Arm.
Es hallten Tal und Höhen:
„– die Vögelein im Walde – – –“
„– da gibt's ein Wiedersehen . . .“

Bald trug ich ein Gewehr.
Ein roter Rosenstrauß
Stak oben an der Mündung,
Nachts zogen wir hinaus.

Erst Straßen lang und Straßen,
Dann ging es querfeldein.
Im hellen Mond wir sangen:
„Zum Rhein, zum deutschen Rhein . . .“

Es hat gelacht ein Lachen.
Die Erde platzte auf.
Ein rotes Krachen
Ging die Sonne auf.

Ein abgerissener Kopf
Kollerte uns in den Graben.
Zehntausend waren's an diesem Tag,
Die wir begraben haben.

Es hat gelacht mit Schüssen,
Mit Blut gelacht und Kot.
Ich hab mich hingeschmissen:
„Proletenvolk in Not!"

Ich schluckte Gas. Ich juckte
Mir wund die ganze Haut.
Ich spuckte Blut. Ich spuckte
Mich selbst vor Ekel aus.
— — —

Vier Tage, vier Nächte im Stacheldraht
Schrie einer. Wir hörten nicht hin.
Als es November 18 war,
Da wußte ich, wer ich bin.

## ÜBERSCHAUEND DREISSIG JAHRE MEINES LEBENS –

Überschauend dreißig Jahre meines Lebens,
Gleite ich hin wie im Flug
Über eine schwarz gewundene Landschaft.
Da springen viele Blutquellen,
Und Abgründe sind
Mit todesähnlichem Giftschlaf gefüllt –
Sumpfkellergefängnisse,
Verzweiflungshöhlen,
Granattrichter –
Scharfkurvige Wege,
Die sich verschlingen zu Leidensknoten –

Sanft anschwellend: Ebenen
Südlicher Verzücktheit.

– – –

Das war mein Bestes:

Daß Schulter an Schulter ich mitschritt
Im Marschschritt der Arbeiterheere,
Daß meinen Herzschlag
Gleichtakt der Herzen-Millionen trug,
Herzwelle einer heiligen Herzflut –
Daß mein irrnisblendendes Angesicht
Ich von mir abtat,
Wie man feurigen Staub abwischt –
– Die Knochengerüste spannten sich drunter,
Verkohlte Bögen – – –
Und daß das Auge ich mir ausriß,
Das mich ärgerte,
Und ich es zu Scherben warf –

Daß ich im Traumdickicht
Mörderischen Weltenabends
Flamme schlug –
Flamme der Flamme ward,
Großen Weltenanfangs stürmisches Leuchten.

## DER AN DEN SCHLAF DER WELT RÜHRT – LENIN

Er rührte an den Schlaf der Welt
Mit Worten, die Blitze waren,
Sie kamen auf Schienen und Flüssen daher
Durch alle Länder gefahren,
Sie hißten als rote Fahnen sich
Bei der großen Parade,
Sie gingen von Mund zu Mund:
„Völker, hört die Signale!"

Er rührte an den Schlaf der Welt
Mit Worten, die wurden Gewehre.
Wurden Beile, Geschütze,
Barrikaden, Heere –
Es zogen die bolschewistischen Truppen
Von Minsk bis Samara –
Rote Reiter, fliegende Funken –
Metallene Sonnen versunken,
Wetterleuchteten goldene Kuppeln
Aus der Moskwa.

Er rührte an den Schlaf der Welt
Mit Worten, die wurden Brot,
Mit Worten, die wurden Armeen
Gegen die Hungersnot.
Mit Worten, Kolonnen, die pflügten
Rußlands Acker jahraus, jahrein.
Mit Worten, die verfügten:
„Diese Welt muß unser sein!"

Er rührte an den Schlaf der Welt,
Daß in fünf Kontinenten,
Wenn sein Wort ertönt, es wie Sturmglocke gellt
Und als ob es Ketten zersprengte.
Sein Wort rührt auf, sein Wort rührt auf,
Aufruhr, unterirdische Glut,
Aller Arbeiter und Bauern
Fleisch und Blut.

Er rührte an den Schlaf der Welt
Mit Worten, die wurden Maschinen,
Wurden Traktoren, Häuser,
Bohrtürme und Minen –
Wurden Elektrizität,
Hämmern in den Betrieben,
Stehen, unauslöschbare Schrift,
In allen Herzen geschrieben . . .

Er rührt an den Schlaf der Welt,
Weh euch, ihr Schläfer, ihr Satten!
Lenins Worte peitschen wie Springflut heran,
Reißen die Massen aus ihrem Ermatten.

Er rührt, er rührt an den Schlaf der Welt
Mit Fäusten, mit Fäusten Millionen,
Mit Streiks, Versammlungen, Kleinarbeit,
Mit Demonstrationen –
– – –

Wir rühren an den Schlaf der Welt
Mit Worten, in Zuchthäusern begraben,
Mit Worten, die erschossen sind,
Die Hirne und Herzen haben –
Wir rühren, rütteln am Schlaf der Welt
So lang, bis die Welt erwacht ist,
Denn unser Wort ist Tat, und wir ruhen nicht.
Bis das Werk, bis das Werk vollbracht ist.

## IM SCHATTEN DER BERGE

Im Schatten der Berge bin ich geboren.
Die Berge brachten uns Sonne und Wind.
Ich irrte durch die Straßen der Stadt wie verloren:
„Wie hoch wohl die Berge sind?!"

Ich dachte in der Schule beim Einmaleins:
Gott, heißt es, kann Berge versetzen –
Und träumte nachts: Es kommt das Gestein,
Es kommen die Wälder und Gletscher,

Sie wälzen sich über mich, mächtige Flut –
Es ist um uns alle geschehen –
Ich schrie aus dem Schlaf: „O einmal nur
Auf den Gipfeln der Berge stehen!" ...

Ich bin auf den Gipfeln der Berge gestanden.
Im Nebel gespensterte schwarz ein Kreuz.
Sah fern in Scharen die Berge wandern.
Ich pflückte Enzian und Edelweiß.

Dort stand ich, die Sonne im Angesicht,
Versunken war ich nackt
In einem Ozean aus gläsernem Licht –
Im Schatten der Berge lag tief die Stadt.

Zur Stadt bin ich wieder herabgestiegen.
In den Straßen lief ich schief mich und krumm.
Frei konnten die Berge am Himmel fliegen –
Und ich kroch im Staub – warum nur, warum?! ...

Es kamen auch Zeiten: die Berge brüllten,
Wolken überschwemmten die Erde mit Schlamm.
Glocken läuten. Die Bäche, die wilden,
Stürzen, reißende Tiere, heran.

Schlugen auf wir wieder die Augen –
Wie friedlich lagen die Berge da!
Auf dem Marktplatz saßen vor den Schenken die
Bauern.
Ob alles ein Traum nur gewesen war?

Die Sterne ziehen herauf. Ein Regen
Aus Gold. Es ist ein Schein,
Darin sich schlafend die Häuser bewegen.
Mond atmet durch die Mauern herein.

Im Schatten der Berge bin ich geboren.
In Städten, den fremden, wurde ich groß.
Ich bin auf den Gipfeln der Berge gestanden.
Der Schatten der Berge läßt nimmer mich los.

Vom Holz der Wälder blieb in mir ein Duft,
Der mich, den Müden, berauscht.
Ein großes Schwingen ist in der Luft,
Wenn du nachts in das Dunkel schaust.

Der Schatten der Berge, der dunkle, der kühle,
Geht, wo ich auch gehe, schweigend mit mir.
Es donnern die Berge in ihren Tiefen,
Als ob dort verborgen eine Trommel sich rührt.

## IM DUNKEL

Ich habe in Zimmern gewohnt,
Die hatten ein Gesicht,
Hatten Runzeln und Flecken
Und rochen säuerlich.

Unten in dem Flur
Hing eine Tafel mit Namen.
In Reih und Glied darauf standen sie,
Die Toten, die Blinden, die Lahmen.

Es ging die Treppe hinauf,
Kam wieder die Treppen herab.
In ihren Zimmern lagen
Die Menschen wie im Grab.

Ich stand am Fenster. Der Mond
Schien mir, daß ich fror, auf die Hand.
Weiß nicht, wer im Dunkel dort wohnt
Und klopft und klopft an die Wand.

Unter Erde rauschten die Züge.
Schritte gingen vorüber an mir.
In der Kneipe gegenüber
Hämmerte ein Klavier . . .

Der Frühling kam über Nacht.
Kinder tanzten Ringelreihe.
Aus einem Zimmer kriecht ein Sarg
Und wandert in das Freie.

Alle Fenster öffneten sich.
Heiß hat die Sonne gebrannt.
Ich schaute auf die Straße hinaus.
Es weinte leis in der Wand . . .

Ich habe mit Menschen gewohnt.
Wir wohnten dicht an dicht.
Die Uhren schlugen harten Schlag.
Wir kannten einander nicht.

## WEIHNACHT

### 1

Schon eine Woche vorher war die Stadt wie ein riesiger Laden.
Die Leute mit ihren Paketen drückten sich auf der Pferdebahn.
Zu Hause der Schrank roch nach Schokolade,

Und die Eltern haben vor den Kindern immer so heimlich getan.
An der Straßenecke, wo sonst der Schutzmann stand, grünte ein
Tannenwald.
Wenn ich im Bett lag, sagte die Mutter: „Das Christkind kommt
bald!"
Wie Bratäpfel mir glühten die Backen.
In großen Flocken fing es an zu schnein.
Ein Wind, drin läuteten Glocken, wehte zum Fenster herein . . .

Das Christkind kam abends um sieben Uhr und spielte Violine.
Die Mutter hat leis die Tür aufgemacht.
Der Vater hat unter dem Sofa den Geigenkasten versteckt.
Wir aber sangen: „Stille Nacht, heilige Nacht!"
Und hatten schon alles gesehn:
Das Gewehr, die Festung, mit Tannenzweigen verdeckt,
Eine Eisenbahn.
Der Weihnachtsbaum strahlte wie Sternenhimmel,
Er hing voll Äpfeln und goldenen Nüssen und Würstchen aus
Marzipan.

Das war in München gewesen, der schneereichen Stadt.
Zwölf Uhr nachts gehen die Menschen zur Messe in meiner
Heimat.

2

Es war gerad in den Weihnachtswochen,
Als mein Freund in Frankreich fiel.
In unseren Frontabschnitt waren die Engländer eingebrochen.
Wir mußten zurück. Sie waren dreimal soviel.
Wie Maulwürfe buddelten wir uns durch den Boden
Und sprengten einen Unterstand.
Im Stacheldraht hingen noch vom Sommer die Toten.
Sie winkten uns zu aus dem Niemandsland.

Wir rieben uns tüchtig die Hände. Wir hatten erfrorene Finger.
Wir schleppten geduckt durch den Graben ein Bäumchen herbei.
Es war verboten zu singen,
Wir schluckten Tränen und saßen schweigend dabei.
„Ablösung! Wache!" Wir traten vor.
In unseren Ohren brauste mächtig ein Chor:

„Vom Himmel hoch, da komm ich her."
Wir standen wie versteinert, die Hand am Gewehr.

In dieser „stillen, heiligen" Nacht
Bin ich aus meinem Kindertraum erwacht.
Es fiel ein Schuß. Es war stockdunkel.
Ich hörte, wie einer rief,
Und hörte, wie einer im Dunkel
Stürzte und wieder lief –
Und hörte noch, wie einer schrie:
„Frieden auf Erden! Frieden, Frie – – –"

Mit einem Schlag setzten dreitausend Geschütze
Ein zum Feuerüberfall.
Wir befühlten das Bajonett an der Spitze
Und haben Handgranaten zusammengeballt –
Und heraus aus den Gräben zum Gegenstoß!
Frieden auf Erden? Die Hölle ist los!

Und ich sah einen Baum: seine Äste streckt
Er weit über die ganze Welt –
Wie ein Galgen, der nach allen Seiten sich reckt,
War er mitten auf dem Schlachtfeld aufgestellt –
Und es hob in dem Baum ein Schreien an
Und ein Weheklagen,
Und der Himmel über dem Baum
Ist brennend zusammengeschlagen.

## DER SOMMER SUMMT

Die Sonne brennt die ganzen Straßen leer,
Es ist zu heiß, um aufzuschauen.
Das ist der Sommer: Wir sind heimgekehrt.
Wir sind noch von der Stadt bedeckt, der grauen –

Sie fällt von uns. Das Land wird weit.
Wie Brandung bricht sich an den letzten Häuserreihen
Der Wiesen grüne Dunkelheit.
Das ist der Sommer: Menschen singen wo im Freien.

Das ist der Sommer: Türen stehen offen,
Ein jedes Fenster ist ein Stück vom Wind.
Wir holen aus den Äckern die Kartoffeln
Und warten schon, daß sie gebraten sind.

Mit Flüssen spielst du, drauf viel Treibholz schwimmt,
Und Berge hast du in dir aufgebaut.
Das ist der Sommer: muskelstark, und die Gehirne
Sind voll durchblutet, braun färbt sich die Haut.

Der Sommer summt. Das ist die Zeit, zu gehen
Bis an das Ende dieser Welt.
An Landungsplätzen lungern, wenn die großen Schiffe
Das Meer herauf gefahren kommen –

In fremde Länder einzubrechen,
Die Nächte aufzubleiben, und bei Brot und Wein
Mit dem, der grad am Tische sitzt, zu sprechen
Und – namenlos zu sein.

## „GENOSSE!"

In einem Hause mit einem flachen Dach
Und mit einem Balkon so breit
Wie eine ganze Häuserfront
Hätte ich wohnen können:
Träumereien zugewandt,
Gedichte schreibend,
Von denen es heißt,
Sie seien für die Ewigkeit.

Ich wäre eben ein „großer Dichter" geworden.
Ich hätte mich nicht kümmern brauchen um das Morden,
Das draußen war.
Eine Frau mit schmalen Fingern
Hätte mir am Abend Bach vorgespielt,
Daß das Zimmer um mich her
Dröhnte
Wie eine Domkuppel . . .

Von Zeiten hätte ich gesungen und von Landschaften
Wie von ewigen Sonntagen,
Menschen hätte ich gedichtet, Gesichter wie Schalen,
In deren Mulden spielt ein Lachen ...

Vieler Berge Gipfel habe ich erstiegen.
Durch Hunderte Täler bin ich gewandert.
Städte fraßen mich und spien mich aus.
Staunend stand ich im braunen Lärm des Abends.

In gläsernen Warenhäusern
Auf und nieder glitten
Die Aufzüge.
Blendend rotierten um mich
Farbige Lichtkegel.

Meine Augen sahen in meine Augen,
Mein Mund fragte meinen Mund:
„Was tun?!"

Lange genug blieb ich ohne Antwort.
1914 aber riß die Erde ihr Maul auf
Und schmiß mir eine Antwort hin –
Gut so.
Ich wußte, woran ich war.

Über der eigenen Blutlache sich krümmend,
Kroch auf mich zu
Riesengroß
Ein Soldat –
Auf den Knien rutschte er heran,
Hinter sich herziehend
Eine endlose Blutfahne –

Mit seinem letzten Atemzug
Hauchte er mich voll
Mit einer Losung:
„Genosse!"
– – –
Wie mit Röntgenaugen sah ich
Die Fäulnis der Welt.

Ich legte ab meinen Namen.
Ich heiße: Genosse.
Ich trat unter die rote Fahne der Komintern.

## DIE MUTTER

1

Sie war schon alt, als sie den Sohn gebar.
Als er noch klein war, schrie er jede Nacht.
Auf einmal war er groß und sieben Jahr.
Sie sah ihn an, den sie zur Welt gebracht:

Die Augen hatte er vom Vater, hell und weit.
Der Vater, ach, der war schon lange fort.
Er war auf einem Neubau eine Zeit.
Ein Balken schlug ihm in den Rücken dort.

Der Arzt verordnete: drei Monate lang
Gut essen, ruhn – sonst, wenn er sich nicht schont –
Sie ging in Stellung, und der Mann blieb krank.
Als er gestorben war, da kam der Sohn.

Es war im Krieg. Sie setzte leise
Sich nachts ans Fenster. Sitzt und schweigt.
Drei Stockwerk hoch stehn drüben Fensterkreuze,
Als ob ein Friedhof in die Höhe steigt.

2

Um vier Uhr früh steht sie in der Garage.
Sie macht die Wagen blank und putzt die Scheiben.
„Verdient er mal – bald ist er ja so groß –,
Dann“ – lacht sie still – „kann ich zu Hause bleiben.“

Oft ging sie in die feinen Häuser,
Nahm Milch und Brötchen von den Türen weg.
Ihr Kind kommt heim. Sie setzt sich ihm zur Seite
Und freut sich, wie ihm Milch und Brötchen schmeckt.

3

Ihr Sohn war groß. Er hatte Arbeit, manchmal keine.
Oft sagte er: „Ach, Mutter, komm doch mit
In die Versammlung!“ Sie fing an zu weinen:
„Ach, laß doch, Kind! Mir tut weh jeder Schritt!“

Die ganze Küche war voll von Genossen.
Sie sprachen viel von Klassenkampf und der Partei.
Es kam ein Zug – sie schälte grad Kartoffeln –,
Der Zug sang laut. Ihr Sohn war auch dabei.

Sie nahm sich heimlich eines seiner Bücher.
Studierte lang. Das Lesen fiel ihr schwer.
Sie saß spät in der Nacht noch in der Küche.
Es wurde kalt. Sie rückte an den Herd.

4

Es kam ein Tag, an dem der Sohn ganz früh
Aufstand, er schlüpfte munter in die Hosen.
„Du weißt doch, Mutter – Erster Mai . . . heut gehn
Wir auf die Straße, trotzdem es verboten.“

Sie fragte ihn: „Soll ich nicht Kaffee kochen?“
Und stand gleich auf, hat Feuer angemacht.
Sie stopfte ihm noch rasch das Loch im Socken.
Als er schon draußen war, rief sie ihm nach: „Gib acht!“

5

Sie wartete den ganzen Nachmittag.
Unheimlich tickte in dem Gang der Wecker.
Dann ging sie aus. Viel Menschen standen da.
Die Polizei hieb los an einer Ecke.

Sie spürt, wie ihr das Herz durch alles klopft.
Die Polizisten sprangen drauf und schlugen zu.
Sie hielt die Hände übern Kopf:
„Ich such ja nur mein Kind . . . Wo bleibt er nur?!“

6

Am andern Morgen brachten sie ihn heim.
Zwei Männer trugen ihn. Die sagten nichts.
Sie faßte an und trug ihn mit hinein.
Die Mutter sah ihm lange ins Gesicht.

Sie machte Wasser warm und holt den Eimer.
Aus einem Schrank nahm sie ein frisches Tuch.
Sie wusch ihn sanft, als wär er noch ganz klein –
In seinem Rock fand sie das Mitgliedsbuch.

7

Drei Tage später wurde er geholt.
Es war ein großer Zug. Er ging vorbei
An vielen Menschen. Jeder zog den Hut.
Sie sang ganz laut. Ihr Sohn war auch dabei.

Sie sagte: „Kind, komm her, ich will dich tragen,
Der Weg ist lang. Komm her zu mir!"
Da war es ihr, als würd er nicht begraben
Und liege schlafend noch in ihr.

## TOD DES ARBEITSLOSEN

1

Er ging noch einmal aus, es war schon spät.
Er ging ganz langsam durch die Dunkelheit.
Blieb manchmal stehn und hat sich umgedreht.
Er sagte leise vor sich hin: „Nun ist's soweit."

An einer Litfaßsäule fing er an zu lesen
– Ein riesiges Plakat –: *Prolet, marschier!*
„Dazu – dazu bin ich zu schwach gewesen,
Ihr Brüder, seid nicht bös! Verzeiht es mir!"

Wie warm es war! Es war ein Glück,
Daß heut den ganzen Tag die Sonne schien!
In dem Café war Tanzmusik.
Er ging vorbei. Lautlos ging er dahin.

2

Er schloß die Fenster alle sorgsam zu.
Ein Kind schrie wo. Es tat ihm weh, das Schrein.
Er machte: „Pst! Kind, gib doch Ruh!
Ich geh jetzt fort. Es soll ganz stille sein . . .“

Er drehte auf das Gas. Das pfiff.
Es strömte aus wie großes Wehn
Verwirrter Wälder, grauer Meere Gischt –
Wie Wald und Meer – er hat sie nie gesehn.

Er schluckte tief. Er fiel gleich auf die Seite.
– Als er ein Kind war, aß er Mandeln gern –
Er hörte auf dem Gang ein fernes Läuten.
Vielleicht kommt wer. Doch war er schon zu fern.

Es war, als finge jetzt der Bart
Zu wachsen an, der Kopf hob sich vom Kragen.
Die Hände lagen stumm und traurig da,
Als seien sie vom Körper abgeschlagen.

3

Am Morgen bellte auf dem Hof ein Hund.
Die Sonne kam. Sie malte einen Kreis
Am Boden hin. Der Tote öffnete den Mund.
Die Augen waren weiß, ganz weiß.

## BALLADE VOM „ROTEN METALL“

1

Am Abend blieben sie noch vor den Türen sitzen.
Sie sprachen nichts. Es ging ein warmer Wind.
Sie schauten ihren Kindern zu, die spielten in den Pfützen.
Ein Segelschiffchen schwamm darin.

Frühmorgens liefen sie in Haufen querfeldein,
Mit Bündeln unterm Arm. Sie liefen schnell.
Der Himmel lag auf ihnen, grauer Stein.
Im Osten war es schon ein wenig hell.

Am Fließband standen sie in einer Reihe:
Maschinenmenschen, Stück an Stück.
Es wurde ihnen schlecht, zum Speien.
Die Luft, darin sie atmeten, war dick.

Sie aßen Kohle, und sie tranken Stahl.
Die Eisenspäne drangen in die Adern ...
Dann war es zu Ende mit einemmal.
Sie flogen auf die Straße mit vierzig Jahren.

2

Der Herr Direktor wohnt am Hügel drüben
In einer Villa, die ist ganz aus Glas.
Die Tochter steht am Fenster, Geige übend.
Im Garten wälzt ein Hündchen sich im Gras.

Der Herr Direktor ist ein strammer Mann.
Er trägt den Stahlhelm auf dem Rock.
Der Meister lächelt, wenn ihm dann und wann
Der Herr Direktor auf die Schultern klopft.

3

Sie schlafen: ihre Hände machen Griffe,
Der Leib hetzt hin, als liefe er auf Schienen,
Durch ihren Kopf rollt sich ein Band mit Ziffern –
Sie waren auch im Schlafe noch Maschinen.

Der Kran schwenkt eine Hundertzentnerlast –
Sie stürzt – zerschlägt sie unter sich zu Brei.
Der Meister spottet: „Hättest du aufgepaßt!"
– – – Sie wachen auf. Es ist zum Aufstehn Zeit.

4

Und die Hebel ruckten, und die Drehstähle sprühten,
Und in dem Magen kniff der Hunger, verdammt!
Da zogen sie geschlossen aus den Betrieben:
Rohrleger, Dreher, Fräser, allesamt!

Der Saal war voll. Auf den Tischen in Klumpen
Lagen ihre Fäuste, geballt.
Ein Genosse sprang auf – der Ventilator summte –:
„Wir rufen zum Streik! Wir, Rotes Metall!"

Und Metall wurde glühend und hat sich durch die Straßen
ergossen,
Durch die Stadt, die im Abendrot träumte, ergoß sich das
Rote Metall:
Metallarbeiter marschierten, sie riefen: „Genossen!
Es gibt kein Zurück! Wir sind hart! Wir sind aus Metall!"

5

Das ist das Lied vom Roten Metall:

Wir hämmern, wir gießen.
Metall ist heiß, Metall wird kalt,
Metall ist hart, Metall kann fließen –

Es fließt durch die Nacht ein Feuerschein,
Der leuchtet bis in den Tag hinein.

Und der Tag, *der* Tag kommt bald!

Viele Tausende machen sich auf den Weg.
Der Sturm das Laub von den Bäumen schlägt –

Ein großer Blätterfall . . .

Viele Tausende wie ein Sturmstoß gehen.
Am Abend wird am Himmel stehen
Die Sonne, wie rotes Metall.

## DIE FAHNE

Als er so dalag, nahmen die Genossen
Ein Tuch und deckten ihm zu das Gesicht.
Das Tuch war bald von Blut durchflossen
Von dem zerschossenen Gesicht.

So lag er da. Er hatte kein Gesicht.
Wo sein Gesicht war, lag die rote Fahne.
Genosse, lebe wohl! Als Fahne
Weht uns voraus von jetzt ab dein Gesicht.

## STILL, MEIN HERZ!

Schlaf, mein Kind, es war doch Spaß:
Die Gewehre waren nicht geladen.
Vater ging mit ihnen baden.
Keinem Menschen tun sie was.

Schlaf, mein Kind, es war doch Traum:
Vater hat ja nicht geschrien.
Brave Männer holten ihn.
Vater machte einen Purzelbaum.

Schlaf, mein Kind, du hörst, mein Kind,
Draußen die Soldaten lachen?
Schlaf, mein Kind, du hörst, mein Kind,
Lauter, lauter dumme Sachen.

Vater kommt nicht. Vater ging
Auf die Wiese Schmetterlinge fangen.
Einen schönen Schmetterling
Hat er dir gefangen ...

Bist du einmal groß, dann will
Ich dir sagen, was mit ihm geschah.
Denn der Vater ist nicht da –
Dann, mein Herz, sei still, sei still ...

Schlaf, mein Kind, sei still, mein Kind,
Denn die Wahrheit darfst du hier nicht sagen
Sonst wirst du, weil wir in Deutschland sind,
Einfach totgeschlagen –

Still, mein Herz, sei still, mein Kind!

## DIE GROSSMUTTER

Sonntags gingen immer wir zu ihr.
Oftmals standen still wir auf der Stiege:
Großmutter spielte Klavier . . .
Wie auf Klängen wir nach oben stiegen.

Großmutter lief eilig hin und her,
Kramte das Gebäck aus ihrer Lade.
Vater trug die Kanne – sie war ihr zu schwer –:
Wunderbare süße Schokolade.

Schaukeln durft ich in dem Stuhl, dem alten,
Und ich fragte: „Was hängt an der Wand
Für ein Bild dort mit den vielen Falten?"
Engel schwebten, Lilien in der Hand.

Großmutter erklärte mir das Bild
Und hat ein Gedicht mir vorgelesen,
Und ich spürte – war ich noch so wild –:
Plötzlich bin ich still und brav gewesen.

Schlug der Vater mich, so dacht ich: Ihr,
Ihr, der Großmutter, ihr kann ich's sagen.
Nach der Schule lief ich hin zu ihr:
„Vater hat mich", heulte ich, „geschlagen."

Großmutter nahm mich beiseite:
„Komm", so sagte sie, „sei nicht so dumm.
Draußen, schau, gehn viele, viele Leute;
Wenn du heulst, schaun sie sich alle um . . ."

Schön war diesmal das Oktoberfest.
Einen großen roten Luftballon
Kaufte sie. Ich aber hielt nicht fest.
Jetzt fliegt er wohl bis ans Meer davon.

Brauchte nicht um den Ballon zu trauern,
Denn wir fuhren Karussell.
Und ich dachte: Möcht es ewig dauern –
Und ich wünschte: Noch einmal so schnell!

Auch zum Kasper gingen wir, der haute
Grad den Tod, den dürren, windelweich.
Bis der Tod sich einfach nicht mehr traute –
Er verzog sich in sein Totenreich . . .

Eines Tags holt von der Schule ab
Mich die Mutter, und sie sagt: „Komm gleich!
Großmutter hat noch den Wunsch gehabt –
Großmutter ist krank und stirbt vielleicht . . ."

Auf der Treppe blieb ich wieder stehen,
Und mir war, als stürb das ganze Haus.
Großmutter hat mich nicht angesehen.
Sie sah in die Ewigkeit hinaus.

Abends fuhr sie fort in einem Wagen
Mit zwei schwarzen Pferden als Gespann.
Daß sie wegging, ohne was zu sagen?!
Daß ein Mensch so einfach weggehn kann . . .

## SCHNELLZUG BERLIN (ANHALTER BAHNHOF) – PRAG

Ich sah dem Zug in alle Fensterscheiben,
Ich suchte Zeichen an der Wagenwand,
Damit nicht Dinge drinnen liegenbleiben,
Bestimmt für mich, aus meinem „Vaterland".

Erzähl mir, Zug aus Deutschland, welche Strecke
Bist du gefahren, nenn mir jeden Ort!
Und welcher Mann saß hier in dieser Ecke,
Und was trieb ihn so schnell aus Deutschland fort?!

Du sahst Fabriken, Schuppen, sahst Kanäle;
Sag, welche Kunde bringst du mir davon?!
Es flog zum Himmel hoch – komm und erzähle! –
Ein kleiner roter Kinderluftballon.

Sag mir – ich kenn sie alle –, welchen Straßen
Und welchen Flüssen du begegnet bist!?

Was deine Augen auf der Strecke lasen?!
Was alles für mich aufgeschrieben ist?!

Du sahst auf deiner Fahrt tief in die Häuser.
Saß dort ein Mann am Tisch, den Kopf gesenkt?
Und eine Frau, sie sprachen leis und leiser –
Sag, was man tief, tief in den Häusern denkt!

Erzähl, was in den Telegraphendrähten
Zu deiner Seite alles summt und singt!
Du sahst, wie auf dem Feld die Bauern mähten.
Hat dir ein Kind von weitem zugewinkt?

Es schwammen hinter Dresden in der Elbe
Die schweren Kähne, doch fast ohne Last.
Die Not – sie ist in Stadt und Land dieselbe,
Hat Wald und See, hat Berg und Fluß erfaßt.

Stehn in Bad Schandau auf den Kirchturmspitzen
Die Störche in den Nestern immer noch?
Darf man noch immer nicht den Park benützen:
*Eintritt verboten!* Komm, erzähl mir doch!

Du zeigst mir, nicht von deiner Seite weichend,
Der fernen Horizonte blaues Band.
Du zeigst mir einen, der, das Land durchstreichend,
Schläft unterm Apfelbaum am Straßenrand.

Es lag auch einer mitten auf den Schienen.
Die Räder haben knirschend ihn zersägt.
Sein Blut klebt schwarzgeronnen noch an ihnen.
Warum hat er sich vor dich hingelegt?!

Dein Rauch schlug mächtig in die Wälder nieder;
Im Rauch streckt dir entgegen ein Signal
Waagrecht den Arm. Du hieltest. Fuhrest wieder
Vorüber an Stationen ohne Zahl . . .

O Fußballplätze! Flügellahme Mühle!
O wieviel Dingen sahst du ins Gesicht!
O sag mir, Zug aus Deutschland, sahst du viele
Von denen, die da wühlten, laut Bericht?!

Bringst du mir, Zug aus Deutschland, „Deutsche Grüße"?
Bringst du als Gruß mir die erhobene Faust?!
Und bringst als Botschaft du mir heut schon diese:
Daß unser Aufruhr über Deutschland braust?!

## WANDERUNG

Wie kalt und grau, als ich das Haus verließ!
Den Regen spürt ich ins Gesicht mir weinen.
Der Hund sprang bellend hoch an meinen Beinen,
Bis ich ihn roh, den Freund, zur Seite stieß.

Ich fragte viele Leute, was sie meinen.
Sie meinten das, woher der Wind grad blies,
Da ihr Verstand zu denken unterließ,
Doch hatten sie meist wenig oder keinen.

Wie strengten sie sich an, etwas zu scheinen!
Sie nannten sich so, wie ihr Titel hieß.
Mit Redensarten, ausgesuchten, feinen,

Mich jeder im Verbrechen unterwies.
Ich träumte vom verlornen Paradies.
Und nachts saß ich am Weg auf kalten Steinen.

## DIE GRÜNE WIESE

Ich sah noch einmal aus dem Zug zurück
Und sandte Deutschland meine letzten Grüße.
Und dort, wo Deutschland war, lag eine Wiese,
Ein kleines, grünes, sanftes Wiesenstück.

Oft denke ich: Was wär das für ein Glück . . .
Ein warmer Wind – ich habe bloße Füße –,
Es wird auf einmal grün vor meinem Blick,
Es wird so grün, daß ich die Augen schließe.

Was ist mit mir geschehn? Ich lieg und sing.
Es fühlt sich rings wie weiche Gräser an.
Auf meiner Nase sitzt ein Schmetterling,
Und Butterblumen blühn und Löwenzahn.

Der Boden hebt sich, schwingt, um mich zu wiegen.
Ich seh mich auf der grünen Wiese liegen.

## DAS ALLES

Das alles: Flüsse, wälderreiche Schluchten
Und von den Bergen aus ein weiter Blick
Bis zu dem Meer, auf seine blauen Buchten –
Und Meer und Himmel sind aus *einem* Stück –

Das alles, was wir nur im Traum besuchten,
Und traurig kehrten wir danach zurück
Und sahn uns traumverlassen an und fluchten,
Wir fühlten uns betrogen um das Glück –

Das alles wird einst dein sein. Noch viel blauer,
Als du es ahnst, wird blauer Himmel sein.
Die Sonne scheint. Es ist, als ob ein Schauer
Von Wärme strömt in alle Wesen ein.

Und wenn du sagst: „*Du* Sonne!", ist's ein Zeichen,
Daß du dann wirklich sprichst zu deinesgleichen.

## GLÜCK

Was ist das Glück? Ist es ein Augenblick:
Die Stunden stehen plötzlich still, die schwanken.
Ist das das Glück: versunkene Gedanken,
Sie ziehn dich tief, tief in die Zeit zurück . . .

Ist das das Glück: ich seh, aus *einem* Stück
Sind Himmel, Meer, und alle Festen wanken?!
Ist das das Glück: wenn ich die Hand dir drück?
War es das Glück, als unsere Arme sanken

Und spürten, wie das Leben draus entschwand?
Wer könnte darauf eine Antwort geben,
Da keiner nach dem Tode noch gestand ...

Mir scheint, ich habe Glück in diesem Leben,
Da ich in meiner Zeit gewalt'gem Streite
Die Waffe führe auf der richt'gen Seite.

# Tränen des Vaterlandes

1936–1941

## TRÄNEN DES VATERLANDES ANNO 1937

1

O Deutschland! Sagt, was habt aus Deutschland ihr gemacht!
Ein Deutschland stark und frei?! Ein Deutschland hoch in Ehren?!
Ein Deutschland, drin das Volk sein Hab und Gut kann mehren,
Auf aller Wohlergehn ist jedermann bedacht?!

Erinnerst du dich noch des Rufs: „Deutschland erwacht!"?
Als würden sie dich bald mit Gaben reich bescheren,
So nahmen sie dich ein, die heute dich verheeren.
Geschlagen bist du mehr denn je in einer Schlacht.

Dein Herz ist eingeschrumpft. Dein Denken ist mißraten.
Dein Wort ward Lug und Trug. Was ist noch wahr und echt?!
Was Lüge noch verdeckt, entblößt sich in den Taten:
Die Peitsche hebt zum Schlag ein irrer Folterknecht,

Der Henker wischt das Blut von seines Beiles Schneide –
O wieviel neues Leid zu all dem alten Leide!

2

Du mächtig deutscher Klang: Bachs Fugen und Kantaten!
Du zartes Himmelsblau, von Grünewald gemalt!
Die Hymne Hölderlins, die feierlich uns strahlt!
O Farbe, Klang und Wort: geschändet und verraten!

Gelang es euch noch nicht, auch die Natur zu morden?!
Ziehn Neckar und der Rhein noch immer ihren Lauf?
Du Spielplatz meiner Kindheit: wer spielt wohl heut darauf?
Schwarzwald und Bodensee, was ist aus euch geworden?

Das vierte Jahr bricht an. Um Deutschland zu beweinen,
Stehn uns der Tränen nicht genügend zu Gebot,
Da sich der Tränen Lauf in so viel Blut verliert.

Drum Tränen, haltet still! Laßt uns den Haß vereinen,
Bis stark wir sind zu künden: „Zu Ende mit der Not!"
Dann: Farbe, Klang und Wort! Glänzt, dröhnt und jubiliert!

## TÜBINGEN ODER DIE HARMONIE

Könnt ich so dichten, wie hier alles klug
Verteilt ist, jedes steht an seiner Stelle.
Des Dunklen nicht zuviel, genügend Helle,
Die Burg, die Brücke, und der Straße Zug

Zur Burg hinauf: verborgen nicht zuviel
Und sichtbar doch nicht alles. Auch die Wellen
Des Neckars halten Maß: in ihrem Spiel
Erscheint das Meer schon, und zugleich der Quellen

Ursprung ist spürbar. So geordnet ist
Dies alles, einfach, und doch reich gegliedert.
Wie ewiges Gespräch. Darin vermißt

Man keine Stimme. Alles wird erwidert.
Zur Brücke spricht die Burg. Die Brücke spricht
Hinab zum Fluß. Ins Dunkel spricht das Licht.

## JENA ODER DIE SCHWEBENDE STADT

Wie unten schwebend, aufgehängt an Hängen,
Die blühend sind und wo es lacht und singt:
Ist diese Stadt. In ihren Straßen drängen
Die Menschen sich. Es ist kein Gehn. Es schwingt

Zum Marktplatz hin. Dort ist es voll von Klängen,
Die Fahne weht vom Rathaus und verschlingt
Sich oft im Wind. Wir jubeln mit Gesängen
Dem Redner zu. Der spricht nicht mehr. Er winkt –

Er winkt nur noch. Er kann kein Wort mehr finden.
Er steht auf dem Balkon da wie verzückt.
*Der* Tag, das wußt ich, wird mir nie entschwinden ...

Im Jahre achtzehn war's, als dies geschah.
O Jena, wann kommst du mir wieder nah:
So schwebend, schwingend, singend, so geschmückt?!

## NECKAR BEI NÜRTINGEN

Die Ufer sind so flach, daß auch die Wiesen
Sanft mitzufließen scheinen mit dem Fluß.
Ein uferloses grünes Überfließen,
Ein Überfluß, drin alles mitziehn muß!

Die Apfelbäume blühn. Ein weicher Schimmer
Liegt überm Land. Es blüht aus dir heraus.
Still. Nur der Fluß, das Blühn ... Ich wünsch mir: immer
Möcht ich hier sein. Hier bin ich ganz zu Haus.

An einem Holztisch sitz ich in der Laube
Und schenk mir ein aus einem hohen Krug.
Die Nacht, wenn ich auch nicht an Gott mehr glaube,
Ist Wunder voll und rätselhaft genug.

O Nacht, belebt von Sternen, Mond und Wind –
Ob ich dich, Neckar, jemals wiederfind?

## WUNSCH FÜR DIE NACHWELT

Wenn einen Wunsch zu äußern ihr gestattet –
Ein jeder hat schon solchen Wunsch gehegt,
Wenn er sich fragte, wie wohl überträgt
Sein Bild sich auf die Nachwelt –: unbeschattet

Soll es nicht sein und keinesfalls gestellt,
Nicht lange wär man es zu sehn gewillt.
Ein Bild, das sich zur Wahrheit schlecht verhält
Und darum bald zerfällt, ein falsches Bild.

Gemeldet sei von mir: „Er litt und rang
Um Deutschland, das er liebte, doch nicht minder
Rang er mit sich, wobei ihm viel mißlang.

Er trug viel Lasten, und als schwerste Last
Trug er sich selbst, daran zerbrach er fast.
Er war ein Übergang. Ein Überwinder."

## DIE SIEBEN LASTEN

Sieben schwere Lasten muß ich tragen,
Sieben Lasten sind mir auferlegt.
Doch ich will mich darum nicht beklagen,
Denn ich trage, was ein jeder trägt.

Damals trug ich schon die Last, die erste,
Als ich noch in meiner Mutter lag,
Diese Last – vielleicht war sie die schwerste –
Trag ich weiter bis zum heutigen Tag:

Ferner Zeiten ungeheure Bürde,
Tausend Jahre tragen in mir nach
Alle ihre Lasten, so, als würde
Fortbestehn noch immer ihre Schmach ...

Last der Kindheit, Last der vielen Fragen.
Lästig fiel den andern mein „Warum?",
Darum wurd ich auf den Mund geschlagen.
Auch die zweite Last ertrug ich stumm.

Last der unbedachten Liebesmühen:
Eine dritte, eine schlimme Last.
Das geliebte Bild siehst du erglühen,
Kaum erglüht, ist schon das Bild verblaßt.

Last des Hungers: ich ertrug sie täglich
Ohne Murren viele Jahre lang.
Eines Tags schien sie mir unerträglich,
Und ich fragte, wer mich dazu zwang.

Last des Kriegs: so hieß die Last, die fünfte.
Welche Last brach über uns herein!

In der Erde waren Unterkünfte
Eingebaut als lange Gräberreihn.

Last des falschen Wegs: der Lasten sechste,
Wenn du gehst, von Dunkel eingefaßt.
Diese Last trägt schon heran die nächste:
Last der Ängste und die Todeslast . . .

Sieben schwere Lasten muß ich tragen.
Sieben Lasten sind mir auferlegt.
Doch ich will mich darum nicht beklagen,
Denn ich trage, was ein jeder trägt.

Hab ich alle Lasten aufgeschrieben?
Bin ich sicher, daß mir keine fehlt?
Trag ich wirklich nur der Lasten sieben,
Oder sind es Lasten ungezählt?!

Eine Last noch spür ich mich bedrücken:
Last der Ungeduld, die zitternd fragt:
Wann wird uns das große Wagnis glücken,
Das die Lasten abzuwerfen wagt?

## LEONARDO DA VINCI

Zu eng die eine Kunst. Zu eng die Künste.
Zu eng die Wissenschaft. Zu eng das Zelt,
Darin der Feldherr ruht. Die Feuersbrünste
Sind schwaches Licht, das keinen Raum erhellt.

Zu eng die Freundschaft, Liebe – welche Enge!
Der Ruhm: mit Eitelkeit und Neid vermengt.
Die Zeit: zu kurz für ihre ewige Länge.
Und alles das: in Gott hineingezwängt.

Mit ungeheurem Zirkel, der die Sterne,
Wenn er die Welt absteckt, im Kreise streift,
Entwirft er einen Plan für eine ferne,
Gewaltige Zeit, in die er traumhaft greift:

*Des Menschen Allmacht.* Mit dem Zirkel kreist
Er durch den Raum. Berechnet und beweist.

## RIEMENSCHNEIDER

Als er eines Tags, vorübergehend,
Einen blindgestochnen Bauern sah,
Sagte er: „Ich mach dich wieder sehend!“
Und er schnitzte ihn aus Holz, das ja

Aus demselben Stoff war. Alle Lasten
Schnitzte er, die solch ein Bauer trug,
Ins Gesicht hinein, vom vielen Fasten
War um seinen Mund ein bittrer Zug.

Da das Werk für den Altar bestimmt,
Um zu zeugen und um anzuklagen,
Ließ den Bauern er die Kreuzlast tragen
Als *die* Fahne, die ihm keiner nimmt.

Und der Bauer, der geblendet war,
Sah mit großen Augen vom Altar.

## HÖLDERLIN

Er dachte durch die Zeit bis an den Rand.
Er mußte, um zu sehn, die Augen schließen.
Er dachte dies: Was ist das, Vaterland?
Und sah vor sich den Strom, den Neckar, fließen.

Das ganze Volk war dort hinabgezogen
Und feierte ein großes Freudenfest.
Es stand am Himmel hoch ein Regenbogen,
Fern hinter Hügeln trieb ein Wolkenrest.

Es hatte sich das Volk selbst eingeladen.
Nur Volk war da. Denn alles andere war
Aus ihm entfernt . . . Der Schaden,
Der lange währte, war zu offenbar.

Es wehte Wind wie ein unsichtbar Band.
Es sang das Volk. Es sang das Vaterland.

## DIE LETZTE NACHT

1

Um sechs Uhr abends kam der Staatsanwalt,
Er las aus einem Stück Papier:
„Um sechs Uhr morgen früh –“ Er machte halt
Und schlüpfte wie ein Schatten durch die Tür.

2

Ein Tisch steht in der Zelle. Eine Hand.
Und hier noch eine. Zwei. Ein Händepaar.
Die eine kriecht den Tisch entlang zur Wand.
Der Mann am Tisch streicht mit der Hand durchs Haar.

Die Hand streift ihm herunter an der Seite,
Sie zupft ihn lachend an dem Ohr.
Ist's seine Hand? Kam sie nicht aus der Weite,
Die Hand, die er aus seiner Hand verlor?!

Sie greift herüber auf die Augenbrauen,
Sie zieht sie nach, sie fragt die Augen: „Seid
Ihr müd, ihr Augen?! Sagt, was werdet schauen,
Ihr Augen, morgen um dieselbe Zeit?“

3

Der Tisch. Wovon der Tisch nur klebt.
Mit vielen Runzeln, denn der Tisch ist alt.
Vielleicht schon tot. Der alte Tisch belebt
Sich plötzlich, raschelt grün und wird zum Wald.

Schulausflug. In dem Walde drin.
Die Kinder, die der Lehrer führt zum Baden.
Sie lagern sich im Gras. Die Kellnerin
Bringt einen ganzen Korb voll Limonaden.

4

Ein Tisch mit Wachstuch. Vor dem Tisch die Frau,
Sie spricht zum Mann, den an der Hand sie faßt:
„Dann wird es schön sein, Himmel blau
Und Sonne, wenn du eine Arbeit hast . . .“

5

Ein Bild lag auf dem Tisch, darunter stand:
„Vereinigt euch, Arbeiter aller Welt!"
Er nahm das Bild und hing es an die Wand.
Die Stube wurde von dem Bild erhellt.

6

Der Tisch steht wieder in der Zelle. Alt.
Mit vielen Runzeln und mit Rissen.
Als hätt sich einer darin festgekrallt,
In seiner Angst hineingebissen ...

7

Er sitzt ihm gegenüber, so wie er
Ihn damals kannte. Der Besuch sagt: „Komm,
Erzähl, du weißt, ich komm von weit, weit her.
Ich blieb im Krieg. Der Krieg lag an der Somme."

Sie sitzen an dem Tische und erzählen,
Verstehn sich gut, doch dem Besuch
Scheint Arm und Bein, der ganze Leib zu fehlen.
Nur leere Augen und ein erdig Tuch.

„Die Ratten. Erst am Lippenrand,
Dort, wo es zart und weich ist, dann die Augen.
Ich lag versengt vom Sonnenbrand,
Nachts kam die Erde, um mich aufzusaugen.

Ich habe noch im Tod den Arm erhoben,
Der Arm blieb stehn, hast du ihn nicht gesehn?!
Ich band ihm eine Fahne um, ganz oben.
Die Fahne, sag, die Fahne muß doch wehn –

Und habe jeden Tag gehofft so, jeden ..."
Sie sitzen an dem Tisch und schweigen lang.
Erzählen alles, ohne daß sie reden.
Es schlägt die Zeit, ein schmaler Klang.

„Komm, es ist Zeit, Genosse, trink und iß.
Ich habe dir von weit den Tisch gedeckt.
Hier eine Flasche voller Bitternis.
Hier eine Schüssel voller Haß. Das schmeckt.

Auch brachte ich ein Bild dir zum Geschenk.
Nimm es an dich. Du sollst das Bild dir merken.
Es ist dein Bild. Verwahr es gut und denk:
Wenn du dich stärkst, wirst du viel Tausend stärken."

Sie essen beide. Beide rufen: „Prost!"
Die Gläser klirren. Hell ist's in der Zelle.
Es kostet nichts, und es ist gute Kost.
Ein Takt. Unsichtbar die Musikkapelle.

Ein Trommelwirbel, die Trompeten drehen
Sich rundherum, und der Besucher lacht:
„Komm, schau heraus, und sieh die Fahne wehen!"
Und Nacht ist es und Nacht. Es weht die Nacht.

8

Es dämmert blau. Der Tisch ist abgeräumt.
Der Mann am Tisch ist satt, so übersatt.
Er sitzt am Tisch, wie fortgeträumt.
Wie einer, der ein Bild gesehen hat.

Ein Vogel singt. Ein Regentropfen rinnt.
Die Sonne glitzert an den Gitterstäben.
Er wird zum Bild. Das Bild wird leben.
Der Tag.
          Der Tag beginnt.

## DER BITTERE – MAXIM GORKI

Der „Bittere" hieß er, weil er Bitteres nicht
In Süßes fälschte und, was bitter war,
Das Bittere nannte. Denn die Bitternis
War groß. Welch ein Geschmack, wie widerlich

War diese Armut! Tief muß man sie kosten,
Um ihren bitteren Kern herauszuspucken
Und um zu sagen: „So, jetzt sind
Wir voll des Leids. Genug der Bitternis."

Wie gut das Leben schmecken kann! Im Traum
Hat man schon oft geschmeckt den Wohlgeschmack
Der Freuden, und der Tod war danach leicht,

Er schmolz dahin, und nichts an ihm war bitter. –
Er hieß: Der Bittere. Und er brachte uns
Auf den Geschmack. –

## MAJAKOWSKI

Die Schultern eckig, breiter Hosenrand,
Der Schädel kahl:
So steht er, von dem Riesensaal umspannt.

Verwandelt ist der Saal mit einemmal.
Es hängt quer durch den Saal ein Transparent.
Der Saal wirft Wellen, wird zu Berg und Tal.

Das Dach, die Wände sind wie abgetrennt.
Der Saal schwebt hoch, er kreist als Aeroplan
Auf fernen Städten, Trümmern von Zement.

Die Sterne springen aus dem Himmelsplan,
Um sich nach einem neuen Plan zu fügen.
Fängt einer neuen Welt Erschaffung an?!

Auf den Stationen staut es sich von Zügen.
Armeen werden ausgeladen.
Es ziehen Tanks, ein Massengrab zu pflügen.

Die Dame, die bemalt ist an den Waden,
Hört keine Stimme mehr am Telefon.
Die Straßen wachsen zu mit Barrikaden.

Ein Auto surrt und macht sich schnell davon,
Drin sitzt mit falschem Bart und blauer Brille
Der Herr, der einst saß auf dem Weltenthron.

Das Auto surrt . . . Im Saal ist es ganz stille.
Der Dichter spricht, vom Riesensaal umspannt.
Es singt: „Und so geschah der Völker Wille!"

Ein roter Stern erscheint, fünffach gezackt,
Und überblendet die Planetenbahn.
Wie aus dem Radio, hart und abgehackt,

So kommen Worte. Wehen. Werden Fahnen.
Mit Fahnen ist der Saal festlich geschmückt.
Ein Saal voll Rotarmisten, Partisanen.

Das eine Auge zugedrückt,
So lächelt Lenin, als des Dichters Hand
Auf Felder zeigt, dort wird die Frucht gepflückt.

Es steigen Städte bis zum Wolkenrand.
Die Worte steigen. Jedes Wort ein Schritt.
Der Dichter hebt den Arm, schlägt einen Takt.

Der ganze Saal spricht mit.

## CARONA IM TESSIN

Mein Süd-Traum. Blau wie Lapislazuli
Liegt tief der See, weich eingefaßt von Felsen.
Der See scheint alles in sich einzuschmelzen.
O blaue Glut! So blau war es noch nie.

Der Himmel oben kann nicht blauer sein,
Und angstvoll still ist es. Wenn eine Grille
Im Gras sich regt, wächst regungslos die Stille . . .
Hier könntest du nicht glücklich werden, nein,

Nicht glücklich nur, hier wär Glückseligkeit.
Hier könnten in den Hainen und den Auen
Die Menschen sich ergehen. Dargebracht

Ist ihnen alles. Schauen nur und schauen,
Ausschauen, schauen in die Ewigkeit.
Die Nacht ist groß wie eine Weltennacht.

## DIE UNBEKANNTE AUS DER SEINE

Dein Lächeln überzieht oft meinen Mund,
Und mein Gesicht scheint deinem angeglichen,
Auch ich bin so wie du aus tiefem Grund
Emporgetaucht, die leichten Wellen strichen

Darüber hin, wo ich im Dunkel trieb.
Ich habe nichts von einem Tag besessen,
Gebettet lag ich kühl im Welt-Vergessen,
Und nur ein Lächeln, nur dein Lächeln blieb . . .

Dein harter Mund hat endlich nachgegeben,
Und dieses Lächeln zeichnete sich ein,
Und alles Schwere hat es abgewiesen,

Als würde dies das gute Ende sein:
Ein Lächeln. Laß dein Lächeln mich umschweben!
So lächelst du mich an, du ewiges Fließen.

## DIE TIEFSTE NÄHE

1

Du bist die tiefste Nähe, die zu mir
Ich selbst gewinnen kann: du – meine Nähe.
Du bist das feste Da-Sein, bist das Hier,
Darin ich, übergehend, fortbestehe.

Bist täglich meiner Heimat Wiederkehr,
Daß ich ganz deutlich alles wiedersehe,
Als ob es gestern noch gewesen wär:
Den Nymphenburger Park – wir füttern Rehe –

Starnberger See – Undosa-Wellenbad –
Das „Bratwurstglöckle“ am Oktoberfest –
Bist Edelweiß und schmaler Gemsenpfad –
Du bist es, die mich nichts vergessen läßt –

So hältst du ständig mir den Haß in Glut
Und grüßt mich, wo ich geh und steh: „Mach's gut!"

2

Du warst das grüne Lachen in den Bäumen,
Der Bogenlampen kühler Mond, der mir
In Städten schien wie aus verschollnen Räumen . . .
Wo warst du, sag? Wo ich? Wo waren wir?!

Du, die ich liebte, längst bevor ich dir
Begegnete – oh, es war gut zu träumen,
Hätt ich dich nicht geträumt, wärst du nicht hier.
Wie konnten wir so lange uns versäumen!

Du, die mich denkt, mich besser denkt als ich –
Du, die mich lenkt, mich besser lenkt als ich –

Ich kann nicht beten, darum bitt ich sehr
Dich und mich selbst: Laß nicht das Glück verwehen!
Was ohne dich geschehen wär?!
Du machtest meinen Tod mir ungeschehen.

3

Ich muß dich immer wieder neu entdecken:
Dein Haar, die Augen, deinen Mund, die Hand,
Links überm Mund den kleinen braunen Flecken,
Die Haut, Geruch von Schnee und Sonnenbrand,

Die Sommerlippen und dein Frühjahrshaar,
Die Hand im Herbst und deinen Wintermund,
In deinen Augen steht septemberklar
Mein eignes Bild, erhellt bis auf den Grund.

Ich muß mich immer wieder neu entdecken,
Mein eignes Bild ist vor mir aufgestellt
In deinem Bild – mich zu erwecken,
Wenn die Verzweiflung lähmend mich befällt.

Du bist mein Wachsein. Auch dein Schlaf bewacht
Mit seinem Atem meine wunde Nacht.

4

Ich muß dich wieder ferner rücken, du
Mir Allernächste, um dich zu erblicken,
Dann kann ich dir von ferne Grüße schicken
Und komme wieder näher auf dich zu.

O die Gefahr der Nähe! wo Verlust
Nicht ständig mich bedroht. Nur im Bemühen
Halt ich mich grad und bleibe kraftbewußt.
Wenn ich gewann, beginn ich zu verglühen.

Entreiß dich mir! Wenn du in Stücke reißt
Das Unzertrennliche, werd ich es fügen,
Und nichts wird, dich zu halten, mir genügen,
Damit du weißt, was du heut nicht mehr weißt:

Die tiefste Nähe bist du, die zu mir
Ich selbst gewinnen kann. Ich bin in dir.

## BERLIN

Mit Lichtreklame übergrell geschminkt,
Die Straßen: Schluchten zwischen Lärmfassaden,
Und von der Stadtbahnbrücke quillt ein Schwaden
Von Rauch herab, der uns verrußt, durchstinkt.

Als wären fensterlos die Häuser. Glas,
Nur um zu schaun und nicht um je zu lüften;
Das auf dem Platze eingezäunte Gras
Wie eine schüttre Decke über Grüften –

So schienst du mir, als ich das erstemal
Aus meinem Süden zu dir kam, und lange
Hab ich gebraucht, um mich zurechtzufinden.

Da fand ich Menschen, die durch Stein und Stahl
Gegangen waren, und in ihrem Gange
War eine Kraft, die Welt neu zu begründen.

## PARIS

Daß ich dich sah, Paris! Ich sah in dir
Vergängnis, unvergänglich aufgegangen.
Bestrebt, die ewigen Bilder einzufangen
In meinem Blick, bleibst ewig du in mir.

Du bleibst in mir, wie ich von Sacré-Cœur
Herniederschaute, ruhend auf den Stufen.
Volk von Paris, oft daß im Traum ich hör
Dich mit Clairons hell in die Zukunft rufen!

Daß ich dich sah, Paris! Wie fernen Hauch
Seh ich auf jedes Bild dich übertragen.
Wenn mich die Schwermut fragt: Hat es sich auch
Gelohnt, des Lebens großes Spiel zu wagen –

Geb ich zur Antwort nicht zuletzt auch dies:
Es lohnte sich, da ich dich sah, Paris!

## MOSKAU

Von allen Städten, die ihr nennt und preist,
Ist sie die Stadt, die wächst und sich vollendet.
Sie reicht viel weiter, als ihr Stadtbild weist,
Und niemand weiß, wo ihre Grenze endet.

Du bist die Stadt, die mehr verlangt, als wir
Gewesen sind, und nie ruht dein Verlangen.
Ihr, die ihr eingeht, wißt: ihr werdet hier
Vergangen sein mit allem, was vergangen.

Von allen Städten, die ihr preist und nennt,
Ist sie die Stadt, die strebt nach Raum und Dauer
Und ordnet sich nach einem neuen Sinn.

Kommt her und seht! Auf bestem Fundament
Ist sie erbaut. Das Volk ist dein Erbauer,
Du freie Stadt, du Weltbezwingerin!

## ANDREAS GRYPHIUS

Der Dreißigjährige Krieg . . . Was man dem Volk versprach,
Brach man's nicht allerorts? Es ging das Volk zuschanden.
Du, der zu Tod erkrankt an deines Volkes Schmach,
Du starbst in deinem Volk und bist im Volk erstanden.

Du, der das deutsche Wort geschmiedet und geprägt
In feste Formen goß, ein Guß für lange Zeiten –
Das Wort war dir bekannt, das zürnend niederschlägt,
Das Wort, das überzeugt, uns wandeln kann und leiten.

Des Volkes Blutverlust, der Herren Missetat,
Die Welt, die ihren Lauf ins schlimmste Unheil nimmt,
Und wo kein Ausweg ist im Dulden und Ertragen –

Wenn die Gemeinde sang: „Es steht in Gottes Rat“,
Da standst du auf und hast voll Kraft ihn angestimmt,
Den mächtigen Choral: „Herr, laß das Volk es wagen!“

## UMFANGEN

Des Unfaßbaren Wunder
Ist in dir mit umfaßt.

Ihr entzieht euch mir, ihr Sternenweiten,
Ich erfasse nicht des Mondes Licht,
Und ich halt den Wind nicht, im Entgleiten
Überweht er kühl nur mein Gesicht.

So verging in mir auch Abendglühen
Und der Käuzchen weher Nachtgesang,
Es entschwindet Blühen und Verblühen,
Und ich suche in mir selbst entlang

Nach den Worten, die liebreich verklangen,
Und dem Klang der Ziehharmonika,
Denn ich möchte immerdar umfangen,
Was ich staunend, was ich liebend sah.

Muß ich meine Arme sinken lassen,
Weil mich Unfaßbares von sich wies?
Oh, ich darf es liebend mit umfassen,
Wenn ich dich in meine Arme schließ.

## FRÜHER TRAUM

Ich hab im Traum ein Bild geschaut
In frühen Kindheitstagen:
Es war durchsonnt und zart umblaut
Und schien nach mir zu fragen.

Verloren hatt ich bald die Spur,
Zwar blieb ich oftmals stehen
Und sann und sann und sagte nur:
„Ich habe ein Bild gesehen."

Ich floh dahin. Wer hielt mich auf?
Wohin war ich entschwunden.
Oh, ich verlief mich in dem Lauf
Viel schaler Liebesstunden.

Da saßest du im „Café Flor",
Und auch die Linden blühten.
Das Traumbild, das ich einst verlor,
Sah ich dich treu behüten.

Durchsonnt warst du und zart umblaut
Und schienst nach mir zu fragen.
Ich hab im Traum dein Bild geschaut
In frühen Kindheitstagen.

## ES BLAUT DIE NACHT

*Nach Händel*

Nun wölbst du wieder deinen blauen Bogen,
So blaust du, Nacht, schon Ewigkeiten lang,
Die tiefe Stille kommt herangezogen,
O einer Stille tiefer Wogengang!

O Nacht, in deiner Stille uns gesandt,
Um deine Stille in uns auszubreiten.
Wie schläft es still in deinen nächtigen Weiten,
Vertrauensvoll dem Dunkel zugewandt!

Es schläft das Haus mit dem geneigten Dach,
Und selbst der Brunnen schläft in seinem Rauschen.
Ich blieb, um deinem Atemzug zu lauschen,
Du stille Nacht, oft viele Nächte wach.

Es schläft im Mond das weiße Felsgestein . . .
O Schlafenszeit! Du großes Augenschließen!
Im Strom der Nacht seh ich mich mitverfließen
Und werde bald auch ohne Strömung sein . . .

Sag mir ein Wort, das wäre zu durchdringen
Die tiefe Stille tief genug gedacht!
Vielleicht in dieser Stille mag's gelingen,
So stille ist es, und so blaut die Nacht.

## DU ZEIGST HINÜBER . . .

Der Worte müd, der allzu vielen,
Weißt du: ich wehe fort im Wind,
Ich darf vor dir mit Träumen spielen,
Ich bin dein traumverspieltes Kind.

Die nie erreichte Hand erreicht mich,
Es geht sich leichter Hand in Hand.
Es geht der Weg, der schwere, leicht sich,
Weil ich dich auch als Schwester fand.

Du zeigst hinüber nach dem Hange,
Mit unserm Wein ist er bebaut.
Ich folge dir auf deinem Gange,
Du Heimatlied und Mutterlaut.

Es ist ein ungetrübtes Brennen,
Das nur mit Schweigen sich umgibt,
Und selten wag ich es zu nennen:
„Du bist für alle Zeit geliebt."

## EIN SOMMERLIED

Als der Sommer von uns schied,
Nahm ich mit ein Sommerlied:

„Weich gebettet oben lagen
Wir auf unserem Erntewagen.

Feine Glöckchen läuten viel,
Unserer Herden Glockenspiel,

Froh tönt es herab uns beiden,
Wo die großen Herden weiden,

Von den immergrünen Matten,
Aus den kühlen Felsenschatten . . .

Wild gezackt und finster-grau
Standen einst im Himmelsblau

Heere ungetümer Riesen,
Die kein Stückchen Land uns ließen,

Hielten alles Land gefangen,
Bis wir eines Tages sangen:

‚Steine, Steine wolln wir stechen,
Mauern wolln wir brechen, brechen –‘

Vor uns stand ein Sommer klar,
Und ein ewiger Sommer war

Bald, bei dieses Liedes Schallen,
Aufgegangen über allen . . .“

Als der Sommer von uns schied,
Nahm ich mit dies Sommerlied.

## FLIEHENDE MUTTER

*Aus dem Spanischen Bürgerkrieg*

„Ich weiß ja nicht, ob ich willkommen bin
In Ihrem Land ... Ich bin so weit vertrieben ...
In diesem Bündel? ... Waffen? ... 's ist darin
Was Liebes, Herr ... Sonst ist mir nichts geblieben ...

Das kam nun so ... Das Dorf war lang schon leer,
Die Männer fort im Krieg ... nur Kinder, Frauen ...
Da kam ein Donnern, Herr, vom Ebro her ...
Wir liefen auf das Feld, um auszuschauen ...

Kein Stückchen Brot. Nichts – viele Tage lang ...
Und da, da kamen sie ... so schnell von oben ...
Und einer, der sich tief herunterschwang ...
Kein Schrein ... Ich hab mein Kindlein aufgehoben –

Und plötzlich war die Straße nicht mehr da.
War eine Schlucht. War Eis. Ein Felsen meinte
Es gut mit mir ... Sie kamen wieder nah ...
Der Felsen barg mich. Auch der Felsen weinte ...

Ich weiß ja nicht, bin ich noch irgendwo?! ...
Darf ich es jetzt in Ihre Erde betten? ...
Verzeihen Sie, mein Herr ... Das kam nun so ...
Man muß die Toten ... auch die Toten retten ..."

## ICH SAH SIE KOMMEN

Ich sah sie kommen von weit her, o weit
Zurück lag diese Zeit und war vergessen,
Vor dieser Zeit lag wieder eine Zeit,
Die sie auf ihrem langen Zug durchmessen.

Sie kamen nicht aus einem Urwald her
Und nicht aus Felsgebirg und Wüsteneien,
Sie zogen in den Völkern kreuz und quer
Und kündeten, daß sie die Retter seien ...

Wir saßen still. Es wurde totenstill.
Ich sah sie kommen mit geschwungnen Stöcken
– Die Glocke in der Schule hallte schrill –,
Sie trugen Tintenärmel an den Röcken

Und schlugen, schlugen, bis der Stock zerbrach,
Sie prügelten in uns hinein das Böse.
Ich meinte *sie*, wenn ich vom „Übel" sprach,
Und sah mich um, wer mich davon erlöse.

Es brannte nachts im Traume lichterloh,
Und in dem Brand erschienen sie in Scharen ...
Ich hatte es gelesen irgendwo:
Ich sah – ich sah sie kommen, die Barbaren ...

Ich sah sie kommen, die Barbaren, sah
Sie mützentragend, mit geflickten Nasen
Und ihren Schmissen kamen sie mir nah,
Und abends, wenn sie in der Kneipe saßen,

Die steife Hemdbrust wölbte sich hervor,
Und immer höher wuchs der hohe Kragen.
So saßen sie und brüllten laut im Chor
Und mordeten dabei mit Wohlbehagen ...

Verborgen kamen sie und unsichtbar,
Sie haben alles Dunkel eingefangen.
Was je ein Wahn vergangner Zeit gebar,
Ergriffen sie mit innigstem Verlangen.

Es zogen hin in einer trüben Flut
Gedanken-Unrat, Müll verwester Seelen,
Und ein Prophet, jenseits von Bös und Gut,
Trat auf, um sich als Retter zu empfehlen ...

Oft schien es, daß sich ihre Spur verlor
Und daß ihr frecher Wahnsinn doch mißlinge,
Denn eine Weltenwende stand bevor
Und ein Zu-Ende-Denken aller Dinge.

## WIR, UNSERE ZEIT, DAS ZWANZIGSTE JAHRHUNDERT

Ich weiß: hier, diese Zeit, in der ich bin,
Ist allgewaltig. Keine andere kann
Sich mit ihr messen. Sinn und Widersinn
Der Zeit verheißen: eine Zeit bricht an!

Mit ungestümer Kraft gestalte ich
Mich um, daß ich nicht diese Zeit verliere.
Und sieh: die neue Zeit gestaltet mich
Und wandelt mich, denn ich bin ganz der ihre.

Oft blicke ich in dich hinein verwundert,
Du, meine Zeit! ... Und hätte ich die Wahl,
Mir auszusuchen eine von den Zeiten.

Ich wählte dich und würde noch einmal
Verkünden stolz und rufen in die Weiten:
Wir, unsere Zeit, das zwanzigste Jahrhundert!

## ES NAHEN ANDRE ZEITEN ...

Es nahen andre Zeiten, wiederholen
Sollt ihr den Satz: es nahen andre Zeiten.
Steht damit auf und legt euch damit schlafen.
Denkt stets daran: es nahen andre Zeiten.

Geschäfte werden nicht mehr übernommen.
Die alten Waren bleiben unverkäuflich.
Und bietet ihr euch an, so werden Türen,
Verschlossene, antworten: Andre Zeiten.

Was zögert ihr? Ihr selbst seid abgelaufen.
Trüb ist das Wetter, und es herrscht Geheimnis.
Die Rechnung stimmt nicht. Unbekannte Größen
Erscheinen und verwirren die Berechnung.

Die Völker wandern. In den kleinen Orten
Auch fern der Bahn wird eilends aufgebrochen.
Auf, mach dich fertig, denn es heißt: Nimm Abschied!
Und selten ist der Ruf: Auf Wiedersehen ...

Ihr, die ihr sitzt, wie ewig festgesessen,
Und hofft euch unbekümmert fortzusetzen,
Die Zeiten, die euch nahen, überdauernd:
Laßt alle Hoffnung schwinden – andre Zeiten.

O andre Zeiten. Spärlich mit Vergleichen
Helft ihr euch aus, bald fehlen die Vergleiche.
Nicht deine Zeit, nicht meine ist gekommen.
Es nahen andre Zeiten. Andre Zeiten.

Ihr, die ihr euch verbrüdert mit dem Kriege
Und meint, vielleicht erzwingt er euch die Rückkehr –
Wohin zurück? In eine neue Fremde
Kehrt ihr zurück, verbannt zum zweiten Male.

Es gilt kein Prahlen mehr. Von den Verdiensten,
Den längst verjährten, will man nichts mehr wissen,
Und ungehört verhallt, was in den Grüften
Orakelt noch, sich traurig überlebend . . .

Nur wer es weiß: es nahen andre Zeiten
Und schaffen uns noch rätselhafte Wesen –
Nur wer vermag, auch von sich selbst zu lassen
Und das Verbrauchte aus sich auszuscheiden –

Nur wer auch mitverlor bei den Verlusten
Und auch ein Teil war im gewaltigen Sterben –
Nur wer auszieht aus seiner eigenen Fremde
Und sucht und weiß, er war sich selbst mißraten –

Nur wer den Weg dorthin nimmt, wo die Seinen
Versammelt sind, und ohne vorzudrängen
Kehrt er dort ein, wo er sich wiederfindet
Und Eingang findet in des Volkes Mitte –

Der reicht hinüber in die andren Zeiten,
Der geht entgegen ihnen, wie auf Bergen
Steht er und schaut ringsum der Völker Dämmern –
Der singt das Lied vom großen Anderswerden.

## MÜNCHEN

Was hat dich wiederum heraufbeschworen,
Erinnerung? O Tausendwunderstadt!
Als würd ich ewig in dir fortgeboren,
Blieb ich in dir, die mich geboren hat.

Die Mutter trug mich unter den Arkaden
Und sah mit mir die schönen Bilder an,
Am Stachus stand ich vor dem Zauberladen,
Lief um die Wette mit der Pferdebahn.

Um Propyläen tollten unsre Spiele.
Der Fußball rollte zum Odeonsplatz.
Der unterirdischen Gänge gab es viele
Und manchen unentdeckten Märchenschatz.

Ins Freie flüchtend vor des Lehrers Tücke
– Es folgte mir der Stock in seiner Hand –,
Dort stand ich auf der Bogenhauser Brücke
Und ließ den Blick nicht von der Berge Rand.

So stand ich sinnend eine ganze Weile,
Bis mich das Abendläuten heimwärts trieb,
Und in mir barg ich manche lichte Zeile,
Die ich an meine fernen Berge schrieb.

Oh, durch wie viele Jahre muß ich schauen!
Daß ich noch immer Ausschau halten muß!
Wir gingen schweigend durch die Isarauen,
Ich wartete auf dich nach Ladenschluß.

Das Ufer aber war in diesem Jahre
Von trüben Fluten weithin überschwemmt.
Wie Asta Nielsen trugst du kurz die Haare,
Nach vorne in die kleine Stirn gekämmt.

Wie ging ich oft, daß ich mich selbst vergesse,
Nachts durch die Straßen, stand im Dunkel da.
Und wartete. Worauf? Die Weihnachtsmesse
Besuchte ich in der Basilika . . .

In goldenen Helmen schritten die Hartschiere.
Noch gab es die Fronleichnamsprozession.
Die Stadt durchzogen kniende Spaliere,
Und jedes zehnte Jahr ward Gottes Sohn

In Oberammergau ans Kreuz geschlagen . . .
Noch grünt' der Lauben heimliches Versteck.
Noch gab es viel an hohen Feiertagen
Mit Wohlgeruch von Kuchen und Gebäck . . .

Ich sang von ungeheuren Weltenweiten,
Darin sich jede Menschenspur verlor.
Im Spiegelsaale der „Vier Jahreszeiten"
Stand ich im Smoking, trug Gedichte vor . . .

Was soll ich die vergangnen Stunden zählen?
Es tönt heran wie Trauermelodie.
Auch dich besuch ich wie an Allerseelen,
Versunkne Stätte, Café Stefanie.

O Wendeltreppe! Speicher! Spinnenweben!
Ich sah bis an den Kleinheßloher See:
Hoch über allen Dächern konnt ich schweben
In Schwabing oben in dem Atelier.

Da eilten früh die guten Zeitungsfrauen,
Und Milch und Brötchen standen vor der Tür.
Wir aber ahnten: um uns wächst ein Grauen,
Und eines Tags – noch aber träumten wir.

Verbrüdernd uns mit allen Lebewesen
Und uns verschwörend wider Gott und Staat,
Drohten wir schrecklich, in gereimten Thesen
Und wie ein feuerspeiendes Plakat.

In rotem Sweater, gleichend den Apachen,
Und langem, um den Hals geschlungenem Schal
– Verzweiflung trieb aus uns ein tolles Lachen –,
So hausten wir in unserem Nachtlokal . . .

Wo seid ihr hin, ihr Lieben, ihr Gefährten?
Seid ihr verstreut in alle Welt hinaus?

Geht ihr umher mit Bäuchen und mit Bärten,
Sitzt ihr am Stammtisch in dem Hofbräuhaus?

Ihr, die ihr zogt mit Sträußen an Gewehren
Vorüber damals an dem Luitpoldpark –
O immer sollt ihr in uns wiederkehren!
Wo seid ihr hin? Liegt ihr bei Langemarck?

O Stadt, bewegt vom Saitenspiel der Zither
Und wie erbaut für einen Feiertag –
O Stadt der unerwarteten Gewitter
Mit Wolkenbrüchen und mit Hagelschlag –

O Stadt der abendlichen Bittgesänge,
Vom Untergang der Sonne überstrahlt. –
O Stadt der Bogen und der Säulengänge –
All deine Bilder sind mir eingemalt.

Du Stadt der vielen müßigen Beschauer,
Aus einer fremden Welt herbeigeeilt –
In dir, o Stadt, war Süden, Sinn und Dauer,
Verschwenderisch an alle ausgeteilt.

Du lehrtest mich, o Stadt, das Glück des Lachens.
Wie oft hab ich mich selber ausgelacht!
Du zeigtest mir Sankt Michael, des Drachens
Gewaltigen Töter in der Drachenschlacht.

All deine Klänge hast du mir verliehen.
Dein Stadtbild hat sich fest mir eingeprägt.
Mit dir bin ich verdorben und gediehen.
Ich wiege das, was dein Gewicht beträgt.

Dich hege ich in mir bald fünf Jahrzehnte,
Und meine Kraft entstammt aus deinem Reich.
Wenn ich mich dir auch längst entwachsen wähnte,
Du bliebst mein Urbild, dienst mir als Vergleich.

Die Hälfte nennt ihr nur von meinem Namen,
Fügt ihr nicht auch hinzu: „Geboren in –",
Und zu den Dichtern, die uns überkamen,
Tret ich in deinem – meinem Namen hin . . .

Mit ihren Stürmen, die sich mächtig breiten
Und ziehen in den Straßen ab und auf,
Und mit dem Ruf in hohe Einsamkeiten
Bestimmen die Gebirge deinen Lauf.

Mit bunten Fahnen und Willkommen-Kränzen
Und einem dunkelblauen Himmelsplan,
Darunter festlich deine Plätze glänzen,
Hat sich der Süden in dir aufgetan.

So wuchs ich auf und wurde deinesgleichen,
Gewitter wölbten über mir sich schwer.
Du gabst mir deinen Wohllaut mit, den weichen,
Und eine Härte von den Bergen her.

Und feiern einst wir unser Auferstehen,
Dann sei es, daß ein Sommerhimmel blaut,
Und wenn zur Orgel wir im Tanz uns drehen,
Erschall dazu der Jodler Jubellaut . . .

Ich sehe dich, wenn ich zurück mich wende.
Ich sehe dich vor mir. Halt im Sehn nicht inn.
Du bist der Anfang, und du bist das Ende.
In meinem Ende ist der Anbeginn.

So soll ein jeder unserer Dichter preisen
Die Stadt, die seine ist. In edlem Streit
Wetteifern alle Städte und beweisen
In diesem Wettstreit ihre Werdezeit –

Und jede Stadt wird, um sich neu zu gründen,
Den ehren, der sie hoch und teuer nennt . . .
Um aus der Ferne deinen Ruhm zu künden,
Schuf ich dir, München, dieses Monument.

## BEFREITER

Was er, ummauert von der Einsamkeit,
Mit sich bedachte – Sturzflut des Gedachten,
All das, was er durchlitt in seinen Schlachten,
Die schlug er täglich wider Raum und Zeit –,

Trägt er mit sich – oh, es wird weit, so weit,
Wo kann er sich in dieser Weite halten,
Und möchte sich befreit – wie alles schreit! –
In einem Winkel still zusammenfalten.

Er trägt mit sich den grauen Mauerrest.
Gesicht ist kalkgetüncht, wie von der Wand.
Will hören seinen Schritt, drum tritt er fest.
Wie eine Klinke drückt er jede Hand.

Dann läßt er sich von alldem überfallen:
Muß laufen, singen, muß wie trunken lallen ...

## TRAUERNDE LIEBE

Weiß ich, ob du es bist,
Die ich liebe.
Trägt dein Gesicht mir zu
Blicke von einst?

Trauerst auch du in mir
Wie in der Fremde?
Weiß ich, ob ich es bin,
Den du liebst ...

Was du mir gabst, war
Weiterzugeben.
Was ich dir sagte, war
Dir nicht gesagt.

Frage den Wind, der am
Abend im Wipfel
Säuselt, ob dir sein
Wehen gilt ...

Fernen entstehen. Es
Ruft ein Echo.
Klang unsrer Stimmen ruft
Tote auf ...

Weiß ich, ob du es bist,
Die ich liebe.
Weiß ich, ob ich es bin,
Den du liebst.

## DER LESENDE

*Auf der Fahrt nach Peredelkino*

Er hat das Buch verwundert aufgeschlagen,
In weißer Stille blätternd, bis es spricht,
Und hat es zitternd vor sich her getragen.
Er sitzt im Zug und liest. Er rückt ins Licht.

Die Verse drängen ihn, sie mitzusagen,
Und überziehen glanzvoll das Gesicht.
Bald schwingen sie, ihn wiegend, durch den Wagen,
So fährt er mit dem Zug durch ein Gedicht.

Gebannt ist noch der Blick, umspannt vom Rand.
Dann schaut er auf vom Buch, schaut in die Weite.
Und während er das Buch entgleiten läßt,

Legt er dazwischen seine eine Hand.
Als hielte er so die gelesene Seite
Mit seiner Hand, auch mit der Hand, ganz fest . . .

## VERSE

Ich habe dich so sehr geliebt, Poesie.
*Francis Jammes, Letzte Worte*

Es waren Verse, die mich früh erweckten
Und ließen mich das Allerhöchste ahnen.
Es wehten Verse mir voran als Fahnen,
Als wir die Welt, die neue Welt entdeckten.

Es waren Verse, die mich stark bewehrten
Und Unerhofftes in mir selbst vollbrachten.
Es waren Verse, sie, die kühn durchdachten,
Die das Vollendete mich denken lehrten . . .

Die „Welt in Versen“ will ich neu gestalten,
Und Großes mögen meine Verse ehren.
In meinen Versen werd ich wiederkehren,
Und meine Verse werden Einzug halten.

Mit Versen, Versen will ich dich umwerben
Und dir der Verse allerbeste schenken.
In Versen lieben und in Versen denken!
Mit Versen auf den Lippen laßt mich sterben!

## DER ZAUBERWALD

*Peredelkino*

Ich gleite nach die vorgezogenen Spuren
Und fahre lautlos durch den weißen Wald,
Den Unbekannten folgend, die hier fuhren,
Doch ihre Spur verliert sich allzubald,

Und einsam zieh ich schmale Skigeleise,
Als glitt ich in ein unentdecktes Land.
Es schmiegt sich dicht an mich der Wald, der weiße,
Und weißgeballtes Dickicht streift die Hand.

Die Bäume ragen, urwaldhafte Farren,
Weich eingemummt in ihrem Schneebehang,
Ich rufe, jeder Laut muß gleich erstarren,
Schwebt in dem Schweigen als ein toter Klang.

Die Sonne scheint, noch ist es nicht ihr Wille,
Den Wald zu lösen aus dem Zauberbann,
Verheißt uns aber in kristallener Stille,
Daß sie den Wald zurückverzaubern kann.

Es ist ein fernes zeitenloses Gleiten,
Daß, heimwärtsgleitend, du es nicht vergißt:
Im Zauberwald fährst du, dem tief verschneiten,
Darin du, gleitend, mit verzaubert bist . . .

Ich höre sie, die eingefrorenen Lieder.
Ein Vogelruf eilt schon zum Frühlingsfest.
Und manchmal stäubt ein wenig Schnee hernieder
Vom aufgescheuchten, schwingenden Geäst.

## HIER STAND EINST EINE STADT...

Hier stand einst eine Stadt. Erbaut war sie,
Die wetterharte Stadt, vor tausend Jahren.
Stolz ragten ihre Türme auf, gleichwie
Ein Denkmal alles dessen, was wir waren.

Ein Strom umschlang sie weich in seinem Lauf,
Wuchs in die Stadt herein mit den Kanälen.
Gemäuer zählten ihre Jahre auf
Und starben grau dahin im Weiterzählen.

Der hohe Turm in ihrem Wappenschild
Schien aufzustreben und sich zu versenken
Zugleich, die Wellen spiegelten sein Bild
Und nahmen ihn mit sich als Angedenken.

Die Glocken hallten in den Wolken fort,
Gar mancher blieb noch stehn bei ihrem Läuten
Und hoffte, aus dem Glockenlaut – dem Wort,
Dem dunklen, dort – den Sinn der Zeit zu deuten.

Auf einem Platze lag er, der Soldat,
Der sterbende, in weißen Stein gehauen,
Und suchte mit dem Blick den Tag, der naht,
Den Friedenstag – er mußte weithin schauen . . .

O tausendjährige Stadt! Wo stand sie, die
Wir hatten singend oft durchstreift in Scharen?
Hier stand einst eine Stadt. Zerstört ward sie,
Die wetterharte Stadt, nach tausend Jahren.

## EWIGE JUGEND

Dies scheint mir eine Zeit der ewigen Jugend
Stolz anzukünden, daß der Wille wächst,
Sich zu verändern. Plastisch vorgetrieben
Aus Dämmerschichten seh ich die Gestalten,
Die eine große Wandlung uns verheißen,
Und zeichengebend auf den Höhen stehn,

Die ihnen folgen ... Laßt die Toten nicht
Umsonst gefallen sein und schmückt die Gräber
Mit Taten aus! ... O schlimme Wunden schlug
Uns die Vereinsamung. Nun machen wir
Uns mit uns selbst bekannt und feiern bald
Des Menschen Wiederkehr. Gewaltiger
Als je zuvor erscheint er, der Eroberer,
Um mit der Kraft des Wissens einzunehmen
Die ganze Welt ... Wir aber selbst sind schon
Ein Teil von ihm, und, ahnend jene Fülle,
Befruchtet unser Wort, was noch verheert
Darniederliegt in Trümmern und in Dürre ...
So bleibt das Auge sehend, schaut der Blick
Ins Künftige aus, und ins Vergangne starrt
Nicht greisenhaft Erinnern ... Unverbraucht
Schlägt uns das Herz, stürmt in den Morgen vor.
Ein erster Tag. Ist's nicht das erstemal,
Daß uns die Sonne leuchtet, nein, noch nie
Sah ich sie so, in ihrem hohen Glühen,
Aus überblauem, wolkenhaftem Äther
Herniederstrahlen, mit ihr strahlend dehnt
Der Tag sich aus, verzückt – ein weites Glänzen.
Ein erstes Mal! Ist's nicht der erste Tag,
Der Menschenschöpfung erster, und der erste
Seit Welten-Anbeginn, da wir uns frei
Ergehen in dem wohldurchdachten Raum,
Der unser wurde und nicht mehr von Ängsten
Bevölkert ist und Schrecken ... Eingedenk
Vergangnen Grauens haben wir uns fest
Verbrüdert ... Erster Tag, da: „Es ist Friede!"
Ein gültig Wort ist, so wie alle Worte
Gefunden haben ihren wahren Grund
Und aus dem Dämmer der Vieldeutigkeit
Erlöst sind, wieder leuchten ihren Sinn.
O erstes Mal, da unser aller Wille
Geschieht und stolz verkündet sich ein: Wir!

## DANK AN DIE FREUNDE IN DER SOWJETUNION

Ihr aber habt mich brüderlich empfangen,
Und alles gabt ihr mir, daß mein Gedicht
Soll weiterleben. Dunkle Mächte rangen
Mich damals nieder. Zwangen sie mich nicht,

Verdank ich's euch. Und mehr noch habe ich
Euch zu verdanken: Werke mir gelangen,
Darin erhob und überstieg ich mich –
So seid ihr in mein Werk mit eingegangen.

Wofür euch aber tiefster Dank gebühr:
Niemals hat falscher Stolz mir abverlangt,
Daß ich nicht leiden dürfe, was ich litt.

Ihr littet meines Volkes Leiden mit.
Dafür, ich weiß, wird reicher euch gedankt,
Als ich vermag . . . Mein Volk dankt einst dafür.

## WAS UNS HERVORHEBT

Was uns hervorhebt: daß in Versen wir
Vermögen unser Denken einzufassen,
Und vieles, was verschwiegen ruht in dir,
Hast du dem Wort des Dichters überlassen –

Was uns hervorhebt: daß wir offenhalten
Das Herz und geben seine Leiden kund,
Und daß der Zeiten wirre Vielgestalten
Errichten wir auf festem Untergrund –

Was uns hervorhebt, überragend macht,
Und läßt die andern oft als stumm erscheinen –
Es wäre falsch, wenn ich darob vergäße:

*Die* Macht ist nicht für ewig eine Macht,
Die vorbehalten bliebe nur den einen.
Denn Kunst wird sein einst: allen das Gemäße.

# O du große, dunkle, schwere Zeit

1942–1948

## DEUTSCHES MUTTERBILDNIS

1944

Sie trat hervor aus einem Rauchvorhang,
Und, rauchumhüllt, trat sie auf den Balkon.
Ein Fenster klang ihr nach, das Fenster sprang,
Und auch das Stockwerk unten brannte schon.

Gießkanne, Schaukelpferdchen, Wäscheleine. –
Ein jedes Ding an seinem alten Ort . . .
Er hatte sie so angefleht, der Kleine:
„Komm, Mutter, geh, wir wollen von hier fort,

Wir nehmen nichts als unsere beiden Decken,
Das Schaukelpferdchen – daß du's nicht vergißt! –
Und wollen uns in einem Wald verstecken
Und warten, bis der Krieg vorüber ist."

Sie sagte noch: „Hab keine Angst und laß
Die Hand mir los, du drückst sie mir zu sehr",
Und schalt ein wenig: „Sie ist ja ganz naß,
Schämst du dich nicht!" Und – ihre Hand war leer.

Sie horchte hin – ein Rieseln in den Wänden,
Und plötzlich flammte auf die Finsternis.
Wohin sie griff mit ihren leeren Händen,
Da war es tief und wie ein Schattenriß.

Es schälten sich die blumigen Tapeten,
Und wie im Traum, von einer Kinderhand
Geführt, war sie auf den Balkon getreten.
Doch nahm sie noch ein Bildnis von der Wand.

„Du, Schaukelpferdchen, schaukle fort im Trab!
Such dir als Reiter einen anderen Knaben.
Gießkanne, geh, begieß du Grab für Grab,
Bis wir kein Blut mehr zu vergießen haben!

Geh, Wäscheleine, 's ist jetzt nicht die Zeit.
Was gibt es denn zu waschen noch im Haus?
Ein Tränentüchlein, und dazu ein Kleid
Voll blutiger Flecken – die wasch ich nicht aus."

Sie sah, ein Blumentopf lag dort in Scherben.
„Weh dem, der euch nicht weiterblühen läßt!
Seht, auch die Blumen wollen noch nicht sterben
Und halten sich an ihrer Erde fest."

Sie stand auf dem Balkon, und alle sahn
Zu ihr empor. Über den Brandruinen
Schwebte sie hoch und rief die Leute an:
„Ihr Leute, hört! Der Führer ist erschienen!

Er kam zu uns in dieser Bombennacht.
Laßt uns den Führer feierlich empfangen!
Er hat uns seinen Endsieg mitgebracht –
Sein Feuer loht – da kommt er schon gegangen!

Ihr werdet all die Euren wiedersehen.
Dir, liebe Frau, schenkt er den lieben Mann.
Er läßt die Toten wiederauferstehen
Und zieht uns allen schöne Kleider an.

Komm, Kleiner, lauf, den Führer zu begrüßen,
Er setzt dich auf sein Knie, macht hopp, hopp, hopp!
Ihr Blumen, blüht, nun dürft ihr wieder sprießen!
Du, Schaukelpferdchen, schaukle im Galopp!

Gießkanne, als ein Brunnen sollst du springen!
Spann, Wäscheleine, dich von Haus zu Haus,
Schmück dich mit Wimpeln! Laßt uns Fahnen schwingen!
's ist Waschtag heut. – Er wäscht die Flecken aus.

Komm, Kleiner, komm aus deinem Wald hervor,
So, steh recht stramm und halte dich gerad!
Komm, Kleiner, komm, ich sag dir was ins Ohr:
‚Er bringt den Vater mit aus Stalingrad . . .'"

Da stand sie wie auf einem Felsvorsprung
Im Flammenwiderschein der Brandkulisse,
Und ihre Arme riß sie hoch im Schwung,
Als ob sie alles mit sich niederrisse –

Und bückte sich, um etwas aufzuheben.
Sie hielt das Führerbildnis in der Hand,
Als wäre *er* in ihre Hand gegeben,
Und warf es weithin mitten in den Brand.

Ein jeder hörte, wie sie irre sprach,
Bis ihre Stimme alles überschrie:
„Dir, Führer, Dank! Folg deinen Taten nach!"
Und ein Gewölk von Rauch verhüllte sie.

## O DU GROSSE, DUNKLE, SCHWERE ZEIT!

### 1

Einmal wieder wird das Leben leicht . . .
Schöpfen aus dem vollen und dem ganzen.
Zeit genug, die für ein Leben reicht.
Und auch Worte werden wieder tanzen.

Und wir sitzen in dem Wirtshausgarten,
Von Kastanien blühend überdacht.
Und wir schauen in die Speisekarten,
Und Lampione glühen in der Nacht . . .

Horch, von fern ein dunkler Cello-Ton!
Das bin ich. Das bin ich einst gewesen . . .
Eng umschlungen sitzen wir zu zweit,
Und es ist, als wär die Welt genesen –

Und nun träumen, träumen wir davon:
O du große, dunkle, schwere Zeit!

2

... und wir gehen durch die Parkanlagen,
Wo der alte Brunnen wieder springt.
Wie in eine andere Zeit verschlagen,
Sitzt ein Mann dort auf der Bank und singt,

Und wir fragen ihn, den Mann, den alten:
„Woher bist du?" Und er sagt: „Von weit"
– Und für Fremde scheint er uns zu halten –,
„Aus der großen, dunklen, schweren Zeit."

Das bin ich. Ein dunkler Cello-Ton.
Und ich bin im Park mir selbst begegnet.
Heimwärts gehn wir durch die Dunkelheit,
Und das Dunkel ist vom Licht gesegnet.

Gute Nacht. Nun träumen wir davon –
O du große, dunkle, schwere Zeit!

## EINMAL WIEDER

Einmal wieder horchen, wie der Wind
Klänge herweht aus dem Wirtshausgarten,
Einmal wieder wissen, daß wir sind,
Einmal wieder abends auf dich warten,

Einmal wieder spüren: ich bin dein,
Und wir brauchen uns nicht mehr zu bangen.
Alle haben wir nur *ein* Verlangen,
Einmal frei und einmal glücklich sein!

Einmal wieder durch die Straßen gehn,
Einmal wieder vor den hellen Scheiben
All der vielen Läden stehenbleiben

Und, wo sich die Karusselle drehn,
Mitten in dem bunten Jahrmarktstreiben:
Oh, noch einmal dort sich wiedersehn!

## DAS SONETT

Wenn einer Dichtung droht Zusammenbruch
Und sich die Bilder nicht mehr ordnen lassen,
Wenn immer wieder fehlschlägt der Versuch,
Sich selbst in eine feste Form zu fassen,

Wenn vor dem Übermaße des Geschauten
Der Blick sich ins Unendliche verliert,
Und wenn in Schreien und in Sterbenslauten
Die Welt sich wandelt und sich umgebiert,

Wenn Form nur ist: damit sie sich zersprenge
Und Ungestalt wird, wenn die Totenwacht
Die Dichtung hält am eigenen Totenbett –

Alsdann erscheint, in seiner schweren Strenge
Und wie das Sinnbild einer Ordnungsmacht,
Als Rettung vor dem Chaos – das Sonett.

## DAS SCHNEEGESICHT

Es fällt der Schnee. Es schweigt der Schnee so dicht!
Durchs Schneegestöber blickt ein Schneegesicht.

Es hat der Schnee dir einen Gruß gebracht . . .
Es fällt der Schnee, und Schnee fällt Tag und Nacht.

Frostblumen blühen an dem Fensterglas . . .
Wann war's, daß er in deiner Wärme saß
Das letztemal und mit dir sprach und aß?

Ob ich dich je, Geliebter, wiederseh?
Das Schneegesicht verweht im Schnee – ade . . .
Es tut so weh der viele, viele Schnee.

## ERINNERUNGSBILD

Der Galgen. Offiziere. Jeder drängt
Sich in das Bild, damit man nicht vergißt:
Er war dabei und er hat mitgehenkt.
So zeigt im Bild sich an, was jeder ist.

Die Arme stolz wie: „Das sind wir!" verschränkt.
Der Tote trägt auf seiner Brust ein Schild.
Es ist, als würd er hin und her geschwenkt.
Ein jeder findet seinen Platz im Bild.

Und auf des Toten Schild die Schrift erscheint:
„Ich hab die Mörder hier im Bild vereint.
Sie lächeln um den Galgen rings im Kreis.
Sie lächeln selbst sich zu den Schuldbeweis.
Und damit keiner seinen Platz verläßt,
Halt ich sie alle hier im Bilde fest!"

## BALLADE VON DEN DREIEN

Der Offizier rief: „Grabt den Juden ein!"
Der Russe aber sagte trotzig: „Nein!"

Da stellten sie den in das Grab hinein.
Der Jude aber blickte trotzig: „Nein!"

Der Offizier rief: „Grabt die beiden ein!"
Ein Deutscher trat hervor und sagte: „Nein!"

Der Offizier rief: „Stellt ihn zu den zwein!
Grabt ihn mit ein! Das will ein Deutscher sein!"

Und Deutsche gruben auch den Deutschen ein ...

## DEUTSCHER SOLDATENBRIEF

Ich weiß es nicht, ob ihr mich recht versteht,
Doch will ich euch die ganze Wahrheit sagen.
In jener großen Schlacht, die wir geschlagen
Bei Minsk – so hieß die Stadt, und ein Gebet

Sprach der und jener noch –, bat ich darum:
Laßt mich gleich bei der ersten Kugel fallen!
Warum? Ich wollte blind sein, taub und stumm.
Nur wenn des Jüngsten Tags Posaunen schallen,

Tret ich hervor und lege Zeugnis ab . . .
Ein tiefes Grab zwang man sie auszuheben,
Die Unsern stellten sie aufrecht ins Grab.

Bald sah man nur: die vielen Büschel Haar . . .
Danach kann man als Mensch nicht weiterleben,
Und darum fiel der Mensch auch, der ich war . . .

## KINDERSCHUHE AUS LUBLIN

Von all den Zeugen, die geladen,
Vergeß ich auch die Zeugen nicht,
Als sie in Reihn den Saal betraten,
Erhob sich schweigend das Gericht.

Wir blickten auf die Kleinen nieder,
Ein Zug zog paarweis durch den Saal.
Es war, als tönten Kinderlieder,
Ganz leise, fern, wie ein Choral.

Es war ein langer bunter Reigen,
Der durch den ganzen Saal sich schlang.
Und immer tiefer ward das Schweigen
Bei diesem Gang und Kindersang.

Voran die Kleinsten von den Kleinen,
Sie lernten jetzt erst richtig gehn
– Auch Schuhchen können lachen, weinen –,
Ward je ein solcher Zug gesehn!

Es tritt ein winzig Paar zur Seite,
Um sich ein wenig auszuruhn,
Und weiter zieht es in die Weite –
Es war ein Zug von Kinderschuhn.

Man sieht, wie sie den Füßchen paßten –
Sie haben niemals weh getan,
Und Händchen spielten mit den Quasten,
Das Kind zog gern die Schuhchen an.

Ein Paar aus Samt, ein Paar aus Seiden,
Und eines war bestickt sogar
Mit Blumen, wie sie ziehn, die beiden,
Sind sie ein schmuckes Hochzeitspaar.

Mit Bändchen, Schnallen und mit Spangen,
Zwerghafte Wesen, federleicht –
Und viel sind viel zu lang gegangen
Und sind vom Regen durchgeweicht.

Man sieht die Mutter, auf den Armen
Das Kind, vor einem Laden stehn:
„Die Schuhchen, die, die weichen, warmen,
Ach, Mutter, sind die Schuhchen schön!"

„Wie soll ich nur die Schuhchen zahlen?
Wo nehm das Geld ich dafür her . . ."
Es naht ein Paar von Holzsandalen,
Es ist schon müd und schleppt sich schwer.

Es muß ein Strümpfchen mit sich schleifen,
Das wundgescheuert ist am Knie . . .
Was soll der Zug? Wer kann's begreifen?
Und diese ferne Melodie . . .

Auch Schuhchen können weinen, lachen . . .
Da fährt in einem leeren Schuh
Ein Püppchen wie in einem Nachen
Und winkt uns wie im Märchen zu.

Hier geht ein Paar von einem Jungen,
Das hat sich schon als Schuh gefühlt,
Das ist gelaufen und gesprungen
Und hat auch wohl schon Ball gespielt.

Ein Stiefelchen hat sich verloren
Und findet den Gefährten nicht,
Vielleicht ist der am Weg erfroren –
Ach, damals fiel der Schnee so dicht . . .

Zum Schluß ein Paar, ganz abgetragen,
Das macht noch immer mit, wozu?
Als hätte es noch was zu sagen,
Ein Paar zerrissener Kinderschuh.

Ihr heimatlosen, kinderlosen,
Wer schickte euch? Wer zog euch aus?
Wo sind die Füßchen all, die bloßen?
Ließt ihr sie ohne Schuh zu Haus? . . .

Der Richter kann die Frage deuten.
Er nennt der toten Kinder Zahl.
. . . Ein Kinderchor. Ein Totenläuten.
Die Zeugen gehen durch den Saal.

Die Deutschen waren schon vertrieben,
Da fand man diesen schlimmen Fund.
Wo sind die Kinder nur geblieben?
Die Schuhe tun die Wahrheit kund:

Es war ein harter, dunkler Wagen.
Wir fuhren mit der Eisenbahn.
Und wie wir in dem Dunkel lagen,
So kamen wir im Dunkel an.

Es kamen aus den Ländern allen
Viel Schuhchen an in einem fort,
Und manche stolpern schon und fallen,
Bevor sie treffen ein am Ort.

Die Mutter sagte: „Wieviel Wochen
Wir hatten schon nichts Warmes mehr!
Nun werd ich uns ein Süppchen kochen."
Ein Mann mit Hund ging nebenher:

„Es wird sich schon ein Plätzchen finden",
So lachte er, „und warm ist's auch,
Hier braucht sich keiner abzuschinden . . ."
Bis in den Himmel kroch ein Rauch.

„Es wird euch nicht an Wärme fehlen,
Wir heizen immer tüchtig ein.
Ich kann Lublin nur warm empfehlen,
Bei uns herrscht ewiger Sonnenschein."

Und es war eine deutsche Tante,
Die uns im Lager von Lublin
Empfing und „Engelspüppchen" nannte,
Um uns die Schuhchen auszuziehn,

Und als wir fingen an zu weinen,
Da sprach die Tante: „Sollt mal sehn,
Gleich wird die Sonne prächtig scheinen,
Und darum dürft ihr barfuß gehn . . .

Stellt euch mal auf und laßt euch zählen,
So, seid ihr auch hübsch unbeschuht?
Es wird euch nicht an Wärme fehlen,
Dafür sorgt unsre Sonnenglut . . .

Was, weint ihr noch? 's ist eine Schande!
Was tut euch denn, ihr Püppchen, weh?
Ich bin die deutsche Märchentante!
Die gute deutsche Puppenfee.

's ist Zeit, ihr Püppchen, angetreten!
Auf, laßt uns singen und nicht beten!
Was fällt euch ein denn, hinzuknien.
Es scheint die Sonne in Lublin!"

Es sang ein Lied die deutsche Tante.
Strafft sich den Rock und geht voraus,
Und dort, wo heiß die Sonne brannte,
Zählt sie uns nochmals vor dem Haus.

Zu hundert, nackt in einer Zelle,
Ein letzter Kinderschrei erstickt . . .
Dann wurden von der Sammelstelle
Die Schuhchen in das Reich geschickt.

Es schien sich das Geschäft zu lohnen,
Das Todeslager von Lublin.
Gefangenenzüge, Prozessionen.
Und – eine deutsche Sonne schien ...

Wenn Tote einst als Rächer schreiten
Und über Deutschland hallt ihr Schritt
Und weithin sich die Schatten breiten –
Dann ziehen auch die Schuhchen mit.

Ein Zug von aber tausend Zwergen,
So ziehen sie dahin in Reihn,
Und wo die Schergen sich verbergen,
Dort treten sie unheimlich ein.

Sie schleichen sich herauf die Stiegen,
Sie treten in die Zimmer leis.
Die Henker wie gefesselt liegen
Und zittern vor dem Schuldbeweis.

Es wird die Sonne brennend scheinen.
Die Wahrheit tut sich allen kund.
Es ist ein großes Kinderweinen,
Ein Grabgesang aus Kindermund ...

Der Kindermord ist klar erwiesen.
Die Zeugen all bekunden ihn.
Und nie vergeß ich unter diesen
Die Kinderschuhe aus Lublin.

## LIED VON FLÜSSEN

War ein Lied, das wie ein Blatt
Sich im Sturm verloren hat,
Weht dahin im Sturm der Zeit
Als ein Hauch der Ewigkeit.

Isar, Donau, Neckar, Saale, Main:
In euch, Flüsse, zog mein Leben ein.
Mit euch fließt dahin mein Lebenslauf.
Ihr nahmt mich in euer Strömen auf.

*Johannes R. Becher kurz nach seiner Rückkehr aus dem Exil*

Flüsse, vom Gebirg herabgestiegen,
Wellenrauschend und zugleich verschwiegen,
Wellenlied singt von Niewiederkehr,
Jede Welle ist ein Nimmermehr ...

Isar, wandernd durch die Isarauen –
Darf ich wieder in den enzianblauen
Himmel schauen, und ein Edelweiß
Glänzt als Stern, und ich sing Lob und Preis.

Donau, Schwarzwaldtannen dir zur Seite,
Wachsen deine Wasser in die Weite.
Dome neigen sich in dir – ein Dom
Bist du, Donau, und – ein Orgelstrom.

Neckar. Apfelblüte über Schwaben.
... Und ein deutscher Traum liegt dort begraben:
Armer Konrad ... Und es segnet ihn
Deine Hymne, Friedrich Hölderlin.

Saale. Wenn die Frühlingswinde bliesen,
Schienen deine Ufer mitzufließen.
Und es war einmal ein Glück, das hieß:
Jena – Landgraf – Saale – Paradies.

Bamberg. Würzburg. Fließende Gedanken.
Fließt, Gedanken, mit dem Main durch Franken.
Rebenhügel, fließt mit ihm entlang.
Es zerfließt in uns ein Glockenklang ...

In der Sonne sind wir einst gelegen
Oder standen lachend auf den Stegen,
Oder fuhren im geschmückten Boot –
Flüsse, warum seid ihr Flüsse tot?

Kamen welche, müd, mit hohlen Wangen,
Die sind zu dem Fluß herabgegangen,
Suchten dort, vor der schlaflosen Zeit,
Zeitenlose Schlafversunkenheit.

In den Flüssen spiegeln sich Ruinen,
Feuerhell sind sie des Nachts beschienen.
Ströme Leids, vom Sterben miterfaßt,
Überfließend von der Leidenslast.

Flüsse schweigen, und die Wasser steigen,
Und ein Wind weht in den Weidenzweigen.
Ein Geheimnis schweigt davon beredt,
Daß sich ein Gewitter bald entlädt ...

Mit euch Flüssen bin ich fortgezogen,
Und es türmten sich die Lebenswogen.
Lebenslied singt von Niewiederkehr.
Jedes Leben ist ein Nimmermehr.

Isar, Donau, Neckar, Saale, Main!
Wird mein Leben nicht zerflossen sein?
Neigt zu Ende sich mein Lebenslauf,
Nimmt mich euer ewiges Strömen auf.

## DIE ERDE STEHT

Als eines Tags aus der Gefangenschaft
Ein Bauer kehrte in sein Dorf zurück,
Fand er sich nicht zurecht. Wohin sein Blick
Auch irrte, schien es, wie hinweggerafft

Das ganze Dorf. O nirgendswo ein Halt!
Nicht Mensch, nicht Vieh. Nur da und dort ein Stein
Erzählt von der vernichtenden Gewalt,
Die brach auch über dieses Dorf herein.

Er zeigte mit der Hand: „Sieh, nur das Land,
Das schwarz gefurchte, widerstand dem Brand!"
... Und nur, worauf er stand, die Erde stand.

Er faltete die Hände zum Gebet,
Als er vor sich hin sprach: „Die Erde steht!"
Und hob die Hand, als hätte er gesät ...

## ES SIND DIE ALTEN WEISEN

Es sind die alten Weisen,
Die neu in mir erstehn
Und die im Wind, dem leisen,
Von fern herüberwehn.

Wenn sich die Wipfel neigen
Allabendlich im Wind,
Dann gehn durch unser Schweigen
Sie, die gefallen sind.

Es sind die alten Lieder,
Die singen neu aus mir,
Und wie vorzeiten wieder
Abends singen wir.

Es ist in uns ein Raunen
Und wird zum großen Chor,
Und zu den Sternen staunen
Andächtig wir empor.

## FÜR DIESEN BLICK

Für diesen Blick: von Meersburg übern See,
Ein fließend Blau, von Rebengrün umhangen,
Der Säntis wie ein Felsgewölk, von Schnee
Zart übersilbert – welch ein Heimverlangen

In diesem Blick und welch ein Abschiedsweh! –
In diesem Blick ist alles eingefangen,
Was heimatlich durchträumte uns seit je –
In diesem Blick ist alles aufgegangen,

Was uns die Zeit erfüllte schwermutbang –
Für diesen Blick bin ich in Leid ergraut
Und trug ich einer Fremde Mißgeschick –

Für diesen Blick – von diesem Blick durchschaut –
Hielt ich nicht inn im Gang, mein Leben lang –
Für dieses Blickes ewigen Augen-Blick.

## AHRENSHOOP

Vom Meereshimmel wehend überdacht
Und von der Gärten buntem Blühn umlacht:

Der Häuser Kleinod. Wie ein Märchenschatz
Steht jedes still an seinem stillen Platz.

Ein Wipfel-Wunder. Wie ein Götterhain.
Ein fernes Dunkelgrün lockt dich landein,

Es ragt der Wald in ungebrochener Kraft,
Und urwaldhaft ragt er und rätselhaft,

Wie hinversunken in dem Farrenkraut,
Bist du umraunt von einem Urwaldlaut,

Ein Vogelruf tut ein Geheimnis kund,
Ein heller Flötenton auf Dämmergrund.

Verwelktes flüstert, welkes Laub liegt dicht . . .
Du strebst der Lichtung zu: Es werde Licht!

Da stürzt der Wald. Es ringt das Meer um ihn.
Meer bricht herein. Uralte Stämme knien.

Und wieder blickst du sinnend übers Meer,
Bis alles dich durchfragt: Wohin? Woher?

Und Waldung bist du und bist Wellengang.
Die Stille rauscht. Ein schwermutvoller Klang . . .

## IN DER SONNE LAGEN WIR AM MEER

In der Sonne lagen wir am Meer,
Und die Jahre zogen vor uns her,
Und wir sahen in die Zeit hinein,
Alle Zeiten schienen eins zu sein,
Und es war nur *eine* große Zeit,
Seit der Mensch erstand aus Nichtigkeit –

Herrschte Nicht-Sein auch als Urgewalt,
Widerstand der Mensch ihm – als Gestalt …

In der Sonne lagen wir am Meer,
Und die Zeit weithin schien wüst und leer,
Und das Nichts brach drohend auf uns ein –

Wir erhoben uns: Gestalt zu sein.

## O ACKER, MEIN GESICHT!

O Acker: mein Gesicht! Du aufgepflügte,
Durchwühlte Fläche Leid! In dir, dem alten,
Pflügt fort die Zeit, als ob ihr nicht genügte,
Gesicht, das Faltenspiel in deinen Falten.

O Acker: mein Gesicht! Was sät das Leid?
O furch noch tiefer, Leid! In deinem Pflügen
Reiß aus den Selbstbetrug, das Selbstgenügen –
Pflügt mit, ihr alle, die ihr leidend seid,

Und pflügt das Umgepflügte nochmals nach,
Und senkt in mein Gesicht des Leidens Samen.
O Acker: mein Gesicht, lang lagst du brach,

Bevor die Pflüger und die Säer kamen …
Und tief aus deiner Tiefe wächst ein Licht
Und wird Gesicht … O Acker: mein Gesicht!

## LIEBE OHNE RUH

Du, meine Liebe: wie verzweifelt du
Mich lieben lehrtest, und um deinen Segen
Rang ich mein Leben lang. Nur deinetwillen

Und dir zulieb nur und nur deinetwegen
Geschah mein Dasein – Liebe ohne Ruh,
Bedrängend mich bis in die tiefsten Stillen …

Du, meine Liebe: wie unsagbar ich
Dich lieben mußte! Nie war ein Begehren,
Das, mich erfüllend, dieser Liebe glich,

Und brachtest du mir auch nur Liebespein,
Ich konnte mich *der* Liebe nicht erwehren,
Denn dich nicht lieben wäre Nichtigsein . . .

Du, meine Liebe, die in jedem Lieben
Sich wiederfand und die zuoberst stand
In dem Gesetz, das mir ist eingeschrieben –

Blieb mir auch keine Qual erspart, nicht eine –
Bin ich nur dein, und ich bleib ganz der deine:
Heilige Liebe du, mein Vaterland.

## IN DIESEM SINNE . . .

Laß mich dich lieben, Deutschland, so daß keiner
Mich übertrifft in meiner Liebeskraft!
Wenn unsere Kinder, Deutschland, einst sich deiner
Entsinnen, als, von Not dahingerafft,

Das Volk verdarb, so soll es heißen: einer
Hat dich geliebt mit heiliger Leidenschaft,
Und keiner liebte, Deutschland, je dich reiner,
Und keine Liebe war so dauerhaft

Als jene Liebe, die im Bettlerkleid
Dich liebte, Deutschland, und im Leichenlaken
Umfing sie dich . . . Mit seiner Liebe, seiner

Gewaltigen Liebeskraft hat er das Leid
Des Volks als Kreuz durch sein Gedicht getragen . . .
In diesem Sinne einst entsinnt euch meiner!

## SCHWARZE SEGEL IM BODDEN

Manchmal gehen Segel übers Land.
Manchmal ziehen Boote über Wiesen.
Schwarze Segel überm Hügelrand,
Und die Wiesen sind ein grünes Fließen.

Durch das Schilf, das leis im Wind sich wiegt,
Sind sie heimlich unserm Blick entglitten,
Und dann stehn die Segel wieder mitten
Auf dem Meer, schräg an den Wind geschmiegt.

Eine Mühle steht dort auf dem Hügel,
Und ein schwarzes Segel steigt empor,
Und schon überschattet es die Flügel
Und zieht traumhaft hinter ihnen vor.

Wie verweht schiebt sich das Land zur Seite,
Und versonnen, abendlich besonnt,
Öffnet sich das Meer in seiner Weite . . .
Schwarze Segel stehn am Horizont.

## DEN GEFÄHRTEN

Wir sahen Riesenstädte untertauchen
In Schutt und Trümmern. Wo noch Sicherheit?
Wo noch Gewißheit? Wo noch ein Geleit?
Wird dieser Rauch der Hölle je verrauchen?

Mit offenem Blick in die Unendlichkeit
Und ohne Gottes Namen zu gebrauchen
Und mit euch selber stets im Widerstreit,
Und bei des letzten Atemzugs Verhauchen

Noch stolz darauf, daß ihr in eurer Zeit
Gestalt geworden seid – ihr, die Gefährten,
Die ich aus freiem Willen mir erkor:

Euch danke ich, den in der Not Bewährten,
Daß in der ewigen Weltverlorenheit
Mein Leben sich nicht in dem Nichts verlor.

## LAUTLOS GINGST DU . . .

Lautlos gingst du, so als wär dein Schritt
Meinem Gehen leise beigegeben.
All die Jahre gingst du heimlich neben
Meinem Leben, und ich nahm dich mit.

Manchmal schien vom Boden abzuheben
Sich dein Schritt. Als er vorüberglitt
Wie ein Schweben, um mir zu entschweben,
Rief ich dich im Traum an: Halte Schritt!

. . . Und dann bliebst du hinter mir zurück,
Und da stand ich still, mich umzusehen,
Und es war wie ein verlorenes Glück –
Denn ich wußte nicht: ich ging zu zwein . . .

Und es war wie ein verloren Gehen,
Als ich weiterzog des Wegs. Allein.

## BOMBENKELLER

So fuhren sie dahin, als wär's ein Wagen,
Darin die Koffer sich und Schachteln stauten.
In Decken und in Mänteln eingeschlagen,
So fuhren sie, und ihre Augen schauten

Im Dunkel aus, um nach der Zeit zu fragen,
Und draußen pochte es mit dumpfen Lauten,
Bis sie so tief im Schlaf daniederlagen,
Daß atemlos sie schwiegen und ergrauten.

In Decken und in Mänteln eingemummt,
Sie hielten sich noch fest an ihren Sachen,
Als würden sie ein jedes Stück bewachen,
Und haben manchmal auch im Schlaf genickt.

Die Hände aber lagen wie verstummt.
So fuhren sie dahin, im Schlaf erstickt.

# Vollendung träumend

1949–1958

## VOLKES EIGEN

1

Als das Kraftwerk wurde Volkes eigen,
Sprach der Mann: „Das Werk ist dein und mein,
Volkes eigen – laßt dem Volk uns zeigen,
Was es heißt, sein eigner Herr zu sein."

Aus dem Schutt erstanden die Turbinen,
Aller Hände brachten sie in Gang,
Um dem neuen Herrn, dem Volk, zu dienen.
In der Halle summte ein Gesang,

Und er trug das Licht auf seinen Schwingen,
Das durchdrang weithin die Dunkelheit,
Jeden Abend war es wie ein Singen:
„Seht! Es leuchtet eine neue Zeit!"

Lichtdurchatmet lebten auf die Werke,
Die noch dunkel lagen im Revier.
Sprach das Volk, erkennend seine Stärke:
„Es wird Licht. Und seht: das Licht sind – wir!"

2

Als ein Dunkel wieder lag auf Erden,
Und es schien wie unabänderlich,
Daß es müsse immer dunkler werden,
Sprach ein Mann: „Die Welt verändert sich!

Seid getrost! Es muß das Dunkel weichen,
Und ein Licht scheint wieder dir und mir,

Wenn einander wir die Hände reichen,
Denn die Welt, die Welt verändern *wir*!"

War es nicht ein Wunschbild und ein Träumen
Und ein schöner Glaube, unglaubhaft –
Um den Schutt der Zeit hinwegzuräumen,
Dazu braucht es eines Riesen Kraft.

„Wer ist dieser Riese?" – war ein Fragen.
Sprach der Mann: „Wir alle, du und ich,
Wenn wir träumen und zu sagen wagen
Diesen Satz: Die Welt verändert sich!"

In dem Dunkel war ein Weg zu sehen,
Schien er vielen auch noch ungangbar.
Durch das Dunkel war ein Weg zu gehen,
Dem ein Traum vorausgegangen war.

Wo die Toten unter Trümmern liegen,
Noch in Ängsten vor der Dunkelheit,
Stehen sie, dem Trümmerberg entstiegen:
Andre Menschen einer andren Zeit.

Auferstanden aus dem Trümmerschweigen,
Gab das Volk dem Leben einen Sinn.
Als die Werke wurden Volkes eigen,
War dies einer neuen Zeit Beginn.

Darum singt ein Lied vom Anderswerden!
Macht euch frei und werdet brüderlich!
Seht, es wird schon wieder Licht auf Erden!
Und die Welt, die Welt verändert sich!

3

Es wird nicht lang mehr dauern,
Und es wird Friede sein,
Und wie nach Regenschauern
Kehrt wieder Sonne ein.

Wie eine Angstkulisse
Stehn Trümmer um uns her.

Es soll das Ungewisse
Uns schrecken bald nicht mehr.

Es hat die Not ein Ende,
Wenn *ihr* die Zeit bestimmt
Und in die eignen Hände
Das Volk sein Schicksal nimmt.

Wenn Arbeiter und Bauern
Kommen überein –
Wird es nicht lang mehr dauern,
Und es wird Friede sein.

## AUF EINE BÄUERIN

Sie hat dem Pflug sich selber vorgespannt
Und pflügte um den Boden, der ihr eigen.
Die Äcker brach, das Dorf war abgebrannt.
Ihr war, sie würde einen Berg ersteigen

Und schleppe hinter sich her eine Last,
Der würde eines Tages sie erliegen,
Und keiner, keiner hat mit angefaßt . . .
Und jeden Tag hat sie den Berg erstiegen,

Und eines Tages hat sie es geschafft.
Sie hatte Tag für Tag den Berg empor
Die Last gezogen, und es war genug.

Sie staunte nur: „Woher nahm ich die Kraft?"

Solch eine Kraft spannt bald den Traktor vor!

Sie hat sich selber vorgespannt dem Pflug.

## LIED DER NEUEN ERDE

Als eines Tags hervor aus ihren Katen
Die Bauern traten und vereinten sich
Und sie des Schlosses Schwelle übertraten,
Da glänzte auch die Erde feierlich.

Es wurde auch die Erde umgeboren,
Als über sie, befreit vom Herrentum,
Hin zogen die Kolonnen der Traktoren
Und pflügten den uralten Boden um.

Da schien auch sie, die Erde, mitzusingen,
Als eines Tags, vom Herrentum befreit,
Aufbrach das Dorf, die Ernte einzubringen,
Und sang das Hohelied der Fruchtbarkeit:

Es herrscht kein Herr mehr, und es dient kein Knecht,
Es herrscht ein freies menschliches Geschlecht.

## DEUTSCHLAND, MEINE TRAUER

Heimat, meine Trauer,
Land im Dämmerschein –
Himmel, du mein blauer.
Du, mein Fröhlichsein.

Einmal wird es heißen:
Als du warst verkannt,
Wurde, dich zu preisen,
Dir ein Lied gesandt.

War, um dich zu einen,
Dir ein Lied geweiht,
Und mit dir zu weinen
In der Dunkelheit . . .

Himmel schien, ein blauer,
Friede kehrte ein –
Deutschland, meine Trauer,
Du, mein Fröhlichsein.

## IM FRÜHLING

Wenn der Frühling läßt empor
Hoch den Himmel steigen,
Summt es in uns wie ein Chor
Nach des Winters Schweigen:

Friede, Friede sei auf Erden!
Menschen wollen Menschen werden.

O du dunkler Chor, der summt!
In uns ist ein Ahnen:
Sie, die glaubten wir verstummt,
Melden sich und mahnen:
Menschen sollen Menschen werden!
Friede, Friede sei auf Erden!

Und es ist ein solcher Schrei,
Daß die Berge beben,
Eine Flammenwüstenei,
Meere sich erheben,
Wenn nicht Friede wird auf Erden,
Was soll aus uns allen werden?

Ihr, gezeichnet von dem Leid
Derer, die gefallen,
Und ihr, die ihr jung noch seid,
Laßt den Ruf erschallen:
Friede, Friede sei auf Erden!
Menschen, laßt uns Menschen werden!

## LIED VON DER BLAUEN FAHNE

Auf den Straßen, auf den Bahnen
Seht ihr Deutschlands Jugend ziehn.
Hoch im Blauen fliegen Fahnen,
Blaue Fahnen nach Berlin.
„Links!“ und „Links!“ und Schritt gehalten!
Laßt uns in der Reihe gehn!
Unsere Fahnen sich entfalten,
Um im Sturm voranzuwehn.

Hebt die Fahnen! Laßt sie schweben!
Singt ein neues Fahnenlied!
Wir sind Deutschlands neues Leben,
Und der Friede mit uns zieht.
Macht des Friedens, du wirst siegen!
Ziehst in alle Herzen ein!

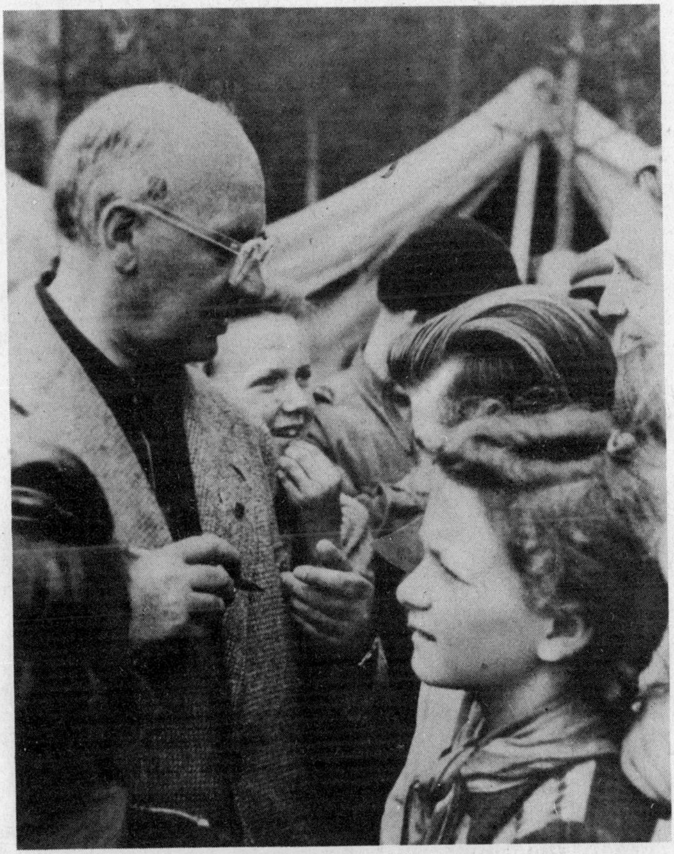

*Johannes R. Becher mit Jungen Pionieren beim Deutschlandtreffen 1950*

Blaue Fahnen werden fliegen
Hoch im blauen Himmelsschein.

Aus dem Blauen strahlt die Sonne,
Und sie leuchtet, Deutschland, dir.
„Links!“ und „Links!“ singt die Kolonne,
Freie Deutsche Jugend wir.
Laßt uns neu die Heimat bauen!
Laßt uns fest zusammenstehn!
Blaue Fahnen hoch im Blauen
Werden über Deutschland wehn.

## STERNE UNENDLICHES GLÜHEN . . .

Wer hat vollbracht all die Taten,
Die uns befreit von der Fron?
Es waren die Sowjetsoldaten,
Die Helden der Sowjetunion.
Dank euch, ihr Sowjetsoldaten,
Euch Helden der Sowjetunion!

Wem dankt all das Gute und Schöne
Der deutsche Arbeitersohn?
Er dankt es dem Blut der Söhne,
Der Söhne der Revolution!
Vergeßt nicht das Blut der Söhne,
Der Söhne der Revolution!

Die Welt von Licht überflutet –
Wir wußten es immer schon:
Für aller Glück hat geblutet
Das Herz der Revolution.
Es hat auch für dich geblutet
Das Herz der Sowjetunion!

Sterne unendliches Glühen,
Lieder singen davon:
Es brachte die Welt zum Blühen
Das Blut der Sowjetunion.
Es brachte der Welt den Frieden
Die Macht der Sowjetunion!

## GLÜCK DER FERNE – LEUCHTEND NAH

Sie stellte auf den Tisch die kargen Speisen.
Das Zimmer zeigte eine graue Wand.
„Du“, sagte er, „ich kann es dir beweisen –
*Schön* wird es sein.“ Er gab ihr seine Hand.

„*Bald* wird es sein: wir beide gehn auf Reisen.“
Und als er sah, daß sie ihn nicht verstand,
Da hob er an, das neue Werk zu preisen:
„Dies, unser Werk, steht für das ganze Land!“

Sie sahen auf den Tisch hin, auf den leeren,
Der traumhaft in die Ferne ward entrückt.
Dort schien er sich mit Früchten zu beschweren,
Von einem wunderbaren Baum gepflückt.

Als sie die graue Wand auch leuchten sah,
Sah sie das Glück der Ferne: leuchtend nah.

## DER STAAT

Ein Staat, geboren aus des Volkes Not
Und von dem Volk zu seinem Schutz gegründet –
Ein Staat, der mit dem Geiste sich verbündet
Und ist des Volkes bestes Aufgebot –

Ein Staat, gestaltend sich zu einer Macht,
Die Frieden will und Frieden kann erzwingen –
Ein Staat, auf aller Wohlergehn bedacht
Und Raum für jeden, Großes zu vollbringen –

Ein solcher Staat ist höchster Ehre wert,
Und mit dem Herzen stimmt das Volk dafür,
Denn solch ein Staat dient ihm mit Rat und Tat –

Ein Staat, der so geliebt ist und geehrt,
Ist unser Staat, und dieser Staat sind wir:
Ein Reich des Menschen und ein Menschen-Staat.

## FESTTAG DES SIEGES

Ein Lied, wie es noch nie gesungen,
Musik, wie sie noch nie erklang –
Wir gehen alle eng umschlungen,
Und keinem mehr ist angst und bang.

Ein Licht, ein Licht hat uns durchdrungen,
Wie Licht noch nie das Herz durchdrang.
Und Fahnen wehen hoch geschwungen
Und blühen rot den Zug entlang.

Musik, wie sie noch nie erklungen,
Ein Lied, das keine Zeit noch sang,
Ein Sieg, wie er noch nie errungen,
Ein Werk, wie es noch nie gelang.

Ein Jubelschrei: „Wir Volk sind frei!
Festtag des Sieges, Erster Mai!"

## SEID EUCH BEWUSST

Ihr wißt es, was es heißt:
Sein Leben lang sich schinden.
Ihr wißt es, wie das ist:
Nicht wissen aus noch ein.
Die Heimat war verwaist,
Wir konnten heim nicht finden . . .
Wer je *die* Zeit vergißt,
Wird selbst vergessen sein.

Ihr wißt es, wie es kam,
Es mußte nicht so kommen.
Sind wir für alle Zeit
Verloren und verflucht?
Es brennt das Herz vor Scham,
Es schweigt das Herz beklommen,
Wir haben weit und breit
Nach einem Weg gesucht.

Ihr wißt es, was es hieß:
Den Weg, den schweren, gehen.
Es lagen an dem Rand
Des Wegs der Toten viel.
Wir aber wußten dies:
Wir müssen auferstehen!
Ein freies deutsches Land
War unsrer Sehnsucht Ziel.

Seht, Großes wird vollbracht!
Das Volk schafft sich sein Leben.
Und war der Weg auch schwer,
Ein Jubel sich erhebt.
Seid euch bewußt der Macht!
Die Macht ist euch gegeben,
Daß ihr sie nie, nie mehr
Aus euren Händen gebt!

## FREIER SOMMERTAG

In den Morgenfrühen
Treten aus dem Haus,
Wenn des Tags Erglühen
Haucht das Dunkel aus,

Wie ein Flügelbreiten,
Das uns überschwebt,
Strahlend wie vorzeiten
Sich das Licht erhebt.

Sich ergehn im Freien –
Wind und Wellengang.
Kinder singend reihen
Sich den Strand entlang.

In den Dünen liegen,
Himmelhohes Schaun –
Meerentstiegen,
Nackt und braun . . .

## ABSCHIED VOM SOMMER

Von fern her ist ein kühles Wehen,
Das uns wie streichelnd überzieht.
Was soll uns für ein Leid geschehen?
Ein Vogelschwarm vorüberflieht.

Der Blick: ein weltenweites Sehen,
Und ahnend das, was bald geschieht:
Der schöne Sommer muß vergehen.
Singt ihm ein letztes Sommerlied!

Auch unser Herz war sommerlich,
Auch dort, dort standen wir auf Höhn,
Des lichten Himmels Widerschein.

Es freut der schöne Sommer sich,
Wenn du ihm nachrufst: „Du warst schön!
Und immer sollte Sommer sein!“

## DAS WUNDER

Sag, welch ein Wunder ist geschehn?

Ich kann mit deinen Augen sehn,
In meinen Schritten ist dein Gehn,
Was du verschweigst, kann ich verstehn,
Dein Wort ist in des Windes Wehn . . .

Daß du bist, ist mein Auferstehn –

Sag, ist ein Wunder mir geschehn?

Ist es ein Wunder, das geschah:

Durch dich komm ich mir selber nah.
Mein Dasein ist: Du, du bist da.

## NACHTLIEDER

Der Wind fließt in den Bäumen,
Es fließt die Nacht vorbei,
Und wie in fernsten Räumen
Manchmal ein weher Schrei.

Ein Winken. Sterne blinken.
Wer wohl im Fernen wacht?
Es ist wie ein Versinken
Von Leid im Strom der Nacht.

—

Es singen die Vögel im Traum
Nachts in den schlafenden Zweigen,
Und die Zweige neigen
Sich von Baum zu Baum.

Wind, so leicht wie Flaum,
Hoch die Sterne steigen,
Und ein gläsernes Schweigen
Schweigt im unendlichen Raum.

## ALS NAMENLOSES LIED

Ein Großes, schien ihm, war noch zu vollbringen,
Bevor zu Ende ging sein Lebenstag:
Und sein Gedicht erhob sich wie auf Schwingen,
Traumhaft erklang der Strophe Flügelschlag.

Die schwere Zeit – ein dunkles Stimmenschweben.
Bis eine Stimme hell den Chor durchdrang,
. . . Und er begann, sich von sich abzuheben,
Am Ende sich vollendend als Gesang.

Er hat sich weit, weit von sich fortbegeben,
Er konnte fernhin in die Zukunft reichen.
Ein guter Wille war durch ihn geschehn.

Das war sein Leben, wunderbares Leben:
In eines Abendwinds Herüberstreichen
Als namenloses Lied durchs Volk zu gehn.

—

## GESUCHT HABE ICH

Im Gedicht,
In all seinen Formen –
Versucht habe ich mich
In Prosa,
Und auch in der Rede
Habe ich mich versucht –

Gesucht auf allen Wegen,
Versucht mich in manchem Beruf.

Versuche,
Nichts als Versuche:

Auf der Suche
Nach einem festen Grund,
Auf der Suche
Nach dem Menschen,
Auf der Suche
Nach der Heimat,

Auf der Suche
Nach dem,
Der ich bin . . .

## SOMMERGLÜCK

Eingehüllt in ein Wehen
Von Heu,
Wandle ich im Paradies,
Das du, meine Erde, bist.

Ich habe es nicht nötig,
Meiner Träume

Verwirklichung
Zu erwarten
In einem Jenseits.

Eingehüllt in des Sommers
Duftende Lebenswärme,
Brauche ich nur
Aller Menschen Wohlergehen
Zu dem meinen –

Und siehe:
Erfüllt hat sich
Im Hiesigsein,
Was je ich erträumt.

## RÜCKSCHAUEND

Rückschauend
Auf eine Wegstrecke:
Trümmergebirge,
Gräber-Unendlichkeiten –

Zeugen
Zweier Weltkriege –

Rückschauend
Durchschaue ich das Heute
Und prüfe es darauf hin,
Welche Kräfte am Werke sind,
Wieder Unheil zu stiften,
Und welche Kräfte am Werke sind,
Den Frieden zu begründen,
Fest,
Ein für allemal.

Rückschauend
Das Heute durchschauend,
Wendet sich
Der Blick
Ins Künftige,

Den Menschen sichtend:
Frei,
Einfach,
Schön,
Dem Traum entstiegen
Der Jahrhunderte.

## GRÖSSE UND ELEND

Wie groß ist er: der Mensch! Und wie allmächtig
Erhebt er sich bis in die Stratosphäre.
Und Werke, wahrheitstief und farbenprächtig,
Hat er vollbracht! Dem Menschen Ruhm und Ehre!

Wie elend ist der Mensch! Wie schwach und schmächtig!
Wieviel an Irrtum und an falscher Lehre!
Wie nichtig ist er und wie niederträchtig!
Und kein Verbrechen, das zu schwer ihm wäre!

Wie hoffnungslos! Wie überlebensgroß!
Ein Wesen, das in sich vereint und trennt
Das menschlich Gute und das menschlich Böse.

Vollendet sich und – sagt sich von sich los.
Seht, welch ein Wesen, das in sich erkennt:
Des Menschen Elend und des Menschen Größe.

## DAS ATELIER

### 1

*München, Schwabing*

Ein langer Holztisch – Tisch-Unendlichkeit,
Der Horizont der Wände dicht beschrieben,
Der Fensterweite Überhelligkeit,
Noch nach Jahrzehnten in mir hell geblieben.

Reißnägel heften Noten an die Wand,
Die Verse haften so in mir noch fester.
Ein Strophen-Chor schwebt unter meiner Hand.
Ich dirigier das große Vers-Orchester.

Das alles: Schießplatz, Oberwiesenfeld,
Oktoberfest, Mai-Ausflug, Isarauen,
Der Boxeraufstand und der Burenheld,
Geheimnisvolle, überschlanke Frauen.

Von Drogen trunken, Gift und Gegengift,
Gangräne und Phlegmone und Narkosen,
Und eine riesenhafte Überschrift:
„Erobert euch die Welt, ihr Namenlosen!"

Der schwarze Aufruhr in den Kolonien,
Der Karneval, der Papst, die Guillotine.
Ein Kaisermörder! Bravo, feiert ihn!
Und auch ein Kriegsschiff lief auf eine Mine.

Stachus, rotierend wie ein Karussell,
Justizpalast und er, der Zauberladen . . .
O Fensterweite, leuchtend überhell,
Daß in mir leuchten heut noch die Arkaden.

Großmutter, sitzend vor der Staffelei.
Pinakothek: mit neuen Augen sehen
Und Freiheit ahnend – o wie schön *und* frei!
Ein Welt-Verstehen, o ein Weltgeschehen.

Schwimmklub „Weiß-Blau" – und sprungbereit zum Start.
Die Großstadtnacht und glühende Exzesse,
Und in das Ötztal auf der Radfernfahrt.
Die „Stille, heilige Nacht", die Weihnachtsmesse.

Verfaulend in den Särgen des Regals
Die Klassiker in den Gesamtausgaben,
Und starben noch und noch und abermals
Und wurden immer wieder ausgegraben.

– Mit all dem waren Tisch und Wand bedeckt.
O zauberhafte Liebesabenteuer.
Ein neuer Malstil, der die Spießer schreckt,
Stilleben, tanzend wie ein flackernd Feuer.

Und wir ergingen wieder uns zu dritt
In herrlichen Gesprächen, heilig Glühen,
Rimbaud und Hölderlin – im Flügelschritt
Aufschwebend in die künft'gen Morgenfrühen . . .

Der Zapfenstreich. Nachts wurden sie verladen.
Ein Lebewohl, ein tragisches Ade.
Der Sterbenden Geschrei und Pulverschwaden . . .
Der Jugend Traumgehäuse: Atelier.

2

*Berlin, Hansaviertel*

Der Holztisch wieder: Weltunendlichkeit.
Verstreut Schriftstücke, Briefe und Notizen.
Er reicht jetzt in die Tiefe auch der Zeit
Und ist zugleich ganz nah gerückt den Blitzen.

Des Tisches Weiß ist rußgeschwärzt von Schloten,
Es schnitten Gräberreihn dem Holz sich ein.
Ein Wandspruch mahnt: „Gedenke stets der Toten!“,
„Nie wieder Krieg!“ und „Es soll Friede sein!“

Die Wechselstuben und der Kriegsgewinn,
Die Inflation, das Paradies der Schieber.
Und eine neue Welt im Anbeginn,
Und das Gedicht erglühte wie im Fieber.

Da spür ich, wie der Tisch sich biegen muß
Und Wellen wirft, und er befiehlt zu dichten
Die große Hymne mir auf Spartakus,
Von neuen Helden gilt es zu berichten.

Und Lenins Name glühte an der Wand.
Er las mir seinen Aufruf vor: „An alle!"
Der Tisch stand auf, als Lenin vor ihm stand,
Und stand mit mir in der Versammlungshalle.

Die Rede-Schlacht, Saalschlacht im Friedrichshain.
Gedichte auf den Plätzen und in Sälen,
Und Kreuz um Kreuz trug auf dem Tisch sich ein.
O Kreuze, Kreuze, längst nicht mehr zu zählen.

Der Tisch fleht: „Gib uns unser täglich Brot!"
Die Antwort war ein Angebot von Phrasen.
Die Tbc, die Arme-Leute-Not ...
Die Panzerwagen rattern durch die Straßen.

Und Urach war, es lag dem Herzen nah,
Die Mühle und das Gasthaus und die Säge.
Ein Wunder. Nein, viel Gutes nur geschah
Und schuf für alles Gute ein Gehege.

Motorradjagden, auf dem Soziussitz
Die Muse mit der flatternd gelben Mähne.
Gehetzt von Ängsten, und da ließ ein Witz
Versiegen in uns der Verzweiflung Träne.

Und immer wieder dies: „Was kommt danach?"
Die Sucht, das, was danach kommt, zu ergründen,
Nichtig, was der und jener uns versprach,
Nichtig, was die und jene uns verkünden.

Der „gute Mut", mein Bruder, er sitzt rechts,
Schwermut, du meine Schwester, mir zur Linken.
Vom Glanz und Elend menschlichen Geschlechts ...
Im Sinken steigen und im Steigen sinken.

Und einer spricht: „Komm, rückt ein wenig dicht!"
Es nehmen Platz am Tisch die zwölf Genossen.
Wir sehen uns einander ins Gesicht
Und hören hin, und draußen wird geschossen.

Es sprangen in der Glut die Fensterscheiben.
Der Reichstagsbrand – o tragisches Ade.
Wirst du in die Verbannung mich begleiten?
Du Werkstatt meiner Wandlung: Atelier.

3

*Moskau, Lawruschinski Pereulok*

Als Totenkopf erscheint der Größenwahn.
Und Fragezeichen und ein Rätselraten.
Flucht vor dem Graun auf der Vorarlbergbahn,
Treffpunkt in einem Prager Automaten.

Flucht vor dem Graun. Der Zaubermarkt Paris,
Und immer die Vertröstung: Warte, warte!
Blieb unvergeßlich auch Place Saint-Sulpice,
Allüberall hing eine Deutschlandkarte.

Flucht vor der Angst der Nimmerwiederkehr.
Wohin noch kann in meiner Angst ich flüchten?
Flucht vor der Angst bis an das Schwarze Meer,
In Jalta auch ein Wispern von Gerüchten.

Die Heimat auf dem Holztisch ausgebreitet,
Der Name Deutschlands an die Wand gemalt,
Das Leitwort, das mich mütterlich geleitet,
Allnächtlich wie bengalisch angestrahlt.

Gittergespinst und Stacheldrahtverhau,
Die Folterungen und die Säuberungen.
Die Heimat zeigt sich in der Wochenschau.
Im Radio wird ein Heimatlied gesungen.

Der Aufzug nächtlich. Aller Fragen bängste:
Klopft es vielleicht heut nacht an deiner Tür?
Verschwinden spurlos! Ihr verruchten Ängste!
Gewitterangst? Die Angst vor dir und mir.

Und Deutschland nahm an unserm Tische Platz.
O Platz genug für alle, sie, die Besten.

Auch Goethe gab uns manchen weisen Satz,
Sprach oft in Zeichen und beredten Gesten.

In Lenins Nähe war der Tisch gerückt.
Er ließ ein neues Atelier mir bauen.
Mit seiner Lehre hat er mich beglückt.
Und ließ so weit, so tief wie nie mich schauen.

O Juninacht! Es zitterten die Scheiben,
Und eine Scheibe war ich selbst und sprang.
Es hob der Tisch sich unter mir beim Schreiben.
Die Luft wie Welle, die im Dunkel schwang.

Schlacht bei Smolensk. Am Himmel Lichtfiguren.
Scheinwerferspiele überm neunten Stock.
O Odyssee! Eissteppe! Ostwärts fuhren
Städte und Dörfer. Dank dir, Kipiatok!

Die Winterschlacht. Und wie, wie Deutschland retten?
O schien ein Stern dir in der Winternacht!
Und Deutschland lag vor mir in Lazaretten.
Es summt im Raum das Lied der Winterschlacht . . .

Maitag des Aufbruchs noch in dunklen Frühen.
O Heimat, daß ich je dich wiederseh!
Land meiner Qual, der Sehnsucht, aller Mühen!
Zur Schau bestellt weithin, mein Atelier.

4

*Saarow*

Das Trümmerreich, gespenstische Kulissen,
Ein Labyrinth der Seelennot: Berlin.
Gewissen regt sich in dem Ungewissen.
Die Flüchtlingstrecks durch Schuttgerölle ziehn.

Der Eifer, sich als andrer Mensch zu zeigen.
Das Wechselspiel der Wandlung, Heuchelei
Von Larven, lächelnd, und beredtes Schweigen.
Der Krieg vorbei und dennoch nicht vorbei.

Der Holztisch wurde wieder aufgestellt,
Und Unerträgliches brach auf ihn nieder.
Die Fensterweite immer noch erhellt
Vom Wetterleuchten ... Kehrt der Krieg uns wieder?

Kaum, daß ich noch an meinem Tische saß,
Da griff nach Deutschland ich mit meinen Händen,
Als suchte tastend ich nach Wert und Maß,
Um Not zu wenden und den Zwist zu enden.

Im Osten Macht des Volks, ein neues Wollen,
Ein Reich des Menschen, planvoll und durchdacht,
Im Westen aber krankhaft aufgequollen
Das Alte wieder, Macht der Niedertracht.

O Atelier, wohin bist du entschwunden,
Und wann, wann kehrst du wieder mir zurück?
Oft ist's, als hätt ich wieder dich gefunden.
Die Dichtung träumt – von sich selbst als dem Glück.

Glück unsagbar: ich kehr zurück dorthin,
Wo wieder vollgeschrieben sind die Wände.
Am Tisch nimmt Platz Rimbaud und Hölderlin,
Und über Grenzen reichen meine Hände,

Den Freunden dankend. Seht, die Strophen reihn
Wie vormals sich. O mögen von den besten
Die oder jene einst gesprochen sein
An unsern hohen brüderlichen Festen.

Gestirne über mir, als hätt kein Dach
Das Atelier, und in der Weltallstille
Die Fuge tönt: Johann Sebastian Bach.
Und weithin herrscht des Menschen guter Wille.

O Saarow-Strand und Lilly überall,
Und Brecht ist da, und Busch singt Eisler-Lieder,
Bosch und van Gogh, Utrillo und Chagall,
Cranach, die Breughels, und wir sitzen wieder

*Bechers „Traumgehäuse" in Bad Saarow*

Um einen Tisch vereint nach alter Sitte.
O Segel-Schweben, o Scharmützelsee!
Und einer, Lenin, sitzt in unsrer Mitte.
Gehäuse meiner Seele, Atelier.

## 'S WAR NICHT DIE ZEIT

's war nicht die Zeit, dich, Liebste, so zu lieben,
Wie wir uns träumten: so soll Liebe sein.
Was ich dir schrieb – wie flüchtig hingeschrieben!
Wie lieblos hingesagt, dies: „Ich bin dein."
Es war nicht herzlos, nicht Lieblosigkeit.
's war nicht die Zeit dazu. 's war nicht die Zeit.

Mit allem Guten wollt ich dich beschenken,
Mit meiner Schwermut hab ich dich beschwert,
Ich hatte kaum die Zeit, an dich zu denken,
Und du – wie warst du schön und liebenswert.
Die Unruh, die ich war, ließ dir nicht Ruh.
O Liebesglück – 's war nicht die Zeit dazu.

Mit einem Lächeln hast du mich empfangen
Und hast mit deinen Armen mich umschmiegt.
Und kaum empfangen, war ich weggegangen.
Da fragtest du: „Wo unsere Zeit wohl liegt?"
Und summtest eine alte Melodie:
„Wann wirst du Zeit sein, Zeit ..." Die Zeit sprach: „Nie!"

Und eines Tags kam ich, dir zu berichten
Von einem Werk, das im Vollenden war:
„Und dafür, Liebste, mußten wir verzichten
Auf unser Glück so manches, manches Jahr –
Und ist das Werk vollendet *ganz,* alsdann
Wird Zeit sein, Zeit – und du fragst nicht mehr: Wann?"

## DUBROVNIK

Ihr Sonnenuntergänge aprikosen!
Ein Felsen schwarz in einer blauen Bucht.
Der Tag versinkt im Urwelt-Grenzenlosen,
Traumferner Mond wie eine goldne Frucht.

Wie seidenzart der Morgen – Pfirsichfrühen –
Und überm Meer schwebt ein Olivenhain.
Still wird der Tag, ganz still im Mittagsglühen
Und schläft, des Tages müd, am Tage ein.

Bevor der Stadt die Schatten wieder winken –
Und mitten noch im Sonnenuntergang
Will Licht sie trinken und im Licht versinken,
Ein tiefer Trank und trunkener Gesang.

Der Berg ein Spiegelbild im Meer, dem glatten,
Und übernah, wie mitten in uns da.
O welch ein Leuchten im Bereich der Schatten!
Welch eine Lebensnähe, todesnah!

## SAAROW-STRAND

Der See: ein blaues Schauen
Im grünen Hügelland,
Wie eingewiegt vom Blauen
Ein Traumglück: Saarow-Strand.

Der Himmel morgens Seide
Und abends wie aus Samt.
Am Mittag sind sie beide.
Zu *einer* Glut entflammt.

Das Ufer streckt auf Stegen
Sich in den See hinaus.
See blaut auf allen Wegen,
Durchglänzt blau jedes Haus.

Wie Wasserrosen-Blühen
Der Zug der Segler weit,
Sie sind in dem Verglühen
Der Sonne ihr Geleit.

O Segel im Entgleiten,
O Zeit, die uns entglitt,
In unermeßne Weiten
Ziehn uns die Segel mit.

Ein Tanz um bunte Zelte,
Ein neues Märchen lacht,
Das feuerwerkerhellte
Fest der Hochsommernacht . . .

Ein sternenklares Schweigen.
Der Wald ragt feierlich.
Die Ähren aber neigen
In ihrer Fülle sich.

Bleich schimmert ein Gemäuer,
Es ist ein Wind, der summt.
Erloschen sind die Feuer,
Die Lieder sind verstummt.

Die Angler in den Booten,
Sie sitzen wie erstarrt,
Als hielten sie, die Toten,
Still auf der Wanderfahrt.

Noch blühen Wasserrosen,
Vergeh, mein Traum, verweh!
O Zeit der Herbstzeitlosen!
Schon Nebel überm See.

Wenn auch die Segel schwinden,
Ihr Bild sich uns entrückt,
Wir werden wiederfinden
Die Zeit, die uns beglückt.

Laßt wieder uns gewinnen,
Was uns im Herbst entschwand.
Es leuchtet uns tief innen
Ein Traumglück: Saarow-Strand.

## FLAUTE

Das Boot steht still. Die Luft ist unbewegt.
. . . O Segelglück! Musik der Wellenlaute! . . .
Der Wind hat sich zur Ruhe hingelegt.
Und schlummert atemlos. Die Zeit der Flaute.

Das Unbelebte: überlebensgroß.
Nirgends ein Hauch, um sich an uns zu schmiegen.
Die Zeit steht still. Die Welt ist atemlos.
Im stillen Blauen sich die Wolken wiegen.

Wie Totenstille. Segel müd vom Schweigen
Und traumversunken. Auch das Boot ist tot.
Wer weckt den Wind! 's wird Zeit zum Auferstehen . . .

Da – in dem Schilf ein Flüstern, ein Sich-Neigen,
Und eine Brise lächelt um das Boot,
Die Segel blühen glückhaft weiß im Wehen.

## WINDFLÜCHTER

*Bäume im Darß (Ahrenshoop)*

Sie haben einen Grund noch, einen festen,
Und dennoch hält der Grund sie allzu fest.
Sie flüchten vor dem Wind mit allen Ästen
Und halten fest, hinauf bis zum Geäst.

Die Äste splittern in den Windgewittern,
Und aus der Tiefe schöpft der Wind das Meer.
Er schleudert Wogenberge, grau und schwer,
Daß auch die Stämme in den Wurzeln zittern.

Gestalten mit verkrüppelten Gelenken,
Nur in den Wurzeln regt sich noch ein Wille.
Das Meer, der Wind, die Wolken – *eine* Wucht,

Die Bäume scheinen sich noch zu verrenken,
Wenn Meer und Himmel atmen wieder Stille.
Sie sind noch in der Stille auf der Flucht.

## STEIN-GESICHT

Aus Stein war dein Gesicht, ein grau Gestein.
Die Augen Steine, schwarz und uralt-kalte.
Stein auch der Mund, auch um den Mund die Falte,
Versteinerte Gestalt – wie kann es sein,

Daß du bewegst dich, atmest, auch die Hände
Aus Stein geformt, sie greifen beinah flehend
Ins Leere, und die Worte wie an Wände
Von Felsen hallen, echogleich, verwehend.

– Ich frage ihn, den Stein, und auch er fragt,
Und im Gespräch erstarrt auch mein Gesicht.
Wer von uns beiden Steinen ist's, der sagt:
„Ein Steingesicht bin ich und bist auch du!"

Und auf uns beiden widerglänzt ein Licht.
Zwei Steine lächeln sich einander zu.

## SCHÖNE DEUTSCHE HEIMAT

Wenn man von der Schönheit
Der Heimat spricht,
Darf nicht vergessen werden
Zu erwähnen,
Wie es mit der Schönheit der Menschen bestellt ist.

Schön sind die Menschen vor allem dadurch,
Daß sie sich eine menschliche Ordnung geschaffen haben,
Eine schöne Menschengemeinschaft.

Danach gilt es zu fragen,
Darauf muß man hinweisen.

Denn was wäre die Schönheit
Der Natur nütze,
Wenn in dieser schönen Natur
Die Menschenschönheit daniederliegt
Und verkümmert.

O wie herrlich leuchtete die Gebirgswelt
In ihrem Gletscherglanz,
Und Alpenwiesen schmiegten sich
An die Geröllfelder
Dunkelgrün –
Es lockte das Edelweiß –

Aber inmitten all dieser Schönheit
Lag,
Mit elektrischem Stacheldrahtzaun umgeben,
Das KZ . . .

Furchtbar anzublicken war
Das Gebirgspanorama,
Umlagernd solch ein Grauen . . .
Eine gespenstische Schönheit.

Darum ist die Heimat auch wahrhaft schön nur dort,
Wo der Mensch sich eine menschliche Ordnung
geschaffen hat,
Eine menschliche Schönheit.

Die wahre Schönheit ist ganz.

Singt das Lied der ganzen Schönheit!

## WOHIN . . .

Es wurde still um ihn,
Als wäre er verschollen.
Ein hohes Wolkenziehn.
Ein fernes Donnerrollen . . .

Das Haus ist abgetragen,
Die Farne wuchern dicht,
Und ab und zu ein Fragen –
Dort aber sucht mich nicht.

Bin dort nicht aufzufinden,
Stellt euer Suchen ein.
Ich werd mich euch entwinden
Und wie ein Windhauch sein.

Wohin bin ich entschwunden?
Ich bin dort, wo ihr seid.
Im Leuchten eurer Stunden,
In eurem tiefen Leid.

Vielleicht im leisen Ticken,
Im Stundenschlag der Uhr,
Im Lächeln, einem Nicken
Seid ihr mir auf der Spur.

Darum sucht ihr vergebens
Am altgewohnten Ort.
Sucht nach dem Sinn des Lebens.
Denn dahin zog ich fort.

## PORTRÄT-VISION

In dem Gesicht, dem ungestalten, rauhen,
Hat sich von fern ein Leuchten aufgetan,
Die Augen schauen, weltenweites Schauen
– Ein Menschenwerk, der neue Schöpfungsplan! –:

Die Lichtstadt steigt wie ein Kristall empor,
Du siehst dich selbst die Lichtstadt miterbauen.
Den Mund umschwebt ein lächelndes Vertrauen,
Es neigt das Ohr sich dem Millionenchor,

Der mächtig aus des Weltalls Innerm dringt
Und ist doch nur der Stimmen Widerspiel,
Die auf der Erde herrlich sich entfalten.

Ein Traumgesicht, ein leuchtendes Profil –
Ein Weltenwunder, das der Mensch vollbringt
In dem Gesicht, dem rauhen, ungestalten.

## ES WIRD SCHON DUNKEL

Es wird schon dunkel abends sieben.
„Was ist vom Sommer uns verblieben?"
So frage ich und sag: „Mach Licht!"
Im Dunkel kann man fragen, fragen
Und kann man schweigen und kann klagen.
Die Wahrheit sagt das Dunkel nicht.

Was Freuden waren und was Leiden,
Im Licht nur läßt sich's unterscheiden.
Ich brauche Licht. Im Licht nur trennt
Das Gute sich von all dem Schlechten,
Das Ungerechte sich vom Rechten,
Vom Abgrund sich das Firmament.

Ich brauche Licht, um nicht zu irren
Und um den Wirrwarr zu entwirren.
Das Dämmerlicht ist kein Gericht,
Das Dunkel macht viel ungeschehen.
Ich brauche Licht, um ihn zu sehen,
Den Mund, mit welchem Mund er spricht.

Man muß auch sehen auf die Hände.
Noch spricht der Mund – *sie* sind am Ende.
Es ballt ein „Ja" sich, fleht ein „Nein",
Sie sprechen, wenn die Worte schweigen,
Sie können offen dir sich zeigen
Und wie in sich verkrochen sein.

Die Dunkelheit hält uns umfangen,
Das Licht hilft uns aus Angst und Bangen.
Du Sternbild in der Finsternis,
Hoch über mir schwebst du im Zimmer,
Ich blick durch mich in deinem Schimmer
Und werde meiner selbst gewiß.

Es wird schon dunkel abends sieben.
Was ist vom Leben uns geblieben?
Im Dunkel sind die Spiegel blind.
Mach Licht! Laßt uns dem Licht vertrauen!
In viele Spiegel gilt's zu schauen,
Bis wir der Wahrheit Spiegel sind.

## UND WER ERKENNT . . .

Felsen uralt
Bersten und splittern,
Zeiten verwittern,
Feuer wird kalt.

Wüste wird Land.
Meere im Wandern.
Keiner andern
Gleicht eine Hand.

Hände sich mühn,
Hände vernichten,
Segnen und richten,
Lassen erblühn.

Über Zerfall,
Trümmern, verwehten,
Flug der Raketen
Jubelt ins All.

Hände, die sich
Einen mit Händen,
Träume vollenden,
Wenden auch dich.

Und wer erkennt,
Reicht in die Ferne,
Greift an die Sterne,
Wird Firmament.

## DEIN IST DIE MACHT

Die Blumen lachen, wenn wir sie begießen,
Im warmen Sommerregen lachen Wiesen,
Und auch wir lachen in dem Blühen mit.
So sind wir Sonne, und so sind wir Regen
Und kommen überall uns selbst entgegen,
Bald laut, bald leis, in jeder Art von Schritt.

So sprechen wir auch in der Bäume Flüstern,
So schweigen wir auch in der Nacht, der düstern.
Wir können nirgendwo uns selbst entgehn.
Du suchst die Stille auf, ’s ist *deine* Stille,
Und auch der andern Wille ist *dein* Wille,
Denn warum läßt du ihn denn nur geschehn!

Die Wesen alle halten dich umfangen,
Bist ihre Freude, und du bist ihr Bangen.
Allmächtig ist sie, deine Wesenheit.
Dein ist die Macht, zu enden und zu wenden.
Wie viele Hände sind in deinen Händen!
Du bist die Zeit und bist in Ewigkeit.

## PLANETARISCHES MANIFEST

Was uns melden die Sagen vergangener Zeiten,
Wovon jahrtausendealt berichtet ein Traum:
Vom Flug durch die Zeiten empor in die Zeitlosigkeiten,
Vom Sprung in das Weltall, in den unendlichen Raum –

Was oft wie ein Wahn erschien in versunknen Epochen,
Gefährliches Wagnis, nur von Ketzern zu denken gewagt
Und wie von Verschwörern in heimlichen Zirkeln besprochen
Und wie das Ende der Welt vorhergesagt,

Erwogen, berechnet und überprüft von Gelehrten,
Verworfen wieder, verdammt als phantastischer Plan
Und wieder wie Inbegriff alles Entdeckungswerten:
So leuchtete auf des Raumschiffs elliptische Bahn . . .

Das Bild des Menschen erhob sich, geflügeltes Wesen,
Empor in die Wolken, bis es der Erde entglitt,
Und wie in den Sternen geschrieben, stand es zu lesen:
„Der Mensch das Weltall mit geflügelten Schritten betritt!"

Die Sonne brachte das Wachs der Flügel zum Schmelzen,
Und Ikarus stürzte zu Tod sich . . . Da nahte die Zeit:
Es schwebte im Gleitflug Lilienthal über den Felsen,
Und Höhenrekord flogen die Brüder Wright.

Auch ihr seid geflogen in Dichtungen und in Romanen,
Traumhafte Weiten, auch noch so entrückt euch und fern,
Ihr Dichter, beschwingt von einem herrlichen Ahnen,
Die Reise zum Mond hast als erster gewagt du, Jules Verne.

Es wurde den Menschen die Angst vor der Not genommen,
Nun wurde er auch von der Angst vor dem Tode befreit.

Laßt uns voll Stolz die Perspektive verkünden:
Epochen, nach Lichtjahren rechnend, künden sich an.
Er stürmt von Äther und taucht in den Meeresabgründen,
Der schwerelose, der atomare Titan.

*

Von dem Weltraum nicht träumend, ihr würdet die Weltzeit
versäumen,
Die heut schon begann im Geophysikalischen Jahr,
Energien, geschöpft aus Visionen und Träumen:
Das Unvorstellbare stellen sie dar uns als wahr.

Dem Sowjetvolk Dank, allen friedensbereiten
Völkern und allen, die ihr den Weltraum durchmeßt!
Auf zur Fahrt in des Weltalls Unendlichkeiten
Ruft das Planetarische Manifest.

## SCHRITT DER JAHRHUNDERTMITTE

Die Welt will blühen, blühen
So bunt wie nie zuvor,
Und neue Sterne glühen.
Kühn steigt der Mensch empor.

Die Welt hat sich entschieden,
Daß Frieden werden muß,
Und es *wird* Frieden, Frieden
Allmächtiger Beschluß.

Wer uns will bange machen,
Macht sich nur lächerlich.
Nicht wir, *sie* sind die Schwachen,
Nicht wir, *sie* fürchten sich.

Atomtod, all dein Grauen
Schreckt alsbald keinen mehr.
In dem unendlich Blauen
Wacht unser Sternenheer.

Wir sind Millionen Schritte,
Wir schreiten unentwegt.
Schritt der Jahrhundertmitte,
Schritt, der uns höher trägt.

Die Schritte Katarakte,
Durch Städte rauschen sie,
Die Schritte sind wie Takte
Der Freudensymphonie.

Ihr seid der Zeiten Ende,
Wir sind die Zeit, die reift,
Glück der Jahrtausendwende,
Das uns im Traume streift.

## JAHRTAUSENDWENDE

Wenn in der Jahrtausendwende
Ihr um Mitternacht
Brüderlich euch reicht die Hände
Und ihr glückhaft lacht –

Daß ich euch nicht störe,
Bleibe ich allein,
Aber in die Jubelchöre
Stimme ich mit ein.

## AUSWAHL

Die wenig gelungenen Stellen
Aus meinen kaum gelungenen Gedichten
Wird man auswählen,
Um zu beweisen,
Ich wäre euresgleichen.

Das Ergebnis eines Lebens
In ein Buch gefaßt:

Grund genug,
Um zu lächeln,
Dank zu sagen, Hände zu drücken,
Mit Tränen in den Augen
Deine Augen zu küssen –
Und sich zu verneigen:
Es ist gut so.

—

VOLLENDUNG träumend, hab ich mich
vollendet,
Wenn auch mein Werk nicht als vollendet endet.
Denn das war meines Werkes heilige Sendung:
Dienst an der Menschheit künftiger Vollendung.

# Prosa

sten Mörder, die raffiniertesten Schinder, die größten Kriegshetzer und Arbeiterfeinde, alle Femehelden haben sie in ihrer Organisation." Auch *der* Genosse kann nicht durchdringen. Wütendes Gelächter hinter ihm her: „Schwarzseher" – und ein Prolet zieht ihn damit auf, ob er vielleicht heute schon zum Frühstück Rizinusöl geschluckt habe. „Feigling, Angsthase, Hosen voll." – Der Genosse läßt sich einschüchtern.

Wie gelähmt ist die Belegschaft. Haben die kein Blut mehr in den Adern? Was ist nur los?

Die Sozialdemokratische Partei steht noch immer wie ein mächtiger Schutzwall vor den Faschisten aufgerichtet, die schieben sie wie einen Tank vor sich her, auch in diesem Augenblick richtet der Tank sein Feuer nur auf uns:

Die Kommunisten! Die Kommunisten! Die Kommunisten!

Es wäre anzunehmen, daß die vielen Genossen, die wir im Kampfe gegen die Nazis verloren haben, sich nur sozusagen zum Schein haben ermorden lassen und daß ein Herr Severing den Roten Frontkämpferbund nur aus dem Grunde verboten hat, um den Nazis das Handwerk zu legen.

2

In der Mitte der Stadt, Unter den Linden und vor dem „Hotel Kaiserhof", haben die Nationalsozialisten ihre Anhänger versammelt.

In einer Gruppe, vor einer Litfaßsäule mit riesenhaft dunkelrotem Plakat: „Gebt Hitler die Macht", steht ein Herr, alter Knacker: grauer Stops, Knotenstöckchen, geschwungene Taille, Kragen samtbelegt, Knotenstöckchen fuchtelt in der Luft, tanzt vor die Nase zweier SA-Proleten: die schütteln sich über den wunderlichen Kauz vor Lachen. „So einer wie du hätte uns gerade gefehlt. – System, verkalkter Trottel!"

Da öffnet der olle Knacker den Mantel. Auf seinem Rockaufschlag glänzt der Adler der SA. Aus der Brieftasche schlüpft der Ausweis: sogar Sturmführer ist er. Den beiden SA-Proleten flitzt die Hand an die Hosennaht, aber das Gelächter der Umstehenden läßt sie kehrtmachen, und sie ziehen sich zurück in den Trubel, aus dem heraus Damen Blumensträuße strecken und viele Hunderte von Armen zum Heilgruße schräg aufwärts flattern: Hitler fährt vorüber.

An allen Ecken Schupoposten, die Sturmriemen heruntergelassen. Jeden Augenblick biegt ein Polizeiwagen lautlos um die Ecke.

*Johannes R. Becher*
*in der Uniform des Roten Frontkämpferbundes*

Genosse Willi hat sich schon lange Zeit nicht mehr sehen lassen, und Genossin Eva kann sich auch ein wenig mehr anstrengen, die hat es überhaupt immer nur mit Ausreden, und während wir auch nicht im entferntesten daran denken, unsere Zellensitzung zu sichern: brennt der Reichstag.

Ich gehörte nicht zu denen, die man fünf Uhr früh aus dem Bett riß und verhaftete, ich war im letzten Augenblick gewarnt worden, und so verbrachte ich die Nacht an einer sicheren Stelle. Ich hörte durchs Telefon den Bericht von der Umzingelung meiner Wohnung, bestellte telefonisch der Polizei meinen Gruß und entschuldigte meine Abwesenheit. So habe ich mich in der folgenden Zeit auch mit den SA-Stürmen telefonisch unterhalten und sie ersucht, mich zu verhaften, wenn sie es könnten, und nicht, wie es geschehen ist, einen anderen Genossen mit mir zu verwechseln und ihn statt meiner blutig zu schlagen und anzuschießen.

Ich telefonierte von einem Telefonautomaten vom Potsdamer Platz aus. Ich ging ins „Café Vaterland" und setzte mich an ein Tischchen, dicht neben dem Fenster, und schaute hinaus auf den verwandelten Potsdamer Platz. Mir gegenüber sitzt der olle Knacker aus der Menschengruppe damals Unter den Linden, das Knotenstöckchen hängt über der Stuhllehne, schwarzweißes Ordensband im Knopfloch, der ist wirklich verjüngt und aufgebügelt. Hat die Macht – das könnte man ihm von jedem einzelnen Körperteil ablesen. Hoher steifer Kragen, Brust heraus, Arm in der Hüfte, Ohren steif vom Machtgefühl, und das Kinn springt vor wie zum Angriff. Der schießt gleich los, denk ich mir, so ist der geladen, aber ich bin einigermaßen beruhigt, als ich am Nebentisch einen kleinen Pausbäckigen sitzen sehe, sicher Jude, verschanzt hinter einem Pack von Zeitungen.

„Deutschland – ist erwacht!" raspelt der Olle und beschießt die Zeitungsschanze. „Deutschland erwacht", wiederholt er langgezogen und betont, wie ein Ansager. „Scheint so", knurrt es in mir, und ich schaue hinaus auf den verrückten verwandelten Potsdamer Platz.

Frühling – und der ganze Platz hat den Ausschlag. Einen bunten, fleckigen Ausschlag, braune Geschwüre, dicke SA-Haufen, zwischendurch blau gesprenkelt von Friedensuniformen und zwei Forstgehilfen froschgrün vor einer Auslage. Blitzen da die blankgeputzten Knöpfe und die Helmspitzen, und ein Totenkopfhusar reitet über den Platz Attacke, so kommt er daher, die Schnüre über seiner Brust müssen gleich vor lauter Stolz platzen. Der „Angriff"-Händler kreischt wie durch einen Lautsprecher, der ganze Potsdamer Platz ist eine Massenversammlung, ein Gespensterlager, die werden sich auch gleich im „Café Vaterland“ einquartieren.

Dort drinnen ist inzwischen die Zeitungsschanze gefallen, und der kleine Pausbäckige antwortet ganz ruhig: „Da fragen Sie einmal Ihren Herrn Göring ...“ Gleich, denk ich mir, wird der ganze Platz hereinkommen und den frechen „Judenlümmel“ da totschlagen. „Wie, sagen Sie noch einmal“, ritzt ihn wie mit einem Bajonett der alte Knacker. „... Ihren Herrn Göring ...“ Aber der kleine Pausbäckige tat gut daran, nachdem er vorsichtshalber schon bei Beginn des Gesprächs gezahlt hatte, sich aus dem Café durch die Drehtür hinausschwingen zu lassen. Da draußen dreht sich der Platz, Jahrmarktszauber, Schießbudenfiguren, Zeughaus, Panoptikum, Ausgestopftes, Deutschland 1914, Bismarck-Deutschland, „Wacht am Rhein“, Schlacht bei Leuthen, „ein feste Burg ist unser Gott“, als sei über Nacht ein neues Geschlecht entstanden, das die ganze Stadt jetzt zum Überfluten bringt. Wo sind die auf einmal nur hergekommen? Jedes Staunen bleibt mir in der Kehle stecken, der Alte Fritz kommt über den Platz geritten, vielleicht sitzt er auch mir gegenüber (der Olle hier drin in diesem Kaffeehaus da, „Café Vaterland“) an dem Tischchen mit seinem Knotenstöckchen; „Judenlümmel“, und schießt mit seinen Augen dem fliehenden kleinen Pausbäckigen durch die Tür nach: tacktack ... Kommando, Sprung auf, marsch, marsch ... ich werfe mich zu Boden, der ganze Platz schießt ... mit Stuhl und Tisch dreht jetzt der olle Knacker sich auf mich zu – ich habe tatsächlich so etwas wie Angst in den Knochen sitzen – und ich schwinge mich eilig davon, wie auf Flügeln enteile ich durch die Drehtür.

Vor solch einem Kerl reißt du aus, denk ich und möchte am liebsten wieder ins Café zurück ... aber wahrscheinlich möchte ich nicht auf den verrückten verwandelten Platz hinaus ...

Der Menschenstrom treibt den Tiergarten entlang dem Reichstag zu.

Ich rette mich aus dem Strom heraus auf eine Verkehrsinsel, dort steht schon der Genosse Fritz aus Moabit, auch er verwundert und ziemlich ratlos. „Ich kenne das vom August 1914 her“, spricht er mir Mut zu. „Wie die Verrückten“, meint er. Flüsternd stehen wir da auf unserer Insel, inmitten des von Menschen schwimmenden Platzes, ich wundere mich, daß der Boden mir nicht unter den Füßen wegschwimmt, und spüre, wie inmitten der allgemeinen Verwandlung ich ununterbrochen mich selbst verwandle.

„Du" – beginnt da auf einmal Fritz, nachdem wir noch eine zweite Verbindung verabredet haben – und drückt mir die Hand, „jetzt wird die Partei stark werden. Stark durch das, was wir opfern, stark dadurch, daß alles Fremde und Faule unsere Reihen verläßt. Du, spürst du nicht, jetzt wachsen wir."

„Du", antworte ich, und es ist ganz anders als früher – du – es ist ein langes, tiefes und unerschütterliches „Du", das alles Fremde und Faule aus mir herausnimmt und mich fest gegen den Strom stellt. Daß ich „los!" sage, mit ihm zusammen die Menschenmasse kreuze, darin mich umdrehe und ihr ruhig entgegengehe. Bis zur nächsten Straße, dort biegen wir ein, es ist die Köthener Straße, in die ich damals, als Karl Liebknecht auf dem Potsdamer Platz sprach, abgedrängt wurde. Wir bleiben noch einen Augenblick unter einer Hauseinfahrt stehen.

Es ist mir jetzt ganz deutlich, als hätte die Partei mich aus meiner Schwäche herausgerissen und mich wieder fest in die Hand genommen, ich schaue auf mich selbst herab, als auf einen kleinen Schwächling, verabschiede mich und gehe noch einmal zurück über den verwandelten Platz.

Ich gehe und träume. – Warum nicht träumen? – Ich träume gern.

Ich träume jetzt mitten auf diesem verrückten Platz davon, wie es einmal sein wird, wenn wir in Deutschland die Macht haben.

Das ist ein guter und nützlicher Traum, der erhebt und stark macht, so gar keine leere und schädliche Träumerei, wie vielleicht mancher Genosse annimmt.

Die Traumlinie, auf der ich gehe, ist die Leipziger Straße. Wir ziehen zum Potsdamer Platz. Der Platz ist unser. Die Straßen sind gedrängt voll Menschen, aber von seidenen Damen und geschniegelten Herren ist weit und breit nichts zu sehen. Unser Zug spiegelt sich in den Riesenscheiben des Kaufhauses Wertheim, als ginge mitten hindurch durch das Gebäude noch ein Zug mit wehenden roten Fahnen und erhobenen Fäusten. Der metallene und doch zugleich weiche Klang der Schalmeienkapelle bricht den Stein, der Stein selbst jubelt und singt.

Einige Genossen erinnern daran, wie während des Krieges auf dem Potsdamer Platz Karl Liebknecht gesprochen hat. Ich war ja selbst mit dabei und wurde von den berittenen Pickelhauben in die Köthener Straße abgedrängt. Jahre – und ich bin froh, in diesem Jahrhundert geboren zu sein, in dem ein Lenin das Wort der Zukunft gesprochen hat und in dem diese Zukunft Gegenwart geworden ist

– hier jetzt in Deutschland bei uns und drüben in der UdSSR –, und ich gehe breitschultrig und stolz über den Potsdamer Platz, den Platz Lenins.

## DAS GUTACHTEN

*Eine Erinnerung an das Jahr 1928*

„Ah, Herr B., da wären wir ja, leibhaftig – sehr angenehm! Nehmen Sie Platz, machen Sie sich's bequem! Kleiderständer, wie Sie sehen, haben wir hier keinen, da müssen Sie Ihren Mantel schon auf einen Stuhl legen ..."

Ich befand mich im Pathologischen Institut, im Arbeitszimmer des Geheimen Obermedizinalrats Professor Dr. Strauch, der als Fachmann für Obduktionen weltbekannt war. An einem länglichen Tisch hatte ich ihm gegenüber Platz genommen. Seine dürren, vom vielen Desinfizieren rauhgeröteten Hände lagen auf einer dicken Akte, die kreuzweise verschnürt war. Beinahe feierlich stand der Geheime Obermedizinalrat auf, um das Aktenpaket aufzuschnüren. Er war ein hagerer Herr, Ende der Sechzig, er trug einen Gehrock und einen hohen weißen, geschlossenen Kragen.

„Wann sind Sie geboren? ... Noch so jung und schon solch eine Akte! Beinahe fünfhundert Seiten ... Wir waren doch auch einmal jung, wenn da jeder in Ihrem Alter schon solch eine Akte gehabt hätte, wo wäre der Staat da hingekommen?"

Er blättert in dem Aktenbündel.

Im Hintergrund des Arbeitszimmers standen der Wand entlang einige Säcke, die mit Knochen gefüllt waren.

„Das sind die Ulap-Knochen", erklärte er, als er bemerkte, daß ich die Knochen anstaunte. (Im Ulap-Vergnügungspark in Berlin waren bei Aufräumungsarbeiten Skelette gefunden worden, von denen die „Welt am Abend" behauptete, es handele sich um Skelette gefallener Spartakisten, die man dort heimlich verscharrt habe.) „Da hat mir Ihre ‚Welt am Abend' wieder schön zugesetzt, als sie behauptet hat, das wären vergrabene Spartakisten-Skelette. Aus der Franzosenzeit stammen sie, diese Knochen, Sie können sich jederzeit selbst davon überzeugen. Mit den Katzen ist es mir ebenso ergangen. Da hat sich sogar der Tierschutzverein eingemischt." (Es handelte sich um ein Experiment, um nachzuweisen, daß ausgehungerte Katzen Kinderleichen fressen. Gegen dieses Experiment, das der Obermedizinalrat veranstaltet hatte, protestierten einige Zeitungen und auch der Tierschutzverein.) „Lassen Sie sich die Katzen zeigen, erster Stock, Zimmer 467, ob die nach Hunger aussehen. Acht Tage habe ich sie nur hungern lassen, das nennt man heute schon Tierquälerei. Dann haben sie sich aber an den Leichen noch und noch satt fressen können ... Ohne Experimente geht es nun einmal in der Medizin nicht ab ..."

Ich überlegte, was das alles mit meinem „Fall" zu tun hätte, aber ich blieb freundlich. Der Geheime Obermedizinalrat war jedenfalls leutselig und gesprächig.

Wie kam ich überhaupt hierher ins Pathologische Institut?

1926 war mein Roman „Levisite" verboten worden. Kurz darauf wurde ich in Urach, einem Städtchen in Württemberg, verhaftet. Ich wurde von drei Landjägern ins Amtsgerichtsgefängnis abgeholt. Dabei legten die Landjäger ihre Hände auf die Pistolentaschen und versicherten mir, daß sie nicht „in meiner Haut stecken möchten". Auch der Amtsgerichtsdiener, der mir eine Zelle zuwies, meinte, ich hätte nichts zu lachen. Schon am dritten Tag meiner Verhaftung setzte eine Protestbewegung ein, der sich auch viele bürgerliche Zeitungen und Schriftsteller anschlossen. Darüber hinaus sollte am folgenden Sonntag ein Treffen des Roten Frontkämpferbundes, Gau Württemberg, vor dem Gefängnis stattfinden. Dies mochte wohl der Grund gewesen sein, daß ich bereits Samstag mittag nach fünf Tagen Haft wieder entlassen wurde. Ein Verfahren aber wegen Vorbereitung des literarischen Hochverrats wurde eingeleitet und weitergeführt. Nachdem ich einige Male vom Untersuchungsrichter des Reichsgerichts in Moabit vernommen worden war, eröffnete er mir bei der letzten Vorladung: „Sie stammen aus bester Familie, Sie geben gute und treffende Antworten. Sie sind sich dessen, was Sie schreiben, vollkommen bewußt. Früher erschienen Ihre Bücher sogar im Insel-Verlag. Daß Sie Kommunist wurden, Herr B., entschuldigen Sie, dabei kann es nicht mit rechten Dingen zugehen. Ich habe also angeordnet, daß sich Obermedizinalrat Geheimrat Professor Dr. Strauch mit Ihrem Fall beschäftigt. Er ist von der Untersuchungsbehörde des Reichsgerichts aufgefordert, ein Gutachten abzugeben ..."

„Sehen Sie, Herr B., das ist ja nun eigentlich nicht meine Sache; ich weiß überhaupt nicht, wie ich dazu komme. Was sich so ein Untersuchungsrichter nicht alles ausdenkt! Kenne ihn ja überhaupt nicht persönlich; wie kommt er dazu, mir solch einen Streich zu spielen, der Kerl! Mich neben meinen Wasserleichen mit einem Literaten zu beschäftigen, das fehlt mir gerade noch. Nie in meinem Leben habe ich weder mit Politik noch mit Romanen etwas zu tun gehabt. Wie ich sehe, haben Sie auch noch Gedichte geschrieben ... Ich habe erst jetzt ein Verfahren entdeckt, um einwandfrei die Wiederherstellung der geringsten physiognomischen Züge auch bei der ältesten Wasserleiche zu ermöglichen. Wenn Sie sich dafür interessieren, sehen Sie, da drüben liegt solch eine Paraffinmaske, nach der das ursprüngliche Gesicht nachmodelliert werden kann. Also woher die Zeit nehmen, mich mit einem Roman zu befassen, das alles durchzulesen! Sie machen doch einen völlig normalen Eindruck, was will da der Untersuchungsrichter eigentlich von mir ..."

Ein Wärter trat ein und meldete, daß die beiden Frauenleichen soeben eingetroffen seien.

„Da sehen Sie, so geht es Tag und Nacht; aber worum handelt es sich nun eigentlich bei Ihrem Roman, sagen Sie ..."

Ich versuchte so kurz wie möglich den Inhalt des Romans anzugeben, der als ein Roman gegen den drohenden Krieg gedacht war, und als ich bei dieser Erklärung einmal auch das Wort „Klassenkampf" gebrauchte, nickte der Geheime Obermedizinalrat befriedigt.

„Ah, so ein fixes Ideechen, Ideenüberwertigkeit, Überbetonung des Sozialen, Horizontverengung, ein bißchen Verfolgungswahn ... Machen auf Sie denn die Vorgänge im Tierreich gar keinen Eindruck? ... Wo gibt es da Klassenkampf und Pazifismus? ... Und dann hören Sie mich mal an, Sie junger Mann, Sie, wenn ich da oft abends bei einem Glas Bier im Restaurant sitze und höre so ringsherum die Leute über einen Prozeß reden und ihr Maul aufreißen, dann möchte ich immer nur fragen: Haben Sie denn die Akten gesehen? Das möchte ich auch Sie jetzt fragen, Herr B., und Ihre Genossen, wenn Sie da immer behaupten, einem Krieg lägen wirtschaftliche Interessen zugrunde: *Haben Sie denn die Akten gesehen?*"

Ich mußte zugeben, daß ich nicht alle Akten eingesehen hätte, aber daß man wohl trotzdem ...

Da notierte er murmelnd: „Intelligenz, Gewandtheit im Argumentieren bei gleichzeitiger Horizontverengung, jeder besseren Einsicht unzugänglich, naturwissenschaftliche Erfahrungen, Vergleiche mit dem Tierreich bleiben auf ihn ohne Eindruck ..."

Die Unterredung nahm eine noch erstaunlichere Wendung, als der Obermedizinalrat aus einem Aktenstück ersah, daß ich früher der Unabhängigen Sozialdemokratischen Partei und dem Spartakusbund angehört habe und daß ich jetzt Mitglied der Kommunistischen Partei sei.

„Drei Parteien nacheinander ... Sehen Sie, das habe ich mir immer gesagt: ‚Tritt in keine Partei ein, dann brauchst du auch aus keiner auszutreten.' Da treten aber die Leute ein und aus, nur damit sich keiner auskennt . . ."

Es gelang mir nicht, dem Obermedizinalrat den Zusammenhang dieser drei Parteien klarzumachen, denn er winkte mürrisch ab.

„Ja, ja, nur damit sich keiner auskennt. Aber auf eine Frage können Sie mir wohl noch antworten: Da war ich voriges Jahr zu einem wissenschaftlichen Kongreß nach Petersburg, oder wie heißt es jetzt? aha, nach Leningrad eingeladen, und da fand auch eine Demonstration statt; es war, glaube ich, irgend so ein revolutionärer Feiertag, und überall wehten rote, rote, nichts als rote Fahnen. Jetzt sagen Sie mir, die Leute haben doch alles, was sie wollen, wozu brauchen sie das noch, die roten Fahnen?"

Auf diese Frage konnte ich nicht gleich antworten, und er sah wohl, daß mein Mund vor Staunen weit offen stand. Daß es mir bei dieser Frage die Sprache verschlagen hatte, schien ihm ein Triumph zu sein. Er stand auf und reichte mir wie ein Sieger die Hand, lächelnd, herablassend.

Die Sitzung war zu Ende. Aber er kam mir noch auf dem Gang nach und rief: „Und wenn Ihnen noch so ein neues fixes Ideechen einfällt, dann telefonieren Sie."

# AUS: ABSCHIED

1940

Abschiedsmusik ertönt. Eine Abschiedsfeier beginnt. Wir sind alle dazu eingeladen.

Es gilt Abschied zu nehmen, von Menschen und Zeiten. Von vielem, was uns verwandt und teuer war, nehmen wir Abschied, und das Scheiden tut weh.

Aber wir nehmen auch Abschied, fröhlich nehmen wir Abschied, ohne „Auf Wiedersehen!" zu sagen, ohne „Lebewohl!".

Von uns selbst nehmen wir Abschied in langen schmerzlichen Abschiedsstunden, denn von dem Vergangenen scheidend, muß auch von dem Vergangenen in uns selbst geschieden sein.

Manches auch lebt weiter, von dem wir glaubten, auf immer Abschied genommen zu haben.

Darum sagen wir nicht zu voreilig: „Auf Nimmerwiedersehn!"

Abschied. Und: es soll anders werden!

Mach dich fertig!

„Vergiß das viele Gute nicht!" mahnt es dich, und es warnt dich zugleich: „Gib acht! Schau nach, was du mitnimmst!"

Die Zeit des großen Abschiednehmens war gekommen.

(1)

Schon eine Stunde zuvor hatte ich gedrängt: „Wir werden sicher zu spät kommen!" – aber der Vater hielt die Balkontür verschlossen und zündete den Weihnachtsbaum an, während die Mutter ärgerlich wurde. „Du machst einen ja ganz nervös! Sei nur noch recht unausstehlich – im alten Jahrhundert!"

So mußte ich, hin und her rutschend und den Zeiger der Standuhr beobachtend, der nicht vorrücken wollte, neben der Großmutter sitzen bleiben, die von Durlach erzählte, von der Löwenapotheke und dem Turmberg, und, der guten alten Zeit gedenkend, oft zu dem Bild des Großvaters hinübersah, das über der Kommode hing. Der Großvater schien, in dem ovalen Bart und dem hochgeschlossenen Stehkragen, die gute alte Zeit darzustellen, die nunmehr bald für immer vorüber war. Die Lichter vom Weihnachtsbaum her machten sein Gesicht warm und glänzend. Vielleicht hing sein Bild heute zum letzten Mal hier. Wenn die neue Zeit anbricht, werden die alten Bilder von der Wand wohl heruntergenommen. Darum blickt der Großvater auch so ernsthaft, und es wunderte mich nur, daß ich noch nicht hatte aufstehen müssen, um ihm „Lebe wohl" zu sagen.

Endlich durfte ich Christine hereinrufen.

Es war kurz vor zwölf.

Wir hatten die Mäntel um und traten auf den mit bunten Lampions festlich geschmückten Balkon hinaus.

Die Nacht war schneeweiß. Der Schnee leuchtete. Der Himmel blitzte von Sternen.

Ich stellte mich feierlich neben dem Vater auf, denn es war wie neulich, als die ganze Familie, auf Wunsch der Großmutter, „noch einmal im alten Jahr", sich photographieren ließ. Da klappte mir, wie auch jetzt, die Mutter von hinten den hochgeschlagenen Mantelkragen herunter, weil das zu unordentlich aussehe, es gab ein langes Getue, bis ein jeder den passenden Platz gefunden hatte. Christine wurde hin und her geschubst, in den Hintergrund gedrängt, von den anderen verdeckt, und nur das Samtband, das ihre Haare zusammenhielt, und ein schmales Lächeln kamen aus dem Bild heraus ...

Drinnen im Zimmer brannte der Christbaum. Wenn man von draußen durch das Fenster hineinsah, schien der Baum belebt. Nüsse, Äpfel und Quittenwürstchen, in glitzernden Schneestaub gehüllt, hüpften von Ast zu Ast. Der Engel schaukelte oben auf der Baumspitze.

Der Vater hatte mir einen Schluck Punsch eingegossen. Ich stand wie die anderen, das Glas erwartungsvoll erhoben, um von dem alten Jahrhundert Abschied zu nehmen.

Gleich wird es losgehn ...

Ein fürchterlicher Knall vielleicht, ein Erdbeben, daß der Balkon mit uns allen zusammen in den Garten herunterkracht – das wird für den Burschen von Major Bonnet, der neben dem Stall wohnt, eine Hetz sein! –, oder der Himmel öffnet sich, ganz rot und brennend inwendig, und Mond und Sterne fangen an durcheinanderzusausen.

Um die Ohren herum spannte es, als spürten sie die unheilvolle Schwingung dessen, was sich in der Ferne vorbereitete.

Die Welt konnte untergehn! Der Untergang der Welt jagte mir einen solchen Schreck ein, daß ich gelobte, mich bessern zu wollen und anders zu werden. Dem Untergang der Welt nämlich folgte das Jüngste Gericht, an dem alle meine Lügen und Heimlichkeiten offenbar würden. Wen der liebe Gott anblickt, der ist durchleuchtet bis in den tiefsten Grund seiner Seele hinein.

Es schlug zwölf.

Ich wollte die Schläge mitzählen, aber schon beim ersten Schlag erhob sich ein Brausen in der Luft, daß ich mich ängstlich duckte und das Weiterzählen vergaß. Die Glocken begannen das neue Jahrhundert einzuläuten. Die Glocken der Frauenkirche schwangen in dem großen Neujahrsgeläut dunkel und mächtig.

Die Balkone waren mit rufenden Menschen besetzt. Balkone schwebten rufend durch die weiße unendliche Nacht.

Eine Rakete schoß hoch, mit einem feinen Knall öffnete sie sich und stob nieder als Goldregen. Wie aus der Erde hervor kam ein Gurgeln: „Prost Neujahr!"

Ich kam erst wieder zu mir, als mir die Großmutter einen Kuß gab. Ihre Wange war feucht. Auch Christine, die in ihrer Küchenschürze ganz hinten stand, weinte. Wahrscheinlich grämten sie sich, weil die schöne Kaiserin Elisabeth von Österreich erstochen worden war oder wegen des toten Bismarck. Aber es konnte auch wegen des Großvaters sein, der jetzt ein für allemal tot sein mußte, wenn die ganze Zeit, in der er gelebt hatte, um war.

Lebe wohl, du gutes altes Jahrhundert! Lebe wohl!

„Was wird das für eine neue Zeit geben, was wird sie wohl bringen, wer weiß."

Gern hätte ich die Großmutter getröstet und ihr gesagt, daß uns eine neue, wunderbare Zeit bevorstehe. Darum kniff ich die Augen zusammen, vielleicht, wenn ich mich recht anstrengte, brächte ich es fertig, in die Zukunft zu schauen. Aber das Zusammenkneifen der Augen und das Blinzeln vermochten mir nichts von der Zukunft zu entdecken.

Unbewegt standen wir noch immer, wie ein Bild und als würden wir in einem fort geknipst werden.

Niemand fror. Es machte warm, zu spüren, daß man zusammengehörte.

In dem Getöse entstand eine Stille. Die Mutter hatte die Küchenschürze bemerkt und gab Christine einen Wink. Christine band sich hastig die Schürze ab.

Auf der Straße tanzten Menschen im Schnee. Es rief wieder „Hoch!“ und „Hurra!“. Der Glockensturm schwoll an. Erst als das Geläut mehr in die Ferne rückte, konnte ich hören, wie der Vater rief: „Es lebe!“ Er hatte sich dabei über den Balkon herabgebeugt. „Es lebe!“ grölte jemand im Garten. Auch der Bursche von Herrn Major Bonnet feierte Neujahr. Da knallte es unter Gelächter herauf. Es waren mehrere Schüsse. Wir zuckten zusammen. Jeder fühlte sich getroffen. „Neujahrsscherze!“ beruhigte der Vater und sah sich unschlüssig um, als suche er noch immer das, was er hochleben lassen sollte. Mir war, als würden die Menschen sich auf der Straße zum Spaß gegenseitig totschießen, lachend, hochrufend, und während die Glocken läuteten.

„Es lebe der Prinzregent! Unser Kaiser! Es lebe Deutschland! Unser herrliches München! Es lebe der Vater! Die Mutter! Hoch!“

Wen sollte ich hochleben lassen?! „Es lebe die Großmutter! Hoch!“ Alle riefen durcheinander. „Es lebe unser Münchner Kindl!“ Damit war ich gemeint. Ich war stolz, daß man auch mich hochleben ließ, und so rief ich noch einmal: „Es lebe die Christine, hoch!“ – „Na also, Christine!“ drückte der Vater Christine die Hand, und wir stießen auch mit Christine an.

Die Großmutter hatte ihren Arm um mich gelegt. „Nun, und was hast du dir zum neuen Jahrhundert gewünscht?“

Ich überlegte. Ich hatte, während es zwölf Uhr schlug, vergessen, mir etwas zu wünschen. Ankersteinbaukasten und Dampfeisenbahn hatte ich zu Weihnachten geschenkt bekommen, Zinnsoldaten hatte ich, eine ganze Armee voll, eine neue Festung brauchte ich auch nicht, und „Deutschlands Jugend“ schickte mir der lustige Briefkastenonkel aus Berlin jeden Samstag.

Ich wußte nichts. Ich war in diesem Augenblick wunschlos.

Die Großmutter flüsterte: „Es soll anders werden . . .“

Da nahm ich mir das zweitemal vor, wo alles um mich herum so seltsam und feierlich war, mich zu bessern und anders zu werden. Nicht ein einziges Mal mehr wollte ich lügen, und nur die besten Noten gelobte ich nach Hause zu bringen, würde ich einmal zur Schule gehen. Auch wollte ich nicht mehr die Fünferln und Zehnerln aus der Sparbüchse mit Mutters Schere herauszwicken; so brav wollte ich werden und folgsam. Die guten Vorsätze machten mich froh, daß ich aufhüpfte.

Der Vater klopfte an sein Glas. „Achtung!"

Alle stimmten in den Ruf ein: „Es lebe das zwanzigste Jahrhundert! Hoch!"

Wieder sah sich der Vater um, als fehlte noch was. Suchte er etwas im alten Jahr, was er hätte mit ins neue hineinnehmen können? Ich wollte ihm behilflich sein und ihn an etwas Schönes aus der vergangenen Zeit erinnern. Vielleicht an den Burenkrieg – es gab ja sogar ein Gasthaus „Zum tapferen Burengeneral" in der Schleißheimer Straße – oder an die Reise des Kaisers nach Palästina. Dabei fiel mir ein, was ich mir zu wünschen vergessen hatte. Ganz vergessen hatte ich die vielen Schlachten, die Völkerschlacht bei Leipzig, die Erstürmung der Düppeler Schanzen, die Schlacht bei Mars-la-Tour und die bei Sedan, und es war schrecklich, dort überall nicht dabeigewesen zu sein. Einen großen Krieg nämlich hatte ich mir immer schon gewünscht, wenn ich einmal erwachsen sei. So wollte ich gleich den Vater fragen, ob er glaube, daß es auch im neuen Jahrhundert Krieg gebe, und wann ein solcher wohl ausbreche. Statt dessen fragte ich: „Vater, suchst du die Welträtsel?" Ein Buch mit solch einem Titel hatte ich neulich in der Aktenmappe des Vaters entdeckt, als ich heimlich darin herumstöberte. Ich erschrak, daß ich mich verschnappt hatte. Der Vater antwortete nichts. Er war ganz woanders.

Vater und Mutter standen Hand in Hand und schauten in die verzauberte Nacht hinein. Die Großmutter winkte mich zu sich, daß ich die Eltern allein lassen sollte. Als wünschten sie sich nur alles Liebe und Gute, sagten sie zueinander: „Heinrich" und „Betty". So sah ich oft Liebespaare beisammenstehn im Englischen Garten, am Wasserfall. Gute Menschen müssen so aussehen, dachte ich mir, und die Schlachten waren vergessen, und ich gelobte mir zum drittenmal: Ich will ein guter Mensch werden. Dabei drückte ich mich an die Seite der Mutter hin und hätte sie gern weggezogen.

Die Kerzen am Tannenbaum drinnen im Zimmer waren heruntergebrannt. Nichts mehr von dem flimmernden Reigen. Wir vergruben uns in unsere Mäntel. Die Großmutter ließ sich von Christine noch einen Schal bringen. Nichts mehr hielt warm. Alle fröstelten.

Das zwanzigste Jahrhundert war angebrochen.

Es war mir schon langweilig geworden, dieses Herumstehen auf dem Balkon da. Was sollte noch kommen? Worauf noch warteten wir eigentlich?! Die alte Zeit war vorbei, und die neue, die schlief jetzt und würde erst morgen richtig anbrechen.

Wir sangen: „Stille Nacht, heilige Nacht!". Danach: „Deutschland, Deutschland über alles!". Ich sah dem Vater auf den Mund und versuchte ebenso laut und tief zu singen wie er.

Die mächtige dunkle Glockenstimme der Frauenkirche blieb noch lange, verhallend, in der Luft.

(2)

Der Frühling kam stürmisch und sprunghaft. Die Isar stieg über Nacht. Die Leute standen am Ufer beim Elektrizitätswerk und auf der Bogenhauser Brücke und schauten in die angeschwollenen Fluten hinab, die gelb waren und strudelnd. Treibende Balken und Stücke ertrunkenen Viehs brachten Kunde von den gewaltigen Überschwemmungen, die die Isar im Oberland angerichtet hatte.

Die Dächer klapperten. Hüte wirbelten über die Straße weg. Man drehte sich mit dem Rücken dem Wind zu. Regenschirme stülpten sich um, Röcke flogen. Ungestüm fegte es daher, strichweise oft mit einem spitzigen Regen vermischt, der aber nicht lange anhielt und den man unter einem Haustor oder in einem Trambahnhäuschen abwarten konnte. Bald rissen die Wolken auseinander, in blauklarer Himmelsmulde strahlte die Sonne.

Glitzernd war der Schnee weggeschwommen. Die Holzverschalungen, worin die Brunnen überwinterten, fielen ab. Die Bänke in den Anlagen zeigten einen frischen grünen Anstrich. Im Musikpavillon, im Hofgarten, erschienen Notenpulte. Tische und Stühle rückten auch am Chinesischen Turm ins Freie.

Auf dem Balkon, dem einst so festlich geschmückten, klopfte Christine Matratzen aus, rotbäuchig lagen abgezogene Betten im Fenster, oft mußte auch Christine jetzt „umsonst" zur Tür rennen, weil ein Bettler geläutet hatte.

Stimmen aus dem Hof drangen ungestört mitten ins Zimmer.

Nun, da es schon Anemonen gab und Maiglöckchen, war die Zeit gekommen, den Sonntagsspaziergang um den Kleinhesseloher See einzustellen und nach Pullach oder Wolfrathshausen zu fahren, durch die Wälder zu streifen und bei der Menterschwaige auf der Großhesseloher Brücke zu stehen und sich zu freuen, wie nah uns die Berge waren und wie alles anders wurde und wie überall der Frühling ins Land zog.

Ich half Xaver die Pferdeäpfel in die Mistgrube schaufeln, nachdem mir Christine versichert hatte, daß es keine Schande sei. Ich ging für ihn in einem Maßkrug Bier holen. Dazu besorgte ich einen

Rettich im Grünkramladen. Ich fragte Xaver, ob er mich nicht als Burschen gebrauchen könne.

Dies alles mußte vorsichtig bedacht werden und heimlich geschehen, damit die Eltern unsere Freundschaft nicht entdeckten. Ich hatte es schon gelernt, mich an den Häusern entlang zu ducken, mich platt an die Mauer zu drücken, wenn der Vater oben zum Fenster heraussah, auf allen vieren konnte ich im Garten durch das Gebüsch kriechen und schnell durch den schadhaften Bretterzaun entschlüpfen.

Zum Lohn für meine Dienste durfte ich in Xavers Stube mit dem Säbel exerzieren. Xaver kommandierte. Wenn ich versuchte, den Säbel aus der Scheide zu ziehen, wollte der riesige Säbel nie enden, unendlich schien er sich zu verlängern, bis Xaver nachhalf. Mit einem wuchtigen Hieb zerteilte ich „den Franzosen" in zwei Hälften, daß je einer zur Rechten und zur Linken aus dem Sattel sank. „Befehlen Sie, Xaver, befehlen Sie!" mußte Xaver den Krieg fortsetzen, es machte mich stolz, mich von ihm kommandieren zu lassen, während ich einer Anordnung des Vaters nur unwillig nachkam.

An der Wand hing eine Gruppenaufnahme der Batterie, zu der Xaver gehörte. Zu beiden Seiten waren Geschütze aufgefahren. Xaver versprach mir auch, mich einmal zum Übungsschießen nach Oberwiesenfeld mitzunehmen. Warum er nur den Krieg nicht leiden mochte?! Ich hätte ihm gern von Christines Feldwebel erzählt, der in der Schlacht bei Mars-la-Tour im Siebziger Krieg gefallen war und den wir doch an den Franzosen rächen müßten. Aber vielleicht war es ein Geheimnis Christines, das sie nur mir anvertraut hatte.

Es kamen Frühlingsabende, an denen es mir gelang, mich unter irgendeiner Ausrede von zu Hause frei zu machen und mich in Xavers Stube zu schleichen. Auf einem niederen Schemel saß ich vor ihm, beinahe auf dem Boden, emporstaunend. Xaver schnitt Brot und Speck und reichte mir ab und zu ein Stück herunter, der ich wie ausgehungert war, obwohl ich soeben zu Abend gegessen hatte. Ich durfte sogar an dem Maßkrug nippen, was abscheulich schmeckte. Nur Xaver zuliebe sagte ich: „Das schmeckt aber fein! Herr Xaver, prost!" Es verhielt sich mit dem Essen wie mit dem Singen und wie mit dem Spaziergang. Auch die besten Sachen nahmen zu Hause einen schlimmen Geschmack an. Alles, was ringsum geschah, schien den Speisen beigemischt. Angst, nach einer Note gefragt zu werden, war in die Spargelsuppe getan, mit lauernden Blicken war der Hasenbraten gespickt, und den Apfelbrei löffelte ich in der Furcht, gleich lügen zu müssen, ohne dabei erröten zu dürfen. Eine heisere

Stimme bekam ich – „du sprichst ja ganz belegt", merkte die Mutter –, wenn der Vater sich nach Hartinger erkundigte, oder ich kaute solange wie nur möglich und würgte umständlich meinen Brocken herunter, um die Antwort hinauszuzögern. Während der ganzen Essenszeit drohten Verbotstafeln: „Achtung! Nicht schmatzen und schlingen! Achtung! Keinen Fleck machen! Achtung! Den Mund mit der Serviette abwischen! Achtung! Mit vollem Mund spricht man nicht!"

Xaver zündete die Pfeife an. Aufmerksam schaute ich zu, wie er das entflammte Streichholz über den Pfeifenkopf hielt, als könnte ich ihm durch dieses aufmerksame Zuschauen behilflich sein. Ging einmal ein Streichholz aus, schalt ich: „Du dummes Streichholz du, weißt du denn nicht, was sich gehört! Brennen sollst du und dem Xaver seine Pfeife anzünden! Na, wart nur!" Eine Freude war es, wenn er den ersten Zug tat und den Rauch durch die Luft blies. Auch ich sog ein Schlückchen Rauch mit ein, Rauch von Xavers Pfeife. Dabei verhustete ich mich. „Komm her, Lausbub", scherzte Xaver, nahm sein großes buntkariertes Taschentuch und fächelte allen Rauch weg.

In Hemdsärmeln saß er da, er ließ die Hosenträger hinten herunterhängen. Recht so, Xaver, du sollst es dir nur bequem machen. „Na, bring sie schon!" zwinkerte er mir zu, denn er wußte längst, worauf ich wartete. Ich durfte aus dem Schrank die Ziehharmonika holen, rechts unten lag sie, neben dem Bündel schmutziger Wäsche. Vom Schrank bis zu Xaver konnte ich gerade noch einen Ton herausquetschen – „au weh!" machte Xaver, so mißtönig und quietschend klang es. Oh, ich werde wohl nie so Ziehharmonika spielen können wie Xaver, nie.

Kaum hatte Xaver sie auf die Knie genommen, begann sie herrlich zu tönen. Er zog sie und drückte sie, so wunderbare Klänge entlockte er ihr, daß ich nur still dasitzen konnte, bewundernd und andächtig. Er neigte sich hin und her, ein Wiegen und Schaukeln war in ihm, er sah auf die Ziehharmonika, dann blickte er wieder versonnen, wie durch die ganze Welt hindurch – sah mich ernst an, nickte glückselig lächelnd mir zu, nun sah er zum Fenster hinaus in den blauen Frühlingsabend, und einen ganzen Strauß bunter Klänge brachte er mit von draußen herein. Es war ein lebendiges Wesen, das er liebkoste, viele Stimmen waren es, die, umschlungen, miteinander sangen . . .

Der Herr Xaver saß vor mir, der aus Unterpeißenberg stammte und dessen Vater ein Wirtshaus hatte, „Zur Schützen-Liesl". Wohin mich Xaver einmal über den Sommer einzuladen versprach, wenn seine Dienstzeit um sei.

„Wie heißen Sie eigentlich noch, Herr Xaver? Xaver . . .?"

„Den will ich net hören, den Sedlmayer, den schenk ich ihnen . . . Als ob ein Name net gnug wäre . . . Was braucht's die Titel und Namen? Nur um recht protzig damit umeinander zu schmeißn . . . Xaver, dös tut's vollauf . . ."

Der Herr Xaver schaute oft so merkwürdig, so schaute auch die Christine, wenn sie von Bretten erzählte. Vielleicht hatte er Heimweh. „Ist es schön bei Ihnen zu Hause in Unterpeißenberg?" fragte ich. Herr Xaver drückte wieder die Ziehharmonika an sich und summte dazu ein Lied, er sang seine Heimat an. Es war solch eine wehmütige, schluchzende Melodie, daß es mir ganz bang ums Herz wurde. Spiel, Xaver, spiel. In der Stube wird's dunkel. Die Dunkelheit will angst machen. Die Dunkelheit war der „schwarze Mann", mit dem die Mutter drohte und der dem Vater glich. Auch den Tag über hockte Dunkel im Zimmer herum, unter den Tischen kauerte es und hielt sich in den Schränken verborgen und wartete nur, bis es Abend wurde und seine Zeit kam. Da kroch es aus, das Dunkel, und lachte über das klein wenig Licht, das es verscheuchen sollte, denn ungeheuer lag ringsum die Dunkelheit. Es erloschen die Lichter, und das Dunkel wuchs und wuchs. Es atmete, denn das Dunkel war ein Wesen und lebte, schwarz war sein Atem, alles durchdringend. Oft nahm es auch Gestalt an, trug einen aufgedrehten Schnurrbart und einen Zwicker, es täuschte mich nur mit seinem Schnarchen aus dem Schlafzimmer nebenan: denn dunkel stand der Vater vor mir, ein dunkler Berg, in der nächtlichen Stille . . .

„So – aber jetzt Schluß mit dem Konzert, sonst beschwert sich der Herr Vater wieder!"

Ich durfte die Ziehharmonika in den Schrank zurückbringen, ich streichelte sie, weil ich beiden, Xaver und ihr, gut war und keine Angst mehr hatte. Ich hätte den Eltern jetzt entgegentreten können, den Lehrern, der ganzen Welt. „Jawohl, ich bin Xavers Freund und schaufle für ihn Pferdeäpfel in die Mistgrube! Macht, was ihr wollt!"

„Ja, ja, unsereins soll sich net rühren und net mucksen, aber oben können 's Klavier spielen, wann's ihnen paßt, so viel und so schlecht sie nur mögen . . . 's Volk soll net Musik machen und net mal singen dürfen . . ."

. . . Auch Xaver hatte gesagt: „Unsereins."

„Es wird anders werden, Herr Xaver. Machen Sie sich nichts daraus!" tröstete ich ihn.

„Anders, ganz anders“, ließ er mich, ohne Licht anzuzünden, aus dem hinteren Fenster hinaussteigen. Als ich draußen stand, streckte er mir die Hand herunter. „Kannst ruhig ‚du‘ sagen. Pfüa Gott!“

Wenn der Frühling kommt, muß die Ziehharmonika spielen. Xavers Ziehharmonika.

Der Vater, Dr. Heinrich Gastl, war Staatsanwalt.

Er stand an einem dieser Tage früh auf. Die Weckuhr schrillte. Christine klopfte an die Tür, der Vater antwortete rasch hintereinander: „Ja, ja.“

Ein Glockenschlag verlor sich von der Josephskirche her.

Das ganze Haus schien leise mit zu erwachen. Im oberen Stock, bei Oberpostrat Neubert, regte sich ein Fenster, unten, bei Major Bonnet, schob sich ein Topf auf den Küchenherd, und in Xavers Stube drüben machte sich ein Eimer fertig zum Aufwaschen.

Der Kastanienbaum knackte in den Ästen, die Schneelast vom vergangenen Winter her wäre ihm beinahe zuviel geworden.

Durch das Schlüsselloch konnte ich auf den Gang hinaussehen. Es brannte Licht. Mein Auge quoll dem Vater entgegen. Er stand im Gang vor dem Spiegel, Zylinder auf, und drehte den Schnurrbart. Ein mächtiger Vater stand da im Gang vor dem Spiegel, zwei Väter, einer vor dem Spiegel, einer im Spiegel. Ein Vater mit zwei Köpfen, und im Seitenflügel des Spiegels erschien ein dritter, überall Väter. Alle wie schwarz lackiert und mit dem gleichen aufgezwirbelten Schnurrbart.

Es blies durch das Schlüsselloch wie Zugluft. Da griff der vielfache Vater mit einem Bündel von Armen in den Gang zurück, als wollte er mir das Auge aus dem Schlüsselloch herausrupfen. Er suchte seine Handschuhe. Die Tür drückte den Vater sanft aus der Wohnung hinaus.

Mein Auge war im Schlüsselloch wie festgewachsen. Ich schaute nach, ob nicht am Kleiderständer etwas hängengeblieben war oder ob nicht einer der Väter sich im Gang versteckt hielt.

Der Gang lag dunkel. Die Mutter im Schlafzimmer nebenan drehte sich im Bett hin und her, wickelte sich in Schlaf. Ich sah durch die Wand zu ihr hinüber ...

Ich erinnerte mich, was der Vater gestern gesagt hatte, als er vom Lehrer die schlechten Noten erfuhr. „Ein Mensch mit schlechten Noten und der obendrein noch so unverschämt lügt wie du! Der Pferdeäpfel in die Mistgrube schaufelt, pfui, und sich mit jedem gemein macht! Du bist doch schließlich in keinem Stall geboren, wer sind denn eigentlich deine Eltern, du ..." Ich wagte es nicht zu wiederholen, ich schluckte. „... und der Staat ist dazu da ... und ich, dein Vater, bin Staatsanwalt." Ich spürte den Kopf zwischen die Beine des Vaters geklemmt, und der neue Rohrstock, den ich mir selbst in dem Laden in der Theresienstraße hatte kaufen müssen, pfiff auf meinen Hintern. Dabei rutschten dem Vater die Socken, sie rochen nach Heu, ich streckte, um nicht brüllen zu müssen, die Zunge heraus, und mir war, als schwebte ein Teil von mir, unter dem Vater hindurch, ins Freie ...

„Den Gehrock gleich herausrichten, Christine, und die guten Schuhe! Mein Mann muß früh aufstehn!" kam gestern die Mutter nach dem Abendessen in die Küche. Ich hatte allein in meinem Zimmer essen müssen, zur Strafe ...

Ich hielt den Atem an, um besser nach dem Vater aushorchen zu können. Ich hatte mich wieder ins Bett zurückgeflüchtet und machte mich unter der Decke unsichtbar. Der Vater hatte nach mir zur Seite geblickt, als er, den Rohrstock holend, zur Mutter sagte: „Ich muß morgen früh aufstehn." So früh aber beginnt keine Verhandlung. Begräbnisse und Feierlichkeiten, wozu man Zylinder und Gehrock braucht, finden nicht in der Frühe statt ... Der Vater mußte etwas Furchtbares vorhaben ... Sicher meinetwegen ... Da hustete die Mutter. Auch ich hustete. Hustete ihr zu.

Die Gardinen wehten, als wehten sie dem fortgegangenen Vater nach.

(3)

Jedes Jahr um Ostern wurde der Sommeraufenthalt ausgesucht. Karten und Prospekte lagen um diese Zeit gehäuft auf Vaters Schreibtisch. Der Vater hielt die Wahl des Ortes geheim, um mir eine Überraschung zu bereiten. Ich versuchte, der Mutter, die in Vaters Pläne eingeweiht war, das Geheimnis zu entlocken. Aber die Mutter antwortete auf jede Frage das gleiche: „Na, rat mal, nach Buxtehude vielleicht ..."

Christine sollte prophezeien, auch hatte ich von der Entdeckung der Wünschelrute gehört: Christine wurden die Augen verbunden, sie mußte mit dem Finger auf der Landkarte herumfahren, zitterte der Finger, deutete er auf die Nähe des gesuchten Ortes hin.

Solche Kindereien stellte ich an, um den lästigen „gnädigen Herrn" zum Verschwinden zu bringen und um Christine das Sie vergessen zu lassen. Christine aber wurde dadurch nur wehmütig gestimmt und schüttelte den Kopf. „Nein, nein, das hat sich jetzt aufgehört ..." Ich konnte ihr Du nicht mehr zurückrufen!

Verborgen blieb mir auch heuer der schöne Sommeraufenthaltsort.

Der Vater hatte gerade die Karten und Prospekte versteckt gehalten, die mir die Wahl des Ortes hätten verraten können. Es war eine Art Versteckspiel, das wir miteinander trieben. Da der Vater offensichtlich annahm, daß mir seine Geheimfächer im Schreibtisch bekannt seien, ersann er immer neue Verstecke, und er schmunzelte stillvergnügt, wenn es ihm gelungen war, mich auf der Jagd nach dem Geheimnis irrezuführen.

Erst als wir im Zug nach Füssen saßen, teilte der Vater die Überraschung mit, daß wir heuer König Ludwig II. besuchen würden, in seinem Schloß Neuschwanstein.

•

War mir Füssen noch einigermaßen vertraut, da ich die Berge ja schon so oft von der Großhesseloher Brücke und vom Starnberger See aus erblickt und, am Kochelsee durch Tannenwälder aufwärts steigend, auch auf beträchtlichen Höhen gestanden hatte, so mußte es doch am Alpsee in Hohenschwangau meinen Eltern auffallen, daß ich verlegen schwieg, als hätte ich beim Anschaun des regungslos ruhenden Sees und der in ihm sich spiegelnden Felsenwunder jede Lust am Schwätzen verloren. Das „Auge Gottes" wurde der See genannt, so klar und grundlos schien er, den Beschauer mit seinem Leuchten durchdringend und ihn unwiderstehlich in die Tiefe seiner Ewigkeit hinabziehend.

„Siehst du denn nicht! Da schau doch, wie wunderbar!" schob mich die Mutter auf eine von ihr laut bewunderte Naturschönheit zu, während der Vater bedauerte: „Schade, schon so erwachsen – ein Gymnasiast! – und hat scheinbar dafür gar keinen Sinn!" –

„Gymnasiast" bekam ich in der darauffolgenden Zeit so häufig zu hören, daß ich mir wünschte: ach, wär ich nur in der Volksschule geblieben!

Wir wohnten in der Nähe Hohenschwangaus, im Gasthaus „Zum Alterschrofen".

München war weggezogen. Ich schaute in die Richtung, aus der wir gekommen waren. Es war atemlos still. Die Luft flimmerte. Schmale Wege führten durch Kornfelder. Wolkenlos glänzte der Himmel. Ich erinnerte mich, daß der Vater einmal ein Bauernbub gewesen war, und ich wollte bei nächster Gelegenheit ihn wieder danach fragen. Wenn ich die Augen zumachte, konnte ich mich mit allem, was ringsumher war, verschweben lassen. Alle Menschen schienen gut zueinander, lächelten und blickten verständnisvoll. Ich war in diesem Augenblick so wunschlos wie damals, als wir zusammen auf dem Balkon standen und das neue Jahrhundert anbrach.

Diese Stille, spürte ich, schloß die Menschen ebenso zusammen wie eine Parade oder das Oktoberfest. Auch in der Frauenkirche, wenn bei erhobener Monstranz die Gläubigen auf die Knie sanken, war dieser Zusammenschluß da, und gar, wenn auf dem Maximiliansplatz, gegenüber der Residenz, die Serenade mit Zapfenstreich stattfand: Flammen schwelten aus Pechpfannen über die vielen, vielen Menschen dahin, die sich, taumelnd und wogend vor Glück, dicht aneinander drängten und eins wurden ...

Summend ging ich durch die hohe feierliche Stille, die alles wiedergutmachte.

War ich nicht vormals durch irgendeine geheimnishafte Strömung abgetrieben worden, in die Stadt hinein? Wie ein gefahrliches Abenteuer lockte sie, und nur in jenen Gegenden vermochte ich sie liebzugewinnen, die mich, wie die Gärtnerei Buchner, an das verlorene Land erinnerten.

Es konnte mitten während des Unterrichts sein oder auf einer lärmerfüllten Straße, daß Wälder, mit allen Wipfeln rauschend, vor mir anstiegen und, glühend im Abendrot, ein Gipfel winkte, mit verwittertem Holzkreuz.

In der Schulbank sitzend, gelangte ich in eine Wiesenmulde, blau von Enzian, oder ich konnte, sinnend vor der Auslage eines Schuhgeschäfts, ein Marterl betrachten, das in Vers und Bild von einem Bergsteiger zu berichten wußte, der, in ein Unwetter geraten, vom Totenkirchl abgestürzt war.

Das Jodeln vom Tanzplatz her, der Singsang der Schnadahüpfeln aus den Gaststätten, das leiernde Bittgebet, das abendlich aus der Marienkapelle herüberdrang, das Wetterläuten, das, unter dem wuchtigen Gekrache der Donner, die engen verängstigten Täler entlangwimmerte: waren die heimliche Begleitmusik, die mir überallhin folgte, und Zither und Ziehharmonika stimmten an die leitenden Akkorde, um die herum das Lied meines Lebens spielte.

Wenn ich frühmorgens in den Tannenwald eintrat, der hinter dem Gasthaus „Zum Alterschrofen" aufstieg, und, während der Wald wuchs und wuchs, ich zögernd dahinschritt, wie spurlos mir entschwindend – war ich da nicht wieder zurückgekehrt dorthin, woher ich einstmals gekommen war – ich wußte um mein

Woher und kannte meine Herkunft – daher kam ich, das war die Heimat.

Wenn ich mittags auf dem Schwansee den Kahn treiben ließ, bis das Schilfufer ihn festhielt, und wenn die Libellen in ihren kurzen zuckenden Strichen über den Wasserrosen dahintanzten, wenn Wolken und Berge sich türmten, tief unten im Seespiegel – da hatte ich heimgefunden, es war die Heimat.

Wenn die Berge zu Beginn der Nacht so gewaltvoll ragten – nach all dem Leuchten und Glühen des Abends, welch ein Erloschensein! – und wenn im Dunkel die Bergbäche zu einem weithin vernehmbaren Rauschen erwacht waren – da wußte ich, dort lag die Heimat.

Daher kam ich. Daher kam ich gezogen, vormals, auf solch einer Straße, wie auf der zwischen Füssen und Hohenschwangau oder auf der, wie sie über die Grenze nach Tirol hineinführte, nach Reutte, an den Plansee: das war meine Straße, in die Felsen gesprengt, ansteigend und abfallend, mit unerwarteten Biegungen, ausgefahren von den schweren Holzfuhrwerken und bedeckt mit den Fladen der Kuhherden.

Die Heimat war auch die kleine Waldschenke, worin die Holzfäller und Fuhrknechte einkehrten. War Tabaksqualm und Kartenspiel. Und dort auch lag sie verborgen, die Heimat, in den flimmernden Kornfeldern. War Mähen und Garbenbinden. Dort stand sie geschrieben auf den Steinen und Kreuzen des Dorffriedhofs, gerne verweilte ich bei ihren Namen und frommen Sprüchen. Und heimatlich ging es zu am Markttag, und die Heimat war es, die mir winkte vom hochbeladenen Erntewagen.

Daher kam ich ...

Der Vater wußte alles. Er kannte sogar den Namen jeder einzelnen Bergspitze. Er war nicht mehr der Stadtvater. Er ließ sich wieder gerne daran erinnern, daß er einmal ein Bauernbub gewesen war, er gab es zu, seine Vergangenheit machte ihm Freude, während er in der letzten Zeit, in der Stadt, nicht allzugern dorthin zurückblickte.

Frühmorgens, wenn er aufstand – „Heinrich!" rief ihn die Mutter –, pfiff er munter im Zimmer herum. Saß beim Frühstück auf dem Balkon in Hemdsärmeln, zwickte die Mutter in die Backen. „Betty!" Er legte mir ein Hörnchen auf den Teller, der Löffel der Mutter spann Honigfäden. Tannenduft gab es zum Frühstück und einen Kuckuck, die Augen des Vaters waren, wenn er jetzt häufig den Zwicker abnahm, nicht mehr die gefährlichen Stechmückenaugen wie in der Stadt beim Studieren der Akten, und mit der behaarten Hand klatschte er sich fröhlich auf die Schenkel.

Der Vater führte mich zum Schloß hinauf.

Das Schloß Neuschwanstein hatte ich früher schon ausgeschnitten und aufgeklebt. Ich stopfte es mit Watte voll, denn ich belagerte es und beschoß es mit brennenden Zündhölzchen. Als das Schloß in Flammen aufging, ließ ich meine Truppen antreten, und meine Militärkapelle spielte: „Nun tretet zum Beten ..." Die Bleisoldaten, die die Burg verteidigen mußten, schmolzen zu Klümpchen. Mit den Toten hatte ich weitergespielt, auch gab es Schachteln mit Verwundeten und Toten zu kaufen am Promenadenplatz, in dem Zinnsoldatenladen, der in einer Ecke wie versteckt lag, als würde dort heimlich Krieg geführt; stundenlang konnte man sich vor der Auslage herumtreiben, darin der Aufmarsch von Armeen und bunte Schlachtfelder zu betrachten waren ...

Der Vater tat, als gehöre das Schloß ihm. Stolz und kraftbewußt ging er mit mir durch die Säle. Walküren schwebten auf Rosen, auf einem Gobelin sang Lohengrin. Der Schloßdiener ließ uns die goldene Waschschüssel des Königs bewundern, das Wasser floß aus einem diamantäugigen kostbaren Schwanenkopf. Inmitten eines säulenumrankten Hofs war ein künstlicher See angelegt. Als Schwanenritter verkleidet, hatte der König um Mitternacht einen blausilbernen Nachen bestiegen, während oben eine unsichtbar eingebaute Orgel in Gang gesetzt wurde ...

Der Vater, der mit mir nach dem Schloßbesuch durch den Wald ging, Pilze suchen, war der Vater, den ich mir wünschte. Ich setzte mir ein neues Bild vom Vater zusammen, ohne die Flecken und Angststellen vom alten Vater her ...

Der Vater kannte alle Pilzarten, eßbare und giftige. Er belehrte mich, daß es auch Menschen gäbe mit giftigen Gedanken, die ansteckend wären und woran ganze Völker verderben könnten.

„Solch ein gefährlicher giftiger Mensch ist der alte Hartinger, ein Sozi. Ein Faulenzer, der es zu nichts gebracht hat und der den anderen Erfolg und Vermögen mißgönnt. Ginge es nach dem, dann darf es keinen Kaiser mehr geben, und die schönen Schlösser werden eingeäschert ..." – ‚Au weh', äugte ich ängstlich zum Vater hin, ‚ob er sich wieder einmal so in mir auskennt, daß er auch um mein eingeäschertes Schloß Bescheid weiß ...?' – „So ist in Rußland jetzt die Revolution ausgebrochen, weil man zuviel Milde hat walten lassen. Es sind denn auch die Aufrührer vor das Winterpalais gezogen und haben die Frechheit gehabt, dem Zaren mit einer Bittschrift zu kommen. Pfui Teufel" – spuckte der Vater aus –, „sogar Heiligenbilder haben sie mit sich geführt. Skandal ... Aber der Zar ist nicht auf diesen Schwindel hereingefallen. Er hat befohlen, einfach in diese Gesellschaft hineinzufeuern. Die haben auch einen tüchtigen Denkzettel erhalten. Das ganze Land ist verwüstet, überall Attentate und Unsicherheit. Ein Großfürst nach dem andern wird abgeschossen. Kein anständiger Mensch kann sich mehr recht auf die Straße trauen. Sogar ein Schiff hat gemeutert." – „Ein ganzes Schiff?" fragte ich dazwischen. „Ja, schlimm genug, ein ganzes ..." Warum freute es mich, daß es ein ganzes war?! „Und so weit wird es in Deutschland auch noch kommen, wenn man den Leuten, die immer vom Anderswerden schwätzen, Gehör schenkt." – ‚Richtig', dachte ich, ‚das »Anderswerden« klang manchmal nicht nur hoffnungsvoll, sondern auch bedrohlich.' – „Alles kommt darauf an, daß der Mensch seine Pflicht tut. Und die Pflicht besteht darin, seinen Neigungen zuwiderzuhandeln. Ich wäre auch lieber etwas anderes geworden, zum Beispiel Landwirt. Aber Leben ist Selbstüberwindung. Wenn ich dem Staat diene, so deshalb, weil der Staat das Allerhöchste ist, das Abbild der sittlichen Idee ... So haben wir Beamten alle eine ungeheure Verantwortung ... Wir Richter vor allem ... Wir sorgen für Gerechtigkeit ... Verstehst du! ..."

Wir standen vor einem Ameisenhaufen.

„Jede Ameise hier tut ihre Pflicht. Alles geht in Ordnung."

Ich konnte mich in dem Gewimmel nicht auskennen.

Wir waren inzwischen weitergegangen, der Wald wurde lichter, auf einem Baumstumpf saß ein Holzfäller.

Der Vater sprach ihn an. Ich merkte, wie er dabei seine Stimme verstellte. Auch der Holzfäller verstellte die Stimme. Er stand auf, die Mütze in der Hand. Beide verstellten die Stimmen. Wie der Wolf im „Rotkäppchen". Also sprachen sie miteinander nicht aufrichtig.

„Na, wie geht's immer?"

„Na, 's geht so, wie's geht, gnädiger Herr!"

„Und 's Wetter, was meinst du?"

Der Vater sagte du, was dem Holzfäller schmeichelte, und der Holzfäller sagte gnädiger Herr und Sie, was wiederum dem Vater wohltat.

„Schönes Wetter – wird's bleiben?"

Das „schöne Wetter" stieß dem Holzfäller säuerlich auf. Für ihn war das „schöne Wetter“ nicht schön, er hätte es lieber kühler gehabt, vielleicht sogar Regen. Aber er sagte: „Na, so wie der Wind geht, kann's noch a Zeitlang bleiben.“

Der Vater brauchte zu seiner Erholung schönes Wetter, den Holzknecht dagegen störte bei seiner Arbeit die Hitze, das war schwer übereinzustimmen, wenn auch sonst das ganze Leben auseinanderging. Seltsam! Die beiden gehörten doch einmal zusammen oder waren sich wenigstens ähnlich. Sie waren aus derselben Heimat. Der Holzfäller stammte sicher nicht von „besseren Leuten“ ab, und der Vater war einmal Bauernbub. Der Vater aber in seiner leutseligen und herablassenden Art begrüßte ihn gar nicht wie einen alten Bekannten, und auch der Holzfäller sprach zu ihm nicht wie zu seinesgleichen. Dabei hatte sich der Vater noch während des Frühstücks gern an seine Kindheit erinnert. Der Holzfäller war daheim, aber der Vater hatte die Heimat verlassen und war in die Stadt gezogen, nützte ihm nichts, daß er die Stimme verstellte, der Holzfäller lebte weit weg von ihm ...

Auch die Mutter verstellte ihre Stimme, fiel mir ein, ich hörte, wie sie mit verstellter Stimme zu Christine sagte: „Schau, Christine, könntest du diesen Sonntag nicht daheim bleiben und mir helfen?“ Und Christine hatte ihre Stimme verstellt, wenn sie antwortete: „Aber ganz natürlich, gnädige Frau.“ Das konnte sie nur mit verstellter Stimme sagen, denn Christine hatte ja die Mutter, als sie noch ganz klein war, auf den Armen getragen. Der alte Hartinger, auch der verstellte die Stimme, wenn ein Kunde kam, besonders, wenn es ein Offizier war. Alle verstellten die Stimme und logen gegeneinander. So ein feines, zirpendes Stimmchen machten manche, um sich einzuschmeicheln – manchmal brüllten auch die Lehrer, obwohl es ihnen gar nicht so brüllend zumute war. Wozu das? Die vielen verstellten Stimmen? Verfügt jeder Mensch über mehrere – und die eigene, die verschweigt er oder hat sie verloren? Vielleicht, wenn man die Stimme nicht verstellte und nicht heuchlerisch wäre, würde man übereinander herfallen, und es wäre eine Revolution da, wie in Rußland ...

Der Vater und der Holzknecht sagten „Grüß Gott!“ – dabei hatten sie ihre Stimmen unversehens zurückgestellt. Der Gruß klang lauernd, beinahe feindselig. ‚Ein Schiff! Ein ganzes Schiff!‘ wollte mir nicht aus dem Sinn kommen ...

Unten wohnte die Familie Justizrat Dr. Tuchmann mit Fräulein Klärchen. Die beiden Tuchmann-Buben, vier und sechs Jahre alt, klammerten sich immer an Fräulein Klärchens Rock und verschwanden, wenn ich mit ihnen spielen wollte, in den Rockfalten.

Die Eltern schliefen nachmittags zwischen zwei und vier Uhr. Der Nachmittagsschlaf durfte auf keinen Fall gestört werden. Vom Nachmittagsschlaf hing es ab, ob wir an den Alpsee radelten und im Hotel „Zur Alpenrose" Kaffee tranken oder ob der Tag mürrisch zu Ende ging.

Ich hütete den Schlaf meiner Eltern. Zog mir die Schuhe aus, um Stille zu verbreiten, beruhigte einen tropfenden Wasserhahn und wütete gegen ein Fenster, das nicht unterlassen wollte, rücksichtslos zu knarren.

Nachmittags zwischen zwei und vier Uhr saß Fräulein Klärchen in der Schaukel und las. Dabei stieß sie sich leicht mit dem Fuß vom Boden ab und schwang sich hin und her, ohne von ihrem Buch aufzuschauen. Ich glaubte mich von ihr unbemerkt, wenn ich zwischen zwei und vier Uhr nachmittags in der Laube saß und sie andächtig betrachtete, so wie ich oft das Bild der Mutter angestaunt hatte, das auf der Staffelei stand im verbotenen Salon. Es genügte mir, dieses Betrachten, um alles anders werden zu lassen, und in diesem Anderswerden wurde auch ich selbst ein anderer. Durch die Betrachtung Fräulein Klärchens jeden Nachmittag zwischen zwei und vier Uhr erhielt der ganze Tag seinen Sinn, und keinen anderen Wunsch mehr hegte ich als den, alle, alle Menschen ebenso freudig zu machen. Es fiel mir schwer, mein Glück verheimlichen zu müssen, nur Wald und Berg konnte ich in mein Geheimnis einweihen und sie auffordern, mit mir zusammen in den Garten hineinzuschauen, wo leise die Schaukel schwang . . .

Die Zeit zwischen zwei und vier Uhr nachmittags wurde zur Glücksminute. Zwei Nachmittagsstunden gingen um, minutenhaft, während sie vordem träge und zäh sich dahindehnten, in schläfriger Langerweile. Die Wartezeit bis zur Glücksminute war unendlich. Die Glücksminute selbst: Schwingen der Schaukel, ein Zeithauch.

Ich nahm mir ein Buch in die Laube mit, denn es wäre aufgefallen, hätte ich jeden Nachmittag zwei Stunden lang nur anschauend dagesessen. Auch Fräulein Klärchen las ein Buch, ich wollte mit ihr zusammen lesen. Es war ein Buch mit Gedichten. Ich las ein Gedicht, sagte es vor mich hin, Fräulein Klärchen zu, und gab genau darauf acht, daß ich gleichzeitig mit ihr die Seiten umblätterte. Oft sah ich neben mich, als würde sie neben mir sitzen, die Zauberfee, und die Schaukel schwang bis in die Laube hinein.

Begegnete ich Fräulein Klärchen tagsüber, außerhalb der Glücksminute, so hatte ich für sie nur einen flüchtigen Gruß. Ich vermied es sogar, mit ihr zusammenzutreffen; jedesmal, bevor ich aus dem Hause ging, erkundete ich, wie ich ungesehen an ihr vorüberkäme. Als ich zusammen mit den Eltern sie einmal nicht umgehen konnte, schaute ich weg und ließ ihren Gruß unerwidert, daß die Mutter mich anfuhr: „Was sind das für Manieren! Sei nur recht ungezogen wieder und grüß die Leute nicht!" – ‚Hast du eine Ahnung, Mutter' – schwieg ich –, ‚vierundzwanzig Jahre ist sie alt, und ihr Vater ist Oberförster bei Landshut am Lech, und nachts, wenn sie schlafen geht, kann ich es hören, denn sie wohnt in dem Zimmer unter mir.'

Das Unerwartete geschah; eines Nachmittags zwischen zwei und vier Uhr. Fräulein Klärchen, die heftig schwingende Schaukel hinter sich lassend, kam geradeaus auf die Laube zu. Ich konnte die leere Seite nicht mehr umschlagen, tief hernieder starrte ich auf die leere Seite mit benommenem Kopf, als Fräulein Klärchen in die Laube eintrat.

„Was lesen Sie denn da Schönes?"

Freilich stand viel Schönes auf der leeren Seite geschrieben in diesem Augenblick, und zugleich auch die Enttäuschung, daß Fräulein Klärchen die schwingende Schaukel verlassen hatte. Gern hätte ich ihr Bild wieder in die Ferne gerückt, aber so nahe sie mir jetzt auch war: die sanfte, dunkle Stimme, mit der sie mich ansprach, schien aus einer weiten, weiten Ferne zu dringen . . .

Zwischen zwei und vier Uhr saßen wir nun jeden Nachmittag beieinander in der Laube. Fräulein Klärchen las, ich las, und wenn wir etwas Schönes gefunden hatten, lasen wir es uns gegenseitig vor. Aber den ganzen Tag über und auch während der Glücksminute dachte ich darüber nach, wie ich sie erfreuen könnte und was ich einmal werden wollte, um ihr zu gefallen. Sie hatte eine sanfte, dunkle Stimme, die mich an das Trio erinnerte und an die Gesangsstunde, wenn wir zusammen mit der Mädchenklasse einen Choral einübten. Es war auch die streichelnde Stimme Christines darin, und auch Xavers Ziehharmonika hatte solch einen sanften, dunklen Ton, der die helleren Töne warm überschattete. Lehrer Stechele konnte diese ihre Stimme hervorzaubern, wenn er die „Träumerei" von Schumann spielte. Diesem Klang gegenüber verschlug mir die Stimme, mit der ich erklären wollte, ein General und ein großer Kriegsheld zu werden. Dieser Klang schien mich zu mahnen, dunkel und sanft, nach einem anderen Beruf mich umzusehen. Diese Stimme vertrug sich mit keinem Kriegslärm, es war die Heimat, die wohltönend aus ihr klang, Fräulein Klärchens Stimme gebot Frieden.

Die Glücksminute war schweigsam. Wir saßen beieinander, schauten in das Buch und schauten uns an. Ab und zu schien es mir angebracht, einen Laut von mir zu geben, und so suchte ich die gebräuchlichsten Redensarten zusammen, um nichts von dem, was in mir sprach, zu verraten. Aber es tat gut, neben einem Menschen zu sitzen, in solch einer Laube, die die Welt abschloß und hinter einem grünen Blätterschimmer verbarg. Oft war es wie beim Schwimmen, wenn ich untertauchte und den Atem anhielt, halbdunkel, grundlos, weltverloren ... Kurz vor vier Uhr, wenn Fräulein Klärchen Abschied nahm, wandte sie mir ihr Gesicht noch einmal zu, und ihr Lächeln verhieß: ‚Wollen wir beide nicht zueinander du sagen.' War sie entschwunden, fand ich die Worte wieder, die ich den Tag über für sie vorbereitet hatte, und ich sagte: ‚Du – du – du.'

Der Vater wies mich eines Tages nach dem Nachmittagsschlaf schroff ab, als ich ihn wegen der versprochenen Lederhose fragte. Er saß in der Laube mit dem Justizrat Tuchmann, ihre Köpfe nickten zustimmend, ganz einer Meinung.

Nach der Beratung mit Justizrat Tuchmann rief mich der Vater zu sich. „Was treibt ihr denn da jeden Nachmittag? Wozu geht ihr denn, damit euch niemand sehen kann, in die Laube?" Die Mutter fiel ein: „Ein starkes Stück ... Skandal ... Alles, nur das nicht ... Solch eine Person ist wirklich nichts für dich ..." Der Vater darüber hinweg: „In deinem Alter, schämst du dich denn nicht?! ... Skandal ..." Die Mutter: „... womöglich noch schlimmer als Hartinger ... Skandalös ..." Der Vater: „Eine solche schamlose Person, die sich mit dir, einem halben Kind noch, was anfängt! Skandalös ..." Die Mutter: „Hast du denn gar kein Standesgefühl mehr?" Der Vater: „So was ist strafbar. Die Person müßte man anzeigen. Marsch aufs Zimmer! Hausarrest!" Beide: „Skandal!"

‚Der Skandal ist da!' wollte ich kichern, belustigt über das Skandal-Toben der beiden, aber schon knirschte ich haßvoll: ‚Spargelfresser!'

Ich schämte mich abwechselnd für den Vater und die Mutter, mußte ich mich jetzt daran erinnern, wie der Vater Spargel aß. Daß der Vater es fertigbrachte, so schamlos vor der Mutter die dicksten, saftigsten Spargel zu verschlingen! Die Mutter lachte dabei, wie es mir schien, ganz frech den Vater an, der Vater zog gefräßig solch einen dicken Spargel im Mund hin und her, und die Augen hinter dem Zwicker kugelten lüstern zur Mutter hinüber. Das waren nicht

Betty und Heinrich, wie sie in der Neujahrsnacht auf dem Balkon umschlungen beieinander standen...

Nachts knüpfte ich einige Handtücher zusammen und schlug damit an das untere Fenster. Fräulein Klärchens Fenster öffnete sich, und ich erfuhr, daß Justizrat Tuchmann auf Betreiben meines Vaters Fräulein Klärchen fristlos entlassen hatte und daß sie morgen abreise.

‚Lebe wohl!' klang das Fenster und schloß sich.

(4)

Professor Waldvogel hatte Feck und Freyschlag beim Spicken erwischt und hatte es gewagt, ihre Arbeiten zu kassieren. Das Jüdlein wurde in unseren Plan eingeweiht. Es gab sich Mühe, uns zu überzeugen, daß Waldvogels Sturz nicht nur eine bodenlose Gemeinheit sei, sondern obendrein auch eine riesengroße Dummheit.

„Waldvogel, der weitaus Anständigste von allen!"

„Gerade darum!" versetzte Feck bissig, und Freyschlag stimmte ihm zu: „Gerade darum soll er dran glauben, gerade darum!"

‚Gerade darum' schien mir zwar wenig beweiskräftig, aber es war von beiden so fest und sicher herausgesprochen, daß es ganz unangreifbar dastand und ich nichts dagegen einzuwenden wußte.

„Gerade darum? Gerade darum?" fragte indessen das Jüdlein entsetzt, als enthielten diese zwei Worte etwas überaus Schreckliches.

„Ja, gerade darum!" schlug Feck mit der Faust gegen die Mauer. „Wir sind ja schließlich keine Waschlappen! Haltung!" Wir standen in einer Ecke des Schulhofs, um die Sache zu verabreden. Nun trat auch Freyschlag an die Mauer heran und schlug mit der Faust dagegen.

„Gerade darum!"

Das stand da, wie in die Mauer eingeschlagen, unabänderlich.

Die Klasse sollte sich bei dem jedes Vierteljahr stattfindenden Besuch des Oberstudienrats Dr. Arnold in völliger Disziplinlosigkeit darbieten, außerdem sollten vor allem die besten Schüler das äußerste Maß von Unwissenheit zeigen, das würde Professor Waldvogel Kopf und Kragen kosten, „Kopf und Kragen!" Feck krächzte vor Lachen. Wenn wir es geschickt anfingen, könnte keinem etwas geschehen. Oberhalb der Bank dasitzend, wie Schießbudenfiguren, unbewegt, nicht ein Fältchen um den Mund, sollten wir alles unterirdisch, unterhalb der Bank sich abspielen lassen. Bis zum Eintritt des Oberstudienrats blieb Zeit genug, den Skandal vorzubereiten, auf

Fecks Zeichen hin hatte sich die unterirdische Maschinerie in Bewegung zu setzen ...

Als Oberstudienrat Dr. Arnold, ein glatziger Zwerg mit buschigen Augenbrauen und einer narbigen Hakennase, das Klassenzimmer betrat, mit einem lauernden Blick die Klasse musternd, wurde unser Mathematikprofessor Waldvogel sofort dem Violinlehrer Stechele ähnlich: ein alter, gebückter Mann, der, Zerbrochenes hoffnungslos in sich bergend, verquält von seinem Stuhl hochrückte, an den Rockschößen sich festkrampfte und, sich verbeugend, seinen Stuhl Oberstudienrat Dr. Arnold hinschob.

„Danke! Fahren Sie fort im Unterricht, bitte", krähte der Zwerg bösartig und stellte sich mit Notizbuch und Bleistift am vorderen Fenster auf.

Professor Waldvogel schien zu überlegen, ob er sich wieder setzen dürfe, er blickte fragend zum Stuhl hin.

„Fahren Sie fort im Unterricht, bitte!" plusterte sich der Zwerg auf, daß Professor Waldvogel mehrere Male nacheinander sich zukkend verbeugte.

Der Beste, das Jüdlein, wurde aufgerufen, stockte bei der Beantwortung der ersten Frage, verwirrte sich, der Zwerg notierte, Professor Waldvogel wollte dem Jüdlein nachhelfen.

„Genügt!" befahl es schroff vom Fenster her.

Feck hustete. Da stieß Freyschlag die Stinkbombe an, sie seitwärts gegen die Wand rollend. Mit einer kurzen, geschickt verborgenen Bewegung streute ich eine Handvoll Knallerbsen unter die Bänke. Feck rollte die zweite Stinkbombe, nun begann ich mit einem um den Fuß gewickelten Faden, der ein Papierknäuel bewegte, in einer hinteren leeren Bank zu rascheln.

„Wer raschelt denn da?!" kreischte es hell und schneidend vom Fenster her.

„Ja, wer raschelt denn da?" säuselte Professor Waldvogels klägliche Stimme zur Ecke hin, in der ich, den Faden ziehend, das Papierknäuel aufreizend rascheln ließ.

„Haben Sie denn Mäuse in der Klasse – was ist denn –! – das", schien der Zwerg noch zu sagen, aber er wurde übertönt von einem allgemeinen Niesen, in das die ganze Klasse ausbrach. Feck hatte seine Schachtel Niespulver, während er so tat, als schneuzte er sich die Nase, durch ein Papierröhrchen nach allen Seiten hin verblasen.

Mitten in diesem Ausbruch von Niesen drehte sich der Zwerg, einige Male nach Luft schnappend, rasch um und öffnete das Fenster. „Fenster öffnen! Rufen Sie den Pedell, Herr Professor! Alles aus der Bank heraustreten! Taschen durchsuchen!“

Greulich verbreitete sich der Geruch der Stinkbomben, niesend traten wir aus der Bank heraus, wobei da und dort Knallerbsen losplatzten. Professor Waldvogel schritt mit dem Pedell die Reihen ab, um unsere Taschen zu durchsuchen.

„Eigentlich“, flüsterte mir Feck zu, „hätten wir den Bücherwürmern und den Grafen etwas in die Taschen schmuggeln müssen, schade . . .“

Ohne Gruß ging der Zwerg mit dem Pedell ab.

An der Tür wendete er ruckhaft. „Eine Untersuchung wird eingeleitet, Skandal ohnegleichen!“

Er schmetterte es wie eine Anklage zu Professor Waldvogel hinaus, der taumelnd nach dem Stuhl tastete. Mit dem Kopf überhängend, saß er da, rückwärts am Kopf schob sich der Kragen hoch.

Feck sagte laut, daß der Professor es hören mußte: „Kopf und Kragen.“. . .

Einige Wochen darauf wurde Professor Waldvogel von seiner Lehrtätigkeit dispensiert. Es hatte sich schon herumgesprochen, daß Professor Waldvogel heute seine letzte Mathematikstunde geben würde; „seine letzte Stunde hat geschlagen“, frohlockte Feck übermütig. Am Ende der Stunde, während es draußen auf dem Gang schellte, kam Professor Waldvogel vom Katheder herab.

„Ich bitte Sie, noch einen Augenblick beisammen zu bleiben. Ich habe Ihnen heute meine letzte Unterrichtsstunde erteilt. Damit schließe ich eine bald dreißigjährige Lehrtätigkeit ab. Ich bin mir nicht bewußt, je etwas anderes erstrebt zu haben als das Beste meiner Schüler. So kann ich auch jetzt Ihnen von ganzem Herzen nur alles Gute wünschen, aber achten Sie, bitte, darauf, daß in Ihrer Klasse, wie auch später in Ihrem Leben, nicht Elemente die Oberhand gewinnen, die letzten Endes allen zum Schaden gereichen. Wir heißen nicht umsonst: *humanistisches* Gymnasium. Aber was sich hier abspielte, war mehr als eine Lausbüberei, das konnten nur Barbaren gewesen sein. Wie es scheint: die Zeit der Hunnen ist wiedergekommen . . . Leben Sie wohl!“

Während der Ansprache des Professors entstand solch eine beklemmende Stille, daß ich starr auf die Bank niederblickte. Auch Freyschlag und Feck mucksten nicht, obwohl Feck, als der Professor Waldvogel begonnen hatte, „Schluß! Schluß!“ zischelte.

Da erhob sich, uns unerwartet, das Jüdlein. Es trat vor die Klasse hin, als würde es in ihrem Namen sprechen.

„Lieber Herr Professor Waldvogel! Es sind nicht wenige unter uns, ich darf wohl sagen, es sind die meisten, welche die Vorkommnisse beim Besuch des Herrn Oberstudienrates tief bedauern und Sie, Herr Professor, der nur immer das Beste seiner Schüler gewollt hat, von ganzem Herzen um Verzeihung bitten. Wir geloben Ihnen, uns künftig nicht mehr zu Mitschuldigen machen zu lassen an Handlungen, die nichts anderes sind als gemeine Verbrechen. Wir werden die Anstifter mit Verachtung strafen ..."

Kaum hatte das Jüdlein geendet, stand Neff auf. „Verzeihen Sie uns! Wir alle möchten, daß Sie bei uns bleiben! Wir haben es nicht gewollt!"

Wir drei, Feck, Freyschlag und ich, wagten nicht aufzuschauen. Aller Blicke waren auf uns gerichtet. Die ganze Klasse war von uns abgefallen.

Zuletzt meldete sich Strebel: „Im Namen der ganzen Klasse bitte ich Sie um Verzeihung. Mögen die den Mut aufbringen, sich zu melden, die damit nicht einverstanden sind! Sie sehen, auch die Anstifter bitten Sie um Verzeihung! Alle bitten Sie, Herr Professor, herzlichst um Verzeihung! Wir werden keine Hunnen dulden!"

Alle erhoben sich und standen schweigend, als Professor Waldvogel die Klasse verließ.

Schweigend traten wir drei den Nachhauseweg an.

Feck kam nicht auf mit seinem „Hahaha, Barbaren ...", auch Freyschlag schwieg angewidert.

Jeder hatte von dem anderen erwartet, daß er, als Strebel dazu aufforderte, den Mut aufbringe, sich zu bekennen und vorzutreten: „Ich war's, Herr Professor Waldvogel, Sie Arschwisch, Sie ... Darum ..."

‚Feigling, elender!' fluchte ich auf mich, ... und dumpfig dröhnte es in meinem Schädel: ‚Hunne ...'

‚Widerwärtiger, niederträchtiger Blödian!' schielte ich zu Feck hin, aber mein Blick haftete nicht an ihm, sondern glitt ab und fiel auf mich selbst zurück.

‚Darum – darum – was ist mit dem »Darum«?' ... hätte ich mich auf Feck stürzen wollen, aber ich prallte an ihm zurück und stürzte auf mich selbst los. ‚Du und anders werden. Du wirst mir allmählich schon langweilig. So einer wie du ...'

Kurz bevor ich mich von den beiden trennte, an der Ecke der

Heßstraße und der Arcisstraße, platzte ich heraus: „Wißt ihr was –"

„Na, was denn?" Feck und Freyschlag traten einige Schritte zurück.

„Ihr kotzt mich an!"

Es war oft so, daß ich etwas heraussagte, ohne vorher darüber nachgedacht zu haben. Erst wenn es gesagt war, begann ich mir darüber Gedanken zu machen. Das Heraussagen verriet mir, was in mir vorging und worüber ich mir vordem nicht klarzuwerden imstande war.

„Na, warum denn?! Warum denn?!" fragten Freyschlag und Feck durcheinander.

Ich hatte die letzten Tage darauf gewartet, das Wörtchen anbringen und den beiden dieses Wörtchen zurückgeben zu können, das sie mit ihren Fäusten in die Mauer eingeschlagen hatten.

„Warum denn?" drangen sie weiter in mich.

Da sah ich die beiden groß an und versetzte gelassen: „Darum!"

Feck und Freyschlag zogen bestürzt ab.

‚Wie lange muß ich noch mitlaufen in eurem Haufen?' wütete ich gegen mich selbst. ‚Immer das gleiche! Immer das gleiche! Gibt es kein »Heraus«, kein Anderswerden?! Ach du!'

Mit diesem „Ach du" war niemand gemeint.

Niemand war. Das Nichts war.

Hoch wollte ich hinaus: ein guter Mensch werden. Dabei wurde ich immer ähnlicher dem ... Aber, ach was, auch Feck ist nur eine feige Memme, es handelt sich um den eigenen Dreckskerl. Der ist es, der tief drinnen steckt und rumort: Mach Platz da!

Der ist nicht zu greifen, den kann man nicht an den Haaren ziehen, nicht mit den Zähnen packen, den erreicht kein Faustschlag.

Der wächst nur und wächst und lacht sich eins, willst du ihm gut zureden.

Nach außen hin benimmt er sich ordentlich, zeigt Haltung und übt einen festen Beruf aus.

Der Unbegreifliche, der Unerreichbare: der Dreckskerl ...

Das schmale Geländer der Großhesseloher Brücke lockte wieder schimmernd über dem Abgrund, darin die Isar mit einer sanften, dunklen Stimme dahinströmte. Die hohe Brücke winkte mich zu sich, ins Vergessen.

Und rührselig bedauerte ich mich: ‚Gastl, armer Hans Peter Gastl, du ... O wir Hunnen! ...'

(5)

Ich verabredete mich mit dem Jüdlein zu einer Aussprache, Samstagnachmittag, im Englischen Garten, am Wasserfall. „Damit uns niemand stört, es ist der sicherste Ort; ich muß dir Wichtiges mitteilen!“

Das Jüdlein ließ sich das Ehrenwort geben, daß ich es auch wirklich ernst meine und daß ich allein komme. Es vermutete, ich würde mit Feck und Freyschlag erscheinen, und wir hätten mit ihm eine Gemeinheit vor.

Als ich aus der Von-der-Tann-Straße in den Englischen Garten einbog, schlugen mir dicht die feuchten Herbstnebel entgegen. Alles um mich her war wie in eine gasige, dampfende Watte gepackt, die wenigen Menschen, die mir begegneten, huschten geräuschlos, hüstelnde Schatten, vorüber.

Der Wasserfall brodelte gedämpft. In mittlerer Höhe verloren die Bäume ihre Umrisse, das Nichts der Nebelschwaden verschlang sie. Der Nebel, so einförmig grau er sich ausnahm, war in einer steten Verwandlung begriffen, nebelhafte Figuren bildeten sich: Nebelballen, Nebelschleier. Die Nebelwelt barg Gestalten, die einen nebelhaften Spuk trieben. Ein schwärzliches Nebelgespinst war es, das aus dem Dickicht heraus auf die Bank zukroch, die ich endlich gefunden hatte.

Es bedurfte eines Selbstgesprächs, das ich reichlich mit Witzen und Bosheiten mischte, um mir in dieser Umgebung nicht Geister erscheinen zu lassen, die, mit Schleiern und Bändern angetan, auf die Bank zuschritten . . .

Wenn ich allein auf der Bank saß, sommerabends, vom Grün der Bäume und der Sträucher eingeschlossen – der Wasserfall rauschte, ein gutartiges Murmeln –, und ich sog den Duft ein, der hier betäubend umherwehte, und sah empor durch die vollen Laubkronen, zwischen denen bald einzelne Sterne blinkten, dann streckte ich meine Arme über die Banklehnen, wie um gute Menschen einzuladen, neben mir Platz zu nehmen. Jetzt rückte ich auf der Bank hin und her, um die geisterhaften Schrecken, die aus dem Nebel hervorhuschten, zu verscheuchen. ‚Gestatten Sie, junger Mann‘, hauchte ein Nebelherr, und: ‚Ist noch ein Platz frei?‘ wehte eine Nebeldame heran.

„Hallo! Hallo!“ rief ich, um mich des Gruselns zu erwehren.

Ich war schon eine halbe Stunde vor der verabredeten Zeit da. Auch das Jüdlein kannte die Bank, aber es konnte sie bei dieser Witterung verfehlt haben. Wieder rief ich laut, mit vorgehaltenen Händen, gegen die Nebelwand: „Hallo!"

Der Nebel rieselte. Keine Antwort.

„Hallo-o-o-o!" rief ich, nochmals und nochmals. Wie Hornrufe im Nebel.

Es war schon eine Viertelstunde nach der verabredeten Zeit. Ein letztes Mal wollte ich rufen, da antwortete es, fern, undeutlich: „Hallo!"

„Hallo! Ich höre dich!" antwortete es näher.

„Hallo! Wo bist du? Bist du allein?" fragte es abgerissen, spukhaft.

„Ich – bin – allein!" schrie ich, wie um den Nebel zu zerteilen.

„Ehrenwort?" rief mich das Nebeldickicht an.

„Ehrenwort!" echote ich in den Nebel hinein.

Wieder entstand eine rieselnde Nebelstille. Dann färbte sich der Nebel dunkel, ein dunkler Fleck ruderte aus dem Nebel hervor, ein Stück Nebel vor sich her schiebend, und das Jüdlein stand vor mir.

„Nimm Platz, bitte!" rieb ich mit meinem Mantel einen Sitz trokken.

„Allein! Wirklich allein?! Ein scheußliches Wetter!"

Als das Jüdlein neben mir auf der Bank saß, mußte ich ihm noch einmal versichern, daß sich niemand im Nebel versteckt hielt und daß kein Überfall geplant sei.

„Nein, hier sind keine Hunnen!" gab ich ihm die Hand darauf.

„Nun, was gibt's, was willst du von mir? Du siehst, ich bin gekommen. Ich habe dir ja gesagt: wenn du mich brauchst . . ."

„Ja, ich brauch dich", sagte ich kurz.

„Also sprich!"

„Lange, zu lange hat es gedauert."

Die Brille des Jüdleins war von dem Nebel beschlagen, es putzte sie mit dem Taschentuch. „Sprich! Sprich! Ich höre."

Es fiel mir leichter zu sprechen, bevor das Jüdlein die Brille wieder aufgesetzt hatte.

„Mir graut vor mir. Ich kann mich nicht mehr aushalten. Ich bin ganz und gar am Ende mit mir . . . So geht es nicht weiter mit mir. Ich muß ein für allemal Schluß machen . . . Es muß endlich, endlich einmal anders werden . . ."

Das Jüdlein hatte die Brille wieder aufgesetzt und sah mich mit einem spähenden Blick von der Seite an. Ich wandte mich ihm zu und sagte ihm gerade ins Gesicht: „Ich kann nicht weiterleben so. Ich will nicht mehr. In welch eine Welt bin ich geraten! Strammstehen, nur strammstehen. Vor anderer Leute Gemeinheit und vor der eigenen Gemeinheit. Nein – ich bin allein zu schwach, um standzuhalten. Dazu reicht meine Kraft nicht. Inmitten einer großen Lüge lebte ich, und geschickt fängt es die Lüge an, wenn ich versuche, aus ihr herauszufinden, mich immer tiefer in sie zu verstricken ... Aber das, was ich dir sage, habe ich mir schon zu oft selbst gesagt. Es ist mir schon über ... Ich habe sie alle danach gefragt: Gibt es keinen Weg? Aber auch die, die ‚dagegen' waren, haben geschwiegen. Nur einer hätte antworten können, einer ... – aber als ich den Mund aufmachte, dachte er wohl: ein hoffnungsloser Fall, und ließ mich mit offenem Mund stehen ... Ich habe den Sturm befragt, der über mir dahinbrauste. Er antwortete nicht. Ich habe die Stille der Nacht gefragt. Sie glänzte in ihrer Sternen-Unendlichkeit und antwortete nicht. Ich habe die Straßen befragt, die in die Welt hinausführen: Wohin führt ihr? Die Menschen, die auf den Straßen zogen: Wohin zieht ihr? Angefragt habe ich bei allem und jedem, ich wollte mich schon durchfragen. Vielleicht wurde mir auch geantwortet, und ich konnte die Antwort nur nicht richtig begreifen ... Du sag mir, an was man sich halten kann? Antworte! Aber antworte bestimmt, ganz klar: was soll ich tun! Du, ich laß dich nicht. Ich werde jetzt alles aus dir herausfragen."

„In welcher Zeit, sag mal, lebst du eigentlich?" fragte das Jüdlein, meinem Blick offen begegnend. „Dabei geht allerhand in der Welt vor."

„So ...", machte ich gedehnt, aber gleich darauf entschuldigte ich mich: „Bitte, laß dich durch meine Dummheiten nicht abschrecken."

„Eine neue Zeit bricht an!" Tönend klang es, feierlich, wie das Jüdlein diese Worte aussprach.

„Wo bricht sie denn an? Zeig sie mir doch, deine neue Zeit! Bin schon längst darauf gespannt, wie sie ausschaut! Wer läßt sie denn anbrechen, deine neue Zeit? Wodurch bricht sie denn an? Was ist denn das, deine neue Zeit?! Worin besteht sie denn? He! Mal vorzeigen!"

Hastig, gereizt mich versprechend, spöttisch auf den Nebel weisend, fragte ich das hin, um das Geheimnis dem Jüdlein zu entlocken und das Gewisse zu erfahren.

„Hab lang genug auf den Anbruch des zwanzigsten Jahrhunderts gewartet, seinerzeit. Also ist es doch am Ende noch angebrochen! Los! Los!"

Das Jüdlein erhob sich, stellte den einen Fuß auf die Bank und machte mit dem Arm eine Bewegung, wie um durch den Nebel hindurchzudeuten. „Der Sozialismus!" Hell schmetterte das Wort.

Ich sprang mit auf, um das Jüdlein am Arm zu packen.

„Du, jetzt laß ich dich nicht mehr los, bevor du mir nicht alles gesagt hast! Weh dir, behältst du etwas für dich von diesem Geheimnis und sagst du mir nicht die ganze Wahrheit! Aber einfach und verständlich, denn ich kapiere schwer und weiß gar nichts."

„Gut, ich will's versuchen. Hör zu! . . ." Wir setzten uns, ich legte den Arm auf die Banklehne.

„Der Mensch lebt nicht für sich allein. Er lebt in einer menschlichen Gesellschaft. Wir leben miteinander und gegeneinander, und dieses unser Leben vollzieht sich nach bestimmten Gesetzen."

Das Jüdlein hatte schon eine Weile gesprochen, da bat ich: „Halt, einen Augenblick, sag das noch mal."

Das Jüdlein wiederholte: „Die – menschliche – Gesellschaft –"

„Pst! Wart noch ein wenig! Ich bin noch nicht soweit!"

Ich wiederholte: „Die menschliche Gesellschaft", langsam, als ob ich die Worte buchstabierte.

„Noch nicht! Ich hab's noch nicht!" unterbrach ich das Jüdlein, als es fortfahren wollte.

Wir saßen eine Zeitlang schweigend. „Jetzt sprich bitte weiter, aber nicht so rasch. Sonst kann ich nicht mitkommen!"

Das Jüdlein fragte mich zwischendurch, beantwortete aber seine Fragen selbst, als es merkte, daß ich nichts zu entgegnen hatte.

Der Strammsteher stampfte auf, als das Jüdlein auf den Klassenkampf zu sprechen kam. „Laß mich zufrieden! Das interessiert mich nicht!"

„Entschuldige bitte, aber das ist sehr wichtig!" Und das Jüdlein fing, ohne sich durch meinen Einspruch stören zu lassen, geduldig noch einmal von vorn an.

„Na, na", fragte ich ungläubig, „das alles sagst du, dessen Vater ein reicher Bankier ist?! Du kannst doch im Leben alles haben, was du willst. Was brauchst du dich mit den Arbeitern abzugeben? Wenn der Hartinger das sagt, so ist das nur natürlich! Aber du – da muß irgendein Schwindel dahinterstecken!"

„Es gibt eine Wahrheit. Ob sie dir nun paßt oder nicht. Diese geschichtliche Wahrheit spricht gegen uns. Wir müssen anders werden, als unsere Väter waren. Das bequeme, gesicherte Leben hat für uns aufgehört. Oder wir werden zusammen mit der großen Lüge untergehen, unsereins."

„Wie bist du eigentlich darauf gekommen?"

„Es war ein Wurstzipfel . . ."

„Wurstzipfel? Wurstzipfel?"

„Ja, es war ein Wurstzipfel. Die Mutter schnitt ihn ab beim Abendessen. Legte ihn auf den Teller und stellte den Teller beiseite. ‚Den Wurstzipfel ißt man nicht, der könnte verdorben sein, den kriegt die Ursel. Die hat einen besseren Magen . . .‘ Ursel war das Dienstmädchen. Aber sie hieß gar nicht Ursel. Sie wurde nur Ursel gerufen. Jedes Dienstmädchen, das die Mutter anstellt, wird Ursel gerufen . . . So erfuhr ich vom Klassenkampf.“

„Und eine gute Frau, hast du gesagt, ist sonst deine Mutter . . .“

„Eine gute Frau ist sonst meine Mutter, behandelt die Ursel anständig und gibt immer den Bettlern was. Sie ist auch im Vorstand des Wohltätigkeitsvereins.“

„Also du meinst, es kann anders werden, und ich brauche mich nicht zu erschießen?“

„Der Mensch unterscheidet sich vom Tier durch das Bewußtsein. Ein Mensch ohne Bewußtsein aber ist ein zurückgebliebener oder verkommener Mensch. Kennst du den Strindberg? Der hat gesagt: ‚Es ist schade um den Menschen!‘ Und – was das Erschießen betrifft: man schießt nicht daneben!“

„Vielleicht ist es um mich nicht schade?“

„Um jeden ist es schade. Du bist nur schrecklich verwahrlost.“

Da glühten überall in dem finster wallenden Nebel ferne winzige Lichter auf.

Es wird anders werden! Es wird! Es wird!

Das Jüdlein wollte die Lichter nicht bewundern und redete weiter.

„Pst! Pst!“ machte ich, „da schau nur die Lichter an. Sei doch still und sieh dir die Lichter an. Kann man nicht für den Sozialismus sein und auch einmal schweigen und die schönen Lichter betrachten? Schau nur, wie vor dem Licht der Nebel hin und her weht!“

„Machst du vielleicht Gedichte?“ fragte das Jüdlein spöttelnd nach einer Weile.

„Ja, freilich.“

„So einer wie du und Gedichte! Da hab ich mir doch ein ganz falsches Bild von dir gemacht . . . Entschuldige!“

Weiß blühte der Nebel um die Lichter herum.

„Es ist schon spät, komm, gehen wir“, stand ich auf.

„Du kennst den Weg besser!“ ließ mich das Jüdlein ein Stück vorangehen. Der Wasserfall brodelte dumpf in der herannahenden Nacht. „Kommst du?“ griff ich nach dem Jüdlein zurück in die Nebeldämmerung. „Ich folge. Aber geh langsamer.“ Auf verschlungenen, engbewachsenen Pfaden führte ich durch den Nebel. „Gib acht,

Stufen!" – „Bist du auch auf dem richtigen Weg?" fragte es hinten, „ich bin einen ganz anderen Weg gekommen." Ich wartete. „Hier bin ich. Es ist der richtige Weg, bestimmt, der nächste, ich kenne ihn."

Ich wurde ungeduldig, als mich das Jüdlein wieder verlor und zurückblieb. „Kannst du nicht aufpassen? Kannst du nicht rascher gehen?" Aber ich erinnerte mich an meine Langsamkeit, was das Denken betraf, und an die Geduld, die das Jüdlein mit mir gezeigt hatte, und rief gleich darauf: „Laß dir nur Zeit! Ich komme zurück und hol dich." So ging ich ein Stück durch den Nebel zurück und führte das Jüdlein, da der Weg jetzt breiter war, am Arm. „Ich muß meine Brille putzen", blieb das Jüdlein stehen. „Ich muß mich erst schneuzen", blieb es nochmals stehen. „Wart, ich glaub, ich hab, als ich die Brille putzte, mein Taschentuch verloren." – „Wart hier und ruf ab und zu! Ich gehe zurück!" Nun war ich auf der Suche nach dem Taschentuch beim Wasserfall angelangt, aber so weit zurück konnte es nicht sein, denn dort hatte das Jüdlein noch nicht seine Brille geputzt. Wo hatte das Jüdlein nur seine Brille geputzt? In halb kriechender Stellung tastete ich den Nebelweg ab. ‚Das ist mir wirklich zu dumm', wollte ich aufmucken, aber ich drückte mich zu Boden und kroch gebückt hinter dem Taschentuch her. ‚Du mußt das Taschentuch finden, koste es, was es wolle.' – „Hallo!" antwortete ich ab und zu dem Jüdlein auf sein Hallo. Dann fand ich ihn auch, den Fetzen. Durch den Nebel schwang ich das Taschentuch. „Hallo, ich komme, ich habe dein Taschentuch!" ... Wieder mußte ich warten. Weit hinten tappte das Jüdlein durch den Nebel und sang. „Hallo! Hier bin ich! Hierher!" Singend kam das Jüdlein durch die Nebelnacht. „Was singst du denn da?" – „Du kennst nicht die ‚Internationale'? Dann bleib einen Augenblick stehen und laß sie dir vorsingen."

Zuerst mußte ich mein Lachen zurückhalten, als das Jüdlein, verhüllt vom Nebel, dastand und sang. Es hustete dazwischen, sang falsch, irrte sich im Text, wiederholte eine Strophe nochmals. Bei der letzten Strophe murmelte ich den Refrain mit.

Wie aus undurchsichtigen Nebelhöhlen drang des Jüdleins Stimme, und die Nebel brauten, und die Lichter blinkten.

Es war, als nähmen wir teil an den Schöpfungstagen. Das Vorzeitgrauen, das um uns lagerte, schwand vor einer werdenden Lichtmasse.

‚Ein Schiff! Ein ganzes Schiff!' jubelte es in mir. Waren es nicht seine vielen Lichter, die im Nebelmeer aufblinkten? Ein Schiff, ein ganzes Schiff! Aber ich vergaß, das Jüdlein nach dem Namen des Schiffes zu fragen.

Dann verließen wir rasch, den Mantelkragen hochgeschlagen, den Englischen Garten.

„Danke! Auf Wiedersehen!“ nahm ich vom Jüdlein Abschied, und, eine Ausrede für mein spätes Nachhausekommen überlegend, schritt ich fest aus.

Sozialismus. Die menschliche Gesellschaft. Klassen – Klassenkampf. Eine neue Zeit bricht an. Internationale. Proletarier aller Länder, vereinigt euch!

Diese Worte schienen mir errichtet zu sein wie leuchtende Pfeiler, darüber sich der Bogen einer Brücke wölbte, wenn auch noch in unklaren Umrissen.

An einem der nächsten Tage saß ich in meinem Zimmer und summte das Lied, aber den Refrain pfiff ich laut: „Völker, hört ...“ Als der Vater die Tür aufriß – „Wer pfeift denn da?“ –, gab ich zur Antwort: „Oben oder unten summt es und pfeift es in einem fort, vielleicht auch nebenan, es dringt durch die Wand durch.“

„Ein Skandal ohnegleichen!“ Der Vater ließ die Tür offen und rief in die Küche hinaus: „Christine, haben Sie gesungen?“

„Ich spül grad ab, gnädiger Herr, ich hab nichts gehört.“

Der Vater machte die Tür zum Schlafzimmer auf, darin die Mutter Wäsche ordnete. „Hast du gesungen?“

„Ich bin dabei, die Wäsche zu ordnen. Es scheint von oben zu kommen.“

„Von oben? Von Oberpostrat Neubert?! Christine, gehen Sie mal hinauf und fragen Sie nach, wer da gesungen hat!“

Der Herr Oberstaatsanwalt ließ alle Türen der Wohnung offenstehen, er selbst stellte sich auf den Balkon und horche nach oben und unten.

Mit einem tiefen, verstellten Baß hob ich wieder an: „Wacht auf, Verdammte ...“

„Ganz deutlich ist es zu hören, dieses verfluchte Gebrumme ...“, rief der Vater vom Balkon herein.

„Mir scheint es“, rief ich zur offenen Tür hinaus, „unten von Herrn Oberstleutnant Bonnet heraufzukommen!“

„Ja, mir auch“, bestätigte aus dem Schlafzimmer die Mutter.

„Unmöglich, ganz unmöglich. Unsinn!“

„Gnädiger Herr“, kam Christine von Oberpostrat Neubert herunter, „der Herr Oberpostrat Neubert läßt sagen, er habe ganz deutlich gehört, das Lied wurde bei uns gesungen."

„Bei uns? Dann kannst es nur du sein!" packte mich der Vater. „Das werden wir gleich haben."

Der Herr Oberstaatsanwalt stellte sich neben mir im Zimmer auf. Einen Augenblick stand ich neben ihm horchend, still. Da pfiff es irgendwo im Haus, nicht erkennbar, ob oben oder unten, dann glaubte ich zu hören, daß es vom Dach her kam, wo einige Dachdekker beschäftigt waren.

Heftig schüttelte ich den Vater am Arm. „Auf allen Dächern pfeift es, das Lied! Das Lied! Hörst du?"

„Den Speicherschlüssel, Christine!" stürmte der Vater in die Küche. „Aufs Dach! aufs Dach!"

„Ein Schiff, ein ganzes Schiff!" rief ich ihm hinterher. „Es geht los: das Anderswerden!"

Als die Uhr drei Viertel zwölf zeigte, zündete der Vater den Weihnachtsbaum an.

Diesmal hatten sich Oberpostrat Neubert mit Gattin und Oberstleutnant Bonnet, der Junggeselle geblieben war, zu der „bescheidenen Silvesterfeier im engsten Familienkreis – nach dem Abendessen –" eingefunden.

Ich saß neben Oberstleutnant Bonnet, dem die Mutter eindringlich zusprach, doch auch von den selbstgebackenen Krapfen zu kosten, während sie Oberpostrat Neubert ermunterte, den Schokoladenmuscheln mehr Aufmerksamkeit zu schenken.

Der Vater stieg auf einen Stuhl, um die oberen Kerzen am Weihnachtsbaum anzubrennen. Von Quittenwürstchen, Äpfeln und Nüssen umhangen, sprach der Vater aus den Zweigen des Weihnachtsbaumes heraus, oben wippte der Engel: „Ich für meinen Teil ließe die Führer bei Kriegsausbruch gleich am ersten Tag verhaften und an die Wand stellen."

Oberstleutnant Bonnet hielt den Krapfen in der Hand. „Ich für meinen Teil schlüge vor, die Führer am Kriege teilnehmen und sie die Kriegskredite bewilligen zu lassen."

„Da kennen Sie die Führer schlecht", nickte der Vater zugleich mit dem Engel. Alle Kerzen brannten.

Oberstleutnant Bonnet hatte den Krapfen gekostet und machte eine Verbeugung vor der Mutter. „Prima, gnädige Frau, wirklich ausgezeichnet!" – um gleich darauf zum Vater aufzublicken. „Wenn wir verstehen, das Volk für den Krieg zu begeistern, dann werden die

Führer nachgeben. Im übrigen, soweit ich sie zu kennen glaube, werden sie bei Kriegsbeginn, mit wenigen Ausnahmen, sich daran erinnern, daß sie zunächst und vor allem Deutsche sind, besonders wenn es gegen Rußland gehen sollte. Da hat ja der alte Bebel selbst gesagt: ‚Wenn es gegen den Zaren geht, nehm ich die Flinte auf den Buckel.' "

Der Vater hatte wieder am Tisch Platz genommen und streckte sich behaglich. „Ich kann mich mit diesen modernen Formen der Staatsführung nicht befreunden."

„Wir werden uns noch modernere angewöhnen müssen, wenn wir auf der Höhe bleiben wollen. Heutzutage mit einem Leutnant und zehn Mann den Reichstag auseinanderjagen dürfte schwerlich gelingen."

„Daß gerade Sie das sagen, Herr Oberstleutnant, ich verstehe das wirklich nicht", mischte sich Oberpostrat Neubert ein. Der Weihnachtsbaum strahlte und verbreitete einen Augenblick Schweigen. Nun machten die Lichter vom Baum her auch wieder das Gesicht des Großvaters warm und glänzend, dessen Bild noch immer über der Kommode hing und dessen suchender Blick unter uns weilte ...

„Ja, gerade ich sage das, als Militär", nahm der Oberstleutnant wieder das Wort, „wir haben bekanntlich ein Volksheer. Das Heer besteht zum großen Teil aus jener Bevölkerung ..."

„Aber wir sind ja schließlich noch nicht in Rußland!" warf der Vater sicher ein, mit einem knurrenden, abweisenden Unterton.

„Und der großartige vaterländische Geist bei der Hundertjahrfeier der Befreiungskriege, die Feier, meine ich, die wir voriges Jahr am Völkerschlachtdenkmal in Leipzig erlebt haben", fragte der Oberpostrat, willens, sich nicht beunruhigen zu lassen.

Oberstleutnant Bonnet zögerte nicht. „Vor zwei Jahren sind die Sozialdemokraten mit einhundertundzehn Mandaten in den Reichstag eingezogen. Das Offizierskorps untergräbt selbst seine Autorität mit Eheskandalen und Spielaffären. Glauben Sie, daß das Auftreten eines Grafen – des Grafen Wolf-Metternich mit seiner Gattin in einem Salonlustspiel im Kammerlichtspielhaus am Postdamer Platz in Berlin –, glauben Sie, daß dies die Gemüter nicht durcheinanderbringt und daß wir solch eine Unruhe nicht auch in der Armee zu spüren bekommen, von der Ausschlachtung der Eulenburgaffäre in einer gewissen Presse damals ganz zu schweigen. Die Disziplin läßt jedenfalls bedenklich nach ..."

Das bedenkliche Nachlassen der Disziplin, von dem der Herr Oberstleutnant soeben gesprochen hatte, störte alle auf.

„Ja, wenn die Disziplin ..."

„Disziplin muß sein . . .“
„Auf die Disziplin kommt es an . . .“
„Disziplin ist die Hauptsache, Disziplin!“ erregten sich die Stimmen durcheinander.
„Disziplin!“ kommandierte der Vater mit einem Faustschlag.
„Und was halten Sie von der gelben Gefahr, Herr Oberstleutnant?“ neigte sich Frau Oberpostrat Neubert ins Gespräch.
„Es besteht eine rote Gefahr, eine schwarze und eine gelbe“, blieb Oberstleutnant Bonnet gerade noch höflich – „wie Sie sehen, Gefahren in allen Farben . . .“
„Aber Sie werden doch nicht leugnen“, hatte sich der Vater inzwischen gefaßt, „daß wir bei einem Krieg mit Frankreich in spätestens sechs Wochen in Paris sind . . .“
„Natürlich, ein Krieg kann doch heutzutage unmöglich länger dauern als einige Monate“, erleichterte sich Herr Oberpostrat Neubert.
„Schon Moltke hat 1870 gewußt, daß Deutschland auf seine gefährlichste Probe gestellt würde in einem gleichzeitigen Krieg mit Frankreich und Rußland!“ erwiderte Oberstleutnant Bonnet mit fester Stimme, als lege er ein Bekenntnis ab.
Er sah auf die Uhr und erhob sein Glas.
„Meine Damen und Herren!“
„Darf ich Christine hereinrufen?“ fragte ich leise zur Mutter hin.
Die Mutter schenkte ein Glas Punsch ein. „Nein, das geht heute nicht. Bring das Glas Punsch in die Küche. Wir lassen ihr alle ein gutes neues Jahr wünschen!“
Draußen dröhnten die Glocken.
„Meine Damen und Herren, auf was sollen wir anstoßen?“ Oberstleutnant Bonnet schwenkte sein Glas im Kreis herum.
„Mach schnell, daß du wiederkommst, wir stoßen schon an!“ öffnete mir die Mutter die Tür, „und verschütt nichts!“
Auf dem Gang draußen hörte ich Oberpostrat Neuberts Stimme: „Es wird schon wieder werden! Immer gemütlich!“
„Hoch! Hoch! Hoch!“ Aber ich war schon bei Christine in der Küche, es lärmte undeutlich durcheinander, was sie drinnen im Zimmer hochleben ließen.
„Es muß anders werden!“ kam die Stimme des Vaters schallend hinterher.

„Ah, der gnädige Herr . . .“
Christine saß in der dunklen Küche am Fenster.

„Laß das, Christine! Ich mache Licht."

Ihre eingeschrumpften Lippen bewegten sich, ihre hölzerne Küchenhand schob sich ein wenig näher zu mir hin auf dem Fensterbrett.

„Was hast du dir zum neuen Jahr gewünscht, Christine?"

„Friede auf Erden."

„Aber dort im Zimmer reden alle vom Krieg."

„Pst! Es wird alles anders werden!"

„Weißt du, Christine, was Sozialismus ist?"

„Um Gottes willen, was ist denn das?"

„Eine neue Zeit bricht an! Proletarier aller Länder, vereinigt euch!"

„Mit Gottes Hilfe. Amen."

„Sag, Christine, wie heißt du, Christine?"

„Christine."

„Und wie noch?"

„Faßler."

„Christine Faßler also."

„Nein, das paßt nicht zusammen . . . Warten Sie einmal. Muß nachdenken. Christine Faßler . . . Nein, so nicht."

„Hast du immer Christine geheißen?"

„Nein, nicht immer. Aber es ist schon zu lang her."

„Wie hast du denn früher geheißen?"

„Um Gottes willen, wenn das die gnädige Herrschaft erfährt!"

„Hat die Großmutter dich Christine gerufen?"

„Ja, die selige Gnädige hat mich auch Christine gerufen."

„Wie wurde das Mädchen gerufen, das vor dir bei der Großmutter in Stellung war?"

„Christine. Auch Christine . . . Oh, die selige Gnädige, gut war sie zu mir, sie war die allerbeste. Über die laß ich nichts kommen."

„Und wie du einmal geheißen hast, Christine, daran erinnerst du dich nicht mehr?"

„Es ist zu lang her, zu lang her."

„Aber von heute an mußt du wieder du zu mir sagen, Christine, du . . ."

„Ach, der gnädige Herr macht sich über mich lustig. So einer wie Sie . . ."

„Das zwanzigste Jahrhundert ist angebrochen. Eine neue Zeit bricht an, Christine, du mußt zu mir du sagen. Wir beide sind Genossen. Unsereins . . ."

„Pst! Pst! Wenn das Ihr seliger Herr Großvater noch erlebt hätte!

Der war auch so einer. Der hat auch immer zu unsereinem gehalten ..."

„Und hast du schon einmal den Choral gehört, den sie singen – nein, noch nie – dann will ich ihn dir jetzt vorsingen!"

Ich hob die Arme wie ein Dirigent und begann leise: „Wacht auf, Verdammte dieser Erde ..."

Mit den Armen schlug ich den Takt, und als die Neujahrsglocken zusammenklangen und die Böller krachten, verstärkte ich meine Stimme. Die Neujahrsnacht mit ihrem Böllerkrachen und mit ihrem Geläute stimmte in den großen Chor, den ich dirigierte, mit ein. Auch Christine folgte ihm mit den Lippen, sie wußte nicht, daß es das verbotene Lied war, das der Vater gesucht hatte. Ihr Kopf nickte den Takt mit. Mächtig sang ich, als ob Leib und Glieder nur dazu da wären, diesen Gesang hervorzubringen. Dazwischen unterbrach ich mich und lächelte froh, denn ich glaubte Xavers Ziehharmonika vernommen zu haben unten aus dem Garten, und in der Luft spürte ich ein feines Zittern, das von einem fernen Schaukelschwingen herrührte. Ich wandte mich nach allen Seiten, indem ich die Arme ausbreitete, winkte hinauf zu den Sternen, daß sie mitsängen, sang die Stadt an, daß sie ihre Stimmen mit der meinen vereine. Es war ein gewaltiges Brausen, das „Völker, hört die Signale!" mir antwortete. Die Sternenwelt sang, die Menschenwelt sang. Rückwärts wandte ich mich in die Küche, dem Schrank zu, darin die Gläser, Teller, Töpfe und Schüsseln verwahrt wurden, auch sie forderte ich auf, in das Hohelied mit einzustimmen, und die Dinge, wie belebt von meiner Stimme, klirrten und sangen.

„Christine, liebe, liebe Christine du", setzte sich der Dirigent neben die Namenlose, die meinte: „Sie haben so schön gesungen und dirigiert, da will ich ja gerne Christine heißen." Ich fragte: „Warum trinkst du deinen Punsch nicht, Christine, er ist nicht schlecht, ganz gewiß nicht ..."

Eine Hand hatte sich mir sanft auf die Schulter gelegt. „Nicht so laut, man hört es sonst bis auf den Balkon, und komm jetzt!"

Wortlos vor Staunen folgte ich der Mutter ...

(6)

Eine Stunde vor der angegebenen Zeit erschien der Springinsfeld, von der Ludwigstraße her links einbiegend, im oberen Teil der Kaulbachstraße. Ungefähr in ihrer Mitte lag die Pension Internationale, in der Richard Dehmel abgestiegen war. Ich patrouillierte die

Kaulbachstraße auf und ab, von der Ludwigstraße bis zum Englischen Garten und wieder zurück, einmal auf der linken, einmal auf der rechten Seite, und immer meine Schritte beschleunigend, wenn ich an der Pension Internationale vorüberkam. Vielleicht stand der Dichter am Fenster hinter dem Vorhang und spähte mit seinen großen, mich durchleuchtenden Augen nach dem Springinsfeld aus.

Dort, wo die Kaulbachstraße in einer leichten Neigung zum Englischen Garten hin abfiel, befand sich das photographische Atelier Elvira, ein einstöckiges Häuschen, giftgrün gestrichen, mit einem plastisch hervorgetriebenen riesenhaften Drachen in lila Farbe. Diese damals viel bewunderte Scheußlichkeit war in diesem Augenblick ganz dazu angetan, auf mich beklemmend zu wirken, und ich überlegte beim Anblick dieser Ungeheuerlichkeit ernsthaft, ob ich den Besuch überhaupt wagen solle.

Inzwischen hatte ich auch den „Gruß der Jugend an Richard Dehmel" wieder vergessen, den ich tagelang vorher auswendig gelernt und vor dem Spiegel eingeübt hatte.

Da schlug es von der Theatinerkirche und von der Ludwigskirche her beinahe gleichzeitig fünf Uhr.

Eine Art von Bewußtlosigkeit ergriff mich, eine ruckhafte unwiderstehliche Gewalt schob mich in den Hausflur hinein und hob mich die Treppe empor, ließ mich klingeln und dem Mädchen, das öffnete, einen gewundenen Korridor entlang folgen, und schon stand ich, wie gefühllos, einem Mann gegenüber, durch dessen Gesicht, das sich über mich neigte, tiefe zuckende Falten schnitten. Nur die Augen verharrten ruhevoll in diesem Faltenspiel. Der Dichter hielt meine Hand und forderte mich auf, Platz zu nehmen.

Den „Gruß der Jugend" zu übermitteln schien dem Springinsfeld durch die unfeierliche Art, mit der er in das Zimmer geraten und von dem Dichter empfangen worden war, nicht mehr angebracht. Auf dem Tisch lagen meine Gedichte, und ich staunte, daß sie der Dichter auf seiner weiten Reise mitgenommen hatte.

Ich kam langsam zu mir.

Schaute mich im Zimmer um und entdeckte, seitlich des Kleiderschranks, nur einen einzigen Koffer, was mir die Bedeutung der Tatsache zu erhöhen schien, daß sich meine Gedichte unter dem wenigen Gepäck befanden. Am liebsten hätte ich nachgesehen, ob die Gedichte noch die gleichen waren und sich nicht vielleicht unter den Augen des Dichters verändert hatten. Die Gedichte hatten ein von mir völlig abgetrenntes, eigenes Wesen angenommen, das ich vorurteilslos betrachten konnte, da es mit mir in keinerlei Zusammenhang mehr stand. Dieses Wesen erschien mir fremdartig und unbegreiflich, es wäre ein leichtes gewesen, mich in Verlegenheit zu bringen, hätte man mich aufgefordert, meine Gedichte zu erklären.

Auf die Frage Richard Dehmels nach der Entstehung der Gedichte erzählte ich, wie ich Worte entdeckt hatte, die, aneinandergereiht und vor mich hin gesprochen, mich in einem gewissen Grad unempfindlich machten gegen das, was ich daheim und in der Schule erdulden mußte. Erst später hätte ich begonnen, die seltsamen Worte aufzuschreiben. Verse machten mich furchtlos und meiner Ansicht nach unüberwindlich. Heilkräftig wirkten sie, wundertätige Zeichen, und ich wollte erfahren, ob sie imstande seien, auch auf andere Menschen eine ähnliche Wirkung auszuüben.

Richard Dehmel ging inzwischen im Zimmer auf und ab, öfter sich „tjatja" räuspernd, trat er ans Fenster, drehte sich um, stand weit weg von mir, dann kam er wieder auf mich zu, langsam und gemessen, als schritte er hinter etwas Traurigem her.

Aber bald wurde ich ungeduldig, und da ohnehin keinerlei Feierlichkeit, wie ich erwartet hatte, aufgekommen war, verbarg ich meine Enttäuschung, indem ich anfing, zu dem mich langweilenden Gebaren des Dichters Bemerkungen zu machen, wie: ‚Na, los schon! Jetzt ist genug auf und ab spaziert! Damit kannst du mir nicht imponieren.'

„Ich muß Sie warnen", unterbrach der Dichter seinen Gang und stellte sich vor mir auf, „wenn ich auch weiß, daß Sie meiner Warnung nicht folgen werden ... Betrachten Sie bitte zunächst einmal aufmerksam die Zeit, in die Ihr Talent geraten ist ..."

Eine unbändige Spottlust brach in mir los, bei jedem seiner Sätze. Ich begleitete sie: ‚Fahren Sie fort, Herr Warner ... Wohlan, betrachten wir aufmerksam die Zeit, in die mein Talent geraten ist ... Danke bestens. Sehr angenehm. Der will mir ein Abführmittel verabreichen ...'

„Wir leben in einem kunstfremden, ja poesiefeindlichen Zeitalter ... Dieses, unser aller Schicksal, scheint mir nicht widerlegt durch das künstlerische Aufbegehren, wie wir es allenthalben erleben. Das Krampfige und Überspannte dieser Bestrebungen beweist es ... Wir sind in eine Zeit geraten der großen, blendenden, geistreichen und verwirrenden Lügen und einer dürftigen Wahrheit, die nur zur Hälfte oder ein Viertel Wahrheit ist ..."

‚Achtung! Vorsicht!' kicherte ich. ‚Wir bekommen hier eine längere Predigt gehalten.'

„Es fehlt nicht an Zergliederern unseres unglückseligen Zustands, aber die zergliedernde Einsicht reicht nicht tief hinab und läßt das Dumpfe, das in uns gärt, unberührt ... Während die Antike und die Gotik mit ihren leitenden Ideen das ganze ..." – ‚Bravo, Herr Warner!' applaudierte spöttisch der Springinsfeld, ‚wo lesen Sie das ab? Sie reden druckfertige Sätze.' – „... Leben bis zum Schnitt der Kleidung hinab beherrschten und zusammenfaßten, ist bei uns alles in einem ewigen, gräßlichen Krieg miteinander begriffen, in dem es Opfer zu Tausenden, aber keinen Sieger und kein Gesetz des Siegers gibt." – ‚Nun aber Schluß!' veranstaltete der Springinsfeld ein Gemurmel, das aber Herr Warner zu überhören schien. „Unsere wissenschaftlichen Erkenntnisse stehen mit unseren religiösen Bedürfnissen, unsere sozialen Empfindungen mit unserer staatlichen Ordnung, unsere Sehnsucht nach Kunst mit dem brutalen Daseinskampf unseres Erwerbslebens auf dem gespanntesten Fuß." ...

Der Dichter nahm seinen Gang durchs Zimmer wieder auf, wobei er über mich hinwegsprach.

Mir war, als wohnte ich hier in meiner Ecke einer Redeübung bei, wie sie der Dichter wahrscheinlich oftmals abzuhalten pflegte.

„Aber von dieser Erkenntnis bis zu einer Wandlung ist es weit. Wo ist eine Kraft, die uns führend bewegt, die uns mit uns selbst und mit dem Volke zusammenhält ... Wir leben in Bekanntenkreisen. In einem engen, wie durch einen Zauberbann bezirkten Kreise spielt sich unser Leben ab. Alle Versuche, diesen Kreis zu erweitern und zu sprengen, enden in einem neuen, ebenso beschränkten Kreis, der sich, kaum, daß wir in ihn eingetreten sind, wieder um uns zusammenschließt und gegen das Leben abdichtet ..."

‚Worauf will er hinaus?' begann ich zu raten, aber da der Dichter über den Teppich stolperte, steckte in meinem Hals wieder das Kichern ...

„Der Sozialismus! Die Arbeiterbewegung! Aber ich weiß auch, daß der Sozialismus sich nicht verwirklichen läßt nach jenen kindisch läppischen Rezepten, wie sie von gewissen Weltverbesserern und Heilslehrern verschrieben werden ... Wer kann den Blick so weit über seine Zeit erheben, daß er auch nur einigermaßen klar das Künftige vorausahnte? ..."

‚Ihre Redezeit, Herr Warner, ist um ... Schluß!' pfiff es in mir, und zugleich erschrak ich über mein Benehmen, das mir, in seinem flegelhaften Übermut, unerklärlich war. „Welch einem Schicksal dämmern wir entgegen?! ... Welch eine Würdelosigkeit in unseren menschlichen Beziehungen! Welch eine Verkommenheit im Urteil und in der Geschmacksrichtung! Welch einer Auflösung sind wir anheimgegeben! Welch eine übermenschliche Stärke wird von Ihnen, mein lieber Springinsfeld, verlangt werden, einen überschauenden Platz zu erringen und zu behaupten!"

„Hähä", machte ich halblaut, aber ich fuhr das Hähä an: ‚Benimm dich!' Und konnte es zum Verstummen bringen. Ich verwies dem Springinsfeld seine blöden Lausbübereien ....

„Je ernsthafter und erfolgreicher Sie Ihr Talent ausbilden, desto kräftiger werden sich die Nichtskönner und die Mittelmäßigen anstrengen, Sie mit einer undurchdringlichen Schicht von Neid, Rachsucht und Niederträchtigkeit aller Art zu umgeben ... Keine Demütigung wird Ihnen erspart bleiben, und der Hunger wird Sie hetzen, bis Sie als Schreiber hinter einem Schalterfenster Zuflucht finden ... Das wäre noch ein gütiges, gnädiges Schicksal ... Nietzsche, Weininger, Calé: Wahnsinn oder Selbstmord ... Da sollte ich Sie nicht warnen vor dem Schicksal, das die Deutschen ihren Mahnern und Kündern bereiten! ..."

Zusammengepreßt saß ich auf meinem Stuhl; wäre ich ebenso auf und ab gegangen wie der Dichter, hätte ich wohl eine bessere Entgegnung gefunden: „Ich möchte es doch versuchen, Herr Dehmel ..." – wobei ich den ganzen fatalen Besuch verwünschte und mir schwor, niemals wieder mich mit solch einem unheimlich auf und ab gehenden Dichter zu verabreden.

„So wird es also nichts nützen, daß ich Sie gewarnt habe. Alle Beispiele nützen nichts."

Bei diesen Worten vermischten sich die Züge des Dichters mit denen des Vaters. Ich wollte den einen von dem anderen trennen, aber sie blieben einträchtiglich beieinander. So wie Justizrat Tuchmann und der Vater eins geworden waren, als sie ihre Köpfe zusammengesteckt und beide „jaja" genickt hatten, ganz einer Meinung, in der Glückslaube damals, als Fräulein Klärchen fristlos entlassen wurde.

Ich kam auf den Verdacht, der große Dichter und der Vater hätten vereinbart, mich vom Dichten abzubringen.

Da steckt der Vater dahinter, lauerte ich, als ich heimtückisch antwortete: „Ich werde Jura studieren, und Dichten tue ich dann nebenher."

Ich werde dich von deiner klassischen Höhe schon herunterstürzen ...

„Dichten tue ich", sagte ich betont, so hätte sich der Vater ausgedrückt.

„Das läßt sich hören, das ist vernünftig, höchst vernünftig sogar. Dichten Sie, wenn Sie freie Zeit haben, im übrigen ein solider, anständiger Beruf, da kann es nicht schiefgehen . . ."

‚Spießer!' antwortete darauf der Springinsfeld insgeheim, nun konnte er ungehindert aufstehen und sich verabschieden.

„Ich danke Ihnen, Herr Dehmel, ich werde mich an alles erinnern, was Sie gesagt haben . . ." – ‚Wenn es zu spät ist', beschloß er und besiegelte seinen heimlichen Beschluß mit den Worten des Dichters: ‚Sei du! Sei du!'

Der Dichter übergab mir meine Gedichte und geleitete mich auf den Gang hinaus, er legte mir bedeutungsvoll seine Hand auf die Schulter, als er mich mit den Worten entließ: „Lassen Sie sich in Ihrem Entschluß nicht irremachen."

‚Beamtenlaufbahn, gesicherte Stellung mit Pensionsberechtigung, Servus!' quittierte ich dankend den Ratschlag.

‚Ich werd dir's schon zeigen! Wart nur!' tobte ich wütend durch die Straßen, kreuz und quer, bis ich mich in einen fernen Stadtteil verirrt hatte. ‚Ich laß mich durch dich noch lange nicht mutlos machen!' zerriß ich den Brief, den ich noch immer mit mir herumtrug, und verstreute die vielen blauen Fetzen auf die Straße. ‚So siehst du aus, mit deiner Villa in Blankenese! Ich laß mich durch deine dämonischen Mätzchen nicht einschüchtern! Bei Philippi sehen wir uns wieder . . .', schimpfte ich vor mich hin, bis ich in den unbekannten Straßen meine Wut und Enttäuschung ausgelaufen hatte. Nach einigem Hinundherfragen kam ich beim Sendlinger Friedhof heraus, und meinen Blick zog das große Gemälde an der Kirche auf sich, das den Schmied von Kochel in der Mordweihnacht des Jahres 1705 darstellte.

In einem wirbelnden Schneetreiben ragte der Kochelschmied zwischen den Kreuzen des Sendlinger Friedhofs empor, mit stachelgespickter Keule Panduren und Kroaten von sich abwehrend, die sich mit ihren Pferden über den Grabhügeln tummelten. Ein Gewirr krummer, scharfblitzender Säbel hing um das Haupt des Schmieds. Der Schnee war das einzig Lichte in dieser Nacht, eine blutgesprenkelte Lichtfläche, die von allen Seiten her die Gestalt des Kochelschmieds beleuchtete, der, mit seinen Füßen im Reich der Toten verwurzelt, aufrecht, breitbeinig dastand. Sieben seiner Söhne lagen erschlagen um ihn.

Dieses Bild strahlte eine Kraft aus, ließ mich haltmachen und mich wieder fassen in dem verrückten Hinundhertreiben . . . Warum hat er mir kein Vorbild gezeigt, keinen Helden, dem man es gleichtun kann? Wie dieses Bild hier?!

Es gibt Großes.

Weh euch, ihr Strammsteher!

Es siegt der Standhafte! . . .

Fühlen sich die Alten nur dazu berufen, vor jeder Größe zu warnen?

(7)

Als ich um die Ecke der Heßstraße in die Luisenstraße einbog, sah ich Hartinger schon von weitem, wie er an der Luisenpost wartete. Ohne uns darüber zu besprechen, schlugen wir die Richtung zur Luisenschule ein. Wir gingen unseren alten Schulweg. Ab und zu blieben wir vor einem Laden stehen, wie früher, spiegelten uns in den Scheiben . . . Wir sprachen nur von gleichgültigen Dingen, als fürchteten wir beide, etwas Wichtiges anzurühren. Hartinger hatte sich ein Fahrrad erspart. „Vielleicht", meinte er, „können wir einmal zusammen eine Tour machen." – „Ostern vielleicht", schlug ich vor, „und du hast sicher nichts dagegen, wenn mein Freund, der Löwenstein, mitkommt." – „Hättet ihr nicht Lust auf den Bodensee, bis Lindau können wir mit der Bahn fahren." – „Also bestimmt!" – „Bestimmt!" Wir gaben uns die Hand darauf, und als wir einen Augenblick haltmachten, sahen wir zu unserer Überraschung, daß wir vor dem Eingang der Luisenschule stehengeblieben waren. Es war Mittwoch nachmittag, die Schule lag still, der alte Pedell humpelte mit einer großen Tintenflasche die Treppe hinauf. Nun faßte mich Hartinger unter den Arm, und wir gingen den alten Schulweg wieder zurück . . .

Zu der geplanten Osterfahrt benötigte ich Feck und Freyschlag, denen ich den Vorschlag machte, eine Radtour nach Oberstdorf zu unternehmen. Sie sprachen bei meinen Eltern vor und erwirkten die Erlaubnis zu meiner Teilnahme.

Schon eine Woche vorher beschäftigte mich mein Fahrrad, dem ich ein festliches Aussehen zu geben trachtete. Es wurde nicht nur gründlich gereinigt und durchgeölt, auch fehlende Speichen mußten ersetzt werden, und die geringste wunde Stelle, von welcher der Lack abgesprungen war, überpinselte ich mit Fahrrademaille. Dies alles geschah, um Hartinger eine Freude zu machen und zu seiner Ehre.

Am Gründonnerstag hatte ich zwei Verabredungen. Eine mit Freyschlag und Feck, die mich um zwei Uhr nachmittags abholen wollten, und eine auf dem Hauptbahnhof nachmittags ein Uhr mit dem Jüdlein und Hartinger. Schon frühmorgens drängte ich Christine, das Mittagessen ja pünktlich, um zwölf Uhr mittags, anzurichten, und den Eltern täuschte ich vor, daß wir uns bei Freyschlag treffen würden, Punkt ein Uhr, um von dort aus aufzubrechen.

So wie ich den Schwindel angelegt hatte, mußte er bereits kurz nach meiner Abfahrt entdeckt werden. Aber solch eine nachträgliche Entdeckung fürchtete ich nicht, sie war mir sogar erwünscht: wenn ich nur selbst nicht dabei war! Ich konnte so Feck und Freyschlag zu verstehen geben, daß ich jetzt eine andere Freundschaft der ihren vorzog, dem Vater gegenüber aber war es ein Bekenntnis, daß ich nach wie vor zu Franzl hielt, denn die Nachforschungen, die der Vater sicherlich anstellte, mußten ihn alsbald auf Hartingers Spur führen ...

Mit freudiger Kraft trat ich mein Rad an und sauste dem Hauptbahnhof zu, wo Hartinger und das Jüdlein mich schon erwarteten. Wir verstauten die Räder im Gepäckwagen. Als ich neben den beiden im Abteil Platz genommen hatte und der Zug anfuhr, atmete ich tief auf, als ginge die Fahrt in die Richtung nach dem Anderswerden.

Es war erstaunlich, wie verständnisvoll Hartinger alles aufnahm, was das Jüdlein aus seinem Lieblingsgebiet, der Naturwissenschaft, vorbrachte. Sie gebrauchten Abkürzungen, Andeutungen, so daß mir oft das Gespräch auf weite Strecken verschlossen blieb. Ich mußte mir eingestehen, daß ich offensichtlich nichts gelernt hatte, denn niemals hatte ich etwas von Einstein, Michelson, Minkowski oder Lorenz gehört, deren Namen das Jüdlein anführte, als es Hartinger das Relativitätsprinzip auseinandersetzte. Vielleicht waren diese Ausführungen auch für Hartinger neuartig, aber *wie* er fragte und *wie* er bestrebt war, sich zurechtzufinden, zeigte mir einen klaren und ausgebildeten Verstand an. Nicht einmal zu fragen hätte ich vermocht. Während Hartinger dasaß und aufmerksam dem Jüdlein die Worte von den Lippen ablas, versagte mir jedes Denken, und keinem der Gedankengänge vermochte ich zu folgen.

Der Zug glitt in einen dämmernden Frühlingsabend hinein.

Zarte grüne Schleier sprießender Halme lagen über den Stoppelfeldern. Hinter den weiß-blau gestrichenen Barrieren der Bahnübergänge warteten lange Reihen von Fuhrwerken. Heimkehrende Herden läuteten mit ihren vielstimmigen Glöckchen. Die Pappelallee, die große Landstraße säumend, stieg in der Ferne einen Hügelkamm hoch, dort drehten sich langsam die Flügel einer Windmühle: wie unendlich kreisende Zeiger, die gleichzeitig auf die Erde deuteten und nach den Wolken.

Du grünende Erde! Ihr ziehenden Wolken!

Daher kam ich. Ihr seid es ...

Hartinger widersprach dem Jüdlein, das einen Krieg für unmöglich hielt, weil die Sozialdemokraten und die Gewerkschaften ein solches Massenschlachten niemals zulassen würden.

„Nein, die Sozialdemokraten selbst sind sich darüber nicht so einig, wie es den Anschein hat ... Vielleicht wird auf dem diesjährigen internationalen Kongreß – er soll in Paris stattfinden – ein einheitlicher Beschluß zustande kommen, aber ob man den Krieg verhindern kann durch einen Generalstreik ... Wir haben zwar in den letzten Jahren gewaltig viel Mandate gewonnen, aber wenn ich meinen Vater manchmal so daherreden höre, dann wird mir angst und bange vor dem Spießertum, wie es sich in der Partei breitmacht ... Schau dir nur einmal einen Vollmar oder einen Auer an, sehr, sehr Gemäßigte sind das, und es hängt, meine ich, von der Regierung ab, solche Volksvertreter für sich zu gewinnen und kleinzukriegen ..." ...

„Ja, wenn wir angegriffen werden, gebe ich dir zu", entgegnete das Jüdlein, „da ist es eine andere Sache, kann schon sein, daß sie dann den Sozialismus hintanstellen ... Aber wenn wir, wie es scheint, die Angreifer sind ..."

Hartinger erzählte von einem Bekannten seines Vaters, einem noch rüstigen Mitte-Sechziger, früheren Buchdrucker, der sich am ersten Samstagabend jedes Monats einstellte, um die Parteibeiträge zu kassieren. Mit liebevoller Sorgfalt verwaltete er sein Amt, notierte und verbuchte, klebte die Marken eigenhändig, schön gerade, in das Mitgliedsbuch: alle ihm anvertrauten Mitglieder hatten ordentlich bezahlt, und während des ganzen Jahres war kein einziger im Bezirk mit den Mitgliedsbeiträgen im Rückstand geblieben. Mit einer streichelnden Bewegung glitt seine Hand nochmals über die geklebten Mitgliedsmarken ... Franzl mußte Bier holen. Dann machten die beiden Genossen ein Spielchen. Gewichtig, wie es sich nun einmal gehört, mischten sie die Karten. Nachdem sie sich während des Spiels über die politischen Ereignisse ausgelassen hatten, wobei sie in ihrem Abscheu gegen die Kriegstreiber übereinstimmten, begann der Alte Erinnerungen auszukramen aus dem Siebziger Krieg, „dem großen Krieg", sagte er, den er als Kanonier im Landsberger Artillerieregiment mitgemacht hatte. „Unsere Batterie war halt auch eine besondere, lauter ausgesuchte Leute. Unsere Batterie", betonte der Alte nochmals, indem er die Hand mit den Karten hob, das zu erzählende Ereignis feierlich und unheilvoll drohend zugleich ankündigend. Dann ließ er die Batterie auffahren, auf einer Anhöhe. Der Alte war jetzt nicht mehr der einfache Kanonier, der, um und um gerüttelt, von der Protze sprang, er war der Batterieführer, der Herr Hauptmann von Xylander höchstpersönlich – „ein großartiger Kerl übrigens" – und kommandierte: „Batterie ha-a-lt! Protzt ab!" Der Alte war jeder einzelne Leutnant, jeder einzelne Geschützführer und Richtkanonier, die er noch alle dem Namen nach kannte, die ganze Batterie war er bis „zum letzten Schwanz", war Lafette, Rohr, Kartätsche, als die Batterie feuerbereit auf der Anhöhe Stellung genommen hatte. Es war, als verjüngte er sich und lebte auf, mit wuchtigem Hieb klatschte er die Karten auf den Tisch, die feindliche Kavallerieattacke schildernd, in die hinein seine Batterie mit Kartätschen feuerte ... Da brauste es heran, eine Staubwolke mit sich rollend. Eine schnaubende Wolke ... Pallasche blinkten, Kürasse glänzten ... Hufegetrampel ... Über die Erde dahin sauste die blitzende Wolke ... Klatsch – die erste Salve. Klatsch – prasselte Kartätschenhagel. Da stob auf die Wolke. Pferde bäumten sich, stolperten übereinander. Klatsch, klatsch, klatsch – folgt Salve auf Salve. Pferde, auf den Hinterbeinen sich drehend, die Reiter abschüttelnd. Reiter, um den Hals der Pferde sich klammernd, in die Mähne sich krallend. Reiter, im Salto mortale abstürzend. Klatsch, klatsch, klatsch – und es stob auseinander die Wolke. Reiter, den Fuß im Steigbügel verhängt, zu Fetzen geschleift. Pferde, im blutigen Dreck sich wälzend, unter sich die Reiter begrabend ... Klatsch, klatsch, klatsch – klatschte er die Karten auf den Tisch hin, bis von dem attackierenden Kavallerieregiment nur noch ein ächzendes, brüllendes Gewirr ineinander verschlungener Menschen- und Tierleiber übriggeblieben war. Beide Hände nahm er zu Hilfe, um den zusammenkartätschten Leiberhaufen zu beschreiben, recht anschaulich, was für ein unförmiges, unentwirrbares Knäuel das gewesen sei, und das wiehernde Heulen eines mit heraushängenden Gedärmen im rasenden Todesgalopp dahersprengenden Pferdes machte er so eindringlich nach, daß eine Pause im Spiel entstand, worauf der Alte, noch eine Ehrensalve abfeuernd, klatsch, das Spiel fortsetzte. „Nicht ein Mann", hob er achtunggebietend den Zeigefinger, um auf den „Nicht-einen-Mann" zu deuten, der dem Gemetzel entkam. Die Schlachtschilderung schloß mit dem Besuch des Generals von der

Tann, der jedem der Batterie, also auch ihm, die Hand gedrückt habe. Stolz zeigte er die vom General von der Tann gedrückte Hand vor, mit der er noch vor kurzem die Beitragsmarken so liebevoll gestreichelt hatte. Da blickte Hartingers Vater auf, der sein Gesicht mit den Karten verdeckt hielt, weil er sich für den alten Genossen schämte, und die Mutter rückte von der Nähmaschine her, um die berühmte Hand zu besichtigen, die ungewöhnlich breit, spatenähnlich schien . . .

„Von solchen Kriegserlebnissen spricht der Alte weit lieber und mit viel mehr Begeisterung", meinte Franzl, „als selbst über die Zeit des Sozialistengesetzes, in der er sich brav gehalten hat und mehrere Monate im Gefängnis gesessen ist. Nun, ein so gewaltiger Kriegsgegner ist er demnach nicht, wie es vordem den Anschein hatte und wie er sich vielleicht sogar selbst einbilden mag, der Genosse Übelacker, so heißt er nämlich, und deren gibt es manche . . . Und was ich noch sagen wollte: Wer wen angreift, das ist bei Anfang eines Krieges nicht gleich heraus . . . Man kann sich doch nicht auf die amtlichen Mitteilungen verlassen . . ."

Es war Nacht geworden, als der Zug über den langen Eisenbahndamm, der die Insel mit dem Festland verband, in Lindau einfuhr. Auf der Bregenzer Seite, dort, wo die Almhütten lagen, blinkten Lichter in der Höhe. Es war wie damals beim Schulschwänzen: in allen Leuten sah ich Verfolger, die uns auflauerten. Hastig drängte ich zum Gepäckwagen, unsere Räder zu holen, und drehte mich, auf die Pedale tretend, nach dem Vater um, ob er mir nicht mit seinen Polizisten und Spürhunden nachstellte. Ja, die Lichter in der Höhe, dort, wo die Almhütten lagen, blinkten bösartig und spähten nach mir aus.

Ungeheuerliches schien ich vollbracht zu haben! . . . Flüchtig war ich geworden, ein Steckbrief jagte hinter mir her: Deserteur. Ich konnte mir ausrechnen, wann der Vater meine Flucht bemerkt haben mußte: pünktlich zwei Uhr würden Freyschlag und Feck erschienen sein, um mich abzuholen. In einer Angstwelle warf es mich die ganze Strecke bis nach München zurück, mit geknickten Knien, obwohl ich erwachsen war, stand ich vor der väterlichen Staatsgewalt, der ich mich durch die Flucht zu entziehen versucht hatte . . .

Aber wir saßen in dem Gasthaus „Zur Krone". Eine eiserne Kugel aus dem Jahre 1647 hing im Gastzimmer an einer Kette von der Decke herab.

Da bohrte ich in der Nase, wie Hartinger damals, als wir die

Schule schwänzten, kratzte mich wie damals am Knie, das mir noch eben, als ich, von der Angstwelle zurückgeworfen, vor dem Vater stand, so jämmerlich gezittert hatte, und lachte über die dicke dumme Kugel aus dem Jahre 1647, die an einer Kette von der Decke herabhing ...

„Was ich schon längst fragen wollte, vielleicht wißt ihr beiden es, wie hieß das Schiff damals, ein ganzes Schiff war es ..."

„Das – das war", sann das Jüdlein nach und antwortete: „Panzerkreuzer Potemkin."

Frühmorgens brachen wir auf und fuhren die breite Staatsstraße entlang bis Meersburg, oft mußten wir absteigen und das Rad eine Anhöhe hinaufschieben, das ganze Land glich hier einem großangelegten hügeligen Garten, bepflanzt mit Apfelbäumen und Weinstökken. Als wir oben in Meersburg standen und weit über den vom Schmelz der Sonne überzogenen See ausschauten, fragte mich das Jüdlein: „Kennst du den ‚Grünen Heinrich' von Gottfried Keller – nein?!" Aber Hartinger hatte ihn gelesen. Das Jüdlein kannte die Stelle auswendig: „Und wenn mir jede Abendwolke eine Fahne der Unsterblichkeit, so sei mir jede Morgenwolke die goldene Fahne der Weltrepublik."

‚Das – ja, das ist es wirklich!' tönte es in mir nach vom vergangenen Abend her. Berge, mit Schnee bedeckt, lagerten in der Runde, als würden sie in einem hohen ausgezackten Rand den See abschließen. ‚Darauf kommt es an, darauf', schwebten die Wolken wieder dahin an dem hohen, unendlichen Himmel, so ganz anders. Im Anblick ihres schwebenden Fluges, wie vermochte ich vor mir selbst standzuhalten? Ängste verwehten, und ‚Wofür? Wofür?' fragte der hohe, unendliche Himmel herab auf das Schlachtfeld. Schön ist die Welt, schön, und weil sie so unvorstellbar schön ist, darum muß alles anders werden, ganz anders.

Durch diese Schönheit zog sich, ein ansehnliches Besitztum abgrenzend, ein mit Stacheldraht gespickter Zaun bis an den See hinab, und eine Tafel warnte. Die verstellten Stimmen des Vaters und des Holzfällers sprachen wieder aufeinander ein, und die schöne Welt zerbrach in zwei Teile. Aber auch der schöne Weltteil war nicht mehr ganz schön, verdunkelt war er und beunruhigt von den Schatten, die aus dem anderen, dunklen Weltteil über ihn herfielen.

Wir fuhren weiter bis Kreßbronn, dort fanden wir Unterkunft bei einem Kleinwarenkrämer, der nebenher einen Bootsverleih betrieb und dessen Häuschen dicht am See lag. Wir hatten die Räder eingestellt und streiften das Ufer entlang, warfen mit flachen Steinchen ins Wasser, und jedem Dampfer, der draußen auf dem See vorüberzog, sah ich nach, als ziehe dort das glückhafte Schiff ...

Das Gerede der Bauern drang morgens, wenn wir erwachten, aus dem Kramladen bis in unseren Heuschober, es mutete uns unverständlich an und fremdartig, als lebten in der eigenen Heimat unbekannte Menschen neben uns her. „Drei Fremde" waren wir, „Städter" nannte uns der Krämer vor den Bauern. Die Einheimischen schlossen sich ab gegen uns, aber auch die Einheimischen von Kreßbronn schlossen sich ab gegen die Ludwigshafener, die Einheimischen des einen Orts sogar waren wieder untereinander geteilt und bestritten oft einander das Recht, sich „einheimisch" zu nennen. Gemeinden bekriegten Gemeinden, man wütete unter sich in schier endlosen, ewigen Prozessen. Hartinger hätte vielleicht am ehesten noch Zugang gefunden zu diesen „Fremden", aber auch er mußte seine Stimme verstellen, wenn er mit ihnen sprach, auch ihn musterten sie mißtrauisch.

Wieder wurde mir bang um das Anderswerden, und gar wenn ich an die Stadt dachte: Jeder grenzte sich ab gegen den anderen wie mit Stacheldraht, und eine Tafel warnte: „Vorsicht! Bissiger Hund! Eintritt verboten!" Hatte nicht auch Hartingers Vater das armselige Fleckchen Erde, das er im Hinterhof erstanden hatte, um Bohnen zu pflanzen, mit einem meterhohen Zaun umgeben, und wie stolz war er auf diesen seinen Zaun, den er jedes Frühjahr sorgfältigst instand setzte und liebevoll neu strich, nicht ohne eine Tafel anzubringen: „Vorsicht! Frisch gestrichen!" Mein Vater aber gehörte dem Korps „Suevia" an, das „vornehmer war als das Korps ‚Franconia'" und alle übrigen, von den Burschenschaften schon nicht zu reden; Kegelbrüder verachteten Skatbrüder; Glaubensbekenntnisse und Parteien duldeten nichts außer sich; Männergesangvereine befehdeten gemischte Chöre; Vereine in verschiedenfarbigem Dreß eiferten gegeneinander ... Ein Geschlecht von Vereinsmeiern ...

Das Jüdlein tat verächtlich: „Denen ihre Sorge möchte ich haben, ob eine Kuh Milch gibt oder nicht." Aber Hartinger entgegnete ruhig: „Ob eine Kuh Milch gibt oder nicht, ist nicht wichtig? Wie und wovon der Mensch lebt, ist nicht wichtig ...? Da bist du schön im Irrtum ... Überhaupt, was du von den Bauern sagst ..." Das Jüdlein beharrte: „Mit den Bauern wird man schon fertig werden, wenn es in der Stadt mal soweit ist ..."

‚Wie kann man das alles zu einem Ganzen zusammenbringen',

fragte ich vor mich hin, ratlos. Jeder der beiden Weltteile war wiederum in sich uneins und vielzerspalten, verunstaltet durch seine Unförmigkeit, und wo liegt das und was ist das: Deutschland?

Als wir am Ostersonntag in Konstanz einfuhren, läuteten die Glocken Auferstehung. Eng und geschlängelt waren viele der Gassen, von bauchigen Gebäuden mit spitzen Giebeln überschattet: auch ‚das war es', daher kam ich ...

An dem Haus, in dem Hus gefangengenommen worden war, in der Husenstraße beim Schnetztor, war eine Gedenktafel angebracht. Das Dominikanerkloster, in dem er eingekerkert gesessen hatte, lag auf einer Insel im See und war zum Hotel umgebaut worden. Im Hauptschiff des Konstanzer Münsters bezeichnet, sechzehn Schritte geradeaus vom Mittelgang, ein Fleck auf einer großen Steinplatte die Stelle, wo Hus stand, als ihn das Konzil zum Feuertod verurteilte.

Nacheinander waren wir auf die große Steinplatte getreten ...

Es war eine kleine, niedere, holzgetäfelte Stube im Stephanskeller: der letzte Abend, bevor wir nach München zurückkehrten. Gespräche brodelten.

„Sieh mal an, wie du Bescheid weißt", nickte Hartinger zum Jüdlein hinüber, das aus den Bauernkriegen erzählte, „merkst du nicht, wie du dich selbst widerlegst? Was hast du gestern über die Bauern gesagt?"

„Revolutionär sein und an Gott glauben, wie geht das zusammen?" fragte ich zögernd, denn daß Johann Hus oder Thomas Müntzer Revolutionäre gewesen sein sollten und zugleich an Gott geglaubt hatten, konnte ich nicht miteinander in Übereinstimmung bringen.

Das Jüdlein lächelte über mich hinweg und wollte an meiner Frage vorbeihören.

„Was gibt es da zu lächeln?" fuhr Hartinger beinahe grob auf, „selbst auf die dümmste Frage muß man antworten, ohne sich überlegen davonzulächeln. Mit diesem Lächeln wirst du am Ende allein bleiben."

Das Jüdlein sprach geschmeidig, es ereiferte sich leicht, sprach dann über alle hinweg; ich bewunderte, welche wohlgeordneten Sätze er bilden konnte, nur ab und zu schien mir, daß einer schönen gelungenen Wendung zuliebe das Jüdlein den eigentlichen Sinn aufgab und sich zu gar nicht gewünschten oder vorhergesehenen Schlußfolgerungen verführen ließ. Aber dann verharrte es hartnäkkig auf dem so erreichten Standpunkt, und erst am Tage darauf, wenn auf dieselbe Sache die Rede kam, gab es durch Schweigen zu verstehen, daß es an seiner falschen Ansicht nicht mehr festhalte. In Hartingers Gegenwart hatte sich das Jüdlein verändert, es hatte viel von seiner Sicherheit eingebüßt, die es im Englischen Garten gezeigt hatte, am Wasserfall. Vielleicht fühlte es sich Hartinger gegenüber, trotz seines vielen Wissens, unterlegen und versuchte dieses Gefühl durch eine aufdringliche, erregte Redeweise wettzumachen, oder sagte gar schöne Dummheiten, nur um aufzufallen. Das Jüdlein, wohl in dem Bestreben, den Unterschied in der Herkunft zwischen Hartinger und sich auszugleichen, und als hätte man es aufgefordert, Rechenschaft abzulegen, daß es trotz seiner bürgerlichen Abstammung ein wahrer Sozialist sei, konnte sich heute nicht genug darin tun, seine sozialistische Gesinnung zu beweisen, in oft solch widerwärtig übertriebener Art, daß darunter die gute Sache selbst zu Schaden kam. Hartinger sprach in zwei Sprachen, die er durcheinandersprach. In seine natürliche Redeweise mengte er Sätze, die aus der Zeitung oder aus Büchern stammten und bestimmt schienen, vielleicht bei einer Versammlung Verwendung zu finden, aber nicht bei einem Gespräch. Hartinger selbst hielt sich oft im Zu-Ende-Sprechen solcher angelesenen Sätze auf, unterbrach sich und fuhr fort in seiner natürlichen Redeweise. Er verstand sich schwer darauf, mit dem Jüdlein zurechtzukommen, er benahm sich rechthaberisch und tat wieder belehrend – worunter die gute Sache ebenfalls beträchtlich litt –, so daß sich meist im Verlauf weniger Worte die beiden, obwohl sie zusammengehörten, getrennt hatten und miteinander im Streit waren. Stichelnd, aufeinander loshackend, trugen die beiden diesen Streit aus, der mit der Sache, worüber sie gerade sprachen, nur wenig zu tun hatte. Beide überhäuften sich, wie mir schien, insgeheim mit Vorwürfen. Hartinger warf dem Jüdlein das viele Wissen vor, das er sich selbst, mangels höherer Bildung, nicht vermocht hatte anzueignen. Das Jüdlein wiederum warf Hartinger vor, daß dieser, trotz der geringeren Bildung, imstande war, manches richtiger zu beurteilen, was sich das Jüdlein mit Hartingers Herkunft und der daraus gewonnenen Erfahrung erklären mußte. Es dauerte, bis der geheime Streit sich schlichtete, nachdem die beiden sich überzeugt hatten, daß jeder, von dem anderen lernend, dadurch der guten Sache am besten diene. Mich behandelte das Jüdlein heute nebenbei und gab mir wieder deutlich zu verstehen, wie wenig ernst es mich nehme, während Hartinger mit mir sprach wie ein guter Kamerad: er machte, wenn ich seinen Ausführungen nicht zu folgen vermochte, immer wieder eine Pause, damit ich nachkomme. So hatte das Jüdlein zu mir gesprochen im Englischen Garten am Wasserfall, und so hatte ich auf das Jüdlein gewartet im Nebel und sein Taschentuch gesucht, wofür mir zum Dank das Jüdlein das neue Lied sang. Es war, als führte mich Hartinger behutsam über mich selbst hinweg mit seinen Worten. Dann ließ er mich in meinen Gedankengängen eine ganze Strecke allein gehen, wie vor der Gärtnerei Buchner. „Richtig!" sprang er mir bei, wenn ich auch nur in die Nähe des Richtigen gelangt war, und ermunterte mich weiterzudenken. „Richtig, so war es, Gott war damals etwas so Allgemeingültiges, Feststehendes, daß man nur ‚in Gott' Revolutionär sein konnte. Alles drückte sich in religiösen Begriffen aus . . . Jenseits von Gott wäre man einfach unverständlich geblieben . . ."

„Und wie stellt ihr ihn euch vor, den neuen Menschen?" fragte ich ermutigt, während das Jüdlein sein Lächeln zurückzog, aber doch gereizt bemerkte: „Märchen hat er im Kopf . . . ‚Träumerei' von Schumann . . . Wem kann das nützen?"

„Ihr mit eurem engstirnigen Nutzen", widersprach Hartinger heftig, „ich finde die ‚Träumerei' von Schumann sehr schön." – „Ich auch! Ich auch!" stimmte ich überlaut bei . . .

Ich sah den „Vollendeten Menschen".

Er wuchs in einer Umgebung auf, die alle seine guten Eigenschaften entwickelte und ihm schon von früh an ein reichhaltiges Wissen zugänglich machte. Der vollendete Mensch war körperlich und geistig gleich vollendet. Lüge und Heuchelei waren ihm fremd, denn keinerlei Grund war vorhanden, daß er sich irgendwie hätte herauslügen und irgendwem hätte etwas vorheucheln müssen . . . Niemand verstellte seine Stimme . . .

Der vollendete Mensch kannte sich im Leben aus, das ganze unendliche Leben erschloß sich ihm, und keine Geheimnistuerei gab es, denn was wäre zu verbergen gewesen, da alles offen geschah und die Menschen frei miteinander lebten. Keiner konnte auf den anderen einen Zwang ausüben, und zu beherrschen war nur die Natur. Ihr Reichtum wuchs durch die gemeinsamen planvollen Anstrengungen unermeßlich, und jeder konnte teilnehmen an ihrer Fruchtbarkeit und an ihrer Schönheit in gleichem Maße. Hungersnöte und Kriegswirren gehörten einem vergangenen Zeitalter an. Die Energien der Menschheit, die sich vordem in einem sinnlosen Gegeneinander erschöpften, waren nunmehr vereint, und „Nichts ist gewaltiger als der Mensch" stand über dem Traum vom „Vollendeten Menschen" geschrieben . . .

Freimütig konnte ich mich jetzt darüber aussprechen, in welche Verwirrungen ich geraten war und wie unschlüssig ich immer noch hin und her bewegt sei. Vielleicht bin ich ein Feigling, denn Angst habe ich, Angst ... Nein, ich hatte in diesem Augenblick keine Angst und mußte über mich selbst lachen, wenn ich mich an unsere Ankunft in Lindau erinnerte und an die dumme, dicke Kugel, so dick und dumm wie der dicke Dummkopf, der ich selbst war.

„Probleme!“ winkte das Jüdlein geringschätzig ab.

„Natürlich sind das Probleme“, kam mir Hartinger zu Hilfe.

„Auf den einzelnen kommt es überhaupt nicht an, wir sind eine Massenbewegung.“

„Da widersprichst du dir aber“, entgegnete ich laut, „du, der gesagt hat, es ist schade um einen jeden!“

„*Nur* ein Mensch, meinst du ...“, fragte Hartinger zu dem Jüdlein hinüber und fuhr fort: „Wer sagen kann ‚*nur* ein Mensch‘, bei dem ist der Sozialismus bestenfalls nur angelesen ... Das alles ist sehr wichtig ... Wir sind eine Massenbewegung, bei der es auf jeden einzelnen ankommt.“

Ich stand auf der großen Steinplatte, auf die wir im Konstanzer Münster getreten waren. Die Steinplatte hob sich, daß ich bis zu den schwebenden Wolken aufwuchs an dem hohen, unendlichen Himmel. Aber ich behielt festen Boden unter mir. Ich blieb standhaft. Fern auf einem Hügel die Windmühle, mit ihren beflügelten Zeigern nach der Erde hindeutend und nach den Wolken, und die dicke, dumme Angstkugel zerplatzte.

‚Po – tem – kin‘, buchstabierte ich im Traum, und Hartinger sagte: ‚Wir sind auf der Suche nach dem wahren Revolutionären, nach dem neuen Menschen.‘

‚Das, ja das ist es wahrlich!‘ erwachte ich.

(8)

An meinem Schulweg, Ecke Theresienstraße und Amalienstraße, lag das Café Stefanie. Ich verlangsamte meine Schritte, wenn ich in seine Nähe kam. Blieb auf der gegenüberliegenden Straßenseite stehen und beobachtete in dem Café ein auffälliges Treiben, nur erstaunlich, daß ich jahrelang achtlos daran vorübergegangen war. Es gelang mir, das Jüdlein zu überreden, mit mir das Café Stefanie zu besuchen.

Wir drückten uns einige Male um den Häuserblock herum, keiner von uns beiden wollte vorangehen, obwohl wir beim Besuch anderer Cafés, des Cafés Luitpold oder des Cafés Fahrig am Neuhauser Tor, keinerlei Scheu zeigten.

„Besondere Menschen verkehren dort, wir werden sicher in unserer gewöhnlichen Kleidung auffallen", machten wir uns gegenseitig angst, „ja, es kann sogar sein, daß wir hinausgeschmissen werden oder daß sie uns allesamt schrecklich auslachen." . . .

„Was ist schon dabei?!" nahm sich das Jüdlein zusammen und stolperte durch die Drehtür, während ich draußen blieb und wiederum ein Stück die Amalienstraße hinaufwanderte. ‚Auffressen werden sie dich ja nicht!' schwenkte nunmehr auch ich um und taumelte dem Jüdlein nach durch die Drehtür, wobei sich vor Aufregung mein Mantel einklemmte.

Das Jüdlein saß, aus einem Strohhalm Limonade schlürfend, an einem runden Marmortischchen im hinteren Raum des Cafés, in der Nähe eines größeren rechteckigen Tisches, daran ein Rotbärtiger mit einem Schwarzhaarigen Schach spielte. Nachdenklich war der Schwarzhaarige über dem Schachbrett in sich zusammengeknickt. Der Rotbart, der ein dunkelgrünes Hemd trug, hatte Riesenschlapphut und knorrigen Stock neben sich an dem Stuhl aufgehängt. Der nachdenklich in sich Versunkene zuckte zusammen und zog die Schulter schräg, als ihn ein dünnes, spitznäsiges Mädchen um eine Zigarette anging. Die Augen des Mädchens kreisten über uns hinweg. Ihr messinggelber Haarschopf verlor sich fahl im Dunkel. Sie nahm wieder in der gegenüberliegenden Ecke an ihrem Tisch Platz, dort war ein Kleiner, in einem kühn um den Hals geschlungenen roten Schal und ein rundes Hütchen auf, damit beschäftigt, die Marmorplatte zu bekritzeln.

Tische wurden gerückt, Stühle über Tische gehoben, Plätze wechselten in einem fort. „Betrieb! Hochbetrieb!" gluckste limonadenschlürfend das Jüdlein. Nur wir saßen in diesem steten Platzwechsel wie festgesessen.

Manche saßen herum, ohne irgend etwas beim Kellner zu bestellen, andere bestellten zwar, aber der Kellner verlangte höflich: „Entschuldigen Sie, meine Herrschaften, dürfte ich gleich um die Bezahlung bitten." Einige Gäste drohten, von morgen ab in das gegenüberliegende Café Glasl überzusiedeln. Nun erschien ein neuer Besucher, nach allen Tischen hin nickend. Teils schleichend, teils wie etwas vor sich her schiebend, bewegte er sich auf das rote Plüschsofa zu und ließ sich plumpsend nieder neben einem Ausgemergelten, Glatzköpfigen, der den Rockkragen hochgeschlagen hatte und ab und zu aus einer Streichholzschachtel eine Prise nahm. Der Neue wechselte mit dem Schnupfer einige Worte, durch das Lokal spähend und jeden Neuankömmling an seinen Tisch heranwinkend, wobei ein Gestotter zu vernehmen war: „F-f-ünff Pf-Pf-Pfennige, haben Sie nicht fünf Pfennige, bitte ..."

Nach einer Weile richtete der Späher seine Blicke auf uns, und obwohl wir uns hinter Zeitungen verschanzt hielten, schlich und schob er sich an unseren Tisch heran, stotterte: „Entschuldigen Sie, meine Herren, haben Sie nicht vielleicht fünf Pfennige? Bitte!"

Jeder von uns gab gerne fünf Pfennige, es war für uns geradezu ehrenvoll, auf diese Weise fünf Pfennige loszuwerden, um so mehr, als der Stotterer uns freundlich einlud, auf dem Sofa Platz zu nehmen.

„Na siehst du!" triumphierte ich, als wir zum Sofa hinüberwechselten. „Hab ich es nicht gleich gesagt!" stieß mich das Jüdlein an, nannte, sich verbeugend, unsere Namen, der Stotterer machte nur: „Setzen Sie sich!" – während der Ausgemergelte, uns beide nicht weiter beachtend, aus einer Streichholzschachtel mit einem Strohhalm eine Prise in die Nase hinaufsog.

„Das menschliche Leben – stellen Sie sich vor: eine unendliche Schneefläche –", brachte der Stotterer mühsam hervor, dem Schnupfer sich zuwendend: „Weiße, weite Einsamkeit ... Und auf dieser unendlichen einsamen Fläche: Pünktchen, winzige Pünktchen – wir. Diese Pünktchen bewegen sich, ziehen sich an, stoßen sich ab, bilden Figuren. Pünktchen verschwinden, Pünktchen entstehen, Figuren lösen sich auf, und neue Figuren fügen sich. Und: unendliche Schneefläche, weiße, weite Einsamkeit." – „Die Pünktchen aber, die Pünktchen", fuhr der Schnupfer fort, „jedes dieser Pünktchen selbst eine Unendlichkeit wie die unendliche Schneefläche ... Geladen mit ungeheuren Energien, aus der weiten, weißen, unermeßlichen Einsamkeit herauszustreben ... Pünktchen, weltenweite Pünktchen ..."

„Und wer zahlt, meine Herren?" sah uns der Kellner fragend an, als der Stotterer für sich und seinen Freund je zwei Eier im Glas und eine große Portion Kaffee bestellte. „Machen Sie keine Umstände, 's wird schon bezahlt werden!" gab der Schnupfer zurück, aber der Kellner beharrte: „Entschuldigen Sie schon, meine Herrschaften, aber ich möchte gleich um Bezahlung bitten." Da trat ich das Jüdlein unterm Tisch, wir legten unser Taschengeld zusammen, so daß uns noch genau zehn Pfennige übrigblieben. Auch diese zehn Pfennige nahm uns der Stotterer ab, als wir nach einer Stunde alles Wünschenswerte erfahren hatten und uns verabschiedeten.

„Hat sich das nicht gelohnt? Doch! Doch! Jetzt fängt erst das Leben an. Die sind richtig! Wahre Revolutionäre! Doktor Hoch, so hieß der Schnupfer, und Stefan Sack: zwei Romane schon hat er veröffentlicht, und dabei muß er jeden um fünf Pfennige anbetteln – Skandal! Haarsträubend! ... Und die Magda, sieht die nicht unheimlich verworfen aus, mit ihrem gelben Haarschopf ... Das also war der berühmte Anarchist, der am Tisch neben uns Schach spielte, und der Kleine mit dem roten Schal an Magdas Tisch – auch nicht übel ... Kreibich, ja, Kreibich, so hieß der Maler, der erklärte, er würde Boxunterricht nehmen, und der die Jacke auszog, die Hemdsärmel hochstülpte. ‚Wem soll ich mal zeigen, was ein Kinnhaken ist!' Die haben sich frei gemacht, die sind frei, auf ihre Weise sind sie vollendete Menschen ... Auch der Wedekind verkehrt dort ..."

Das Jüdlein konnte dem Ansturm meiner Begeisterung nicht standhalten und stimmte mir zu, daß wir heute das Glück gehabt hätten, ungewöhnlichen Menschen, vielleicht sogar Genies, begegnet zu sein. „Das menschliche Leben – stellen Sie sich vor: eine unendliche Schneefläche –", wiederholte ich. Auf solch eine unendliche Schneefläche schaute ich, wenn ich meine Gedichte aufschrieb und die weite, weiße Einsamkeit mit Schriftzeichen ausfüllte.

Als ich dem Jüdlein nun auch noch mein Zusammentreffen mit Richard Dehmel berichtete, blieb es stehen, faßte mich an den Armen und schüttelte mich. „Ja, sag mal, was steckt nur in dir? Ein ganz toller Hecht, wie es scheint." Schmunzelnd strich ich dieses Lob ein und deklamierte laut auf der Straße einige meiner neuesten Gedichte.

Schon im Café Stefanie hatte ich auf der Toilette einige Veränderungen an meiner Kleidung vorgenommen. Die spießige Weste hatte ich ausgezogen und auf dem Abtritt liegengelassen. Die biederen Hosenträger würde ich sofort mit einem Gürtel – wie es hieß, daß ihn Apachen tragen – vertauschen. Die Krawatte wurde vorne ins Hemd gesteckt, das ich gleich darauf altmodisch fand, als ich an einem der Kaffeehausgäste einen roten Sweater entdeckte. Den Mantelkragen schlug ich hoch, schob den Hut seitlich zurück und vergrub, bei offen wehendem Mantel, die Hände tief in den Hosentaschen. Ich legte mir einen auffälligen, herausfordernden Gang bei, stieß beim Deklamieren eine ältliche Dame in die Seite, brüllte einem biederen Bauchherrn ins Gesicht, daß er sich umdrehte und den Stock zückte. „Schlawiner!" Ich ließ ihm ein höhnisches Gelächter nachfolgen, daß er über die Straße auf einen Schutzmann zueilte. Die Schutzleute musterte ich verächtlich. Steife Hüte erregten Unwillen und Spottlust.

Zu Hause wälzte ich mich mit den Kleidern ins Bett. Auch die Schuhe zog ich nicht mehr aus wie bisher. Ich stellte mir vor, ich schliefe unter der Bogenhauser Brücke oder auf einer Bank im Englischen Garten. Morgens nach dem Aufstehen verzichtete ich auf das Waschen und gab mir Mühe, das Frühstück so ungebärdig wie möglich einzunehmen, indem ich die Tasse Kakao auf einen Schluck leerte und ein ganzes Brötchen auf einmal verschlang. Fand, daß ich einen noch zu unbedeutenden Gang hatte, probierte verschiedene Gangarten aus: gedankenvoll schleichend, kraftvoll schreitend, bestrebt, durch heftige, plötzliche Bewegungen harmlose Spaziergänger zu verwirren und ihnen „panischen" Schrecken einzujagen.

Unanständig sauber war ich bisher. Wenn ich den Rockaufschlag Doktor Hochs betrachtete, mit seinen zahllosen Flecken, und des Anarchisten dunkelgrünes Hemd, daran sämtliche Knöpfe fehlten, so war es eine Schande, wie bürgerlich anständig ich gekleidet war. Ich stank geradezu nach bürgerlichem Anstand. Mein ganzes Benehmen verriet die „gute Kinderstube", es galt zu beweisen, daß ich ihr gründlich entwachsen war. Warum: „Das gehört sich nicht!", warum: „Das schickt sich nicht!" Warum sich „gesittet" und sich nicht „ungehörig" aufführen? Warum den Hut abnehmen im Zimmer, und warum die Beine nicht auf den Tisch legen? Nur weil die Eltern mich solchen Anstand gelehrt hatten: der Vater, dieser hartgesottene, im Staatsdienst ergrauende Spießer, und die Mutter, das Provinzmädchen, die arme Ahnungslose?

Was meine bisherigen Gedichte betraf, so galten sie mir nur mehr als harmlose Versuche, mitleidsvoll zu belächeln. Keinerlei Regel mehr beachtend, gegen jedes irgendwie Gesetzmäßige kraß und bewußt verstoßend, schrieb ich in einer mir neu zurechtgemachten unleserlichen Schrift eine „Stadt der Verdammnis" benannte Dichtung, in der jeder, auch der sich zufällig einstellende Reim durch eine knatternde Assonanz ersetzt wurde, um nur ja nicht an Herkömmliches zu erinnern, und gerade solche Worte nahm ich mir vor, meiner Dichtung einzuverleiben, die bisher nur als Schimpfworte gebräuchlich waren. Ausrufungszeichen häuften sich. Der Doppelpunkt erschien gebieterisch zu Beginn des Satzes.

Nun verstand ich das „Unbegreifbare", wie es zum Wutgeheul altmodischer Kunstbetrachter auch im Glaspalast ausgestellt war. Farbenlabyrinthe, verschlungene Seelenkurven. Zu bedauern waren in den Sälen daneben die alten Meister, die sich noch an feste Formen gebunden fühlten. Schwammbackige, stiernackige Menschenfresser saßen, zähnefletschend, an blutbesudelten Tischen, „Mahl der Reichen", in der Ferne drohte das Linienwirrsal apokalyptischer Barrikaden. Ein Gemälde, die „Höhere Welt", bestand nur aus Zylindern und Gehröcken, und der Inhalt, der sich aus den fehlenden Köpfen über die Bildfläche ergossen hatte, strotzte von gemaltem Unrat ...

Nachdem ich etliche meiner Dichtungen beisammen hatte, darunter „Marsch der heulenden Häuser" und „Arie des tobsüchtigen Onkels", begab ich mich mit dem Jüdlein wieder ins Café Stefanie. Ich hatte dem Jüdlein meine Dichtungen vorgetragen. Es lobte sie überschwenglich als „unerhört", „urlauthaft", „ganz auf die Bewegung und den Rhythmus an sich gestellt. Gehackter, zerfetzter Stil – in der ganzen Literatur nicht seinesgleichen ..." Stefan Sack, der neben Doktor Hoch auf dem Plüschsofa saß, winkte uns gleich zu sich heran. Das Jüdlein, mit reichlichem Taschengeld versehen, erlegte die fünf Pfennige, bezahlte je zwei Eier im Glas und eine große Portion Kaffee. Dröhnend las ich, daß alle, die im hinteren Raum sich aufhielten, an den Tisch herantraten und mir, als ich den „Marsch der heulenden Häuser" mit gehäuften Ausrufen abschloß, die Hand schüttelten und mich beglückwünschten. Der Kleine im roten Schal bezeichnete meine „Arie des tobsüchtigen Onkels" als spezifisch neopathetisch, darin vor allem das Simultane enorm gelungen sei, auch der Vergleich bei Homer sei auf dem Prinzip der Simultaneität[1] aufgebaut. Der Anarchist erbot sich, eines der Gedichte in seiner Zeitschrift „Der Welt-Bote" abzudrucken.

Und was wird „der" dazu sagen, „der" ...? Ich vermied es, den Namen Hartingers dem Jüdlein gegenüber zu erwähnen. Schon sagte ich „der" und: ganz gut kann man ohne „den" auskommen. Man wird eben selbständig ...

Hartinger kam pünktlich.

Ich führte ihn durch alle Zimmer und schob ihm im Wohnzimmer den Drehschemel hin, worauf sonst der Vater gesessen hatte ...

Schon bei seinem feierlichen Eintritt befand sich alles, was ich inzwischen erlebt hatte, wie auf der Flucht vor ihm, und diese soeben geflüchtete Welt hatte ich heute abend mit ihm zusammen eingeladen.

1 Gleichzeitigkeit.

„Ich hab dich ein paarmal im Café Größenwahn gesehen, dich und den Löwenstein ..."

„Ja, nur so, wir haben halt mal hineingeschaut ..."

Aber er stellte kein Verhör an. „Ja, und ich hab grad keine Zeit gehabt, sonst hätt ich halt auch mal hineingeschaut." ...

Hartinger, das Jüdlein und ich, wir saßen beieinander. Wir drei.

„Ich habe über das Unbegreifbare nachgedacht", sprach das Jüdlein zu mir herüber. „Wer zum Denken nicht den Mut hat, der flüchtet in das Unbegreifbare und verkommt in Bewußtlosigkeit. All dies Dunkle, Schwankende, Haltlose kommt von weit her, aus unserer Geschichte ... Das Denken überhaupt ausschalten, dieses bewußte Verdunkeln kann noch zu Schlimmem führen ... Nur wer den Menschen verachtet, der verherrlicht das Unbegreifbare, als den Zustand tierischer Bewußtlosigkeit ... Das Menschliche aber ist das sich Ordnende, Einfache und dringt aus dem Unverständlichen durch zum Verständlichen. Macht das Rätselhafte zum Begreifbaren."

Das haben wir doch schon einmal gewußt. Nebel, Wasserfall. Und wieder vergessen.

Das Jüdlein schien auf Hartinger zu deuten. Der brauchte nichts zu sagen, wie heute an diesem Abend. Nur war es gut, daß er da war. Der machte standhaft.

„Auch ich habe nachgedacht", fuhr ich fort, aber erst an diesem Abend, in Hartingers Gegenwart, hatte ich darüber nachgedacht.

„Was der Spießer bejaht, das verneine ich, und umgekehrt. Aber ein solches Verfahren scheint mir jetzt ganz und gar unzulänglich, es bringt uns nur von neuem in Abhängigkeit, in eine Abhängigkeit mit verändertem Vorzeichen. Wenn zwei das gleiche sagen, ist es noch lange nicht ein und dasselbe. Ein Ja und ein Nein können von ganz verschiedenen Richtungen ausgehen und auf ganz verschiedene Ziele hinstreben. Vieles wird der Spießer bejahen und verneinen, was auch wir bejahen und verneinen, aber aus einem ganz andern Grund. Wir müssen das Richtige suchen und die Wahrheit sagen, ungeachtet dessen, was rings um uns her dazu gemeint wird."

In diesem Augenblick war mir, als träfe ich wieder mit Richard Dehmel zusammen und würde ihn aufmerksam anhören, ohne meine Aufmerksamkeit durch alberne Witze zu unterbrechen. Er sagte viel Gutes, und was seine Warnungen betraf, das wollte ich der Zukunft überlassen ...

(9)

Die „Wespe“ war lärmend voll, und wir konnten nur mit Mühe, voneinander getrennt, Platz finden. Dann wurde ein Tisch frei, Hartinger, das Jüdlein ... und ich setzten uns zusammen. Doktor Hoch und Kreibich hatten Bekannte getroffen und saßen entfernt. Sack spähte durchs Lokal, setzte sich bald hierhin, bald dorthin, einmal strich er an unserem Tisch vorüber, um mir ins Ohr zu flüstern: „Ich trau dem Frieden nicht, nicht für fünf Pfennige ...“

Als letzte Nummer im Programm war Magda angekündigt.

Magda sang das Lied vom „Großen Franz“, als die Wirtin ans Telefon verlangt wurde.

„... tanze ich mit dem großen Franz,
Dann durchzuckt's meinen Körper ganz,
Vom Kopf bis zur Zehe
Ich fast vergehe ...“

Der Telefonhörer hing indessen lang herunter an seiner Schnur, die Hörmuschel drehte sich, es knackte und raschelte darin, als suchte eine wichtige Mitteilung erregt ein Ohr zu erreichen. Die Wirtin trat, die Hände an der Schürze abstreifend, vor den Telefonkasten, wobei sie auf die Uhr über der Garderobe schaute: halb drei Uhr ... Hob unwirsch den Telefonhörer auf. Kaum daß sie ihn ans Ohr hielt, veränderte sich ihr Gesicht, es bekam einen verbissenen, bösartigen Ausdruck, als fragte es: ‚Was will man denn so spät noch von mir?‘ Sie schloß die Augen, um besser zu hören, und hielt den Kopf schräg, wie um die schnarrende Stimme tief ins Ohrinnere einzulassen. Dann richtete sie sich hoch. Die schwammbackige Masse mit dem Doppelkinn schien einen Befehl entgegenzunehmen.

„... vom Kopf bis zur Zehe
Ich fast vergehe ...“

sang das Publikum mit.

„Meine Herrschaften!“ stand die Wirtin in der Mitte des Lokals, „ich muß Ihnen eine Mitteilung machen.“ Sie schluckte und trat einige Schritte vor, um sich an einer Stuhllehne festzuhalten.

„Silentium!“ grölte jemand. „Die Frau Wirtin persönlich!“

„Tanze ich mit dem großen Franz,
Dann durchzuckt's ...“

Der Klavierspieler klappte wütend den Deckel zu, Magda verharrte oben auf der Bühne, den Mund gespitzt, die Arme gehoben, wie in erstarrter Haltung.

„Ich finde das einfach schofel", trat der Klavierspieler ab.

„Meine Herrschaften!" gluckste die Wirtin. „Der Erzherzog Franz Ferdinand und seine Gemahlin . . ."

„Ah, der Ferdl . . ."

„Der Ferdl Franz . . ."

„Achtung! Hoher Besuch kommt . . .", lachte es durcheinander.

„Aber meine Herrschaften, ich verstehe Sie nicht, hören Sie mich doch an, lassen Sie mich doch ausreden!"

„Silentium!"

Es wurde mit den Gläsern geklingelt.

„. . . ermordet sind s' worden . . ."

„Bravo!" knurrte eine Stimme von irgendwoher.

„Ja, machen S' keinen Spaß net!" kam es noch einmal gemütlich, dann wurden harte Rufe laut: „Wir verbitten uns solche Witze! Wer hat da bravo gerufen?!", und ein Tisch in der Ecke johlte: „Deutschland, Deutschland über alles!"

„Aufstehn, Schlawinerbande!" kommandierte es von diesem Tisch her, da erschien ein Wachtmeister.

„Meine Herrschaften, in Anbetracht der Ermordung des österreichischen Thronfolgers, des Erzherzogs Franz Ferdinand und seiner Gemahlin, haben alle Lokale sofort zu schließen."

Die Wirtin schluchzte ins Taschentuch.

Kreibich war von dem Tisch aufgestanden, der „Deutschland, Deutschland über alles" gesungen hatte, und trat auf den Wachtmeister zu. „Stellen Sie den Lumpen fest, der bravo gerufen hat!"

Schon drängten alle zum Lokal hinaus, nur Magda stand noch auf der Bühne, hielt den Kopf vorgeneigt, als horchte sie angestrengt ins Ungewisse, und verschwand so hinter dem Vorhang, der sich lautlos, Stück für Stück, zuzog.

„Los!" nahm mich Hartinger am Arm. Kreibich redete draußen auf den Wachtmeister ein, der wiederholte: „Wen haben Sie denn in Verdacht? Ich kann doch nicht so mir nix, dir nix jemanden feststellen."

Doktor Hoch und Sack trieben vorbei, sich an den Häusern entlangdrückend, als flüchteten sie. An der Ecke war ein Telegramm der „Münchner Neuesten" angeschlagen. Der Name des Mörders wurde genannt: Princip.

„Hoch Princip!" rief ich.

Einige Leute, die mit uns zusammenstanden, stoben entsetzt auseinander ...

Aber Hartinger packte mich wieder am Arm. „Jetzt aber Schluß mit solchen Verrücktheiten. Komm!"

Vor der breiten Toreinfahrt der Türkenkaserne standen Soldaten des Infanterie-Leibregiments in den neuen feldgrauen Uniformen.

„Was gibt's?" trat Hartinger auf einen der Soldaten zu.

„Nichts. Was soll's geben? Krieg gibt's", lachte der gemütlich und unterhielt sich weiter mit seinem Kameraden.

Auf dem Kasernenhof erschollen Kommandos, der Posten präsentierte, und eine Abteilung, geführt von einem Leutnant, schwenkte in die Türkenstraße ein.

Die kleine marschierende Gruppe war bald von Neugierigen eingeschlossen, ab und zu unterbrach das dahinschreitende Schweigen ein energischer Trommelschlag.

„Jetzt verkünden s' den Kriegszustand", schnaubte ein Dicker hinter mir.

Einige teilten Neuigkeiten mit: „Zwei serbische Spione, als Nonnen verkleidet, ham s' derwischt in Oberwiesenfeld ... Die Brunnen ham s' wollen vergiften, die Bande, die miserablige ... Über Nürnberg waren s' im Flugzeug ... Jaja, die Kosaken san schon in Ostpreußen und massakrieren Weiber, Kinder und alte Leut ..." ...

Von einem Trommelwirbel eingeleitet, verkündete der Leutnant die Verhängung des Kriegszustandes. Einige nahmen zögernd die Hüte ab. Alle blieben auf dem Platz stehen, wie festgebannt, als die Abteilung in die Kaserne zurückmarschierte ...

Auf einzelnen Gebäuden wehten schon die Fahnen. Menschen schlossen sich zusammen, riefen „Hoch!" und „Hurra!". Autos, in denen Offiziere vorüberfuhren, wurden mit Winken und Hüteschwenken begrüßt; ein altes Weiblein humpelte auf einen der Offiziere zu, der an einer Trambahnhaltestelle wartete, und küßte ihm die Hand.

Viele, die uns entgegenkamen, hatten einen beschwingten Gang. „Was gibt's Neues?" sprachen Fremde einander auf der Straße an und sagten sich du. Der Krieg schien alle einander näherzubringen.

„Jetzt ist er da, der Krieg!" frohlockte ein Friseurgehilfe zum ersten Stock hinauf, auf dem Balkon wurde eine schwarzweißrote Fahne entrollt. „Na endlich!" Die Straßenbahnen fuhren mit Fähnchen geschmückt.

„Die Begeisterung ist doch schön“, sagte ich unsicher zu Hartinger.

„Freilich ist Begeisterung schön, aber ich kann es beim besten Willen nicht schön finden, wenn ein deutscher und ein französischer Arbeiter sich gegenseitig abschlachten, um mit ihrem Heldentod das Leben anderer zu verschönern. Schön ist anders.“

Das war mit einem Haß gesagt, um den ich Hartinger beneidete.

„Na, ihr Kriegsgegner“, empfing uns in heiterer Stimmung der alte Hartinger. Auf dem Tisch lag feldgraues Tuch, mit Kreidestrichen versehen zum Zuschneiden ausgebreitet. Zwei neue feldgraue Uniformen hingen am Kleiderständer. Hartingers Mutter saß an der Nähmaschine. „Einen Haufen Arbeit, was, muß mich noch heut nach einem zweiten Gesellen umsehen ... Wie wär's, wir probierten mal die neue Montur an ...“

Er ließ sich durch unser Schweigen nicht stören und schwatzte munter fort: „Ja, mei, jetzt ist halt eben der Krieg da, und nun müssen wir uns umstellen ... Wenn die Unsern nicht ganz gottverlassen sind, dann geben s' jetzt Ruh und tun mit. Haben den Krieg eh net verhindern können. Ich hätt nix dagegen, wenn sie mich einziehen würden, da käm man auch mal a bißl raus aus dem alten Schlendrian und würd auch mal was von der Welt sehen. Seit meiner Wanderschaft – bald zwanzig Jahr sind's her – hock ich nur allweil auf dem Tisch hier rum – gelt, Alte, hättest auch nix dagegen ...“

„Ja, wenn ihr beide weg wärt, ihr Mannsleut, da braucht man sich nicht mehr so abzurackern ...“

„Na, warten wir mal ab, was die Führer sagen, ich mein, die können gegen den Krieg auch nicht aufkommen. Sonst geht's denen akkurat wie dem Jaurès: piff, paff ...“ Er hob dazu die Hand, als drücke er noch einmal die Pistole ab ... „Hab ich es nicht immer gesagt ...“ Er pfiff die „Wacht am Rhein“ und klapperte dazu mit der Schere.

Es war dunkel draußen auf dem Gang. Hartinger schien sich in der eigenen Wohnung nicht mehr auszukennen. Ich gab ihm die Hand. „Komm, stoß dich nicht!“ Fand im Dunkel auch richtig die Gangtür und führte ihn auf die Treppe. Unten auf der Straße entfernte er sich schnell ...

Das Jüdlein kam mit einem Koffer angerückt.

„Der Alte hätte schon mit sich reden lassen, aber die Mutter, was sagst du nur, die eigene Mutter ... Die wiederholte nur: ‚Entweder meldest du dich auf der Stelle freiwillig, oder du kommst mir nicht mehr unter die Augen! Wir Juden werden uns nicht nachsagen lassen, daß wir keine guten Deutschen sind.' ... Das hat die Mutter gesagt, die eigene Mutter ... Da wirst du auch noch deine Wunder erleben! ... Als ich zusammenpackte, hat der Alte mich rufen lassen. ‚Fahr nach Berlin und studier dort, ich werd dir jeden Monat das Geld schicken.' Das Geld für einen Monat hat er mir gleich gegeben."

„Da bist du nicht schlecht heraus, gratuliere ..."

Das Jüdlein sprach zum Fenster hinaus: „Die Mutter, die eigene Mutter ... Wie ist so was nur möglich?! Wurstzipfel, Wurstzipfel ... Sollte man nicht der Mutter zulieb?"

Schon vom Odeonsplatz an stand alles dicht gedrängt. An der Feldherrnhalle baute sich, die Stufen empor, eine Menschenmauer auf. Tausende schwiegen erwartungsvoll in die Nacht hinein. Ganz unten, beim Siegestor, glommen zahllose Fackelpunkte.

Als wir uns zum Residenzplatz durchgezwängt hatten, der innen für den Aufmarsch der Abordnungen aller Münchener Regimenter gesperrt war, dröhnte von der Feldherrnhalle her der bayrische Defiliermarsch.

Die Fenster im ersten Stock der Residenz leuchteten auf. Die Flügeltüren zum Balkon, über dessen Geländer das bayrische Wappen ausgebreitet herabhing, öffneten sich weit.

Warmer leichter Wind ging. Die Pechflammen auf den Kandelabern loderten.

Das Dröhnen der Musikkapelle, von Paukenstößen und Trommelschlägen verstärkt, rückte von der Residenzstraße her näher.

Die ersten Fackelreihen schwenkten nach links ab. Durch das Schmettern der Bläser und das Geprassel der Trommeln hindurch stampfte der dumpfe, gleichmäßige Takt der Paradeschritte. Die Truppenteile in Feldgrau, mit grauem Helmüberzug, bogen in den Platz ein.

Es war, als würde das Denken eingestampft von diesen klirrenden Tritten und als rührten wieder die Trommelschläge das in mir auf, was Gleichschritt halten und mit allen eins werden wollte. Im Sturmschritt von einer Kugel dahingerafft und als Held gefeiert, konnte man sich das einsame, dreckige Sterben ersparen. Zu einem schönen, heiligen, gemeinsamen Tod riefen die Trompeten. Die Gelegenheit war geboten, das Unabänderliche gewissermaßen an sich selbst zu vollziehen, anstatt sich auf ein verlängertes Leben einzulassen, das nichtig sein mußte und das in seiner spießigen Langeweile eher einem jahrelangen qualvollen Siechtum glich.

Kommandos. Mitten im Spiel, mit einem Ruck, setzte die Musik aus. Es war atemlos still. Es war so still, daß die Fackeln leise knisterten und daß das Weinen eines kleinen Kindes überlaut von einer Ecke des Platzes herüberdrang.

Ich hielt den Atem an. Alle hielten den Atem an. Mit allen zusammen hielt ich den Atem an. Ich wagte kaum, das Gesicht in dieser Stille seitwärts zu wenden. Eine Stille schien auf die andere zu folgen. Ich staunte, wie leblos still es auf einem menschenüberfüllten Platz sein kann. Dorthin mußte ich schauen, wohin alle schauten: zum ersten Stock der Residenz hinauf.

Ein Schatten glitt durch das Leuchten der offenen Balkontüren. Der König war an die Brüstung des Balkons vorgetreten. Ganz leise, gepreßt klang die Musikkapelle wie eine unterirdische Begleitung zu dem hochfahrenden Sturm der Menschenstimmen, die die „Wacht am Rhein" sangen. Mit ihrem ganzen aufgewühlten Gesicht sangen sie. Viele schluchzten. Frauen knieten. Auch ich hatte den Hut abgenommen. Eine unwiderstehliche Gewalt hatte ihn mir herabgerissen. Ich wußte nicht, ob ich sang oder ob ich nicht mitsang. Ich hielt wieder den Atem an, aber ich hörte mich mitsingen. Ich spürte ein Zittern von Hartinger herüber, der ebenso wie ich von einem Fuß auf den anderen trat. Auch er hatte Mühe, hier standzuhalten.

Der König sprach. Unverständliche Laute bröckelten über den Platz weg. Man konnte den Hut wieder aufsetzen. Das Lähmende, das über dem Platz lag, war geschwunden. Viele flüsterten miteinander. Der König hatte seine Rede beendet.

Ein neues gewaltiges Brausen entstand: „Deutschland, Deutschland über alles!"

Ich ließ den Hut auf. „Hut ab!" drohte es von allen Seiten. Hartinger trat mich. „Nimm den Hut ab! Was fällt dir ein!" – „Mir ist alles gleich!" – „Blödsinn!" riß mir Hartinger den Hut vom Kopf.

Wie beneidete ich das Jüdlein, das mir nichts, dir nichts in einen Zug steigen konnte: irgendwohin wegfahren, weit fort – ins Unbekannte, Ungewisse – in ein Anderswerden . . . Buxtehude . . . ‚Faule Ausrede', knurrte ich mich an, ‚so einfach wirst du mir nicht davonkommen.'

Der Zug hatte sich schon in Bewegung gesetzt, da reichte mir das Jüdlein noch ein Buch heraus. „Beinahe hätte ich es vergessen. Hier, nimm! Lies Hölderlin!"

„Wir haben ja den gleichen Weg“, meinte Hartinger, nachdem wir das Jüdlein zur Bahn gebracht hatten, und wieder gingen wir – Propyläen, Lenbachvilla, Luisenbad – den alten Schulweg.

Der gleiche Weg, der gleiche Weg.

In der Luisenschule waren Soldaten untergebracht. Wir verlangsamten unsere Schritte. Hartinger faßte meinen Arm. „Aber in Zukunft nimmst du gefälligst den Hut ab. Mit solchen Faxen erreicht man nichts.“

„Ich halt das nicht mehr aus. Damit erreicht man nichts, sagst du. Womit erreicht man denn was?“

„Das wirst du schon noch rechtzeitig erfahren. Nimm dich jetzt zusammen und spiel nicht den Verrückten ... Dir kann nichts schnell genug gehen. Laß uns nur Zeit!“

„Du hast's gut. Du brauchst nicht viel nachzudenken. Bei dir ist von vornherein alles klar und einfach.“

„Das kann nicht dein Ernst sein. So wenig kennst du dich aus in einem anderen Menschen? Du mußt es doch wissen: du – ihr“, Hartinger verbesserte sich rasch, „man hat auch mir das Denken erst beigebracht ... Seit damals hab ich nachgedacht ... Wer nicht nachgedacht hat, kann auch nicht standhalten ... Es war in der Zeit des Sozialistengesetzes, so hat mir mein Vater erzählt, da fragte er eines Tages – er wollte sich damals bilden und las viel durcheinander – einen älteren erfahrenen Genossen: ‚Du, sag mal, Genosse, wie steht's mit dem Tod?‘ Darüber nämlich hatte er sich seine Gedanken gemacht und konnte mit seinem eigenen Denken nicht weiterkommen. ‚Mit dem Tod? Mit dem Tod?‘ lachte der erfahrene Genosse, er hat sich schier nicht halten können vor Lachen, dann aber antwortete er ganz ernsthaft: ‚Eine derartige bürgerliche Frage beantworte ich nicht. Zur Frage des Tods? Dazu stehen wir überhaupt nicht. Diese Frage gibt es für uns nicht.‘ Nun, diese Antwort konnte meinen Vater natürlich nicht befriedigen, und er hat weiter darüber nachgedacht, so wie auch ich darüber nachdenke, oft, oft täglich ... Du mußt nämlich wissen, wir haben einen schrecklichen Hunger – nicht von dem wirklichen Hunger spreche ich –, alles Wissenswerte möchten wir in uns schlingen, so ausgehungert sind wir, als hungerten wir vom Anfang der Welt her ... Und es geschah, daß jener erfahrene Genosse verhaftet wurde. Er war ermittelt worden als einer, der die Verbindung herstellte der in Deutschland verbliebenen Genossen mit jenen, die sich damals im Ausland befanden. Der Untersuchungsrichter fragte ihn, ob ihm die Namen anderer Genossen bekannt seien, die ebenfalls derartige Verbindungen unterhielten. Der erfahrene Genosse schwieg. Er blieb zunächst in Untersuchungshaft. Als er das zweitemal zur Vernehmung vorgeführt wurde, versuchte es der Untersuchungsrichter mit einer Drohung. Er drohte ihm mit lebenslänglichem Zuchthaus, dann mit Erschießen. Es gelang dem Untersuchungsrichter, diese Drohung so glaubhaft zu machen, indem er ausführlich die Annahme einer derartig verschärften Gesetzesvorlage im Reichstag schilderte, daß sich der erfahrene Genosse dadurch überrumpeln und völlig einschüchtern ließ und nach einem viele Stunden währenden Verhör die Namen aller ihm bekannten Genossen preisgab. An seine Frau hat der Verräter später einen Brief geschrieben, der lautete: ‚Verzeih mir! Es war das erste Mal in meinem Leben, daß ich dem Tod gegenüberstand. Und da ich darüber nie nachgedacht hatte, so konnte ich auch nicht standhalten.' So verhält es sich mit dem Nachdenken. Und was mich selbst betrifft: als mein Vater, ein alter Kriegsgegner, sich für den Krieg erklärte, da hab ich mich einige Zeit lang auch in mir selbst nicht mehr ausgekannt ... Und mit vielem wird man nicht allein fertig, dazu braucht man die Genossen."

Nach einer Weile sagte ich: „Ich habe keine Genossen. Nur dich."

„Gewöhne es dir ab, in mir etwas Besonderes zu sehen! So wie ich einer bin, gibt es viele. Also wirst du nicht nur mich haben."

„Wo sind sie denn, deine vielen? Warum verstecken sie sich denn? Wie soll man sie da finden? Zeig sie doch!"

„Sie werden sich zeigen."

„Wann? Wann?"

„Wenn du sie brauchst, und wenn es Zeit ist!"

„Was nun?"

„Lerne! Denk nach!"

Oh, Augen schließen!

„Ich will nicht ..." – ‚denken', verschluckte ich ... und sagte: „Ich kann nichts selbst wissen."

„Sei nicht so bequem, einen andern für dich denken zu lassen."

„Das ‚Zuhause' bringt mich um."

Wir standen vor der Apotheke in der Theresienstraße. Dort hatte ich oft für die Mutter Migränepulver besorgt.

... Sollte man nicht der Mutter zuliebe? ... Dazu muß man schon eine Riesenkraft haben ... Da wirst du noch deine Wunder erleben ...

Hartinger gab mir die Hand und blieb stehen. „Nichts ist von vornherein klar und einfach ... Denke nach. Und das ‚Zuhause' mußt du schon mit dir allein abmachen."

Aber es drängte mich, noch zu sagen: „Ach, seid ihr nüchtern!"

Hartinger ließ meine Hand los und fragte: „Wie meinst du das?"

„Oh, könnte man sich nur ebenso schön begeistern: dagegen! Ein Genie müßte kommen, ein Führer des Sozialismus, der uns alle aufruft! Denn Helden wollen sein viele Tausende und übermenschliche Opfer bringen. Und er, dieser Große, würde dem Krieg den Krieg erklären, und auch wir würden in den Krieg ziehen, in einen heiligen, gerechten ... Mit seiner Stimme würde er reichen zu allen Völkern über die ganze Welt hin. Millionen würden auf ihn hören und ihm nachfolgen. Fahnen wollen wir sehen, entrollte, die wehen, und den Marschtakt unserer Schritte vernehmen, der die Starken stärker, der die Schwankenden sicher und unsere Feinde erzittern macht. Oh, warum so bescheiden? Oh, warum nur so kleinlaut? Oh, viel wird von uns verlangt werden, alles. Es verlangt den Menschen nach Größe. Er verlangt ein Über-sich-selbst-Hinaus. Wir wollen in die Zukunft weiterleben. Es verlangt der Deutsche nach einem Deutschland, nach einem freien, starken und schönen, das ihn selbst frei, stark und schön macht. So verlangt der Franzose ein Frankreich und der Russe ein Rußland ... Es wird gefordert werden von uns alles, was frei, stark und schön macht. Nur in diesem Zeichen werden wir siegen! Eine neue Welt soll doch erstehen, Genosse, eine neue Liebe, eine neue Freundschaft, eine neue Wahrheit, eine neue Gerechtigkeit. Ein neuer Mensch soll doch erstehen, Genosse! ein Held, der den Hunger bezwingt und den Krieg! Eine neue Lehre soll doch erstehen, Genosse, vom Leben, vom Tod und von der Unsterblichkeit! Wie hast du einmal selbst gesagt? ‚Genosse, wage zu träumen!'"

„Es gibt aber auch einen heutigen Tag", antwortete Hartinger, nach einer Pause, unsicher.

„Das, das ist er, der heutige Tag! Wer sich nicht über die Forderungen des Tags zu erheben wagt, der muß notwendigerweise – so meine ich – auch hinter den alltäglichen Bedürfnissen zurückbleiben ... Mag sein, daß ich erst noch viel, viel zu lernen habe und daß es mir am allerwenigsten ansteht, heute schon Kritik zu üben und Ratschläge zu erteilen. Aber das, wonach es mich verlangt, weiß ich, wird von uns verlangt werden. Wird verlangt! Krieg ist der heutige Tag, und eine Begeisterung brauchen wir: gegen den Krieg! Zeigen wir inmitten des Unsinns einen leuchtenden Sinn! Das Allerhöchste seit Menschengedenken wird erwartet, wird erwartet von – *uns*!"

Hartinger drückte mir fest die Hand. „Du hast viel gesagt, Genosse. Auf Wiedersehen! Laß mich nachdenken." ...

(10)

„Da ist er ja, unser Kriegsfreiwilliger!“ kam der Vater mit ausgebreiteten Armen im Gang auf mich zu, küßte mich auf die Stirn und zog mich gleich ins Wohnzimmer. Dort packte die Mutter aus. Auch die Mutter küßte mich, dann kramte sie weiter in ihren Sachen. Ab und zu suchte sie mich von der Seite her mit ihrem Blick, als hätte sie irgend etwas an mir zu entdecken.

Um etwas zu sagen, erkundigte ich mich: „Habt ihr euch gut erholt . . . Auch mir geht's gut. Bin auch nicht zu spät nach Hause gekommen.“

Der Vater rieb sich die Hände und strich den Schnurrbart. Auch der Schnurrbart schien fröhlich zu glänzen und sich mit dem Vater zu freuen.

„Na, endlich! Na, endlich!“ streckte sich der Vater behaglich. „Nein, so was . . .“

Freundlich zwinkerten die Augen hinter dem Zwicker, so wie die schönen Dinge freundlich taten in einer Auslage. Mit den Händen klatschte er sich auf die Schenkel wie damals in Hohenschwangau, und er drehte sich um sich selbst auf dem Drehschemel.

„. . . Daß wir das erleben durften, dafür können wir Gott nicht genug danken. Da staunt man und staunt jeden Tag von neuem. Nur Gott danken, nur Gott danken kann man, daß all dies Herrliche zu erleben er uns in seiner unerschöpflichen Gnade hat zuteil werden lassen . . . Schon war der Glaube bei manchen – ja auch zeitweise bei mir – an eine Gesundung unseres Volkes geschwunden, und wohl wenig Hoffnung bestand, daß unser Volk zu seinen alten geistigen Gütern zurückfinden werde. O wir Kleingläubigen! Der Krieg hat Wunder gewirkt! Er hat gezeigt, daß alle Verfallserscheinungen sich nicht in unser Innerstes eingefressen hatten, eher einer Maske glichen, die man voll Ekel von sich werfen konnte, wenn es der Ernst verlangte . . . Gott, dir danken wir, daß du es anders werden ließest, so anders, ganz anders . . .“

Der Vater hatte die Hände auf der Brust gefaltet und blickte zur Decke empor, während die Mutter unbekümmert in ihren Koffern herumraschelte.

Die Möbel! Die Möbel! Wenn sie nur ihr Maul halten, musterte ich indessen streng das Zimmer, ob sich nicht irgendein Ding anschickte, die Zusammenkunft in der elterlichen Wohnung zu verraten. Den Drehschemel insbesondere beobachtete ich mißtrauisch . . .

„Wer hätte das erwartet! Nein, dazu reicht das menschliche Denken nicht aus. Da kann man auch mir keinen Vorwurf machen, daß ich mich getäuscht habe –", der Vater hatte sich erhoben, öffnete die Tür zum Salon, er brauchte mehr Raum zum Ausschreiten.

„Alle Achtung vor ihnen! Sie haben den deutschen Arbeiter in der entscheidenden Stunde uns wieder zugeführt. Das hätte auch kein Bismarck vorausgesehen. Ich bitte dich ausdrücklich, Hartinger – den jungen Herrn Hartinger, deinen Freund, für einen der nächsten Tage einzuladen. Ich will gutmachen, daß ich mich in ‚dem' getäuscht habe, ich schäme mich nicht, offen meinen Irrtum einzugestehen. Ja, stolz können wir heute sein auf sie, unsere deutschen Sozialdemokraten, sie sind dem Ruf unseres Kaisers gefolgt, bis auf den letzten ..."

Der Vater nahm mich bei der Hand und führte mich zur Mutter, wie um mich vorzustellen. „Da schau nur, Mutter, das ist unser Sohn, unser lieber, lieber. Wie ist er gewachsen in den letzten Jahren! Wie groß er ist, wie stark! Ja, das kommt vom Schwimmen und vom Bergsteigen ... Aber was ich sagen wollte ... Mir ist, als sähe ich ihn zum erstenmal, jetzt, da er in den Krieg zieht! Jetzt, jetzt erst fühle ich so richtig, daß ich einen Sohn habe ... Was gewesen ist, ist gewesen. Sei vergessen und verziehen ... Ja, Söhne sind dazu da, die Träume der Eltern zu erfüllen ... oder wie soll ich mich ausdrükken ... das Werk zu Ende zu führen ... oder besser: was die Eltern nicht erreichen – na, er weiß es schon selbst, was ich meine ... Dazu sind Söhne da, dazu sind Söhne berufen ..."

Der Vater stand dicht vor mir. Er hatte mir seine Hände auf die Schultern gelegt, wieder küßte er mich auf die Stirn und sprach, daß ich seinen Atem spürte, laut in mich hinein: „Welch ein Hochgefühl muß es sein, für einen jungen Mann wie dich – übrigens hat man für euch Kriegsfreiwillige jetzt ein Notabitur eingerichtet –" Ich drehte mich halb zur Mutter ab, die gerade ein Paar Socken des Vaters aus dem Koffer nahm und zum Vater hin fragte: „Soll ich dir ein Paar frischer Socken vielleicht gleich aus dem Schrank herauslassen?"

„Stör uns nicht, Mutter, laß uns jetzt mit den Socken in Ruhe, in diesen Tagen rückt dein Sohn ins Feld, und du kommst uns da mit Socken ... Wichtigkeit ..."

„Überdies, damit ich es nicht vergesse", fuhr die Mutter fort, „wir müssen uns gleich morgen wegen Christine kümmern. Dienstboten sind ja auch Menschen. Bald fünfzig Jahre ist es her. Ich habe mich schon erkundigt. Wenn die Herrschaft beim Oberbürgermeister darum nachsucht, können Dienstboten bei fünfzigjähriger Dienstzeit in ein und derselben Familie die goldene Dienstbotenmedaille erhalten. Dann hat Christine, wenn sie arbeitsunfähig wird, auch Anspruch auf einen halben Platz im Diakonissenhaus. Die andere Hälfte – sie hat ja ein Sparbuch, etwas könnten auch wir beisteuern. Was meinst du?"

„Laß!" schüttelte der Vater sich unwillig, „verschon uns mit deinem Haushalt. Uns steht jetzt nicht der Sinn danach. Ach, was seid ihr Frauen nur für prosaische Geschöpfe!"

Die Mutter hatte einen Bleistift vom Schreibtisch genommen. „Du erlaubst mal, nur einen Bleistift, leg ihn gleich wieder zurück", und rechnete etwas auf einem Zettelchen.

„Habt ihr auch eine schöne Bergpartie gemacht ...", aber der Vater ließ sich von mir nicht mehr aus seiner Rede bringen.

„Welch ein Hochgefühl muß es sein für einen jungen Mann wie dich – der Krieg läßt den Menschen über sich selbst hinauswachsen, jeder hat im Krieg seinen Platz und weiß, wozu er da ist, selbst auf einem verlorenen Posten den Heldentod zu sterben fürs Vaterland ist noch besser, als nie im Leben die Gelegenheit zu haben, mit allem, was man ist, sich einsetzen und aufopfern zu können, ja, sagen wir es nur: langweilig war es, sterbenslangweilig, immer der gleiche Weg zum Büro und vom Büro zurück, jetzt ist es die Zeit, wo ein Mann sich bewährt und der Mann etwas gilt, auch du ... In drei Wochen spätestens sind wir in Paris, Petersburg ist überhaupt nur ein Spaziergang. Die halbe Welt werden wir einstecken ... Pardon wird nicht gegeben, Gefangene werden nicht gemacht, daherbrausen werden wir wie die Hunnen ... Jaja, wir Alldeutschen!"

Schnaubend erging er sich in dem Zimmer, Deutschlands Feinde vernichtend. Die „schöne Begeisterung", der ich mich in den vorhergegangenen Tagen kaum zu entziehen vermochte, war gewichen. ‚Hunnen! Hunnen!' klang es dumpf, und die fahnengeschmückte, von Begeisterung verwandelte Stadt rüstete sich schwarz zum Empfangstag der Toten. Häuser heulten, Sack klirrte mit dem Löffel ans Glas, und ein Klingeln entstand, als schrillten alle Klingeln der Welt Alarm. Auf dem Weg von der Amalienstraße bis zum Bahnhof, den der bekränzte Marsch gezogen war, lagen die Toten, ausgerichtet in Viererreihen, und die Toten lagen auf dem Maximiliansplatz, dort lagen sie übereinandergeschichtet, in Haufen – der Krieg war aus, und sie alle waren zurückgekehrt. Die weißblaue Fahne stak in solch einem zerschossenen Haufen, und nur eine Hand ragte hervor. „... kann dir die Hand nicht geben" – ich schwenkte vor mir her einen blutigen Armstumpf ... Aber auch andere waren zurückgekehrt, lebend und dennoch zu Tode getroffen, tief innen. Die blieben: Granatenhagel und Sturmangriff, immer auf dem Sprung, schußbereit oder mit geschwungenen Gewehrkolben. Todesmutige, unvergleichlich tapfere Männer waren darunter, wert, als Helden gefeiert zu werden, wäre die Sache, für die sie so ehrenhaft stritten, eine gute und gerechte gewesen ... Welch ein Friede muß kommen, damit die ihren Krieg aufgeben?! ... Und wir, wir alle haben diesen Krieg, diesen endlosen, mit gewollt: etwas wollten wir, daß geschehe, etwas ... na, endlich ... Feck und Freyschlag aber ritten, hoch zu Roß, durch das Siegestor, Hartinger, Xaver und mich als Gefangene hinter sich her schleppend ... Und es trommelte, trommelte: papperlapapp, papperlapapp. Und welche werden nach Jahren wieder auf den Gräbern sitzen, hüben und drüben, und werden Karten spielen: klatsch, klatsch, klatsch ...

Der Vater, in Schwung, konnte nicht innehalten und gab Silber und Gold für Eisen: das Tafelsilber, eine goldene Brosche, das Armband der Mutter und ihren Halsschmuck, alle Ringe, mit Ausnahme der beiden Eheringe, auch den vergoldeten Armleuchter schonte er nicht, sollten abgeliefert und dem Vaterland zur Verfügung gestellt werden. „Solch ein kostbares Schmuckstück! Ein Erbstück!“ wandte die Mutter bei jedem Gegenstand ein. „Das Tafelsilber, nein, auf keinen Fall!“ Aber dem Vater schien es Freude zu machen, alles fortzugeben, er hätte jetzt wieder am liebsten die ganze Wohnung ausgeräumt. Nachdem er so alles Silber und Gold in Eisen verwandelt hatte, forderte er nach einer Weile wieder jeden Gegenstand zurück: „Du hast recht, das Tafelsilber können wir behalten, auch die goldene Brosche; das Armband und dein Halsschmuck sind persönliche Erinnerungen, die Ringe und der Armleuchter lohnen sich sowieso nicht ... Sollen die erst einmal abliefern, die schwere goldene Uhren tragen und sogar – welch ein Luxus! – echt goldene Manschettenknöpfe. Da können wir nicht mit, da kommen wir noch immer früh genug, unsereins ...“

Der Vater aber schien noch keine Ruhe zu haben, er fragte vor sich hin: „Vielleicht doch den Armleuchter?“ Dann gab er sich einen Ruck. „Ich werde mir das alles noch einmal gründlich überlegen. Hat ja Zeit.“

Die Mutter, den Blick auf dem Zettelchen, sagte, nachdem sie den Bleistift auf den Schreibtisch zurückgelegt hatte: „Ich habe soeben nachgerechnet. Es ist gar nicht nötig, daß wir etwas beisteuern. Christines Sparbuch reicht. Sie wird ja nicht hundert Jahre alt werden.“

„Das will ich auch gemeint haben“, entgegnete der Vater nebenbei. Dann fragte er: „Nun, bei welchem Regiment hast du dich gemeldet, und wann rückt ihr aus, damit wir noch Abschied feiern können und die Mutter dir deine Sachen herrichtet."

Auch die Mutter fragte, ängstlich fragte sie hinter meinem Rükken.

Wüßtet ihr, was in mir zittert! Darum benahm ich mich herausfordernd und draufgängerisch, nur die Mutter schien etwas zu ahnen.

„Onkel Hugo ist gekommen!" gab ich zur Antwort.

„Was?!" schnappte der Vater.

„... und seine Familie hat er mitgebracht. Seine Frau ist eine Schwarze, und zwei schwarze Kinder sind auch dabei."

„Was?!" schnappte der Vater immer noch. Der leere aufgeklappte Koffer und der Vater schnappten einander an.

„Und wo wohnt er, der Verbrecher?"

„Im Hotel ‚Bayrischer Hof' ist er abgestiegen."

„Auf unsere Kosten, sicher auf unsere Kosten!"

Jämmerlich schnappte der Vater, daß er mich dauerte.

„Nein, er hat einen ganzen Haufen Geld mitgebracht, und neutral ist er auch, er ist nämlich inzwischen Holländer geworden. Und riesig ist er, Vater, riesig, da machst du dir keine Vorstellung. Tief, tief mußte er sich bücken, um überhaupt zu unseren Türen hereinzukommen. Und auf den Kronleuchter schaute er von oben herab ... Jaja, Riesen gehen um und Geister erscheinen."

„Laß den Unsinn! ... Das ist nicht meine Verwandtschaft", sprach der Vater betont zur Mutter hin, die hinter den Koffern vorkam.

„Ich fürchte, wir haben uns einander nichts vorzuwerfen", gab die Mutter rätselhaft zurück.

„Das kann die unangenehmsten Verwicklungen zur Folge haben. Als Frau eine Schwarze, schwarze Kinder, Holländer, neutral – solch eine Taktlosigkeit, mitten im Krieg. Die Familienehre steht auf dem Spiel ... Meine Verwandtschaft kann sich sehen lassen."

„Na, na", ließ sich die Mutter hören. Sie hatte eine ruhige, ein wenig spöttelnde Stimme.

„Generationen haben sich seitdem redlich bemüht ...", und gleich darauf fragte der Vater zum zweitenmal, lauernd, als wäre ich ihm irgendwie verdächtig geworden: „Nun, bei welchem Regiment hast du dich gemeldet, und wann rückt ihr aus?"

„Habt ihr euch wirklich gut erholt?"

Der Vater entgegnete schroff: „Die Erholung ist jetzt Nebensache. Darüber später ... Aber warum hängt eigentlich bei uns keine Fahne heraus?"

„Christine sucht sie ja schon, Christine sucht sie ja schon", sagten die Mutter und ich durcheinander.

„Sofort die Fahne heraus!" befahl der Vater, „Skandal! Das fehlt noch ..." Er nahm eine stramme Haltung an, auch ich gab mir einen Stoß, die Hände glitten an die Hosennaht: Brust heraus!

Keinen Schatz gab es in der Brusttasche zu behüten, keine Bartstoppeln standen, um an ihnen herumzuzupfen. Was also sollte ich meinen Händen zu tun geben? Die Taschen boten keinen Unterschlupf mehr, ich hatte schon zuviel darinnen herumgewühlt. Kein Wunder also, daß meine Hände so willig wieder „Zu Befehl!" an die Hosennaht gekrochen kamen. Man konnte sich ja auch nicht unausgesetzt durch die Haare oder über die Stirn streichen oder sie mit der Krawatte beschäftigen lassen, an den Knöpfen herumdrehen wollten sie nicht mehr und wollten sich nicht und wollten sich nicht falten. Man müßte eine Zigarette rauchen dürfen, da wäre zugleich auch der Mund mit untergebracht. Die Arme über die Brust verschränken oder sie in die Hüften stemmen gab zwar den Händen immer noch einen sicheren Halt, aber augenblicklich paßte diese Art Haltung nicht, gar nicht ... Meine Hände fielen mir zur Last, überfielen mich mit ihrer Last. Wohin also damit? Mit den Verfluchten! ... Mühsam rang ich sie los von der Hosennaht, ließ die Arme lässig herunterhängen, mit den beiden geschlossenen Fäusten daran ... Endlich!

‚Nur nicht so zimperlich, du verwöhntes Herrensöhnchen', trieb ich mich an, ‚vorwärts, du Gefährlich-Lebender! Du Gefahren-Besteher!'

Die Mutter hatte sich so gestellt, daß sie mir ins Gesicht sehen konnte.

„Also, wann rückst du ins Feld", fragte der Vater zum drittenmal, „antworte endlich!"

‚Los!' gab ich mir einen Stoß, ‚trompete zum Angriff!'

„Ihr wollt mich wohl beide zum Narren halten, ihr ...", ging er mit seinem Blick gegen die Mutter los. ‚Ihr beide' – machte mir Mut, jetzt mußte ich auch für die Mutter eintreten.

Ich spitzte zuvor noch den Mund, als pfiffe ich „Wacht auf", um mich zu stärken, steckte die Fäuste vorerst in die Hosentasche – da schrie der Vater, als hielte ich ein entsetzliches Geheimnis verborgen: „Heraus mit der Sprache!"

„Ich mache den Krieg nicht mit, nein, ich mache euren Krieg nicht mit, ich bin fest entschlossen." Es kam gepreßt heraus, war aber mit Haß gesagt, mit jenem Haß, um den ich Hartinger so oft beneidete.

Breitbeinig stand ich da wie der Kochelschmied auf dem Bild an der Sendlinger Kirche. Es gibt Großes. Es geht um Großes ...

Aber der Vater ... ließ sich plump auf den Sessel niederfallen und hielt sich krampfhaft daran fest, als würde er um und um gewirbelt.

„Wie – habe ich recht gehört – euren Krieg nicht mit – wiederhol es, wenn du dazu den Mut hast."

Wieder stand ich fest, wie auf der großen Steinplatte damals im Konstanzer Münster, ich kam mir so groß vor wie der riesige Onkel Hugo und zog den Kopf ein, um nicht an die Decke zu stoßen.

Ich wiederholte feierlich: „Ich mache den Krieg nicht mit. Ich mache euren Krieg nicht mit. Ich gehe nicht in einen Krieg, in einen ungerechten, schlechten ..."

„Lump!" entquoll es seinem Mund, nochmals: „Lump!" Dann wandte sich der Vater der Mutter zu: „Komm, ich kann nicht mehr weiter!" Die Mutter legte ihm die Hand auf die Stirn und gab mir ein Zeichen: „Geh jetzt! Aber fix! Aber fix!"

„Nein, er soll nur bleiben, ‚der'. Jetzt haben wir abzurechnen!" Der Vater hatte sich wieder gefaßt, nahm die Hand der Mutter von der Stirn.

„Ich wette, da steckt wieder ein Weibsbild dahinter. Jaja, erinnere dich nur, Mutter, an dieses feine Fräulein Klärchen, aber inzwischen, ja hör es nur, Mutter, ich hab es dir bisher verschwiegen, hat er ein Verhältnis mit einer Hure gehabt, mit einer Sau ..."

Heraus mit den Fäusten!

„Du!" – riß es mich hoch ...

„Du!" stand auch der Vater mit erhobenen Fäusten. „Du! Noch ein Wort, und ..."

Du stand gegen Du – ‚Lump! Schuft! Hund!' knurrte in diesem Du.

„Er hat die Hand gegen seinen Vater erhoben."

Die Mutter drückte den Vater auf den Sessel, schob mich zurück.

„Seid ihr wahnsinnig! ... Ganz echauffiert ..."

In ihrer Fassungslosigkeit sagte die Mutter: „Seid ihr aber garstig ... Geh, Heinrich!"

„Garstig nennst du das, garstig?! Na, erlaub mal!" ereiferte sich der Vater. „Heinrich! Ich bin nicht der sanfte Heinrich ... Das könnte euch so passen ..."

„Er weiß halt wieder einmal nicht, was sich schickt. Nie wird er den guten Ton lernen ... Dein Benehmen, Hans, laß es dir von deiner Mutter gesagt sein, ist höchst ungeziemend."

Die Mutter stellte die leeren Koffer aufeinander, als brauchte sie eine Bewegung, um sich wieder zu fassen ...

Dann entstand eine Pause, das ganze Zimmer schien mit zu warten, was werden solle.

Ich trat, wie auf dem Maximiliansplatz bei der Serenade, von einem Fuß auf den anderen, ich wollte das Gesicht wenden zur Mutter hin, aber der Raum gebot: Stille! Stille!

Alles um mich her drohte vor dieser Stille zusammenzustürzen ins Haltlose, da hielt ich den Sturz auf, indem ich, wie ihn beschwörend, vor mich hin sagte: „Ich lasse die Wolken schweben am hohen, unendlichen Himmel. Ich lasse die Lichter blinken im Nebel. Ich lasse den Wald leuchten. Ich lasse das Schiff heranfahren, das ganze Schiff, und lasse die Mannschaft singen das Lied vom Anderswerden."

Es war, als hätte der Vater sich inzwischen mit seinen Akten beraten, die auf dem Schreibtisch lagen, er drehte sich auf dem Schemel mir zu, und erneut von einem Anfall geschüttelt, verkündete er sein Urteil: „Raus aus Deutschland! Raus! Einer von uns beiden! Du oder ich!"

Die Mutter hielt sich die Ohren zu, flüchtete in den Salon vor das Bild, das auf der Staffelei stand ...

„Da schau nur, wie blöd er lacht! ‚Euer Krieg' – so kann wirklich nur ein Verrückter sprechen ... Du, hörst du nicht zu, wo bist du denn, du? Verkommenes Subjekt, du! Du Drückeberger!" riß mich der Vater am Handgelenk, „der bringt es auch fertig und lacht, wenn wir alle miteinander krepieren, ein Gemütsmensch."

„Vater!" sagte ich weich, denn ich entsann mich, wie der Vater an jedem Neujahrsmorgen ungeduldig die Zeitung mit der Ordensliste erwartete. „Vater, du willst dich selbst nicht wahrhaben! Sonst würdest du auf mich zukommen und mir die Hand geben und sagen: Geh! Rette dich! Unsere Sache steht schlecht. Schlecht steht's um unsereins!"

„Vater! Ich bin dein Vater nicht ...", wehrte der Vater mit beiden Händen ab.

„Mutter!" neigte ich mich fragend zur Mutter hin, die aus dem Salon heraustrat, dem Bild ganz ähnlich geworden, das dort auf der Staffelei stand.

„Red doch mit ihm! Versteh ihn doch", legte die Mutter dem Vater wieder die Hand auf, die er angewidert wegschob.

„Reden? Verstehen? Soll er schauen, wie er sich selbst durchbringt, soll er lernen, was Hunger ist. Unzurechnungsfähig ist er. Er gehört ins Irrenhaus, ‚euer Krieg' hat er gesagt, ‚euer Krieg' – Mutter, merk dir's ... Das muß noch anders werden, noch ganz anders, der Krieg ist erst der Anfang davon ... Pardon wird nicht gegeben ..."

Ich hatte inzwischen versucht, mich unempfindlich zu machen, und wiederholte: ‚Vorbei die Zeit der Omelettesuppen und der Krautwickel, und kein Turm Schokoladeneis, vom Vater gefällt, schmilzt mehr dahin ... Der alte Hunne, der ... Nürnberger Lebkuchen, ade ...'

Es klopfte.

„Die Fahne ist da, die Fahne."

Aber niemand rief: „Herein!".

Die Fahne wurde durch den Türspalt gesteckt. Sie hing ins Zimmer. Dann wurde sie heftig hin und her geschwenkt, wie um sich auszuschütteln und uns alle mit ihrem Schwarzweißrot zu begrüßen.

Da niemand im Zimmer drinnen „Herein!" gerufen hatte, sprach Christine durch den Türspalt, hastig: „Gnädige Herrschaften, gnädige – haben Sie schon gehört ... Gott, daß ich das noch erleben durfte, ach, wie schade, wie jammerschade, daß mein Herr Feldwebel selig nicht – jetzt wird alles, alles, alles ganz anders werden –, ich will gleich zum Herrn Oberpostrat Neubert hinauf, vielleicht weiß er's noch nicht, und ja, richtig, der Herr Oberst ist ja schon weg, beinahe wär ich auch hinuntergelaufen ..."

Nun machte sich die Tür ganz auf, Christine aber war mit der Fahne verschwunden.

„Tür zu!" wollte der Vater kommandieren, aber es klang wie eine Bitte.

„Tür zu! Tür zu!" bat er nochmals.

Aber niemand vermochte die Tür zu schließen.

Langsam ging ich rückwärts auf die offene Tür zu. Jeden einzelnen dieser letzten Schritte abzählend und nach allen Seiten hin mich ein wenig verbeugend. So hatte ich es gelernt. Wenn man eine gute Gesellschaft verläßt, geht man rückwärts zur Tür hinaus, so vermeidet man, irgendeinem der Anwesenden den Rücken zu kehren, und verbeugt sich leichthin nach allen Seiten.

Es war, als machte die Mutter einige meiner Schritte mit. Dann blieb sie unschlüssig in der Mitte des Zimmers stehen.

Sie sagte zum Sessel hinüber, auf dem der Vater kauerte: „Ich bin dagegen!"

„Halt den Mund! Du weißt nicht, was du sprichst!" entgegnete der Vater, aber gar nicht mehr hart, er schien ganz alt geworden zu sein und müde, sehr müde.

„Das ist das Ende. Alles ist zu Ende. Es ist aus." Er nahm den Zwicker ab, preßte seine Hände gegen die Augen. Noch einmal traf mich sein zwickerloser Blick. „Ich habe immer das Beste gewollt. Gott ist mein Zeuge."

Als machte er sich schon in Gedanken auf die Suche nach dem verlorenen Sohn, kam seine Hand auf den Schreibtisch gekrochen, auf mich zu.

„Ich halt den Mund, wie ich ihn bisher gehalten hab, dir zulieb. Aber ich bin dagegen", sprach auch die Mutter feierlich.

Der Vater antwortete nicht mehr.

Alle Türen standen offen, wie von einem geheimnisvollen Wind aufgerissen. Auch die Gangtür. Christine hatte alle Türen offengelassen. Sie kam jetzt von Oberpostrat Neubert herunter, sie lief an mir vorüber, die Fahne hinter sich her schleifend. „Christine!" Sie hörte nicht.

Ich packte meine Sachen zusammen, in einem kleinen Koffer brachte ich alles unter.

Die Wohnung war still, als wäre sie leer.

In diese Leere, diese Stille hinein tönte Abschiedsmusik. Spielt eine Ziehharmonika? Xaver ist fort. Wer bringt mir ein Ständchen zum Abschied?

„Als wär's ein Stück von mir . . ."

Das Lied vom guten Kameraden klang in der Ferne.

‚Mach dich fertig. Vergiß das viele Gute nicht' – mahnte ich mich und warnte mich zugleich: ‚Gib acht, schau nach, was du mitnimmst. Die Zeit des großen Abschiednehmens ist gekommen . . .' . . .

Es schwang um mich wie Schaukelschwingen . . . Großhesseloher Brücke? Es gibt eine Brücke, die über den Abgrund hinwegführt. Blinkende Lichter im Nebel. Leuchtender Wald. Singendes Schiff . . . Das, ja das ist es wahrlich, das Anderswerden . . .

‚Ich hab mich noch immer satt gegessen', sagte ich dann vor mich hin, und gleichzeitig übte ich ein: ‚Haben Sie nicht fünf Pfennige, bitte?'

Die Wohnung mit ihren offenen Türen und dem Wind, der geisterhaft überall durchblies, erschien mir wie eine ausgestorbene Stätte, die man eilig zu verlassen hatte. Wie in eine ferne Zeit entrückt, nachdem das glückhafte Schiff schon gelandet war, deutete ich auf die Stätte und zeigte sie mir selbst mit den Worten: ‚Als wir noch Kinder waren ... Damals! Damals ...'

Auch der „Andere" verbeugte sich, der zurückbleiben mußte: ‚Schwer haben wir's miteinander gehabt, schwer, ja ... Nun, mach's gut, du!'

Dunkel war es im Gang. Ich kannte mich in dem Dunkel nicht aus. „Hänschen klein ..." Was soll das blöde Lied jetzt! Da sah ich durch die offene Tür das Bild der Mutter, das im Salon auf der Staffelei stand. Wie aus dem Bild heraus trat die Mutter mir entgegen und drückte mir in die Hand ein Geldstück ...

Dann führte mich – so hatte ich Hartinger geführt – ihre Hand: „Komm, stoß dich nicht!" bis zur Treppe.

„Wie hieß sie denn?" fragte da noch die Mutter.

„Fanny. Sie hieß: Fanny."

„Fanny ... Fanny ...", wiederholte die Mutter und nickte ihr zu, während sie den Namen aussprach.

„Und die andere? Oh, ich weiß schon, ich weiß. Der du den schönen Alpenrosenstrauß ...?"

„Fräulein Klärchen."

„Fräulein Klärchen ...", lächelte die Mutter, ins Verlorene.

Leise, ganz leise schloß sich hinter mir die Gangtür.

‚Leb wohl, Vater!' sagte ich draußen zum Briefkasten, als würden darin meine Worte, Abschiedszeilen, zurückbleiben. ‚Was ich dir antat, Vater: du warst ja gar nicht damit gemeint. Du konntest ja gar nichts dafür. Und was du mir antatest, Vater: es hatte ja mit mir gar nichts zu tun. Es galt ja gar nicht mir.'

‚Leb wohl, Vater!' sagte ich zu dem messingnen Namensschild und rieb es mit dem Taschentuch blank, bis der Name wieder leuchtete.

... Ja, auch der Vater spielte. Spielten denn auch Erwachsene? Er spielte sich weg, weit weg. Er spielte den Landwirt, der er gerne geworden wäre. Während er im Wohnzimmer auf und ab schritt, besah er lächelnd den Teppich: schöne schwarze Erde, und Weinberge grünten aus den Tapeten ..., Will sich nur interessant machen, der Kerl', klang jetzt die väterliche Stimme in mir, von weit her. Dann schnaubte es ratlos: ‚Mir wird ganz schwarz vor den Augen – o dieser Hugo!' – ‚Siehst du, wie du bist!' sagte die Mutter dazwischen, abwesend. ‚So schaust du aus', brummte ihr der Vater nach, im Ton des Holzfällers. ‚Treue Seele', weilte die Mutter bei Christine, ihr etwas abbittend. Sie hatten gesprochen in mir. ‚Interessant machen', horchte ich auf . . .

Einen Augenblick war es, als riefe mich der Vater zurück: ein leichter Schwindel befiel mich, und ich mußte mich am Treppengeländer festhalten, so wie sich der Vater damals bei der Bergbesteigung am Drahtseil gehalten hatte. Aber die Mutter hatte nicht gesagt: ‚Ich bin deine Mutter nicht.' Fern auf verlassener Stätte stand sie, stand sie im Licht, auf meiner Seite . . .

# AUS: AUF ANDERE ART SO GROSSE HOFFNUNG

*Tagebuch 1950*

### *Begegnung mit Menschen und Dingen*

Sie hatten ihre Liebsten verloren und standen nun für sich allein da in einem armseligen Leben. Aber ich staunte nur, wie gefaßt sie waren und in welch kurzer Zeit schon sie den Verlust verschmerzt hatten. Von den ihnen „teuren Toten“ war kaum noch die Rede, und wenn sie von ihnen erzählten, geschah es sachlich und unergriffen. Alles aber an ihnen geriet in eine schmerzliche, jammervolle Bewegung, wenn sie von ihren verlorenen Möbeln berichteten. Die in Verlust geratene Wohnung („Erinnern Sie sich noch an das schöne Meißner Porzellanservice und an die selbstgehäkelten Spitzendeckchen?“) schien sie unvergleichlich mehr zu erregen als das menschliche Wesen, das ihnen gestorben war. (Nur Menschen aber klagen um Menschen. Dinge aber klagen um Dinge. Der Mensch wurde verdinglicht und die Dinge vermenschlicht – so wurden Menschen und Dinge einander gleich, in dieser Gleichheit aber ist schon die Herrschaft der Dinge enthalten.)

So hatte ich auch Angst, meine Mutter wiederzusehen nach zwölf Jahren. Denn mein Vater war inzwischen gestorben, und meine Mutter hatte im Bombenhagel alles verloren, bis auf ein Handköfferchen, das nur ein wenig Waschzeug und einige Papiere und Photographien enthielt. Sie lebte bei fremden Leuten in Untermiete, und da hatte ich nun Angst, einer alten Frau, die meine Mutter war, in der Qual ihrer Vereinsamung zu begegnen. Die Verwandten, bis auf ihre Nichte, waren ihr verstorben, mein Bruder hatte sich vor Jahren erschossen, ich hatte ihr nicht wenig Sorge bereitet und Leid zugefügt, und nun, nach zwölf Jahren, kehrte der „verlorene Sohn“ wieder.

Aber kaum eine Rührung kam bei ihr auf. Sie war von frühmorgens bis spätabends „beschäftigt“, indem sie für andere, ihr fremde Leute Besorgungen und Gänge machte. Auch sie schien das Vergangene verschmerzt zu haben. Sie führte mir das gerettete Köfferchen vor und streichelte es liebevoll. Sie machte mir das Wiedersehen nicht so schwer, wie ich es erwartet hatte. Ich mußte mich und mein Gefühl zurückhalten angesichts der „Versteinerung“, die ich vorfand. Sie war wie anästhetisiert, unempfindlich geworden gegenüber jeder inneren, auch gegenüber jeder mütterlichen Regung. So verlief die Begegnung nüchtern und konventionell.

Nüchtern und konventionell verlief auch der Besuch am Grab meines Vaters. Nicht der Tote, sondern der Grabschmuck nahm ihr Interesse in Anspruch, und was sie mir auf dem Nachhauseweg vom Sterben meines Vaters erzählte, glich einem ärztlichen Bericht. „Das Leben geht weiter“, diesen Satz, der mich jedesmal erschüttert, wenn ich ihn höre, fand ich auch hier wieder bei meiner Mutter bestätigt, und so verbrachte sie die Zeit mit mir, indem sie mir die unwichtigsten und nichtigsten Einzelheiten aus ihrem Alltag erzählte und sich dann entschuldigte, daß sie dringliche Besorgungen vorhätte.

Dabei erinnerte ich mich nun auch der Umstände anläßlich des Selbstmordes meines fünfzehnjährigen Bruders, der der Liebling meiner Eltern geworden war, nachdem sie mich als hoffnungslosen Fall abgeschrieben hatten. Mein Bruder war zudem schon in jungen Jahren ein hervorragender Cellospieler; er trat bereits erfolgreich in mehreren Konzerten auf.

Mein Vater wurde auf die Polizeiwache bestellt. Dort wurde ihm der Tod meines Bruders, der sich auf dem Schwabinger Friedhof erschossen hatte, mitgeteilt. Als mein Vater mit dieser Nachricht zurückkehrte, brach er auf dem Gang zusammen und schluchzte laut. Darauf zogen sich die Eltern für eine Stunde ins Schlafzimmer zurück. Sie hatten sich in Schwarz umgekleidet und die Anordnungen für das Begräbnis besprochen, und beide machten schon einen gefaßten Eindruck. Alles wurde „aufs beste erledigt“, und „das Leben ging weiter“.

Aber jene Frau, von der ich seinerzeit in Jena erzählen hörte, wollte nicht mehr, daß das Leben weitergehe so wie bisher, als sie davon erfuhr, daß ihr Mann gefallen sei. Sie schrie und tobte, sie warf sich zu Boden und raufte sich das Haar, sie demolierte das Zimmer, sie schonte kein Ding, das ihr in die Hände geriet. Als man ihr gar vom Heldentod ihres Mannes sprach, da wurde sie vollends besinnungslos und stürzte sich auf alle, die sie zu beruhigen und zu trösten bemüht waren. „Warum habe ich den Krieg nicht am Anfang verwünscht!“ schrie sie und schlug sich dabei ins Gesicht. „Zu spät! Recht geschieht dir!“ Die Polizei wurde gerufen, und man verlangte ihre Einlieferung in die psychiatrische Klinik. Die Antwort des Direktors der psychiatrischen Klinik, des Geheimrats Binswanger, aber lautete: er denke nicht daran, diese Frau in die Klinik aufzunehmen, denn ihre Reaktion sei nur normal und vor allem menschlich, während diejenigen, die beim Tode eines geliebten Menschen ihre Haltung beherrschten, viel eher reif seien für das Irrenhaus, besonders wenn solch ein Tod in einem Krieg erfolge, der einer ungerechten und schlechten Sache diene.

## *Mein Lehrer*

Ich wußte damals nicht, was es war, weshalb ich jedesmal in Wut geriet, wenn ich ihm begegnete. Alles an ihm reizte mich, sein ganzes Wesen schien darauf angelegt zu sein, mich zu verwirren und zur Raserei zu bringen, ich hätte ihm mitunter gern einen Faustschlag versetzt, im letzten Augenblick aber steckte ich immer noch die geballte Hand in die Hosentasche.

Es war mein Lehrer, und er wußte mehr als ich. Viel mehr sogar, und unendlich mehr – alles schien er zu wissen, niemals war ich jemandem begegnet weit und breit, der besser Bescheid wußte als er. Und zwar nicht nur auf dem und jenem Gebiet, mit allen Dingen des Lebens schien er vertraut zu sein, und was mich wohl am meisten aufregte: er hatte einen festen Standpunkt, er hatte eine Meinung, und er äußerte seine Ansicht offen und hartnäckig.

‚Was der Kerl sich eigentlich einbildet!' grollte es in mir, ‚er scheint die Weisheit mit Löffeln gefressen zu haben; wir werden ihm sein Besserwissen schon noch austreiben, diesem widerlichen . . .'

‚Da haben wir es ja', frohlockte es boshaft in mir, ‚soll er lieber dafür sorgen, der Bücherwurm und Stubenhocker, daß er nicht so einen watschelnden Gang hat. Achthundert Meter', überlegte ich, ‚kann man ihm vorgeben bei einer Tausend-Meter-Strecke, um das Rennen noch todsicher zu machen.'

Alles, was sich irgendwie gegen ihn vorbringen ließ, sammelte sich in mir an, um mich seiner Überlegenheit gegenüber gewachsen zu zeigen.

So verdächtigte ich ihn auch in meiner Phantasie der gemeinsten Verbrechen, die er im geheimen beging, dichtete ihm die schmutzigsten Weibergeschichten an und drohte ihm insgeheim: ‚Die Sonne bringt es an den Tag; warte nur, wir werden schon noch dahinterkommen!'

‚Dein Wissen kann mir gestohlen bleiben', begehrte ich auf, ‚auf deine Wahrheit pfeife ich – du alter Trottel!' Er war zwanzig Jahre älter als ich, und ich weidete mich an der Vorstellung, wie er, von Krankheiten befallen, elend dahinsiechen und ich an seinem Begräbnis teilnehmen würde – ‚Recht behält, wer überlebt', pflegte ich damals, mit meiner Jugend prahlend, zu sagen; ja, wahrlich, es schien mein Verdienst zu sein, daß ich jung war.

So kehrte ich alles hervor, was mich dem Lehrer gegenüber als überlegen erscheinen ließ, denn ich selbst – das ist durch mein Verhalten schon genügend bewiesen – war ein Faulenzer und Nichtsnutz, aber irgendwie muß ich doch ein schlechtes Gewissen gehabt haben bei all meiner Unwissenheit, sonst hätte ja die Erscheinung des Lehrers nicht solch eine unwiderstehliche Anziehungskraft auf mich ausgeübt, daß ich mich ihr durch solch unsinniges Benehmen zu entziehen versuchte.

Aber ich hielt ihn für meinen Feind.

Er stellte mir nach, er verfolgte mich, so bildete ich mir ein, und ich ersann alle Finten, um ihm zu entgehen oder mich durch schlechte Streiche an ihm zu rächen. Sogar das Honorar unterschlug ich, das mir mein Vater für ihn anvertraut hatte, und kaufte mir dafür im Zauberladen Mengen von Stinkbomben, Knallfröschen und anderem Schabernack, womit ich ihn zu ärgern gedachte.

Am meisten aber verdroß es mich, wenn der Lehrer so tat, als wäre er meinesgleichen, und sich wie ein Junge benahm, über alltägliche Dinge sprechend, lachend und Witze machend, ja mir sogar vorschlug, mit mir zusammen am Sonntag ein Fußballwettspiel zu besuchen.

‚Aha', argwöhnte ich, ‚jetzt versucht er es auf diese Tour; weiß Gott, was dahintersteckt – ein ganz Ausgekochter ist das . . .'

So ging es jahrelang. Und der von mir so seltsam gehaßte Lehrer starb.

Am Tag des Begräbnisses wurde mir offenbar, daß ich meinen besten Freund zu Grabe trug.

All sein Wissen, dem gegenüber ich mich so widerspenstig gezeigt hatte, war gegen meinen Willen in mich eingegangen, zu einem geringen Teil allerdings nur, denn sein ganzes Wissen zu erwerben, dazu wäre ich auch beim besten Willen nicht imstande gewesen.

Nein, ich eignete mir Wissen an, nicht um mich zu bilden, sondern um ihn hineinzulegen; ich wollte es besser wissen als er und unter allen Umständen recht behalten und das letzte Wort haben: so feindlich gesinnt war ich ihm. Und diese feindliche Gesinnung hat mich zu einem wütenden Lernen angetrieben, Tag und Nacht saß ich über Büchern und eroberte mir Bildung und Wissenschaft, um ihm die leidenschaftlich ersehnte *vernichtende* Niederlage beizubringen.

Meinen „großen Feind“ nannte ich ihn oft. Diesem meinem großen Feind verdanke ich es, wenn etwas aus mir geworden ist. Auch heute noch – nach über vierzig Jahren – zehre ich von seinem Wissen. Er hat mich zum Menschen gemacht. Ich werde ihm nie gleichen, denn er steht unerreichbar in seiner Bildung und seiner moralischen Kraft über mir. Er wurde in mir zu einer Art von Gewissen, denn bei der oder jener Handlung frage ich mich: ‚Was würde er dazu sagen?‘ Ihm gebe ich in Gedanken das, was ich geschrieben habe, zuerst zum Lesen. Sein Urteil ist streng, aber richtig und gerecht.

Nie auch werde ich seine Augen vergessen, deren Blick ich mich bis heute nicht entziehen kann. Sie scheinen mich zu durchdringen, als legten sie mein Geheimstes bloß. Es dauerte lange, bis ich ihrem Blick standhalten konnte, dann erst, als ich dessen gewiß war, etwas Gutes getan zu haben. Aber es war ein gütiger und verstehender Blick, der meine Nichtswürdigkeit durchschaute, gerade diese überlegene Güte brachte mich ja so auf gegen ihn, oft hätte ich gewünscht, er hätte mich geschlagen oder im Zorn ein gemeines Wort gesagt. Nichts von alldem. Er konnte mich dann nur traurig ansehen, so unsagbar traurig, als blickte er in den Abgrund der Unmenschlichkeit und als sei ihm der Jammer der ganzen menschlichen Kreatur in meinem Bilde gegenwärtig. Hätte er sich mit mir wohl soviel abgegeben, wenn ich für ihn ein hoffnungsloser Fall gewesen wäre? Er hat sich darüber nie, auch nicht andeutungsweise, geäußert. Vielleicht hat er nur seine Pflicht getan, ungeachtet dessen, daß es sich bei mir um einen hoffnungslosen Fall handelte. Er wollte nichts unversucht lassen – bei seinem Tode jedenfalls sprach nichts dafür, daß ich noch ein Mensch werden würde, der einigermaßen seinem Bilde entsprach ...

So soll er nach so vielen schweren Jahren auch an dieser Stelle in meinem Buch ein Denkmal finden: mein Lehrer von einst, der mein ganzes Leben hindurch mein Lehrer blieb und es bis zu meinem Ende bleiben wird, ein Unvergeßlicher, ein namenloser Mann: mein großer Feind, der mein bester Freund war.

## *Der Schrei*

Wohl nie habe ich einen entsetzlicheren Schrei gehört, wohl noch nie habe ich einen Menschen so erbarmungswürdig sein Leid in die Welt hinausschreien hören, wohl noch nie habe ich in diesem schreienden Leid zugleich den Leidensschrei der ganzen menschlichen Kreatur vernommen – als in dem Brief des österreichischen Studenten, wie er ihn als Soldat in Stalingrad an sein Wiener Mädel geschrieben hatte.

Den ganzen Krieg hindurch gellte dieser Schrei in mir nach, er stand wie eine ununterbrochen heulende Sirene über den Schlachtfeldern, und auch heute noch vernehme ich dieses Schreien plötzlich mitten in einer Stille, eindringlich, alles durchdringend, als wäre noch viel, ja noch alles zu tun, um die Welt von diesem schreienden Leid zu erlösen.

Es war der Brief eines jungen Menschen aus Stalingrad, vom Weihnachtsabend des Jahres 1942. Das Kerzenstümpfchen reichte gerade noch aus, den Brief zu schreiben, dann würde er wieder im Dunkel sitzen. Das Dunkel begann um vier Uhr nachmittags und endete um zehn Uhr morgens. Den Schriftzügen sah man an, daß sie mit frosterstarrten Fingern geschrieben waren. Das Bild seines Mädels lag vor ihm, als er schrieb; dazu kaute er ein Stückchen Schokolade – neben einem Stückchen Brot das einzige, was es an diesem Weihnachtsabend gab. Fünfzig Meter entfernt von dem Bunker die Wolga. Eisige Stille weithin, nur ab und zu der Himmel von Raketen erhellt.

Der junge Mensch sah den Tod vor Augen. Nun fühlte er es mit allen Sinnen: er war zum Tode verurteilt, er saß hier in seinem Bunker in einer Hinrichtungszelle. Wofür zum Tode verurteilt und ob es so sein mußte, diese oft von ihm zurückgedrängten Fragen ließen sich nun, angesichts des unmittelbar bevorstehenden Todes, nicht wieder in die Tiefe des Sichverschweigens zurückdrängen, diese Fragen schrien ihn an und forderten Antwort. Und er schrie seine Antwort aus seinem Herzen heraus: ‚Nein, nein, nein! Ich will nicht sterben!‘ Und dabei schrie er in diesen Schreien sich selbst an: ‚Es muß gestorben sein, laß alle Hoffnung fahren, keiner entgeht dem Tode.‘

Und er lebte sich durch sein Leben hindurch, wie er es hätte leben können, wäre er nicht vorzeitig zum Tode verurteilt worden. ‚Was habe ich getan‘, schrie er, ‚daß ich dieses neue Leben nicht leben darf?‘ Ein einfaches, anständiges Leben wollte er leben, er wollte arbeiten, viel arbeiten und mitunter auch ein wenig glücklich sein. Zuviel verlangt? Warum wurde ich zum Leben geboren, wenn ich es nicht leben darf?

Er sah sein Wien vor sich und das Tiroler Land, er summte die „Donauwellen“ vor sich hin und besuchte mit seinem Mädel noch einmal den Prater. ‚Schluß damit', schrie es in ihm, ‚nicht rührselig werden – aber Scheiden tut weh ...'

Aber er konnte den Schrei in sich nicht loswerden. Er dachte an das verzweifelte Schreien der Sterbenden – mußte es so sein, und wofür das alles? – ‚Für Groß-Deutschland', wollte er antworten, aber diese befehlsgemäße Antwort bestand vor dem entsetzlichen Leidensschrei nicht, er brachte sie nicht über die Lippen. Er wagte nicht, den Namen Deutschland auszusprechen, als wäre dieser Name zu heilig, um für dieses Unternehmen, dem er selbst zum Opfer fallen mußte, mißbraucht zu werden.

Er klagte sich nun selbst an und machte sich Vorwürfe, daß er es nicht verstanden habe, sich vor diesem elenden Krieg zu drücken und den Krieg in einer Schreibstube zu überdauern, wozu ihm Bekannte geraten hatten. ‚Dazu war ich zu anständig', wollte er sich entschuldigen. ‚Anständig!', ein Echo wie ein Hohngelächter. ‚Unanständig dumm warst du', gab er sich zurück, und der zum Tode Verurteilte sah nun, kurz vor seiner Hinrichtung, seinen wahren Henkern ins Gesicht.

Es waren nicht die Russen, die ihm gegenüberlagen und ihm den Zugang zur Wolga versperrten.

Es war ein Gesicht, das sich aus vielen Gesichtern zusammensetzte, aus bekannten und unbekannten, es grinste ihn aus Büchern und Zeitungen an, es stand im Rundfunk und sprach ins Mikrophon, es hielt Reden und gab Befehle, ein riesiges Gesicht, das in all seiner Bösartigkeit auch freundlich lächeln konnte und mitunter auch ganz harmlos dreinschaute ...

Er schrie gegen das Gesicht an, das nun einen strengen Ausdruck annahm und „Heil!" blökte.

Da aber war das Kerzenstümpfchen heruntergebrannt, er mußte den Brief schließen. „Leb wohl, auf Nimmerwiedersehen. Dein ..." schrieb er schon in der wieder hereinbrechenden Dunkelheit.

Und es schrie in ihm weiter, im Dunkel. Als könnte sein Gewissen die Bunkerwände sprengen und als könnte er frei auf die eisige Todesfläche hinaustreten und alle, die gleich ihm zum Tode verurteilt waren, zum Leben aufrufen.

Nie hätte ich geahnt, daß Worte so herzzerreißend schreien können. Das war es: „Aus der Tiefe rufe ich." Dabei waren es keine großen Worte, alles war schlicht und einfach gesagt, nirgends ein Ausruf, kein Ausrufungszeichen.

Der Schrei hallt in mir nach.

Ein Schreien geht wieder durch die Welt.

Kein noch so lautes Schreien kann diesen Schrei überschreien, alle Lautsprecher der Welt vereint können diesen Leidensschrei nicht zum Schweigen bringen ...

Nur Friede auf Erden, Frieden für alle, alle Zeit wird diesen Schrei allmählich, endlich zum Verstummen bringen ...

## *Und wer sie gesehen hat*

... wie sie in Moskau, im Dezember 1941, ankamen, nicht als Eroberer, sondern als Kriegsgefangene, ein Haufen Elend in der grotesken Maskerade von Weiberkleidern und umgeschlungenen Pferdedecken oder in ihren hauchdünnen graugrünen Mäntelchen, aber manche auch ohne diesen hauchdünnen Schutz, ja sogar ohne Rock, hemdsärmelig, bei vierzig Grad Kälte, in eng anliegenden Schaftstiefeln, darin die Füße zu schwarzen, brandigen Klumpen gefroren waren, aber mancher wiederum auch ohne Stiefel, die Füße mit Lappen umwickelt, und andere sah ich barfuß – Und wer sie gesehen hat, später auf den Stuben in den Baracken, ein undurchdringlicher Geruch, wenn man eintrat, eine Mischung aus Machorka und Dysenterie, verwestem Fleisch und fauligen Kleidern, wie sie dastanden oder herumhockten, nicht willens mehr, sich zu waschen, zu entlausen, zu rasieren, beinahe unbeweglich, mit unnatürlichen Gesten, hackenzusammenschlagend oder auch sich tief mit einem devoten Grinsen verbeugend, wenn einer, von dem sie annahmen, er sei ein Kommissar, durch die Stube ging – ich dachte an ein in Unordnung geratenes, sich selbst überlassenes Irrenhaus, so verwahrlost und trostlos verkommen war das hier, so grotesk muteten diese Gestalten an in ihrem Unterfangen, die Welt erobern zu wollen, so verändert, so mit ihrem eigenen Dreck beworfen zeigte sich hier die „Herrenrasse" in ihrer unmenschlichen Verworfenheit; aber ich müßte lügen, wenn ich nicht zugeben würde, daß sich neben Scham und Zorn nun auch ein tiefes Mitleid in mir regte, denn drüben, über dem Hof, wartete ihrer das Lazarett und das Totenhaus –

Und wer sie gesehen hat, in ihren sauberen weißen Betten, reihenweise nebeneinander aufgestellt, mit Namen und Krankheitsbezeichnung auf einer Schiefertafel am Kopfende – wer sie gesehen hat, diese Reihen von Sterbenden, im Sterben milchweiß und schmalgesichtig geworden, wie zu Kindern zusammengeschrumpft, wer ihre im Dämmern wimmernden Stimmen gehört hat, mit denen sie nach der Mutter riefen oder mir einen Gruß für die Heimat mitgaben, und wer den oder jenen gesehen hat, wie er sich die Decke über den Kopf zog, um sich im Dunkel zum Sterben auszustrecken, wer diese Reihen weißer, vom Sterben aufgeworfener Betthügel gesehen hat –

Wer all dies gesehen hat und Zeuge geworden ist dieses unermeßlichen Leids, der kann den Blick nicht mehr davon abwenden und in dem steht und besteht fort dieses Bild, unsäglich klagend, eine ungeheuerliche Anklage erhebend, uns zur Rastlosigkeit und zur Unruhe anhaltend, all das Unsere zu tun, damit nie, nie, nie mehr ... Aber dieses Gelöbnis soll keine Phrase sein, darum wollen wir uns schweigend verneigen vor dem Anblick unendlichen Leids, und – wir verstehen uns.

### *Die Grenze und der große Mangel*

Auch mir sind Grenzen gezogen, und in dem Maße, in dem ich sie unentwegt überschreite, spüre ich, daß es Grenzen sind und daß meinem Leben und meinem Werk eine Grenze gesetzt ist.

Gerade das „Tagebuch", meine ich, macht diese Grenzlinie so recht sichtbar; es zeigt, wo meine Grenzen liegen und daß auch ich ein begrenzter Mensch bin.

Oh, auch das Unbegrenzte und Grenzenlose hat seine Grenzen, und umgekehrt: je mehr ich mir meiner Grenzen bewußt bin, desto weiter öffnet sich vor mir und um mich her eine Welt voll grenzenlosen Staunens, grenzenlosen Glücks, grenzenlosen Raums.

Viele Grenzen habe ich überschritten, und nun bin ich an einer neuen Grenze angelangt; es ist die der Mitte des zwanzigsten Jahrhunderts; hier teilt sich das Jahrhundert in zwei Teile, aber mehr als einige Jahrzehnte scheiden sich voneinander. Die Grenze, vor der ich stehe, verläuft in mir selbst – diesseits: Leben, mir erreichbar, mir gestaltbar gewesen; jenseits: ein neues, das mich vielleicht eine Strecke noch mitnimmt, aber dessen eigentliche Gestaltung schon anderen vorbehalten bleibt.

Denn nun, das erste Mal in meinem Leben, an der Grenze angelangt, empfinde ich einen großen Mangel.

Dieser große Mangel ist wie ein großer Hunger, den ich nicht stillen kann. Dieser große Mangel ist großer Durst, den ich nicht löschen kann.

Dieser große nicht zu stillende Hunger, dieser große nicht zu löschende Durst machen mir das Gehen auf neuen, noch unbegangenen Wegen schwer, allzu schwer ...

„Was für einen großen Hunger hast du, lieber Freund? Vielleicht können wir deinen Hunger stillen? Du hast es vielleicht nicht nötig zu hungern . . .

Wonach dürstet dich, lieber Freund? Vielleicht können wir deinen Durst löschen. Du brauchst vielleicht gar nicht so durstig zu sein?

Worin besteht dein großer Mangel, den du als eine so unüberschreitbare Grenze empfindest? Vielleicht können wir diesem Mangel abhelfen – habe Vertrauen zu uns! Wir wollen alles Menschenmögliche für dich tun, sind wir doch deine Freunde."

Liebe Freunde, der große Mangel, den ich verspüre und der mich meine Grenze und meine Begrenztheit deutlich empfinden läßt, besteht darin, daß allzuviel Jahre sich mir eingezeichnet haben, die ich, von heute rückschauend betrachtet, in einem Leben verbracht habe, das einer elenden Vergangenheit angehört, aber dessen Teil ich nun eben einmal war und über das ich mich wohl erheben kann, aber erheben kann ich mich eben nur über *das*; und daß ich mich nur über *das* erheben kann und mich nicht erheben kann über ein anderes, darin besteht der große Mangel, das ist meine Grenze und meine Begrenztheit . . .

Andere werden kommen, sie werden sich nicht mehr erheben über eine elende Vergangenheit, diese ist nicht mehr oder wird unausgesetzt zum Verschwinden gebracht; andere werden sich erheben über das, was heute ist: neues Leben schon in vielem. O ein anderes Sich-Erheben, ein höheres Erhobensein . . .

Dorthin kann meine Ahnung reichen, dorthin mein Traum, meine Phantasie eilen. Dorthin traumhaft mich wendend, überhole ich mich; aber ich bleibe zurück in meinem Mangel, meiner Begrenztheit. Der Hunger und der Durst zaubern mir glühende Visionen vor eines wunderbaren Künftigseins, und ich entschwebe mir selber in die Ferne, ich kann nicht mehr auf mich warten, ich kann mir, in meinem Hiesigsein, in meinem Traum, nicht nachkommen, und mein Bild läßt sich von dorther nicht mehr in dieses mein Diesseits zurückholen.

Das ist mein Hunger: nach neuer Erde, nach dem Brot eines neuen Lebens.

Das ist mein Durst: nach dem Trank, den ein neues Leben spendet . . .

Aber ich bin nicht die Frucht, ich ahne nur ihren Geschmack, ich habe nur Hunger danach oder bin ein Sehnen nach ihr; ich bin nicht selber die Quelle, aus der der neue Lebenstrank hervorquillt, um alle, die durstig sind, zu laben.

Und in dem Maße, in dem ich mich mühe, diese Grenze zu überschreiten, werde ich der Grenze inne und spüre, daß meinem Leben und meinem Werk eine Grenze gesetzt ist.

Und Dank auch euch Freunden, aber *den* Durst könnt ihr nicht löschen, *den* Hunger nicht stillen – *die* Grenze: der große Mangel bleibt.

# Winterschlacht

*Eine deutsche Tragödie in fünf Akten*
*mit einem Vorspiel*

O gäb es eine Fahne ... ein Thermopylä,
Wo ich mit Ehren sie verbluten könnte,
All die einsame Liebe, die mir nimmer brauchbar ist.

Denn die Gerechten schlagen, wie Zauberer,
Und ihre Vaterlandsgesänge
Lähmen die Kniee den Ehrelosen.

*Hölderlin*

„Merkt euch: für Feinde führt kein Weg nach Moskau!
Den Freunden aber öffnen wir das Herz ...“

## VORBEMERKUNG

*„Winterschlacht" oder, wie der Titel ursprünglich hieß, „Schlacht um Moskau" ist Ende 1941 entstanden, und zwar in Taschkent, wohin ein Teil der deutschen Schriftsteller, die in der Sowjetunion eine „Heimat für ihre Heimat" gefunden hatten, evakuiert wurde, als die Hitlerarmee unmittelbar Moskau bedrohte. Das Stück wurde in den Nummern 1/2 bis 5/6 der „Internationalen Literatur" 1942 abgedruckt. Im gleichen Jahre erfolgte die erste Aufführung, und zwar in Mexiko, über die Egon Erwin Kisch zu berichten wußte:*

*„Bechers großes Dokument, wenn auch in gekürzter Form, darstellerisch zu gestalten, hat als erste auf dem amerikanischen Kontinent die Kulturorganisation der deutschsprachigen Emigranten in Mexiko, der Heinrich-Heine-Klub, zu unternehmen gewagt. Diesem Mut und dazu einer mühseligen Sorgfalt in der Vorbereitung und einer kollektiven Begeisterung der Darsteller ist es zu danken, daß Mexiko einen deutschen Theaterabend erlebte, wie kaum je zuvor."*

*Nach meiner Rückkehr in meine Heimat im Sommer 1945 bearbeitete ich das Stück neu und versuchte, es vor allem durch Kürzungen für die Bühne einzurichten und eine Aufführung zu ermöglichen. Das Stück aber geriet in Vergessenheit bei der Kritik und bei denen, die es hätten zu einer Aufführung bringen können. Erst im Jahre 1952 entdeckte es der berühmte tschechische Regisseur E. F. Burian und brachte es am 9. November in Prag im Armee-Theater zur Uraufführung. Die hervorragende Regie, die beispielhafte Inszenierung, die außerordentlichen schauspielerischen Leistungen brachten dem Stück bei dem tschechischen Publikum einen über jede Erwartung großen Erfolg. Dadurch bin ich ermutigt worden, das Stück nochmals zu bearbeiten und eine neue Fassung, diesmal auch als Buchausgabe, der Öffentlichkeit vorzulegen. Aber nicht nur der Prager Erfolg hat mich dazu veranlaßt, sondern ich hielt es auch für meine Pflicht, erneut auf die „Schlacht um Moskau" hinzuweisen angesichts der beängstigenden Tatsache, daß gerade die Geschichte dieser Schlacht in verschiedenen literarischen Publikationen, wie sie in Westdeutschland erschienen sind, eine Auslegung erfahren hat, die der Wahrheit widerspricht und die durch diese wahrheitswid-*

*rige Schilderung den Versuch unternimmt, die Schlacht noch einmal, und zwar mit Erfolg, zu wiederholen. Die deutsche Hamlet-Figur, die ich in der „Winterschlacht" gestalten wollte, möge ihre Stimme erheben, und zugleich mit ihr möge jene Gräber-Unendlichkeit beredt werden und sprechen davon, daß jeder Versuch, die „Schlacht um Moskau" zu wiederholen, noch katastrophaler enden muß als jene „Winterschlacht", wie wir sie mahnend in das Gedächtnis des deutschen Volkes zurückrufen wollen, indem wir sie hier vorführen.*

*Berlin, 1. Januar 1953*

## PERSONEN

Karl Hörder, *SS-Obergruppenführer, Beisitzer des „Volksgerichtshofes"*
Maria Hörder, *seine Frau*
Johannes Hörder, *Sohn, Gefreiter, dann Obergefreiter, Ritterkreuzträger, der Unbekannte Soldat des zweiten Weltkrieges*
Josef Nohl, *Buchdrucker*
Gerhard Nohl, *Sohn, Oberfeldwebel*
Anna Nohl, *dessen Frau*
von Rundstedt, *Major beim Divisionsstab*
Elvira von Rundstedt, *dessen Frau*
Oberstleutnant von Quabbe, *zugeteilt dem Divisionsstab*
Der General
Russischer Fürst
Xaver Maria Oberkofler, *Stabskoch*
Die drei Panzerleutnants
Die beiden Fallschirmjäger
Ein Kriegsberichter
Die beiden gefangenen Partisanen
Ein Übersetzer
Landser
Drei Unbekannte
Truppen, Ordonnanzen
Schneehemden
Kommandeur der Roten Armee

Ort der Handlung: *Deutsche Ostfront / Stadt in Deutschland*
Zeit: *Oktober 1941 bis 1. Januar 1942*

## VORSPIEL

*Auf einer Anhöhe, hundert Kilometer vor Moskau. Spätherbstnachmittag, frühzeitig dämmernd. Breite Straße. Den Hügel herauf fährt eine Beiwagenmaschine, geführt von dem Oberfeldwebel Gerhard Nohl, im Beiwagen der Gefreite Johannes Hörder. Hörder im Beiwagen mit der Karte in der Hand Umschau haltend. Maschine stoppt plötzlich, ruckhaft.*

*Johannes Hörder*: Stop! Wir sind auf der Höhe! ... Ein welthistorischer Augenblick!

*Gerhard Nohl*: Kosten wir ihn aus, diesen Augenblick! *(Macht sich an der Maschine zu schaffen.)*

*Johannes Hörder*: Der Einsatz hat sich gelohnt.

*Gerhard Nohl*: Nun haben wir's geschafft, meinst du?

*Johannes Hörder*: Nohl, du ... Darf ich die Tafel anbringen?

*Gerhard Nohl*: Laß dir Zeit! ... Welthistorischer Augenblick!

*Johannes Hörder*: Sei doch einmal ... Was hast du nur wieder?

*Gerhard Nohl*: Schau dir die Maschine an! Hast du denn gar kein Gefühl dafür? Wie die heruntergefahren ist!

*Johannes Hörder*: Sie wird die restlichen Kilometer schon noch durchhalten ... Nohl! Ich darf die Tafel anbringen?

*Gerhard Nohl*: Ich werde dir diese Ehre nicht streitig machen ...

*Johannes Hörder*: Also ich darf die Tafel anbringen, ich, ich!

*Gerhard Nohl*: Dein Name wird in die Weltgeschichte eingehen. Ein Gefreiter im Kradschützenbataillon Nummer soundsoviel namens Johannes Hörder hat am Soundsovielten des Monats Oktober Anno 1941 auf Höhe X eine Tafel angebracht, folgender Inschrift ... o du, du welthistorische Größe! *(Nohl geht nach vorne mit Feldstecher.)*

*Hörder nimmt die Tafel aus der Packtasche, unschlüssig mit Blick auf Nohl, stellt die Tafel verdeckt an einem Baum auf. Einen Augenblick nachdenklich wie unbewußt vor sich hin.*

*Johannes Hörder*: Das ist nicht das Richtige. Man müßte mehr wissen. Immer suchen wir etwas, wünschen wir etwas. Aber was?

Ruhe? Musik? Eine Geliebte? Ich kann nicht sagen, was. Das beste ist, man schläft. Da arbeiten wenigstens die Gedanken nicht. *(Reißt sich zusammen. Geht auf Nohl zu nach vorne.)* Siehst du was?

*Gerhard Nohl*: Ich sehe rein gar nichts.

*Johannes Hörder*: Ich will mit dir zusammen ... Vielleicht wir beide zusammen ...

*Gerhard Nohl*: Siehst du was?

*Johannes Hörder*: Weite, Weite, nichts als Weite.

*Gerhard Nohl*: Und doch seh ich was!

*Johannes Hörder*: Ich sehe rein gar nichts. Sehen so die restlichen Kilometer aus?

*Gerhard Nohl*: Ich sehe – Felder, schön, gleichmäßig gefurcht, Felder, die nicht abgeteilt sind und die alle einem gehören ... Die hat kein Pflug bestellt. Land, gefurcht von Traktoren ...

*Johannes Hörder (gedankenlos)*: Großgrundbesitz, meinst du?

*Gerhard Nohl*: Sag mal, in welchem Lande befindest du dich eigentlich?

*Johannes Hörder (beschämt)*: Ja, Nohl, du hast recht. Auch ich sehe die Felder.

*Gerhard Nohl*: Du wunderst dich? So sahen auch alle die anderen Kilometer aus. Gemeinsamkeit. Gemeinschaft ...

*Johannes Hörder*: Ich – ich sehe diese Kilometer zum erstenmal. Wie lange, glaubst du, brauchen wir?

*Gerhard Nohl*: Hier ist ein Kilometer nicht ein Kilometer. Die Kilometerfresser kommen nicht auf ihre Rechnung.

*Johannes Hörder*: Ich schätze, die Strecke fahren unsere Panzer im Verband, sagen wir, in knapp vier Stunden. Widerstand eingerechnet, also spätestens übermorgen ... Das wäre ja gelacht, nach alledem ...

*Gerhard Nohl*: In diesem Land stimmt keine Berechnung. Alles ist unberechenbar. Ich habe Polen, Frankreich mitgemacht, und dann den Balkan. Die – Russen sind – anders ...

*Johannes Hörder*: Kilometer bleibt Kilometer. Es gibt Gott sei Dank noch immer eine Wegstrecke, eine Zeit und eine Stundengeschwindigkeit. Daran ändern auch die Russen nichts.

*Gerhard Nohl*: Ich sag dir noch einmal, Hörder, die Russen sind anders.

*Johannes Hörder*: Sie lassen die Zeit nicht stillestehn. Wir überwältigen sie mit der Kraft unserer Motoren. Widerstand gegen unsere Panzer und Stukas auf die Dauer nutzlos ... Und wo waren sie denn, deine Russen, so ganz anders – bis hierher?

*Gerhard Nohl*: Hörder! Bist du blind gefahren? Wie bist du hierher gekommen? Bist du ohne deine fünf Sinne gefahren? Ohne Gedanken? Bewußtlos ...? Du erinnerst dich nicht? Erinnere dich, vor Minsk die Dörfer! Erinnere dich, was da die Unsern mit der Bevölkerung angestellt haben, mit den Frauen, den Greisen, den Kindern ... Waren da die Russen nicht anders?

*Johannes Hörder*: Ja, da waren sie anders ...

*Gerhard Nohl*: Erinnere dich, als wir die Bunker gesprengt haben! War das wie in Frankreich?

*Johannes Hörder*: Nein – anders, anders, anders ...

*Gerhard Nohl*: Und bei Gomel, erinnere dich, an das Verhör mit den acht Partisanen, und wie die gestorben sind ...

*Johannes Hörder*: Ja, auch sie waren anders ...

*Gerhard Nohl*: Und bei Smolensk? Waren da die Russen nicht anders ...?

*Johannes Hörder (in die Ferne blickend, träumerisch)*: Die Russen – sind – anders ...

*Gerhard Nohl*: Anders waren sie, so ganz anders, und immer wieder anders, als sie vordem gewesen sind. Und so anders, so ganz anders, daß man sich oft schämen mußte, ein – Deutscher zu sein.

*Johannes Hörder*: Laß das! Ich will das nicht, das darf ich nicht mit anhören.

*Gerhard Nohl*: Es wird noch mancherlei zur Sprache kommen, und deine Ohren aufsperren wirst du. Und darum ...

*Johannes Hörder*: Wir müssen die Tafel anbringen. Dienst ist Dienst.

*Gerhard Nohl*: ... und darum sind deine sogenannten restlichen Kilometer ...

*Johannes Hörder*: Wir müssen die Tafel anbringen, Befehl ist Befehl ...

*Gerhard Nohl*: Bring sie doch an, deine Tafel. Was hab ich denn zu tun mit deiner blödsinnigen Tafel? Was steht denn darauf auf dieser Tafel? Stimmt doch nicht! Ist doch irreführend!

*Johannes Hörder*: Eine durchaus sachliche Tafel. Ohne jede Versprechung, sie enthält auch keinen Aufruf. In großen deutschen Buchstaben ist der Name der Stadt aufgeschrieben, ein Pfeil zeigt in ihre Richtung, und darunter befindet sich die Angabe der Kilometerzahl ... Der Pfeil wird in diese Richtung zeigen, dorthin, wo jetzt – Siehst du! Das sind die Unsern ...

*In der Ferne roter Brandschein. Dumpfrollend Abwehrfeuer.*

*Gerhard Nohl*: Ja, dort muß sie liegen, die Stadt. Warum will ich den Namen der Stadt nicht aussprechen? ... Ist sie so unerreichbar? Nur ihr Flammenwiderschein in den Wolken ... O du seltsame, sagenumwobene, du traumhafte ... Je näher wir rücken, desto ferner ... Bis sie uns für immer entschwindet.

*Johannes Hörder (wie um Hilfe rufend)*: Nohl! Gerhard! Die erste Schneeflocke.

*Gerhard Nohl*: Langsam, so zögernd schwebt sie nieder. Es ist ja ganz windstill. Laß dich mit der Hand auffangen. Du reine, weiße, du erste russische Schneeflocke! Meinst du, kommt schon der Winter bald? ... So frühzeitig? ... Ja, jetzt geht es um die Winterquartiere ... Um mehr geht es, um ein Großes, um alles geht es, um –

*Es dunkelt schnell, schneit.*

*Johannes Hörder*: Wir müssen die Tafel ... Gerhard, mir wird kalt ... Oh, wie schnell wird es dunkel, und es schneit, schneit ...

*Gerhard Nohl*: Wie heißt dein Lieblingsspruch, Hörder?

*Johannes Hörder*:
Vor dem, was war, werd dir das Aug nicht naß!
Vor dem, was kommt, werd dir die Wang nicht blaß!

*Gerhard Nohl*: Schnee fällt ... Du hast recht, Hörder, wie schnell es dunkel wird! Und friert ... friert ...

*Schnee fällt dichter, Gestalten der beiden undeutlich, verschleiert. Vier Hände heben die Tafel hoch, bringen sie an einem Baum an. Inschrift einmal kurz sichtbar:*
*NACH MOSKAU – 100 KILOMETER*

## ERSTER AKT

### Erste Szene

*Vor dem Stabsquartier einer deutschen Division. General vor den Offizieren der Division. Offiziere im Hintergrund.*

*General*: ... Also, meine Herren! Ein Augenblick von welthistorischer Größe! Bedenken Sie: Moskau – hundert Kilometer! Die letzten hundert! Endspurt im zweiten Weltkrieg! Sie werden diese Entfernung als schnelle Truppen, in Anbetracht der besonders dringlichen Umstände, in Ihrem gewohnten Weltrekordtempo, in Ihrem weltberühmten Höllentempo zurücklegen ... Jedenfalls

*Plakat von John Heartfield*

rechnet das Führerhauptquartier mit Bestimmtheit darauf, daß im Laufe des morgigen Tages ... Der Führer läßt sich persönlich über die Entwicklung der Ereignisse fortlaufend Bericht erstatten ... Wir sind in das Endstadium, wir sind in die letzte Phase der Kriegshandlung eingetreten ... Die Vorbereitungen sind abgeschlossen, alles Menschenmögliche, alles, was in unserer Macht steht, ist getan ... Moskaus Fall ist besiegelt ... Meine Herren! Ich schärfe Ihnen nochmals ein: Weder Schonung an Material noch an Menschenleben ... Des Führers Wille ist es, der Befehl des Oberkommandos der Wehrmacht lautet: Moskau ist zu besetzen! ... Auf Wiedersehen, meine Herren! Treffpunkt: Roter Platz, Moskau ... Panzer voran! Der Führer: Sieg Heil!

*„Sieg Heil." Alle ab.*

Zweite Szene

*Befehle im Hintergrund. Aufrattern von Motoren, Panzerregiment fährt vor. Die ersten drei Panzer machen halt.*

*Erster Panzerleutnant (aus der offenen Turmklappe)*: Schöne Rede, was! Mir ist ganz welthistorisch zumute, Jahrtausende kieken auf mich hernieder ...

*Zweiter Panzerleutnant (über den Turm nach rückwärts, wie ins Bett gelehnt, den Himmel angähnend)*: Wenn man sich's recht überlegt, müßte man sich eigentlich zunächst einmal gründlich ausschlafen. Man kennt sich schon nicht mehr aus vor lauter Aufträgen. Da hab ich so einen kleinen Wunschzettel. Silberfüchse, ein Paar. Ein Karakulmantel grau – „grau" unterstrichen, Anmerkung: „Achte nur ja auf schönes kleingelocktes Fell." Drittens: Hermelincape ... Ich sage mir immer, wer weiß, was nach dem Kriege kommt, andere verdienen daran auch ein Heidenvermögen.

*Dritter Panzerleutnant*: ... und Kaviar werde ich fressen, eimerweis. Zum Ausschlafen hat es nach dem Krieg noch immer Zeit ... *(Er taucht unter im Turm, taucht auf mit einer Flasche Sekt und drei Gläsern.)*

*Erster Panzerleutnant*: Da gibt's ein Unglück, wenn Sie, Herr Kamerad, die Spendierhosen anziehen. Nichts für ungut! Entschuldigen Sie schon, bitte ...

*Zweiter Panzerleutnant*: Wo haben Sie denn diese Sektperle aufgetrieben? Oder handelt es sich nur um eine Kostprobe eines reich assortierten, gepanzerten, fahrbaren Weinkellers?

*Dritter Panzerleutnant*: Im Angesicht Moskaus, meine Herren, bekenne ich die Wahrheit, so schwer es mir auch fällt. Geklaut habe ich sie einem Hauptmann von der schweren Arie und das Service gleich dazu. *(Schenkt ein, reicht Gläser hinüber.)*

*Signal. Alle in die Türme zurück. Turmklappen schließen sich. Noch einmal öffnet sich die Turmklappe, daraus der Erste Panzerleutnant herauswächst, rufend.*

*Erster Panzerleutnant*: Moskau – hundert Kilometer! Hoch sollen sie leben, die letzten hundert Kilometer nach Moskau. Jeder einzelne dieser hundert Kilometer, hoch soll er leben, hoch! Panzer voran! Sieg Heil!

## Dritte Szene

*Lastkraftwagen mit Infanterie, Stimmen durcheinander. Das Ganze, das graue Ungetüm des verdeckten Wagens, inwendig belebt von Rufen, Lachen, Schreien und Singen, macht einen unheimlichen, betrunken schwankenden Eindruck. Zur Seite vorne gleichzeitig die beiden Fallschirmjäger mit Fahrrädern. Stimmen durcheinander: „Auf geht's." – „Unsere letzte Fahrt." – „Die letzten hundert." – „Wir kommen gerade noch zurecht vor Torschluß." – „Kannst dir deine Strickjacke sparen, Erika ..." Singstimme: „Und sie hieß Erika." – „Einer von den Kradschützen war's, der die Tafel ..." – „Hat der Schwein gehabt." Ein Marsch wird gepfiffen. Mit Stiefelgetrampel. „Heimat! heißt die Parole." Johlendes Gelächter. „Das wird eine Fahrt werden, sag ich euch, Donnerwetter!" – „Denn wir fahren, denn wir fahren, denn wir fahren gegen Engeland ..." – „Hab ich's nicht gleich gesagt: am Ende wird's schon noch richtig." Wagen ruckt an. „Auf geht's, unsere letzte Fahrt, die letzten hundert!" Plandecken werden zurückgezogen, Gesichter sichtbar, Hände winken, Singen: „Oh, wie ist es kalt geworden ..."*

*Die beiden Fallschirmjäger.*

*Erster (zu dem Wagen)*: Die sind bei Laune! Fidel, was?
*Zweiter*: Denen hat man tüchtig eingeheizt. Die haben einen weg.
*Erster*: Zappenduster mit dem Brennstoff bei uns ...

*Zweiter*: So, und jetzt wieder zurück zur Abteilung. Man hat Großes mit uns vor. Letzter Einsatz.

*Erster*: Nun, ich denke, wir haben ausgesorgt. Wir haben den Krieg schon hinter uns. Zwei Jährlein Krieg, und dann hast du dein Haus und deinen Hof ... So ist's uns garantiert ... Wie käme unsereins denn sonst zu solch einem Gutsbesitz ...

*Zweiter*: Wenn uns nur die Läuse nicht auffressen bis zum siegreichen Ende.

*Erster*: Los, die Abschiedsvorstellung beginnt.

## Vierte Szene

*Gerhard Nohl, Johannes Hörder mit Beiwagenmaschine. Ihnen entgegen von Rundstedt, Major beim Divisionsstab.*

*Von Rundstedt*: Mensch, Hörder, da sind Sie ja! Wie ich mich aber freue, Ihnen gratulieren zu dürfen. Bitte rühren Sie sich! Wer ist denn Ihr Kamerad da? Sehr angenehm. Von Rundstedt mein Name ... Also, Hörder, Sie scheinen ja noch gar nichts von Ihrem Glück zu wissen? Fein sind Sie heraus, ein gemachter Mann, prima Karriere ... Ahnen nichts? Also streng vertraulich, soeben vom General erfahren. Sie waren es doch, der die Tafel ... Was sagen Sie dazu? Der Führer persönlich: Ritterkreuz verliehen, zum Obergefreiten ernannt ... Sie, der Unbekannte Soldat des zweiten Weltkrieges, ein Gefreiter, wie er ... Ihr Name, Johannes Hörder, wird in die Geschichte eingehen!

*Johannes Hörder (verzweifelt abwehrend)*: Herr Major, um Gottes willen ...

*Von Rundstedt*: Die letzte deutsche Heldentat vielleicht, kurz vor Torschluß, knapp vor dem Endsieg. Wenn alles, wie wir wohl mit Sicherheit erwarten dürfen, glatt vonstatten geht ... Nun sehen Sie, so günstig hat der Krieg sich auf Ihre Charakterbildung ausgewirkt ... Vor nicht ganz einem Vierteljahr noch – haben Sie mir da nicht Vorwürfe gemacht, Sie Idealist Sie, als ich Sie zu einem Flug über Lemberg mitnahm und ein wenig auf die Zuvielbevölkerung – haha, fein gesagt, was? – herunterlangte. Da haben Sie sich – nichts für ungut – wahrhaftig noch aufregen können, solch eines lumpigen Bauernweibs wegen mit Kinderwagen ... Famos haben Sie sich herausgemacht! Bravo!

*Gerhard Nohl (zur Seite)*: Den Burschen müßte man ...

*Von Rundstedt*: Schlagen glänzend Ihrem Herrn Vater nach. Dem wird das erst eine Freude sein. Weihnachtsvorfreude, tja ... Wird ihn wohl ein wenig den Verlust Ihres Herrn Bruders verschmerzen lassen, unersetzlicher Verlust zwar, patenter Kerl gewesen, prächtiger Junge ... Schon lange nichts gehört von Ihrem Herrn Vater, nein? Räumt tüchtig auf zu Hause mit den Besserwissern und Miesmachern ... Lasse ihn bestens grüßen, wenn Sie ihm schreiben ... Auch Ihre Frau Mutter, bitte ... Habe ja die Ehre, den alten Herrn persönlich zu kennen. Ein Deutscher, wie er sein soll, durch und durch. Dem Führer ergeben bis ins Letzte. Er hält uns das Gesindel vom Leib, das von einem neuen November 1918 träumt. Der Führer hat gewußt, was er tat, als er den Obergruppenführer SS Karl Hörder zum Beisitzer unseres Volksgerichtshofes ernannt hat ... Na, wie ist Ihnen ... wie ist es einem zumute, dessen Name in die Weltgeschichte eingeht? ... In drei Tagen, nehme ich an, sind wir fertig mit dem russischen Dreck ...

*Gerhard Nohl (losbrechend)*: Es handelt sich, Herr Major, wenn ich einer Meinung Ausdruck geben darf, um einen anderen Dreck, mit dem man fertig werden muß ... Sie verstehen, was ich meine ...

*Johannes Hörder tritt zwischen Major und Nohl.*

*Von Rundstedt (zuerst maßlos erstaunt, verständnislos, dann das Ungeheuerliche langsam erfassend, plötzlich, wie in einem Anfall)*: Mann, wer sind Sie? Mann, wie heißen Sie? Mann, was erlauben Sie sich! Mann, nehmen Sie Haltung an! ... Ich werde Meldung erstatten. Ich werde Sie auf der Stelle ...

## Fünfte Szene

*Anhöhe. Tafel sichtbar: MOSKAU – 100 KILOMETER. Offiziere, Ordonnanzen. Meldefahrer. Dumpfes Geschützrollen in der Ferne.*

*Kriegsberichter (mit Mikrophon, schmierig, in gespieltem Enthusiasmus)*: Meine sehr verehrten Hörerinnen und Hörer in Deutschland! Die deutsche Ostfront spricht. Sie werden heute Zeuge sein stürmischsten Zeitgeschehens. Das sensationellste Ereignis der Weltgeschichte wird Ihnen durch Funkreportage vermittelt. Wir senden: Winterschlacht! Achtung! Achtung! Die Übertragung beginnt! ... Winterschlacht!

*Johannes Hörder*: Ich versuchte ihm auszureden, daß er mit dem andern Dreck gemeint sei. „Nein, das kann nicht sein!" schrie er. „Nur mich kann er damit gemeint haben, wen denn sonst –"

*Gerhard Nohl*: Schon hat deine Fürsprache Gewicht... Mächtig imponiert, tja... aber mach dir vor allem selbst nichts vor... Ritterkreuz, Beförderung und das mit dem Namen „in die Geschichte eingehen" sind nicht ohne Eindruck auf dich geblieben, wie ich gewissenhaft vermerke.

*Kriegsberichter*: Wir ersteigen eine Anhöhe, wenige Kilometer von Moskau entfernt. Mit den bloßen Augen sehen wir bis in das Stadtinnere. Barrikaden riegeln die Straßen ab. Dachschützen sind auf Gebäuden postiert. Das rasende Gehämmer unserer schweren Maschinengewehre, die dumpf aufschlagenden Salven unserer Granatwerferbatterien, das langgezogene Heulen schwerster Haubitzen...

*Gerhard Nohl*: Du wirst eine Rede zu halten haben.

*Johannes Hörder*: Hab ich mich darum bemüht? Man hat mich einfach hierher befohlen. Der General persönlich lege allergrößten Wert darauf...

*Gerhard Nohl*: Sonderbarer Mensch, du! Schau, da drüben, die beiden... Der alte Knacker, unser Totengräberonkel mit dem Fürsten, dem Obertrottel, einer von dem Geziefer, das die Unsern wieder in dieses Land einschleppen wollen...

*Johannes Hörder*: Sonderbarer Mensch, ich? Wir alle, Nohl, sind andere, sonderbare Menschen geworden...

*Kriegsberichter*: Moskau brennt! Schwerste Artillerie beschießt inneres Stadtviertel.

*Fürst (mit Apparat für Schwerhörige, in zaristischer Generalsuniform)*: Ein Panorama von grandioser Perspektive! Kolossalisch! Meine Augen haben zwar sehr gelitten unter dem furchtbaren Schicksal der Verbannung, auch meine Schwerhörigkeit ist darauf zurückzuführen, eine Zeitlang mußte ich sogar in Paris mein Brot verdienen als Chauffeur. Also vermag ich die grandiose Perspektive dieses Panoramas mehr zu ahnen als sie mit den Blicken zu erfassen, selbst mittels Ihres gewiß vorzüglichen Scherenfernrohres sehe ich von Moskau nichts, aber geistig steht diese Stadt meiner Väter begreiflicherweise heute mir näher denn je.

*Oberstleutnant von Quabbe*: Eure Hoheit haben auf der Herfahrt geruht, an mich die Frage zu richten, zu welch besonderem Auftrag ich dem Divisionsstab zugeteilt sei. Es ist ein Auftrag, der ein besonderes Taktgefühl erfordert, Pietätssinn vor allem. Das gesamte Bestattungswesen im Divisionsbereich ist mir anvertraut.

*Fürst*: Ihr Ressort, Herr Oberstleutnant, wird Sie für Ihre Anstrengungen und Ihre Aufopferung, vermute ich, wohl reichlich mit dem Dank der Hinterbliebenen entschädigen, und auch ich werde die deutschen Helden niemals vergessen, die in meiner heiligen russischen Erde bestattet sind. Die Guten! Sie werden mir wieder zu meinem Ansehen und zu meinem Vermögen verhelfen ... Nicht weit von hier liegt mein Gutsbesitz, hundert Kilometer vor Moskau ...

*Oberstleutnant von Quabbe*: Der Kriegsberichter schildert soeben in eindringlicher Darstellung die Winterschlacht. Er ist über jede Truppenbewegung aufs genaueste unterrichtet. Er ist imstande, die Vorgänge mit den bloßen Augen zu verfolgen ... Soeben dringen deutsche Vorausabteilungen in Moskau ein ... Geruhen Sie, bitte, Eure Hoheit, näher zu treten ... Auch Sie möchten, Eure Hoheit – so ist es der Wunsch des Herrn Generals –, zum deutschen Volk sprechen, jetzt in diesem welthistorischen Augenblick, da in der ganzen Welt nur von dem einen die Rede ist: Winterschlacht!

*Fürst*: Ich werde nicht zögern, dem deutschen Volk in Anerkennung seiner Verdienste um die Befreiung der heiligen russischen Erde von der Bolschewistenherrschaft meine Dankesgrüße zu übermitteln.

*Oberstleutnant von Quabbe*: Ganz im Sinne des Herrn Generals. Ich habe die Dankadresse schon vorbereitet. *(Gibt Kriegsberichter einen Wink.)*

*Kriegsberichter*: An der Einnahme Moskaus nimmt als Frontkämpfer teil auch Fürst Denikow, stammend aus einem der ältesten russischen Adelsgeschlechter. Ihre Hoheit drängt es, einige Worte an das deutsche Volk zu richten ... Eure Hoheit, wenn ich bitten darf!

*Oberstleutnant legt Text vor. Bei Abweichen vom Text entfernt Kriegsberichter Mikrophon außer Aufnahmeweite, Fürst spricht dann ins Leere.*

*Fürst*: Ich danke dem deutschen Volk und seiner heldenhaften Armee und insbesondere seinem Führer Adolf Hitler, die Rußland befreit haben von der blutigen Bolschewistenherrschaft ... daß sie mir wieder verholfen haben zu meinem Ansehen und zu meinem Gutsbesitz –

*Oberstleutnant von Quabbe*: Text! Text! Bitte sich an den Text zu halten, Eure Hoheit!

*Fürst*: Jeden Winter habe ich in meinem Palais verbracht, ein solches aber hatte ich auch in Petersburg und eines in der Krim, und das alles hat man mir abgenommen in der Revolution und mein Leben beinahe noch dazu, schwer arbeiten mußte ich eine Zeitlang, um mir mein Brot zu verdienen, in Paris als Chauffeur, nun aber darf ich die Hoffnung hegen, daß das deutsche Volk mir das alles wieder zurückerstattet.

*Kriegsberichter*: Ich danke Eurer Hoheit! Das deutsche Volk wird mit tiefster Erschütterung Ihre leidvollen und zugleich doch so hoffnungsfrohen Worte vernommen haben ... Herr Oberstleutnant von Quabbe wird Ihnen jetzt, in einer vom Oberkommando der Wehrmacht eingelegten Kampfpause, über die Betreuung der Gräber unserer Soldaten erzählen ... Herr Oberstleutnant!

*Oberstleutnant von Quabbe*: Dieser Freude und Ehre, meine sehr verehrten Hörerinnen und Hörer in Deutschland, stehe ich gänzlich unvorbereitet gegenüber. Sie müssen sich also mit einer Improvisation begnügen. In jedem Krieg gibt es naturgemäß auch Verluste, wenn die unsern auch als unverhältnismäßig gering zu bezeichnen sind ...

*Gerhard Nohl*: Der Schurke hat bekanntlich in einer Eingabe an das Oberkommando der Wehrmacht die Errichtung fahrbarer Krematorien vorgeschlagen – wie er es selbst herumerzählt –, „wegen der Schwierigkeiten der Erdbestattung in Anbetracht der überwältigenden Verluste ...“ Mit so etwas ist man verwandt sogar, wenn auch weitläufig, Onkel meiner Frau, kann von Glück sagen, daß der Schurke von dieser Verwandtschaft mir gegenüber keinen Gebrauch macht ...

*Johannes Hörder*: Deine Frau, Anna, seine Nichte?

*Oberstleutnant von Quabbe*: Meine Aufgabe besteht nun darin, die Gefallenen in einer ihrem Heldentum würdigen Weise der Erde zu übergeben und gleichzeitig dafür Sorge zu tragen, daß die Lage der einzelnen Gräber genau aufgenommen und solch ein Plan den Angehörigen zugestellt wird.

*Kriegsberichter*: Aber jeder Beruf, Herr Oberstleutnant, auch der ernsteste, hat doch seine heiteren Seiten. Wollen Sie uns bitte von der heiteren Seite her – angesichts der Denkwürdigkeit dieses Tages – einen Einblick gewähren in Ihre so außerordentlich verantwortungsreiche Tätigkeit?

*Oberstleutnant von Quabbe*: Gewiß, jeder Beruf, auch der ernsteste, hat seine heiteren Seiten, und so wurde ich heute abkommandiert zur Begleitung Seiner Hoheit des Fürsten Denikow, der an der

Einnahme Moskaus persönlich teilnimmt, auf jener welthistorischen Anhöhe, die eine Tafel zeigt: „Moskau – hundert Kilometer“ …

*Kriegsberichter*: Herr Oberstleutnant, wenn ich bitten darf, es wäre erwünscht, zu erfahren –

*Oberstleutnant von Quabbe*: Nun, von dem fröhlichen Leben und Treiben soll ich Ihnen erzählen, das in den mir zugeteilten Werkstätten herrscht, in unserem Atelier für die Bemalung beziehungsweise Beschriftung der Grabschilder, und in unserer Tischlerwerkstatt, die in einem von mir eingeführten modernisierten Verfahren Grabkreuze herstellt.

*Kriegsberichter*: Wenn wir uns nicht täuschen, Herr Oberstleutnant, sind Sie passionierter Jäger … Das interessierte ein breites Publikum …

*Oberstleutnant von Quabbe*: Da hat der Herr Kamerad, der Herr Kriegsberichter, mein Lieblingsthema richtig erraten. Die Jagd geht mir nämlich über alles. Sie bildet die einzige Erholung, die ich mir hie und da vergönnen darf … Hier im Osten treffen wir auf unermeßliche Jagdgebiete, geradezu auf urzeitliche, urweltliche, ewige Jagdgründe … Auf solch einem Jagdausflug habe ich vor nicht allzulanger Zeit durch einen seltsamen Glückszufall ein Wild besonderer Art aufgespürt, das sich, unter einem Blätterhaufen versteckt, als ein – einem Schlaganfall war ich nahe vor Überraschung, meine Herrschaften! –, als ein waschechter Bolschewistenkommissar herausstellte, der weiß Gott zu welchen dunklen Zwecken sich hinter unserer Front herumtrieb, vielleicht hat er auch nur seinen Truppenteil verloren …

*Gerhard Nohl*: Und dieser Jagdausflug hat eine nicht weniger interessante Vorgeschichte …

*Johannes Hörder*: Was für eine?

*Gerhard Nohl*: Es schadet nie, zu wissen, in welcher Gesellschaft man sich befindet … Der Oberstleutnant ist in seinem Zivilberuf Rittergutsbesitzer. Sein Gut liegt in Mecklenburg. Während des Krieges hat er seinen Besitz um das Doppelte vergrößert … Vor fünf Jahren spielte ein Skandal … Der Gutsbesitzer hatte einen seiner Landarbeiter, einen deutschen Landarbeiter, mit dem Jagdgewehr … Das Gericht hat ihn freigesprochen, aber die öffentliche Meinung … Der Krieg hat ihn gerettet … Nun kann er seiner Passion unbehelligt nachgehen … Was den Kommissar betrifft, der hat sich gehalten, auch vor dem Jagdgewehr. So wie der gestorben ist, hätte ich damals für unsere Sache nicht mehr sterben können. Damals schon nicht mehr. Mit zusammengebissenen Zähnen vielleicht noch, aus Trotz. Und nicht ohne Ekel vor dem allem und vor mir selbst, denn ich hatte bis dorthin schon zuviel gesehen. Ich kannte einen – im Konzentrationslager ist er gestorben. Gerüchte gingen um – aber lassen wir das ... Ein Gedicht hat er geschrieben, aber ich habe nur den Anfang davon behalten, vielleicht fällt mir das Ganze noch einmal ein, zur rechten Zeit:

Wenn alles schweigt, weil eine solche Knechtschaft
Das Volk bedrückt, daß keiner zu erheben
Die Stimme wagt, dann muß es einer sein ...

*Johannes Hörder*: Was soll das? Nichts für mich.

*Kriegsberichter*: Gefangene werden eingebracht. Riesige Explosionen im Stadtinnern. Auch der Kreml steht in Flammen ... Zu Ihnen spricht jetzt der vom Führer persönlich mit dem Ritterkreuz ausgezeichnete und zum Obergefreiten ernannte Kradschütze Johannes Hörder, der Unbekannte Soldat des zweiten Weltkrieges, der unter heldenhaftem Einsatz einen strategisch entscheidenden Punkt hundert Kilometer vor Moskau besetzt und dort eine Tafel angebracht hat: „Moskau – hundert Kilometer“ ... Bitte, Herr Kamerad ...

*Johannes Hörder*: Ein Augenblick von welthistorischer Größe. Es geht ums Letzte. Deutsches Schicksal ringt um Entscheidung ...

*Kriegsberichter*: Bitte, Herr Kamerad, wollen Sie uns nicht nähere Einzelheiten von der Besetzung der welthistorischen Höhe ...

*Johannes Hörder (fest und zugleich gebrochen)*: Das – kann – ich – nicht.

*Kriegsberichter*: Also, Sie sind mit Ihrer Beiwagenmaschine unter schwerstem Beschuß der Russen ...

*Johannes Hörder*: Das – nicht ... Nur – das – nicht ...

*Kriegsberichter*: Schlicht und einfach ist er, der Obergefreite, von jener Verschlossenheit und Bescheidenheit, wie wir sie bei allen deutschen Helden antreffen ... Er ist nicht zu bewegen, über sich selbst, über die welthistorische Bedeutung der von ihm vollbrachten triumphalen Tat zu sprechen ... Wollen Sie uns, Herr Kamerad, nicht trotzdem zum Abschluß noch einige Worte ...

*Johannes Hörder*: Ich werde immer meinen Mann stehen ... Deutschland kann sich auf uns verlassen ... Es lebe Deutschland!

*Kriegsberichter*: Meine sehr verehrten Hörerinnen und Hörer in Deutschland, die ungeheure Schlacht nimmt ihren Fortgang ... Wir begeben uns jetzt an eine andere Stelle, von wo aus wir den

Verlauf der Ereignisse noch besser werden überblicken können ... Auf Wiederhören in einigen Minuten ...

*Johannes Hörder*: Hab ich zuviel gesagt? *(Nohls Hand suchend.)* Anna müßte jetzt da sein. Die verstünde uns beide. Nohl, wo bist du?

*Gerhard Nohl*: Ich bin nicht da, wo du bist. Auf der anderen, auf der entgegengesetzten Seite stehe ich. Zeige mich an, schieße, folge du deinem Vater nach!

*Johannes Hörder*: Dich entschuldigt nur dein schlechter Nervenzustand. Dein Zustand ist bedenklich. Du erscheinst mir geradezu unzurechnungsfähig ... Was unterscheidet dich eigentlich heute noch von deinem Freund, mit dem du vor Jahren gebrochen hast, aus politischen Gründen?

*Gerhard Nohl*: Nie waren meine Nerven in besserem Zustand. Ich wünschte dir, du wärest so zurechnungsfähig wie ich. Rede dich nicht heraus auf meine Unzurechnungsfähigkeit. Um deine Frage zu beantworten: er, mit dem ich gebrochen habe vor Jahren aus politischen Gründen, er konnte den Satz lesen, bevor er noch zu Ende geschrieben war. Schon nach den ersten fünf Worten verstand er ihn. Ich war nicht so lesekundig. Ich mußte den ganzen Satz vor mir haben, um ihn verstehen zu können. Und von rückwärts auch mußte ich ihn lesen, noch und noch einmal ... Das ist der ganze Unterschied ... Den Sinn des Satzes kann ich heute nicht anders deuten als er.

*Johannes Hörder*: Das führt zu nichts. Für mich ist der Satz, von dem du sprichst, noch nicht zu Ende geschrieben. Der Punkt, der Punkt ist für mich noch nicht gesetzt.

*Gerhard Nohl*: Du liebst dein Deutschland, aufrichtig, von ganzem Herzen. Diese deine Liebe wird dir vielleicht einmal die Augen öffnen, dir auf den rechten Weg helfen ... Du könntest sogar deinem Volke zuliebe entgegen deinem eigenen Vorteil handeln, eine Entscheidung gegen dich selbst treffen ...

*Johannes Hörder*: Du weißt nicht, was du von mir willst. Was verlangst du von mir? Was soll ich tun? Da mußt du schweigen. Du schweigst. Du weißt ja nicht einmal, was du selbst willst ... Es ist schade um uns beide, Gerhard ... Schade, nicht nur unseretwegen ...

## Sechste Szene

*Gerhard Nohl ab. Fürst, Oberstleutnant vorüberpromenierend, auf der anderen Seite Oberkofler.*

*Fürst*: Wer ist denn dieser putzige Knabe dort, eine geradezu aufsehenerregende Erscheinung fürwahr!

*Oberstleutnant von Quabbe*: He, Lausejunge, wer bist du?

*Oberkofler (phantastisch ausstaffiert, Schneebrille, Kopf in Handtuch eingebunden, um den Hals einen Schal aus einem Frauenrock, Brust mit Zeitungen umwickelt, Nase glänzt, mit Fett eingerieben; Mann in Bewegung, auch wenn er strammsteht)*: Zu Befehl, Herr Oberstleutnant, ich bin wahrhaftig ein Lausejunge. Die Läuse haben mich nämlich zum Kriegsgebiet erklärt, das Kriegsrecht über mich verhängt und mich bereits vereinnahmt durch und durch. Ich scheine eine magische Anziehungskraft für Läuse aller Arten zu besitzen.

*Fürst*: Pfui ... Ich verstehe den Herrn General nicht. Der Stabskoch wimmelt von Ungeziefer. Das wirkt sich doch gesundheitsschädlich für die ganze Umgebung aus! ...

*Oberkofler*: Ja, meine Herren, ich bestehe nur noch aus Kratzen und Jucken. Wie Sie in Augenschein zu nehmen die Gelegenheit haben, suche ich schon heute, etwas vorzeitig vielleicht, Schutz vor dieser kommenden übersibirischen Kälte.

*Oberstleutnant von Quabbe*: Allerlei nimmt er sich heraus, der Wicht, mit seinen Schnurren und Schnaken ...

*Fürst*: Ein Ekel! Ein Scheusal!

*Oberkofler*: Sie, meine Herren, werden sich in Moskau aufwärmen, aber ich, meine Herren, bin ein kluger Mann, nicht umsonst stamme ich aus Wasserburg am Inn und treffe Vorbereitungen auch für den Fall der Fälle, daß ...

*Oberstleutnant von Quabbe*: Willst du endlich aufhören, uns mit deinem unerträglichen Geschwätz zu belästigen, und Seiner Hoheit die Frage endlich beantworten, wer du eigentlich bist ... Schlawiner!

*Oberkofler*: Bereitwilligst gebe ich Auskunft, wo es sich obendrein noch um eine Hoheit handelt. Ich bin Koch im Stabsquartier, Oberkofler Xaver Maria ist mein Name, gebürtig, wie bereits erwähnt, aus Wasserburg am Inn ... Nicht zu verwechseln ist ein Stabskoch, wie ich einer bin, mit den sogenannten Köchen bei den Feldküchen, diesen Panschern und Sudlern – offen heraus, Eure Hoheit, ich kann den Eintopfgerichten aus den Feldküchen, mögen sie auch noch so rührend zubereitet sein, keinen Geschmack abgewinnen, beim besten Willen, beim grimmigsten Hunger nicht. Jetzt lassen die Requirierungen zu wünschen übrig, und was man der Stabsküche neulich aus der Heimat zusandte, war eine Kiste mit – weißer Farbe. Weiße Farbe, Eure Hoheit, eine ganze Kiste voll, schöne reine weiße Farbe ... Sie war wohl als Anstrich bestimmt, jetzt, wo der Winter kommt, für das greuliche schreckenerregende Grau unserer Panzer und Mannschaftswagen. Auf diese weiße Weise kann uns der Feind nicht mehr vom Winter unterscheiden, denn alles ist weiß, was dazugehört zu unserer Kriegsmaschine ... Weiß ist die Farbe der Unschuld. Tauchen wir unsere Hände in weiße Farbe, kein Engel ist so rein ...

*Oberstleutnant von Quabbe*: Das Lachen ist ja im Krieg nicht verboten, im Gegenteil ...

*Fürst*: Es ist nicht zum Lachen, was dieser Mensch hier vorbringt ... Genug, genug! Sein Auftritt sei beendet!

*Oberkofler*: Was aber soll eine Stabsküche mit weißer Farbe? Wohl bekomm's! Wie Sie sehen, Eure Hoheit, trage ich eine Schneebrille. So weiß wird es bald ringsumher werden, und da ist es von mir nicht unklug gewesen – der kluge Mann baut vor –, sich eine Schneebrille besorgt zu haben. Weiß, nichts als weiß. So viel weiße Farbe, wie wir dann geliefert bekommen, gibt es in allen Farbenfabriken der Welt nicht ... Nun aber, Eure Hoheit, entschuldigen Sie schon bitte, ich muß mir wieder Bewegung machen, es bewegt mich innerlich und äußerlich ... Zu Befehl, Herr Oberstleutnant, ich entferne mich unverzüglich ... „Moskau – hundert Kilometer", steht dort auf der Tafel geschrieben, ich hab mir die Richtung genau gemerkt, wohin der Pfeil zeigt, und hab in die Richtung geschaut, wo die Schlacht um Moskau stattfinden soll, und habe versucht, den Kriegshandlungen zu folgen, wie sie der Herr Kriegsberichter beschreibt, aber außer der weißen Farbe, mit der die ganze Umgebung wie bestrichen erscheint, habe ich nichts zu entdecken vermocht ... Nichts als weiße, weiße Farbe, wohin das Auge blickt ... *(Ab.)*

*Fürst*: Ein gräßlicher Kerl, ein nicht ungefährliches Individuum ... Was sich nicht für ein Gesindel hier in der Gegend herumtreibt. Wo bleibt denn in solchen Fällen die Feldpolizei? Mir ist ganz unheimlich zumute geworden ... Die Höhe hat jeden Reiz für mich verloren ... Gehen wir zurück zum Wagen!

*Oberstleutnant von Quabbe*: Nur die Rücksicht auf Eure Hoheit hat mich daran gehindert, und wenn ich nicht die Gefahr einer Ansteckung befürchtet hätte, dem Bengel ein paar tüchtige Maulschellen zu verabreichen ... Seine Kochkünste lassen ihn dem Stab unentbehrlich erscheinen. Aber der Flegel übernimmt sich. Sie gestatten, Eure Hoheit, daß ich vorangehe. Gestatten Sie, Eure Hoheit, daß ich Ihnen die Hand reiche, wenn wir von unserer welthistorischen Höhe herabsteigen.

## Siebente Szene

*Johannes Hörder:*

Es kann nicht sein ... Ihm trübt Verbitterung
Den Blick fürs Ganze. Ja, auch damals war
Mir unerklärlich manches, als, begeistert
Dem Führer folgend, er von seinem Vater
Sich sagte los, der gegen Hitler war,
Und trennte sich von seinen besten Freunden,
Wenn sie sich nicht wie er entscheiden wollten.
Kein Opfer schien ihm groß genug, und jedem,
Der dieses oder jenes tadelte,
Gab er die Antwort: „Schaue nur aufs Ganze!
Die Wahrheit ist das Ganze, mag ein Teil
Auch mißgestaltet sein!“ In Polen hat er
Vor allen sich bewährt. In Frankreich stand er
Wie keiner seinen Mann. In Belgrad zog er
Als erster ein ... Seitdem wir aber hier
Im Osten führen Krieg, ist er verwandelt.
Nachdenklich ist er, schweigt lang vor sich hin,
Spricht von dem Vater, den er einst verlassen,
Und von dem Freund – und einmal wie im Traum
Aufschreckend, schrie er: „Auf der falschen Seite
Hab ich gekämpft! Oh, es war alles Lüge ...“
Er suchte ihn, doch fand er nicht den Tod,
Als wäre gegen Kugeln er gefeit.
Und dann sprach er, ich wiederhol es nicht,
Ich wag es nicht, vor mir selbst auszusprechen ...
Es kann nicht sein ... Ward er zu schlecht belohnt
Für seine Taten? Nein, ich schäme mich,
Ihn also zu verdächtigen. Ehrenhaft
Blieb er in allem, selbst in seinem Irren.
So unbedingt er vormals war dafür,
So unbedingt ist er jetzt im Dagegen.

Ich aber kann nicht leben im Verneinen
Und an das Nichts nur glauben, das nichts gibt,
Ein Spötter sein, wo es um Letztes geht.
Was tun? Darauf bleibt er die Antwort schuldig.
Ja, könnte er ein solches Ziel mir zeigen,
Wofür zu leben sich, zu sterben lohnt,
Ich wär vielleicht – ich wäre wohl dafür ...

## ZWEITER AKT

### *Stadt in Deutschland*

#### Erste Szene

*Frühmorgens, Zimmer verdunkelt. Josef Nohl, Anna Nohl, seine Schwiegertochter. Aus dem Dunkel des Ganges ins verdunkelte Zimmer tretend.*

*Anna Nohl*: Wieder eine Nacht. Das ist jedesmal wie – wie eine Auferstehung ... Das Licht brennt nicht im Gang.

*Josef Nohl*: Gleich wird sich das Fenster öffnen. Dann wird alles wieder gut werden. Und wir leben, leben.

*Anna Nohl*: Wart, Vater, auch im Zimmer brennt das Licht nicht. Ich will das Fenster aufmachen.

*Josef Nohl*: „Vater" – wenn du Vater sagst, Anna, nach alledem, was gewesen war! Nein, Anna, Gerhard kann es dir nicht übelnehmen ...

*Anna Nohl*: Was denkt er sich! Sollte ich dich auf der Straße liegenlassen, im Schutt ... Ich mußte dich zu mir nehmen ... Was ist mir? Alles zittert in mir. Ich finde das Fenster nicht. Was hat das Fenster nur! Es versteckt sich. Will sich nicht finden lassen ...

*Josef Nohl*: Wieder atmen! Anna, Sonntag! Den ganzen Tag aus dem Fenster schauen!

*Anna Nohl*: Ja, Vater, diese Nacht heute ... Da ist das Fenster ... Und etwas ist wieder in mir anders geworden, als es plötzlich ganz dunkel wurde ... *(Öffnet Fenster.)*

*Brandroter Rand in der Ferne.*

Vater, was ist das! Es brennt. *(Am Fenster hinsinkend, weinend.)*

*Josef Nohl*: Das, das ist es ja, was ist das nur? Die Maschinenfabrik ist es ... Sie haben uns oft den halben Tag noch im Keller unten gelassen, bis der Brand gelöscht war ...

*Anna Nohl*: Was soll werden aus uns? ... Und nichts von Gerhard ... O du, unsere liebe, liebe schöne Stadt! ... Wie das alles nur gekommen ist! Kann man denn nicht helfen, nichts tun – dagegen?

*Josef Nohl*: Komm, Anna, setz dich. Ich mache das Fenster zu. Es ist frisch draußen. Sie löschen schon.

*Anna Nohl*: Sonntag. Ich wollte mich einmal ausschlafen. Muß wieder wach bleiben ... Was, meinst du, denkt Gerhard? Was denkt er jetzt, meinst du?

*Josef Nohl*: Ich meine, daß auch Gerhard jetzt anders denkt.

*Anna Nohl*: Aber nicht so, wie du denkst, Vater. Nicht so, wie es in mir zu denken beginnt. Er dachte über alles doch so ganz anders ... Was mich nur so wach hält! Alles ist wach an mir und wie aufgerissen, wund, ganz offen nach außen hin. Dieses Überwachsein. Ob Hörder noch mit ihm ist?

*Josef Nohl*: Auch den Brand haben wir entfacht. Wir, wir, wir haben die ganze Welt in Brand geworfen ... Man kann ja gar nicht anders denken, wenn es einmal in einem zu denken beginnt.

*Anna Nohl*: Du hattest immer einen anderen Glauben. Jeder hatte eben seinen Glauben. Endlich will ich wissen!

*Josef Nohl*: Ich habe den vorigen Krieg mitgemacht, bin damals in den Krieg gegangen, im besten Glauben. Vor Verdun fand ich das Wissen. Auch Gerhard hat viel gesehen inzwischen. Vielleicht sein Verdun gefunden. Die Augen werden ihm aufgehen im Osten.

*Anna Nohl*: Du warst immer dagegen! Nicht einen Augenblick lang bist du irre geworden in deinem – Wissen? Bist ganz derselbe geblieben?

*Josef Nohl*: Ich war immer dagegen, von Anfang an, und bin doch nicht derselbe geblieben. War auch ein Gegner, gegen das Ganze, als ich wieder Arbeit bekam. Wußte, was es auf sich hatte mit dem Arbeitsbeschaffungsprogramm. Wußte es, daß es der Krieg, dieser Krieg war, auf den wir – neun, zehn, elf, zwölf Stunden täglich – hingearbeitet haben.

*Anna Nohl*: Wir kamen früher doch oft zusammen. Warum hast du geschwiegen?

*Josef Nohl*: Ich habe nicht geschwiegen. Ich habe auch mit dir gesprochen, Anna. Du hättest mich verstehen können, wenn du darauf gehört hättest, was ich nicht sagte. Gerhard hat mich übrigens gebeten, mit dir nicht darüber zu sprechen. Keiner war des anderen sicher. Auch Gerhard wußte nicht, wer du warst. Und auch ich wußte es nicht. Ich wußte nicht einmal, wer eigentlich mein Sohn war.

*Anna Nohl*: Wer ich war? Wer Gerhard war?

*Josef Nohl*: Eine Zeit würde kommen, hoffte ich, da hätte ich noch etwas zu sagen. Etwas Wichtiges, ein letztes Wort. Darum wollte ich mich hindurchschweigen. Jetzt ist die Zeit nahe, um zu reden. Beredte Zeiten stehen uns bevor. So beredt, so hartnäckig beredt, so tief, so abgrundtief wurde noch nie in Deutschland geschwiegen ... Und Taten werden sprechen!

*Anna Nohl (Finger auf den Mund)*: Pst! Pst! Auch erraten darf man nicht, was du verschweigst. Heute nacht hast du dich unten im Keller der Rundstedt gegenüber nicht verschwiegen genug benommen. Sie ist das gemeinste, gefährlichste Frauenzimmer, dem ich jemals begegnet bin. Du hast dich durch ihr widerwärtiges, unausstehliches Geschwätz herausfordern lassen. Sie hat dein Schweigen verstanden. Sie hat jedes deiner gleichgültigen Worte abgehört, sie hat dahinter gehorcht, wo der Sinn versteckt lag. Vater, du bist ein beredtes Geheimnis ... Dein Geheimnis spricht allzulaut ...

*Glockenläuten.*

*Josef Nohl*: Du hast recht, Anna, es ist noch nicht die Zeit ... Die Glocken läuten, als wäre Frieden auf Erden ... Und bald ist Weihnacht.

*Anna Nohl*: Gerhard – hat er eigentlich selbst je gedacht, über das Ganze, das ganze Leben nachgedacht, etwas zu Ende gedacht?

*Josef Nohl*: Bauen wollte er, bauen, nichts als bauen. Als Kind schon. Er wünschte sich zu Weihnachten und zu seinem Geburtstag immer nur einen Ankersteinbaukasten, einen nach dem andern.

*Anna Nohl*: Seinem steinernen Schaffen, wie er es nannte, lebte er, Steine sollten sprechen, wenn die Menschen schwiegen. Eine neue Welt wollte er erbauen, in Denkmälern, Festbühnen, Versammlungshallen –

*Josef Nohl*: Arbeitslos war er bis vierunddreißig. Dann kamen die Aufträge.

*Anna Nohl*: Befestigungsanlagen, Straßen, Rollbahnen, Kasernen. Mit seiner Werkfreude war es bald vorbei.

*Josef Nohl*: Er baute den Krieg.

*Anna Nohl*: Noch immer: im besten Glauben baute er.

*Josef Nohl*: Aber bald wollte er nicht mehr bauen.

*Anna Nohl*: Er verlor auch das Bauen, weil er das Ganze nicht bedacht hatte. Es war wie eine Flucht. Was ihm im Frieden nicht gelang, suchte er im Krieg: er wollte ein ganzer Mensch werden. Sein großer Bauplan war gescheitert. Einmal gestand er das sich selbst ein. Als ich ihm später seine eigenen Worte wiederholte, stritt er sie ab, wollte sie nicht mehr wahrhaben ... Oh, wie wehrte er sich gegen jedes Denken. Er wich ihm aus, wo er nur konnte. Er wollte mit sich nicht mehr allein bleiben.

*Josef Nohl*: Verdun hatte es in sich. Hatte das Denken in sich. Und dennoch, viele haben auch nichts gelernt aus Verdun.

*Anna Nohl*: Ich lebte damals bei meinem Onkel, dem Gutsbesitzer. Jetzt ist er Oberstleutnant beim Stab der Division, zu der auch Gerhards Regiment gehört. Mein Vater war siebzehn gefallen, die Mutter starb während der Inflation ... Ich war ein verwöhntes Fräulein, im Pensionat erzogen. So war ich. Und dann kam Gerhard ... Mein Onkel hatte eine Affäre wegen eines Landarbeiters ... Gerhard sagte nur immer: „Anna, merk dir!" – „Anna, merk dir, was ich dir sage!" – „Anna, merk dir, ich komme heute um soundsoviel Uhr nach Haus!" – „Anna, ich kann mir keinen Geburtstag merken, merk du dir den Tag!" – So wurde ich, die Anna, zu einem lebenden Merkblatt. Ich merkte mir vieles an, wo Gerhard nicht sagte: „Anna, merk dir's!" Ich merkte manches, was für Gerhard gar nicht bemerkenswert schien. Ich merkte mir Worte, Bewegungen, Gesichter, bald kannte ich die Welt, in der ich lebte, in- und auswendig. Und Gerhard merkte nichts! Sich-etwas-Merken ist zwar noch nicht: ein Wissen, aber Gedächtnis ist schon so etwas wie ein unmerkliches Wissen, eine Art von Gewissen ... Und da ich mir alles gut gemerkt habe, habe ich mir auch gemerkt, daß Gerhard am Anfang unserer Bekanntschaft mir einmal von einem Freunde erzählt hatte, der sein bester Freund gewesen war und mit dem er gebrochen hat, aus politischen Gründen. Die Ansichten dieses seines ehemaligen Freundes nannte Gerhard hochverräterisch, verbrecherisch, war aber so unvorsichtig, mir einige dieser hochverräterischen, verbrecherischen Ansichten mitzuteilen.

*Josef Nohl*: Es war ein großartiger Mensch, Gerhards Freund. Man wird sich einmal seiner erinnern. Er hat ein Gedicht geschrieben, es beginnt so:

„Wenn alles schweigt, weil eine solche Knechtschaft
Das Volk bedrückt, daß keiner zu erheben
Die Stimme wagt, dann muß es einer sein ..."

Hat Gerhard nie davon gesprochen, hast du es dir nicht gemerkt?

*Anna Nohl*:

„Und diesem einen werden andere folgen,
Bis eines Tages dieser eine ist
Das ganze Volk – so muß es einer sein,
Der aufsteht und im Namen seines Volkes
Die Wahrheit ausruft, durch die Tat beweist . . ."

Bis hierher habe ich es mir gemerkt.

*Josef Nohl*: Es ist Zeit, Anna, die Nachrichten.

*Anna Nohl (am Rundfunkapparat drehend)*: Es sind nicht die Nachrichten . . . Unsere Uhr muß . . .

*Apparat (wie aufbrüllend)*: „Winterschlacht!"

*Josef Nohl*: Leiser, Anna, leiser. Laß die Lüge nicht so laut brüllen.

*Anna den Apparat leiser drehend.*

*Apparat*: „Die Übertragung beginnt . . . Wir ersteigen eine Anhöhe, wenige Kilometer von Moskau entfernt . . ."

*Anna Nohl (in den Apparat rufend)*: Gerhard, dort ist Gerhard. Vielleicht läßt er uns etwas sagen . . . Kann uns etwas zuflüstern . . . Fällt Moskau, wird Gerhard . . .

*Radiostimme unterdessen leise weiter.*

*Josef Nohl*: Ich weiß es nicht, es kann so sein, und es kann auch anders kommen. Auch Moskaus Fall wäre der Friede nicht, nicht der Sieg . . .

*Anna Nohl*: Aber unsere Soldaten! Die Winterquartiere! Was denkst du, Vater! So kann ich nicht denken . . . Was soll aus Gerhard werden, dort in der Kälte? Und vielleicht ist es dann doch zu Ende. Man sieht sich wieder.

*Josef Nohl*: Ach, Anna! Schwer ist es, schwer.

*Apparat*: „Moskau brennt . . . Brücken fliegen . . ."

*Anna Nohl*: Ich – glaube – es . . . Will – es glauben . . .

*Josef Nohl*: Ich weiß, was ich mit den eigenen Augen sehe. Dort hat es gebrannt. Unsere Stadt brannte.

*Anna Nohl*: Gerhard! *(Zieht den Apparat an sich, wie umarmend, legt Ohr ganz dicht an, tief in die Stimme hinein.)*

*Apparat*: „Ihre Hoheit drängt es, einige Worte . . ."

*Anna Nohl (enttäuscht; Apparat abstoßend)*: Was soll das? *(Gibt dem Apparat einen Stoß.)* Sag was Vernünftiges . . . Ein wahres Wort! . . . Wie steht's um Moskau . . . Warum spricht Gerhard nicht . . .

*Apparat*: „Herr Oberstleutnant von Quabbe wird Ihnen jetzt . . ."

*Anna Nohl wie traumhaft erstaunt.*

„Gewiß, jeder Beruf, auch der ernsteste, hat seine heiteren Seiten ..."

*Josef Nohl*: Anna, was hast du?

*Anna Nohl*: Still! Still! Vater, laß mich nicht allein jetzt. Es ist unausdenkbar, grauenhaft. *(Dreht den Apparat feindlich ab, tritt ans Fenster.)* Ich muß es dir erzählen.

*Josef Nohl am Apparat suchend.*

*Apparat*: „... der vom Führer persönlich mit dem Ritterkreuz ausgezeichnete und zum Obergefreiten ernannte Kradschütze Johannes Hörder, der Unbekannte Soldat des zweiten Weltkrieges, der unter heldenhaftem Einsatz einen strategisch entscheidenden Punkt ... und dort eine Tafel angebracht hat: ‚Moskau – hundert Kilometer'."

*Josef Nohl*: Anna, Anna, hörst du! Hörder, Gerhards Freund – Hörder!

*Apparat*: „Ein Augenblick von welthistorischer Größe. Es geht ums Letzte. Deutsches Schicksal ringt um Entscheidung."

*Anna Nohl*: Das ist er, Hörder ... *(Zärtlich.)* Eine liebe Stimme – ich hab sie mir gemerkt.

*Apparat*: „Bitte, Herr Kamerad, wollen Sie uns nicht nähere Einzelheiten von der Besetzung der welthistorischen Höhe ..." *(Stimme Johannes Hörders)*: „Das – kann – ich – nicht ..."

*Anna Nohl*: Sagen Sie doch, Hörder, wer mit im Beiwagen saß.

*Apparat*: „Das – nicht ... Nur – das – nicht ..." *(Übertragung wird undeutlich, wie gestört.)*

*Anna Nohl (hastig suchend)*: Gerhard! Gerhard! Spricht Gerhard nicht? ... Warum diese Störung gerade jetzt ... Vielleicht solch ein verfluchter Störsender ...

*Josef Nohl unschlüssig dazu schweigend. Anna Nohl das Suchen aufgebend, Apparat abdrehend, entschlossen.*

Er hat – alles gesagt. Alles hab ich gehört. Ganz tief aus ihm herausgehört. Ich habe mir alles gemerkt. – Gerhard – werde ich dich je wieder ...? Nun weiß ich, woran ich bin.

*Josef Nohl*: „Das – kann – ich – nicht", hat er gesagt.

*Anna Nohl*: „Das – nur – das – nicht ..."

*Josef Nohl*: Wolltest du mir nicht etwas erzählen?

*Anna Nohl*: Da sieh, Vater, draußen fällt Schnee ... Feuer sehe ich, Eis ...

*Josef Nohl*: Es schneit, sagst du, das muß ich sehen. Ja, es schneit. Sieh, wie die Flocken treiben. Der Wind kommt von Osten.

*Anna Nohl*: Gleich werd ich es dir erzählen. Ich halte dieses Nichtstun nicht mehr aus, bei diesem Wachsein. Man müßte, etwas tun müßte man ... Nun paß gut auf. Ich habe mir alles gemerkt. Jedes Wort gemerkt. Die Geschichte hat eine Vorgeschichte, und das Ganze heißt: „Das Jagdgewehr".

## Zweite Szene

*Herrschaftliches Zimmer. Maria Hörder, später Frau Elvira von Rundstedt.*

*Maria Hörder*:

Nun darf ich wieder hoffen! Seine Stimme
Hab ich gehört. Es war ganz seine Stimme,
Ein wenig zitternd, wie er immer sprach,
Wenn es um Großes ging, und fest zugleich.
Nie rühmte er sich. „Das, das – kann – ich – nicht."
Bescheidenheit hat ihn berühmt gemacht,
Und hoch ist er gestiegen. Ja, der Führer
Hat selbst die höchste Ehre ihm verliehen.
So wurde auch zugleich mein Schmerz geadelt,
Und der gefallene Sohn ersteht in ihm,
Dem Überlebenden – o hoch erstanden!
An ihn, den Älteren, der damals fiel
Vor Warschau – wie er fiel, mußt ich erfahren
Heimlich durch einen Freund –, ich kann an ihn
Nun wieder denken, ohne daß sein Tod
Mich nur an Rache, Rache denken läßt.
Er ist gerächt in seines Bruders Ehre ...
Es gibt noch einen Gott. Und er, der Führer,
Steht hoch in seiner Gnade. Glauben darf ich
An sein, sein Deutschland wieder, an den Sieg
Und an den Frieden, der mir wiederbringt
Den Sohn. Es gibt, gibt doch Gerechtigkeit!
Ich habe auch so manches abzubitten
Ihm, meinem Mann. Mag er oft furchtbar sein
Und mir verhaßt erscheinen, wie er sich
Unmenschlich zeigt in seinem neuen Amt,
Er schützt uns doch, uns alle; unsere Heimat
Beschützt er vor Zerfall ... Ich glaube wieder.

*Es klingelt.*

Die Gratulanten! Wenn ich nicht irre, ist die Rundstedt die erste. Sie hat sich heute früh schon dreimal telefonisch angesagt.

*Mädchen*: Frau Major von Rundstedt.

*Maria Hörder*: Ich lasse bitten ... Eine unmögliche Person. Solch eine ist sie. Das unausstehlichste Frauenzimmer ...

*Elvira von Rundstedt (mit Blumenstrauß)*: Ach, ich kann Ihnen ja gar nicht sagen, meine Liebe, Liebe. Wie glücklich ich bin, w i e glücklich! Für Sie, die Heldenmutter, für Sie bin ich glücklich, meine Liebe – für ihn, den Heldenjungen, für den Heldenvater, für uns, uns alle, für unser ganzes deutsches Volk! Ein Glück, solch einen Sohn! Nein, solch ein Glück!

*Maria Hörder (überlegen, spöttisch)*: Nehmen Sie Platz, bitte, Frau Major! Das ist ja zu aufmerksam. Und die schönen, herrlichen Blumen! In diesen ernsten Zeiten. Solche Ausgaben! ... Das darf aber bestimmt nicht wieder vorkommen ...

*Elvira von Rundstedt*: So knapp, so vielsagend. Wo er das nur gelernt hat. Wie ein gelernter Schauspieler. Ja, unsere Männer ...

*Maria Hörder*: Nun, dazu hat er nie die geringste Lust verspürt.

*Elvira von Rundstedt*: Sagen Sie das nicht. Schade wäre es, das sag ich Ihnen, zu schade. Ein Verlust für unser Kunstleben. Und der Herr Oberstleutnant erst! Eine wunderbare Geschichte.

*Maria Hörder*: Das fand ich weniger.

*Elvira von Rundstedt*: Natürlich, Sie als Mutter, verstehe, waren ganz Ohr nur für den Sohn, waren nur für ihn da ... Aber auch der Herr Oberstleutnant, meine Liebe: interessant, amüsant, charmant ... Die Geschichte mit dem Jagdgewehr – einfach prachtvoll ... Und rührend der Fürst, nicht wahr!

*Maria Hörder*: Der Fürst schien mir doch nicht so recht am Platze zu sein. *(Sich besinnend.)* Aber es geht vorwärts bei Moskau, das ist die Hauptsache.

*Elvira von Rundstedt*: Das will ich gemeint haben. Es ist doch von den Russen ein Unterfangen ohnegleichen, sich derart zur Wehr zu setzen ...

*Maria Hörder*: Ein Unterfangen ohnegleichen ... Aber Moskau läßt noch auf sich warten ... Dauert doch schon ... Und wenn die Kälte ...

*Elvira von Rundstedt*: Da haben Sie nicht recht, meine Liebe. Das würde ich nicht behaupten an Ihrer Stelle, in Ihrer Stellung nicht ... Haben Sie denn nicht gelesen, daß sich der russische

Winter in höchstem Grade günstig für uns auswirkt? Nur die Russen werden unter der Kälte zu leiden haben ... Es kommt jetzt wirklich nur noch auf den letzten entscheidenden Schlag an ... die klimatischen Verhältnisse sprechen für uns. Ja, meine Liebe, der General Winter steht auf unserer Seite.

*Maria Hörder*: Ja, ich habe das gelesen. So stand es tatsächlich geschrieben. Ich wundere mich nur ...

*Elvira von Rundstedt*: Wir Frauen, sage ich immer, unsere deutsche Frauenschaft kann viel mit zum Endsieg beitragen, wenn wir weiter nichts tun, als daß wir fest, ganz fest an unsere Sache glauben ... Ach, mein Mann schreibt mir so ergötzliche Briefe. Schon wieder ein Paket habe ich erhalten, der Herr Oberstleutnant ist so aufopfernd und organisiert die Sendungen. Einen ganz anständigen Pelz, lasse ihn mir auf modern umarbeiten. Bettwäsche, zwei Paar Damenschuhe, wirklich tipptopp ...

*Maria Hörder (aufstehend)*: Sie sind eilig, Frau Major ...

*Elvira von Rundstedt*: Ja, gewiß, meine Liebe, ich bin eilig. Immerzu eile ich. Ich will nicht storen, aber, um auf das Wichtigste zu kommen ... Ich wollte Ihren Herrn Gemahl nur für einige Minuten in Anspruch nehmen ... Eine Mitteilung, ich glaube, im Staatsinteresse.

*Maria Hörder*: Mein Mann ist leider ... Ich glaube nicht, daß er in den nächsten Tagen zu sprechen sein wird. Gerade jetzt vor Weihnachten. Eine Unzahl Prozesse. Jeden Tag mehrere Verhandlungen.

*Elvira von Rundstedt*: Ach, meine Liebe, dann darf ich Ihnen wohl den Fall anvertrauen. Es liegt mir am Herzen, meine vaterländische Pflicht erfüllt zu haben ... Es handelt sich um einen gewissen Josef Nohl, wohnhaft in demselben Hause wie unsere Stadtwohnung, Emser Straße 12, aber im Dachgeschoß, versteht sich, siebente Etage ... Bei seiner Schwiegertochter. Rätselhaft übrigens, wie diese, doch aus guter Familie stammend, ihren Schwiegervater, einen Buchdrucker, bei sich aufnehmen konnte.

*Maria Hörder*: Josef Nohl? Dem Alten wurde doch, wie ich hörte, die ganze Wohnung zerstört.

*Elvira von Rundstedt*: Aber man hätte ihn doch anderweitig unterbringen können. Für solche Fälle stehen spezielle Unterkünfte zur Verfügung. Baracken. Nicht gerade in unserem Haus ... Mit diesem Individuum mußte ich einige Male die Nächte im Bombenkeller verbringen ...

*Maria Hörder (wie schreibend)*: Mit einem Arbeiter, Buchdrucker, namens Josef Nohl, wollten Sie sagen, verbrachten Sie einige Nächte im Bombenkeller ...

*Elvira von Rundstedt*: So sagte ich doch.

*Maria Hörder*: Nicht ganz so, aber weiter –

*Elvira von Rundstedt*: Der Mann, sage ich Ihnen, ist staatsgefährlich. Der Mann, sage ich Ihnen, spricht Dinge ... Den Mann, sage ich Ihnen, müßte man ... Zeugen habe ich. Aber ich hoffe, mein Hinweis genügt. So wurde es bisher wenigstens gehandhabt ...

*Maria Hörder (schroff)*: Um was handelt es sich? Was liegt vor?

*Elvira von Rundstedt*: Ich hatte mir vorgenommen, uns die Nächte unten im Bombenkeller zu verschönern, gemütlich zu machen.

*Maria Hörder*: Das ist aber nett, zu nett von Ihnen.

*Elvira von Rundstedt*: Ja, man dankt mir von allen Seiten. Wir spielen Grammophon, singen, ich sorge für jede Art heiterer Darbietungen, ich kann wohl sagen, frohe Laune herrscht bei uns. Wir haben einen fröhlichen Bombenkeller ...

*Maria Hörder (zur Seite)*: Die letzte Nacht war ja wieder furchtbar. Und am Morgen – ich sah die Stadt. Und Schnee fiel ... *(Streng.)* Zur Sache!

*Elvira von Rundstedt*: Und da stellen Sie sich nun vor, meine Liebe, zu all diesen heiteren Darbietungen schweigt er, schweigt einfach unehrerbietig – abscheulich!

*Maria Hörder*: Ich habe das Protokoll aufgenommen. Der Kerl schweigt einfach unehrerbietig, abscheulich – nicht wahr? Aber gesagt hat er nichts?

*Elvira von Rundstedt*: Aber, Sie Liebe, solche Leute sprechen doch, indem sie nichts sagen. Er schwieg – einfach unehrerbietig, abscheulich – Emser Straße 12, siebente Etage. Dachgeschoß natürlich. Josef Nohl, bei Gerhard Nohl, letzterer im Feld ... O wie scheußlich, schändlich ... Die Arbeitsfreude verleidet es einem. Und ich erfreue mich doch allgemeiner Beliebtheit. Vom Luftschutz habe ich ein Anerkennungsschreiben erhalten. Freude ist Nervennahrung, ein Volksheilmittel ... Wer das nicht versteht ...

*Maria Hörder (kalt, sachlich)*: Ich danke Ihnen, Frau Major, für Ihren Besuch. Ich werde Ihre Mitteilung auftragsgemäß weiterleiten.

*Elvira von Rundstedt*: Ich werde in diesen Tagen verreisen, meine Liebe. Man muß sich ja schließlich auch etwas Bewegung gönnen, Wintersport treiben. Partenkirchen oder Salzkammergut. Meine Nerven brauchen dringend der Erholung. Solche Bombardements sind ja nichts für unsereins ... Sie bombardieren ja auch die besseren Viertel. Unbegreiflich übrigens. Die Engländer wissen noch nicht zu unterscheiden. Kriegswichtige Betriebe sind doch längst in die Arbeiterviertel verlegt. Auch Sie sollten, meine Liebe ...

*Maria Hörder*: Ich bleibe. Und ich danke Ihnen, Frau Major, nochmals. Gewiß, ich vergesse nicht, wird erledigt.
*(Begleitet Besuch hinaus, zurückkommend.)*

Ich bin im Glauben wieder irr geworden,
So haltlos bin ich, was ist nur mit mir?
Solch ein Gespräch kann mich verzweifeln lassen
An allem, was mir wieder ward gegeben
Durch seine Stimme ... Meines Sohnes Tod
Vor Warschau reißt mir auf die alten Wunden.
Die Ehre, die dem Jüngern ward verliehen,
Ist mir zuwider. Dieses blöden Weibs
Geschwätz hat jede Hoffnung mir vernichtet,
Verhaßt gemacht mir wieder meinen Mann.
Ein solches Deutschland kann nicht siegen, nie.
Ein solcher Sieg wär unbegrenztes Grauen.
Das letzte würde, was den Menschen noch
Verblieben ist, damit er vor sich selber
Bestehen kann als Mensch, wenn kümmerlich
Der Rest auch ist, der uns verbleiben durfte –
Es würde dieser Rest herabgestampft
In Blut und Kot durch einen solchen Sieg ...
Vor Warschau fiel er. Hinterrücks erschossen
Von den gedungenen Mördern, weil er heimlich
Zu einem anderen Deutschland sich bekannte.

Ich grüße dich, dich, meinen liebsten Sohn!
So ganz bin ich bei dir, daß deine Stimme
Des Jüngern Stimme dunkel übertönt.
In allem, was ich seh, seh ich nur dich,
Dich wieder. Allerorts ersteht dein Bild,
Ich wandle willensstark in deinem Leuchten ...

Das blöde Weib hat es mir eingegeben.
Nun räch ich seinen Tod zum erstenmal,
Und rächen, rächen werd ich ihn zu Ende.
„Mehr sein als scheinen!“ heiße mein Gebot!

Was mir das blöde Weib hat anvertraut,
Teil ich dem mit, für den es nicht bestimmt,
Und meinem Manne, dem es zugedacht,
Verschweige ich's ... Den Alten kann ich retten –
Sein Sohn ist meines Jüngern einziger Freund,
Und fällt der Alte, wird sein Sohn auch fallen,
So war es oftmals Brauch. Und fällt der Freund,
Vielleicht zieht man den Jüngern auch herein
In seines Freundes Fall ... So fielen drei ...

Vor Warschau fiel er, der der Liebste mir
Von allen war ... Oh, ließ es nicht geschehn
Der Führer, hat er es nicht gar befohlen?
Wo blieb Gerechtigkeit? Und wo blieb Gott?
Auf Rache sann ich. Doch mir blieb nur Weinen ...
Drei kann ich retten. Drei, drei für den e i n e n !

Dritte Szene

*Karl Hörder, Maria Hörder. Fenster mit samtenen Vorhängen verdunkelt. Großes, von einem Lüster erhelltes Zimmer.*

*Karl Hörder*: Ein Telegramm von seinem General persönlich. „... beglückwünsche Sie zu der hohen Ehre, wie sie Ihrem Herrn Sohn zuteil geworden. Die Division ist stolz auf ihn. Seine stete Einsatzbereitschaft, sein vorbildlicher Mut, wie er ihn in allen Kämpfen bewiesen hat, seine von hoher Pflichterfüllung getragene Liebe zu Volk, Vaterland, Wehrmacht und Führer, befähigten ihn, höchste Auszeichnung zu erringen, die Großdeutschland zu vergeben hat ... Darf Ihnen wohl besondere Freude machen, wenn mitteile, daß Ihr Herr Sohn Weihnachtsurlaub erhalten hat. Winterschlacht wird, wie mit Bestimmtheit anzunehmen, bis dorthin geschlagen sein ..." Hat nicht mit Worten gespart, der Herr General ... Na, wie ist dir, Maria? War ja auch eine grandiose Sache, was?

*Maria Hörder*: So gibt es ein Wiedersehn!

*Karl Hörder*: Der kann sich sehen lassen. Damit läßt sich Staat machen.

*Maria Hörder*: Da müssen wir aber für ihn uns auch etwas Besonderes ausdenken, zu Weihnachten.

*Karl Hörder*: Ich fürchte, er wird uns diesmal beschämen. Wie ich ihn kenne, wird er uns aus Rußland einige Überraschungen, einige hübsche Geschenke mitbringen.

*Maria Hörder*: Ich – kenne ihn nicht so. Diese Seite an ihm ist mir unbekannt, Gott sei Dank. Er hat noch nie etwas mitgebracht. Noch nie etwas geschickt . . . bisher.

*Karl Hörder*: Maria, du bist darin zu penibel. Ganz eigenartig. Wenn ich als Richter, als das Gewissen des Volkes, als Deutschlands Gewissen sozusagen, es für erlaubt, nicht nur für erlaubt, sondern sogar im Volksinteresse für wünschenswert halte! Für geboten erachte. Auch auf diese Weise wird unser Volksreichtum vermehrt. Kleinliche Gewissenskonflikte können wir uns in solchen Fällen nicht gestatten, wir versündigen uns dadurch nur am Nationaleinkommen.

*Maria Hörder*: Ich halte diese Auffassung mit dem Begriff soldatischer Ehre oder gar nationaler Ehre für unvereinbar.

*Karl Hörder*: Maria! Du bist zu eigenartig . . . *(Streng, einen Verdacht schöpfend.)* Hast du mir, Maria, sonst nichts mitzuteilen?

*Maria Hörder*: Ich wüßte nicht –

*Karl Hörder*: Du wüßtest nicht? Dann versuche dich zu erinnern, Maria, denke gut nach!

*Maria Hörder (gespielt)*: Ich versuche mich zu erinnern. Ich denke gut nach.

*Karl Hörder*: Eigenartig bist du, Maria, zu eigenartig. Deine Eigenart beginnt mir allmählich verdächtig zu werden, schwere Sorge zu bereiten.

*Maria Hörder (gespielt herausfordernd)*: Deine Geheimnistuerei interessiert mich nicht. Auch ich habe – meine Verbindungen.

*Karl Hörder (erschrocken einlenkend)*: Du hattest mir nichts zu übergeben, keine Mitteilung . . . Es war kein Besuch da, der dich beauftragte . . .

*Maria Hörder (wie unter einer Eingebung, Wort für Wort aus sich herausholend)*: Es war ein Besuch da, der mich beauftragte . . . Inzwischen habe ich – durch meine Verbindungen – in Erfahrung gebracht, daß dir die gewisse Mitteilung bereits bekannt geworden sei, und so hielt ich mich meines Auftrags für entledigt.

*Karl Hörder*: So – ist das! Dann geht es ja mit rechten Dingen zu. Und du, Maria . . . Nun, ich brauche nichts zu befürchten deinerseits. Ich bin klar wie Quellwasser, goldecht, eindeutig . . . *(Noch zweifelnd.)* Und der Besuch? Der Mann, der – schweigt – staatsgefährlich . . . Siebente Etage. Dachgeschoß . . . Emser Straße 12 . . .

*Maria Hörder (gefaßt)*: Das verantworte ich an anderer Stelle. Ich bin dir darüber keine Rechenschaft schuldig. Meine Verbindungen, meine Berichte gehen dich nichts an.
*Karl Hörder*: Ich bin beruhigt ... Maria, Maria ... Nun darf ich am Weihnachtsabend nichts als liebender Gatte sein, Vater, stolz auf meine Frau, auf meinen Heldenjungen.
*Maria Hörder*: Stolz auf deine Söhne, alle beide, auch auf unseren Älteren –
*Karl Hörder (in falschem Pathos, wie auswendig gelernt)*: In ihren Taten werde ich fortleben, auch in den Taten des Älteren. Deutschland wird einstmals ehrend ihrer gedenken, auch des Älteren. Deutschlands Väter beneiden mich um meine Söhne, auch um den Älteren. Der Führer wird eigenhändig am Tage des Sieges ihre Namen einzeichnen in das Buch der Helden, auch den Namen des Älteren ...
*Maria Hörder*: So geschehe es, amen ...
*Karl Hörder*: ... auch den Namen des Älteren.
*Maria Hörder*: Aber warum hebst du ihn so hervor, unseren Älteren? Willst du mich überzeugen, etwa? Etwas vor mir verschweigen, etwa? Karl, spiele nicht mit mir. Es ist mir eine todernste, eine heilige Sache ... Höre du, ich habe meine Verbindungen ... Hart ist die Wahrheit mitunter. Ich weiß a-l-l-e-s.
*Karl Hörder (ängstlich, beinahe flehend)*: Maria, dir zuliebe, deinetwegen, deinetwegen nur – dich zu beruhigen ... Ich wollte – nicht hervorheben ... Losgesagt habe ich mich von ihm. Er hat uns Schande ...
*Maria Hörder*: Losgesagt? Du – dich – von – ihm ... Schande?
*Karl Hörder (im Ansatz zu wachsen)*:

Da du es weißt – so kann ich offen sein.
In Spanien damals hat er schon geschwankt
Und aufgezeichnet manches, was verboten.
Verfing allmählich sich so im Verrat.
Ich selbst, der eigne Vater, hätte ihn –

*Maria Hörder*: Schweig! Schweig du! Darüber zu sprechen, ist noch nicht die Zeit da ...
*Karl Hörder*: Maria, warum bist du so anders geworden! Warum liebst du die Blumen nicht mehr! Du vernachlässigst die Blumen. Hatten wir nicht immer Astern und Reseden um diese Zeit! Jetzt hätten wir auch die beste Gelegenheit, uns aus Holland auf billigste Weise Tulpen- und Hyazinthenzwiebeln kommen zu lassen ... Den wunderschönen Blumenstrauß mußte ich ins Wasser

stellen, du hast ihn achtlos beiseite gelegt. Hattest du kein Mitleid mit diesem Strauß sterbender Blumen? Du weißt doch, ich liebe Blumen über alles ... Einmal ... wenn ich mich ins Privatleben zurückziehe ... Am liebsten wäre ich Gärtner geworden. Blumenzüchter. Blühende Beete, wohin der Blick schweift ... Die Blumen fragen nicht. Die Sprache der Blumen ist mir vertraut. Die Blumen reden schweigend mich an – keine hinterhältigen Gedanken, nein, verstecken sich hinter ihrem blühenden Schweigen ... Ich könnte es nie und nimmer übers Herz bringen, eine Knospe zu brechen, einen Stengel zu knicken ... Wie ein Mensch es vermag, eine Blume auszureißen! Sie dem Boden zu entreißen, der sie tränkt und nährt. Jeder Blumenstrauß – ein Bündel duftenden Todes. Eine Blume pflücken ist Mord, ist barbarisch, Verbrechen am Leben der Natur ... Ich habe keine Lieblingsblume, ich liebe alle Blumen gleich ... Und auch gemalt hast du früher, Maria, Blumen, Stilleben ... Laßt nicht das Schöne, laßt nicht die Kunst in unserer Familie aussterben ...

*Maria Hörder (wie auf der Lauer gelegen, jedes seiner Worte innerlich kommentierend)*: Er selbst, der eigene Vater, hätte ihn –

*Karl Hörder (geschäftlich)*: Ich habe vergessen, dir vorhin mitzuteilen, daß der gewisse schweigsame Herr, wohnhaft Emser Straße 12, siebte Etage, Dachgeschoß, verhaftet wurde, auf meine Veranlassung hin ... Deine Stelle wird wohl nichts dagegen haben.

*Maria Hörder*: Oh, du Blumenliebhaber! *(Verwirrt ab.)*

*Karl Hörder (nach einer Pause)*: Zu eigenartig, das Weib. Zu eigenartig, diese meine Maria.

Laßt Freude um mich sein! Laßt Blumen sprechen!
Pflegt Kunst und Heiterkeit im trauten Heim!
Ist es zuviel von mir verlangt – sagt selbst!
Ein wenig nur, ein wenig Zärtlichkeit! ...
Jetzt ist mir ihre Eigenart erklärlich.
Beruhigt kann ich sein, ich bangte schon,
Daß durch den Tod sie unseres Älteren
Sei irr geworden in dem Glauben und
Anfällig für verbrecherisches Denken ...
In dem Beruf, zu dem der Führer mich
Hat auserwählt, wie könnte ich es dulden,
Daß mir zunächst, in meinem eignen Heim,
Der Zweifel nistet, oder gar ein Wesen,
Die feindlichen Gedanken klug verhüllend.

Den Hochverrat betreibt, den i c h verfolge.
Die Sorge bin ich los, die mich bedrückt
Hat all die Zeit. Schlimm war er, der Verdacht.
Ich sprech sie frei. Der einzige Freispruch, den
In letzter Zeit ich fällte. Du, Maria,
Bist wieder mein, und ein Versöhnungsfest
Soll Weihnacht sein, und wenn wir mit dem Sohn
Zusammen unterm Weihnachtsbaume stehen
Und der Choral tönt: „Stille, heilige Nacht" –
Dann fehlt nur noch des Führers letzter Sieg,
Damit ich sagen kann: Es ist vollbracht ...

Die Welt gehört den Führenden, und die
Sind w i r. Sind Gipfel, sind die Herrenrasse.
Das Volk hat im Gehorchen und im Dienen
Sein Glück zu finden. Und die fremden Völker
Sind unserm Willen doppelt untertan.
Wer aufbegehrt, und sei es auch verschwiegen
– wer staatsgefährlich schweigt, schweigt so wie jener,
Den ich zur rechten Zeit verhaften ließ –,
Den trifft der harte Schlag des deutschen Rechts
– danach hat sich ein jeder auszurichten! –
Ich führe ihn und schrecke nicht zurück
Vor Strömen Bluts, denn unsere Herrschaft muß
Abschreckend sein für jede Art Verschwörer.
„Mehr sein als scheinen!" heiße mein Gebot.
Recht ist, was nützt. Nützt eines Sohnes Tod
Dem Staat, mag ihn der Vater selbst vollziehen ...
Grausam bin ich mit ruhigem Gewissen.
Die Zeit der edlen Herzen ist vorbei.

*Luftalarm, Sirenengeheul, Worte unterstreichend und sie durchdringend.*

Wer seinen Platz verläßt, den zugewiesen
Sein Dienst ihm hat, wird mit dem Tod bestraft!
Wer trotz vielfacher Warnung es noch wagt,
Feindlicher Mächte Sender abzuhören,
Wird mit dem Tod, wird mit dem Tod bestraft.
Wer es versucht, mit einer Äußerung
Unruh zu stiften, wird mit Tod bestraft.
Wer eines andern fremde Denkart kennt,

Sie uns verschweigt, der wird bestraft mit Tod
Wer die Gefangenen nach wie vor als Menschen
Behandelt, der – der wird bestraft mit Tod.
Wer nicht bereit ist, alles abzugeben
Uns, unserm Staat – der wird bestraft mit Tod.
*(Undeutlich.)*
... mit Tod bestraft ... es wird mit Tod bestraft ...
... bestraft mit Tod ... der wird bestraft mit Tod ...
*(Wieder deutlich.)*
Wer sich des Führers Willen widersetzt,
Wird aufgespürt. Er ist zum Tod verdammt.
Kein Leugnen hilft. O jeder gibt zuletzt
Klein bei, denn ich versteh mich aufs Verhören.
Kein Mitgefühl wird mich im Amte stören.
Mit Tod, mit Tod zu strafen ist mein Amt.

Wir sind die Macht, wir wissen, was wir wollen.
Die Front muß stehn! Und Köpfe müssen rollen ...

## DRITTER AKT

*Deutsche Ostfront*

### Erste Szene

*Winternacht. Die „welthistorische Anhöhe". Schützengraben. Stacheldraht. Scheinwerferstrahlen. Leuchtraketen. Ab und zu Geschützdonner. Vereinzelte Gewehrschüsse. Gerhard Nohl und Johannes Hörder auf Wache, auf und ab gehend. Erster und Zweiter Landser seitwärts verborgen im Vordergrund. Später von der andern Seite Oberkofler.*

*Erster Landser*: Mit dem Oberfeldwebel zusammen, meinst du?
*Zweiter Landser*: Man muß mit ihm reden. Kann sein. Scheint unser Mann.
*Erster Landser*: War doch einer ihrer besten Leute. Immer vorneweg. Von Anfang an dabei. Auf den wäre ich nicht gekommen. Woher hast du's?
*Zweiter Landser*: Vom Koch ...
*Erster Landser*: Der versteht's. Der macht auf närrisch. Führt sie alle

an der Nase herum. Eine Tracht hat er sich zugelegt, zum Gruseln. Der lacht sich eins. Der lacht zu guter Letzt.

*Zweiter Landser*: Die Tracht, sage ich dir, macht ihn unsichtbar. Der hat seine Stellung gegen jede Feindsicht getarnt. Der schlüpft durch alles hindurch, keiner kann ihm was anhaben. Der versteht aus uns allen die Gedanken herauszulesen. Der liest in einem Menschen wie in einem aufgeschlagenen Buch.

*Johannes Hörder (vorüber)*:
Das Trommelfeuer hat auf meinem Kopf
Herumgehämmert und hat ausgebrochen
Gar manches, was wie eingewurzelt schien
Fest meinem Denken. Aber eines hat
Das wütendste Gehämmer nicht vermocht
Mir aus dem wundgebeulten Kopf zu schlagen.
Und dieses eine ist, daß alles dich,
Dich, Deutschland, denkt, was ich auch immer denke.

*Gerhard Nohl (vorüber)*: Wenn wir uns unter Kameraden treffen, sprechen wir miteinander, als sei nichts geschehen. Sind wir beide wie jetzt allein, vermeiden wir jedes Wort, schauen in die entgegengesetzte Richtung. Darum ging ja auch unsere Freundschaft auseinander, weil die Richtung, in die wir schauten, eine entgegengesetzte war. In welche Richtung ich allerdings blicke – ich muß noch Umschau halten, um diese Richtung ausfindig zu machen . . . Meine ganze Kraft muß ich anspannen, um mein Leben herumzureißen. Da kann ich mich nicht dem Tempo eines Hörder anpassen, der seinen eigenen Zickzackkurs fährt. Die Wendung, die von mir verlangt wird, ist jäh. Schräg liege ich mit meiner Maschine in der Kurve.

*Erster Landser*: Weißt du, was eine Laus ist?

*Zweiter Landser*: Was – eine ist, nein. Denn niemals hab ich von dieser Viechsart einen Einzelgänger angetroffen, diese Viechsart ist mir nur in ihrer Viel-Mehr-Zahl bekannt, von Bataillonsstärke an aufwärts.

*Erster Landser*: Aber wie man sich ihrer entledigt, weißt du. Man kocht die Wäsche erstens gut durch, dann bügelt man sie, zweitens, mit einem möglichst heißen Bügeleisen, in alle Falten und Nähte hinein, um so alle Nester und Verstecke des Läusevolks auszuglühen.

*Zweiter Landser*: Was soll das Ganze?

*Erster Landser*: Dazu ist nötig, daß man weiß, was eine Laus ist, und sie nicht mit einem Marienkäfer verwechselt, von dem man sagt, er bringe Glück. Dazu ist nötig, daß einem der Läusebesitz durch sein Kratzen und Jucken unerträglich ist. Dazu ist ferner nötig, daß man die Gefahr, die Läuse bedeuten, erkennt. Nötig ist weiterhin, daß man ein Feuer macht, um die Wäsche zu kochen und um das Bügeleisen zu führen, und daß man dann gründlich alle Nähte und Falten ausbügelt ... Und was das Ganze soll? ... Das ganze Deutsche Reich ist nämlich verlaust, und das verfluchte Geziefer läßt einem keine Ruhe mehr, an dieser Läuseplage geht das deutsche Volk noch zugrunde, wenn nicht ein Bügeleisen aufgewärmt und das ganze Land heiß und gründlich damit durchgebügelt wird, bis in alle Nähte und Falten hinein, wo sich die Läuse und ihre Brut versteckt halten ...

*Klingendes Summen deutscher Flugzeuge.*

*Johannes Hörder (vorüber)*:
Es kann nicht sein, daß diesmal nicht gelingt,
Was jedesmal dem Führer ist gelungen.
Moskau wird fallen. Die Armeen haben
Den Feind schon eingekreist und holen aus
Zum letzten Schlag. So lauten die Berichte.

*Gerhard Nohl*: Daß ich mit ihm gebrochen habe, vor vielen Jahren, aus politischen Gründen – er hätte es verstanden, heute ... Nie mehr war ich ganz da. Wie in verschiedene Teile war ich zerlegt, ich konnte nicht mehr fertig werden mit mir, nicht mehr ganz werden. Auch die Liebe zu Anna: nur ein Teil von mir ... Ich zog in den Krieg, um ein großes Ganzes in mir zu entdecken und zu wachsen über mich selbst hinaus. Wollte ein neuer Mensch werden – o ein ganz anderer.

*Johannes Hörder (vorüber)*:
Mit diesen Händen hab ich angebracht
Die Tafel: „Moskau – hundert Kilometer“ ...
Vier Hände waren es, stahl nicht hinweg
Ein Händepaar dem andern seinen Ruhm? ...
Und ich ward hochgeehrt. Verdient war's nicht.
Welch einem andern Zweck die Ehre diente,
Wird nach dem Krieg die Zeit sein, zu entscheiden.
Dann wird auch Zeit sein, all den Unrat, der
Sich zeigte, fortzufegen, wenn wir siegen.
Ich jedenfalls hab keine Absicht, am
Krieg zu gewinnen. Will nur lernen, lernen.
Vergessen will ich diesen Krieg, vergessen

In Tübingen, dort, wo ich einst studierte.
Und wieder wird mir ein Gedicht gelingen!
Wohin sind all die Verse mir entschwunden,
Die heimatlichen Klänge, darin rankte
Empor sich mein Gefühl, und es umschlang
Gott, Welt, Natur . . . Kehrt diese Zeit je wieder?

*Gerhard Nohl (vorüber)*: Ob Anna mich verstehen wird? Merkt sie denn nichts. Hat nichts gemerkt? Warum schreibt sie mir nicht? D e n , d e n Brief!

*Oberkofler*: Da bin ich wieder. Zuerst geben die Läuse keine Ruhe, und jetzt jucken mich meine Gedanken . . . Ob sie dichthalten? Ob es klappen wird?

*Erster Landser*: Aber die Unsern kämpfen! Manche wie verzweifelt, andere kaltblütig.

*Zweiter Landser*: Viele aus Angst. Andere, weil das Kriegshandwerk ihr Beruf ist. Dazu sind sie erzogen. Haben keinen anderen, kennen keinen anderen. Viele auch immer noch im besten Glauben.

*Erster Landser*: Wenn nichts sich rührt . . .

*Zweiter Landser*: Darum rühren wir uns.

*Erster Landser*: Und der Koch bleibt?

*Zweiter Landser*: Frage nicht! Jeder an seiner Stelle. Jedem das Seine.

*Johannes Hörder*:

Nur hundert Kilometer noch. Der Sieg
So nah, als wären es nur hundert Schritte
Bis zum ersehnten Ziel, das näher bringt
Vielleicht uns doch dem Frieden. Mit der letzten
Anspannung werd ich diesen Weg beschreiten . . .
Es – kann nicht sein. Zu diesen hundert Schritten
Wird uns die Kraft, so oft bewährt, wohl reichen.
Es darf für mich nur eine Antwort geben.
Wir müssen siegen. Denn Deutschland muß leben. *(Ab.)*

*Gerhard Nohl*:

Deutsche Nation! Welch zauberhafter Klang!
Welch kühner Anruf ist darin enthalten!
Wie frech mißbraucht hat diesen stolzen Namen
Ein Herrschertum, das sich auf ihn berief,
So maßten sie sich an des Volkes Willen,
Um eigene blöde Machtgier auszuleben,
Mit „deutscher Sendung“ ein Geschäft verwechselnd,
Das dem Konzern wohl dient, doch nicht dem Volk.

„Deutsche Nation!" Wann wird der kühne Ruf
Erschallen weithin, so daß alle Deutschen
Als Losung neuer Freiheit ihn begrüßen!

Du bist Soldat, und du hast zu gehorchen.
So heißt es, und: der Führer denkt für dich.
Man habe mir zum Denken das Gewehr
Nicht in die Hand gegeben. Um zu denken,
Stünd ich nicht hier in Rußland an der Front.
Zum Denken sei der Führer nur berufen.
Er sei die einzige Befehlsgewalt,
Und ihr, ihr sei ich blindlings unterworfen.
So mag ein Söldner – denken, kein Soldat.
Ein Soldknecht mag es auch in Ordnung finden,
Wenn einer die Verantwortung ihm abnimmt
Und er nur stumm und stumpf hat zu gehorchen.
Das Denken, von Berufenen zubereitet,
Wird fertig zum Gehorchen vorgesetzt.
Nicht so – denkt der Soldat. Er fühlt die Pflicht,
Mit den Befehlen übereinzustimmen,
Und so, als hätte er sie selbst erteilt,
Führt er sie aus ... Er steht selbst dafür ein,
Daß es zum Wohle seines Volkes sei,
Wenn er sein Leben einsetzt, anders kann
Nicht denken der Soldat, sofern es noch
So etwas gibt wie des Soldaten Ehre.
Ich hätt die Pflicht zur Pflichtvergessenheit?
Von solcher Ansicht werd ich jetzt mich trennen,
Solch eine Pflicht kann ich nicht anerkennen ...

Oh, eine irre Sehnsucht war in allen
Nach einem anderen Deutschland. Wollten frei
Von Knechtschaft werden, außen und auch innen.
Wir wollten endlich unserer Not entwachsen
Und unserem Leiden der Zerspaltenheit.
Und eins sein! Eins auch mit uns selbst, selbst frei.
Wir wollten aus dem Alltag uns erhöhen,
Und höchstes Leben wollten wir erringen,
Bereit, uns selbst als Opfer darzubringen.
Ein Volk wie keines sollte Deutschland werden,
So eins mit sich, nach außen, innen, frei!

Ihr Volksbetrüger habt mit bestem Glauben
Gespielt, ein blutiges Geschäft gemacht.
Habt groß verdient daran, an deutschem Sterben.
Uneins ist unser Volk wie nie zuvor,
Und mitverdorben sind wir im Verderben.
Und frei geworden? Ja, wir sind so frei
Von jedem wahren Wort, von jedem Wissen,
Daß man sich oft an seinen Schädel greift
Und fragt: Wie war dies alles möglich nur!
Als deutsche Art preist ihr die Unnatur.
Schwer ist es, sich als Deutschen zu bekennen.
Wer kann mit Stolz sich einen Deutschen nennen?
Zu wenig ist's, wenn man nur heimlich haßt.
Oh, werd zum Sturm, du unser Haß im stillen!
Du, unser Deutschland, es gescheh dein Willen!
Haß trage Steine, schichte gleich zu gleich.
Schon steht der Grund. Wir baun ein neues Reich!
Mein Volk! In eines neuen Deutschlands Namen
Erlöse dich von deinem Übel. Amen.

## Zweite Szene

*Rückwärtige Stellung. Die beiden Fallschirmjäger, später Gruppe motorisierter Infanterie.*

*Erster Fallschirmjäger*: Mehl, schönes weißes Mehl, hoffte ich –

*Zweiter Fallschirmjäger*: Ich hätte auf Milchpulver gewettet.

*Erster Fallschirmjäger*: Keines von beiden.

*Zweiter Fallschirmjäger*: Na, und?

*Erster Fallschirmjäger*: Ganz gemeine weiße Farbe, wie man sie jetzt überall zum Anstrich verwendet.

*Zweiter Fallschirmjäger*: Das hat uns der Koch eingebrockt.

*Erster Fallschirmjäger*: Da haben wir nun nächtelang herumgelungert, herumspioniert. Dafür habe ich die warmen Handschuhe verloren.

*Zweiter Fallschirmjäger*: Der Koch, sage ich, das war Absicht.

*Erster Fallschirmjäger*: Der hat uns eine Falle gestellt. Na, der hat sich eine tüchtige Abreibung verdient.

*Zweiter Fallschirmjäger*: Du, laß die Hände vom Koch. Der General hat einen Narren an ihm gefressen. Der General hält ihn sich als Hausnarren ...

*Erster Fallschirmjäger*: Na, und was sagen wir zur Lage?
*Zweiter Fallschirmjäger*: Die Lage? Die Lage ist reichlich undurchsichtig. Man munkelt allerlei. Zunächst haben wir eine kleine Rückzugsbewegung gemacht auf unserer Moskauer Straße.
*Erster Fallschirmjäger*: Die welthistorische Höhe haben wir aufgegeben.
*Zweiter Fallschirmjäger*: Da kommen sie zurück von ihrer Tournee.

*Lastkraftwagen der motorisierten Infanterie.*

*Erster Fallschirmjäger*: Und bei Laune waren die, als sie losfuhren!
*Zweiter Fallschirmjäger*: Hallo, Kameraden!
*Erster Fallschirmjäger*: Gut die Hälfte haben sie! Halbiert! Was sag ich!? Von denen blieb – an den Fingern herzuzählen – kaum ein Dutzend. Die fallen aus ihrem Wagen heraus. Ihr Singen ist ihnen in der Kehle steckengeblieben. Ihre Stimmen sind heiser geworden. Ihre Stimmung – Gott, sehen die aus!
*Zweiter Fallschirmjäger*: Da kommen welche!
*Erster Fallschirmjäger*: Abgerissen! In solch einer Tracht läuft der Koch herum ... Wie Vagabunden ...

*Gruppe auf die Fallschirmjäger zu.*

*Einer*: Was steht ihr da, ihr Strolche, haltet Maulaffen feil?
*Ein Zweiter*: Fallschirmjäger. Verfluchtes Gesindel!
*Ein Dritter*: Vollgefressen seht ihr aus. Mit was habt ihr euch die Taschen vollgestopft? Während wir weggeschmolzen sind im Feuer bis auf ein Dutzend ...
*Einer*: Während wir in der Eiseskälte, habt ihr hier ... Leichenfledderer ...
*Ein Zweiter*: Etappenschweine ihr, Straßenräuber ...
*Ein Dritter*: Ihr Luftspringer, ihr Fallschirmkünstler ...
*Erster Fallschirmjäger*: Kameraden, wir haben selbst nichts.
*Zweiter Fallschirmjäger*: Ehrenwort, selbst nichts.

*Gelächter: „Ehrenwort, euer Ehrenwort!“*

*Einer*: Hände hoch. Wollen mal bei euch eine kleine Haussuchung!

*Rufe: „Hände hoch! Taschen durchsuchen!“ – „Da – eine ganze Tüte voll!“ – „Da – eine zweite!“ – „Noch eine. Eine dritte. Drei Tüten im ganzen ...“*

*Einer*: Mehl, schönes weißes Mehl, prima Sorte!
*Ein Zweiter*: Milchpulver, ich wette, Milchpulver ...

*Erster Fallschirmjäger*: Glaubt mir's, Kameraden, keines von beiden!
*Zweiter Fallschirmjäger*: Ich schwöre euch, Kameraden – gemeine weiße Farbe!

*Gelächter. Stimmen: „Jetzt macht aber, daß ihr weiterkommt." – „Ihr Freßsäcke!" – „Ihr könnt uns nichts vormachen!" – „Dies für euer Ehrenwort!" – „Gebt's ihnen!" – „Schert euch zum Teufel!" – „Laßt euch nicht sehen sobald! Weiße Farbe, weiße Farbe, hahaha!" – Fallschirmjäger werden fortgestoßen, Gruppe zieht ab. „Schönes weißes Mehl, prima Sorte!" – „Drei Tüten voll!" – „Milchpulver, drei Tüten voll! Milchpulver!" – Fallschirmjäger seitwärts.*

*Erster Fallschirmjäger*: Zwei Tüten hattest du. Das war nicht redlich geteilt. Die eine hast du mir unterschlagen. Schuft du ...
*Zweiter Fallschirmjäger*: War doch weiße Farbe, was willst du ...
*Erster Fallschirmjäger*: Woher weißt du's? Weißt du es sicher? Mehl, sage ich, war's, schönes feines weißes Mehl. Eine dicke Mehlsuppe ...
*Zweiter Fallschirmjäger*: Meinst du? Und ich hätte mich im Geschmack getäuscht? Milchpulver, zwei Tüten Milchpulver ... Oh, der Koch, der verfluchte!
*Erster Fallschirmjäger*: Zwei Tüten hattest du? Stell dich nicht dumm jetzt! Komm mir nur nicht zu nah jetzt! ... Ich kenn mich nicht aus vor Wut! Und dieser Bande zahl ich's noch heim ...

*Rufe von weit her: „Weiße Farbe! Weiße Farbe!" – „Die Betrüger, die beiden!" – „Wo sind sie?" – „Wir werden es ihnen ankreiden, diesen gottverdammten Schurken." – „Weiße Farbe sollen sie fressen." – „Weiße Unschuldsengel werden wir aus ihnen machen." – „Mit ihrer schönen reinen weißen Farbe sie bemalen, sie anstreichen, innen und außen." – „Ihnen Weißes zu fressen geben, bis ihnen ganz weiß wird."*

Jetzt aber los! Die lassen nicht mit sich spaßen! Die machen nicht lange Federlesens. Denen ist's ernst damit.
*Zweiter Fallschirmjäger*: Also doch: Farbe ... Nichts als Farbe! Gemeine weiße, weiße Farbe ...

## Dritte Szene

*Stabsquartier. Zimmer in einem russischen Bauernhaus. Der General. Johannes Hörder. Major von Rundstedt. Die drei Panzerleutnants. Oberstleutnant von Quabbe. Der Fürst. Der Kriegsberichter. Oberkofler. Ordonnanz.*

*General*: ... Ihr Name, Johannes Hörder, wird in die Geschichte eingehen.

*Alle stoßen mit Hörder an, der schweigend, verlegen in der Mitte steht.*

Meine Herren! Damit beende ich den offiziellen Teil unseres Abends, und wir gehen zum gemütlichen Teil über. Lassen Sie sich nicht in Ihrer frohen Laune stören. Unsere Operationen sind zu einem gewissen Stillstand gelangt, eine Versteifung der Front ist eingetreten, teilweise sind wir zu einer leichten Rückzugsbewegung gezwungen. Aber dies will nichts besagen. Die Lage stellt erhöhte Anforderungen an einen jeden einzelnen von uns ... Das soll für Sie kein Anlaß sein, meine Herren ... Fühlen Sie sich hier bei mir, im Stabsquartier, wie bei sich zu Hause. Tun Sie sich, wenn ich bitten darf, keinerlei Zwang an. Mich müssen Sie entschuldigen, meine Herren, Sie verstehen, die neue Lage ... *(Ab.)*

*Panzerleutnant mit Klaps*: Major von Rundstedt übernimmt das Kommando.

*Allgemeines „Bravo!“.*

*Von Rundstedt*: Meine Herren! Ich danke Ihnen für Ihr Vertrauen. Es ist mir eine Ehre ... Sieg Heil! Prost!

*Oberstleutnant von Quabbe*: Was sagen Sie dazu? Alle haben sie mich gehört, meine ganze Verwandtschaft. Und bis in die fernsten Bekanntenkreise!

*Fürst*: War ja auch eine exquisite Sache. Die Jagdschilderung – etwas für Feinschmecker.

*Oberstleutnant von Quabbe*: Hören Sie, Herr Kriegsberichter!

*Von Rundstedt*: Unbedingt wieder unsern Herrn Oberstleutnant auftreten lassen! Das Volk verlangt danach.

*Kriegsberichter*: Ich bin zu jeder Schandtat bereit. Mich braucht man nicht zu animieren. Zweiter Teil W i n t e r s c h l a c h t steigt morgen.

*Panzerleutnant mit Klaps*: Liefern Panzerschlacht ins Mikrophon ... Engagement mit Stargage!

*Von Rundstedt*: Danke für gütige Nachfrage, Eure Hoheit. Meine Frau hat mir wieder einen entzückenden Brief geschrieben. Leider schont sie sich überhaupt nicht. Sie geht völlig auf in ihrer neuen Tätigkeit. Sie hat damit ein unschätzbares Verdienst erworben. Sie organisiert nämlich heitere Abende im Bombenkeller.

*Fürst (gerührt)*: Respektabel, hochinteressant!

*Von Rundstedt*: Die Leute sind geradezu unglücklich, wenn einmal ein Fliegeralarm ausfällt. Sie langweilen sich einfach zu Tode an solchen alarmfreien Abenden ... Und stellen Sie sich vor: diese heiteren Abende im Bombenkeller sind völlig unentgeltlich ...

*Oberstleutnant von Quabbe*: Das ist ja allerlei. Damit verwöhnt man die Leute nur. Macht sie anspruchsvoll.

*Von Rundstedt*: Ja, ich habe immer zu ihr gesagt: Elvira, dir liegt das Soziale, du hast einen Hang, eine Neigung dazu, aber gib acht, die Leute werden das, was du ihnen freiwillig aus deinem großen Herzen heraus spendest, darbietest, eines Tages mißverstehen, für deine Pflicht es erachten und so tun, als hätten sie einen Anspruch, ein Recht darauf. Darum mußt du bei jeder Gelegenheit betonen, daß das absolut freiwillig, gewissermaßen nur eine Gnade deinerseits ist, du mußt sie das fühlen lassen, sonst –

*Fürst*: Nun, ich habe auch mit Freuden vernommen, daß die englischen Anflüge auf Deutschland nachgelassen haben und vor allem die Schäden, die sie anrichten, ganz unerheblich sind.

*Johannes Hörder (für sich)*: Wie langweile ich mich hier! Wie einsam bin ich. Wohin bin ich wieder geraten ... Gerhard ...

*Panzerleutnant mit Klaps*: Unser Kriegsberichter, hoch! Morgen soll steigen: Zweiter Teil S c h l a c h t u m M o s k a u ! Oder: Winterschlacht.

*Alle (anstoßend)*: Sieg Heil! Prost!

*Kriegsberichter im Mittelpunkt. Man trinkt schnell. Animierte Stimmung steigert sich.*

*Oberstleutnant von Quabbe*: Ich denke schon eine ganze Weile darüber nach, wie ich zum Gelingen Ihrer morgen stattfindenden Schlacht beitragen kann. Aber offen gesagt, mir fällt nichts ein – vielleicht helfen Sie mir ein wenig auf die Beine.

*Stimme: „Auf die Klappe ... Quabbe mit der großen Klappe." Gelächter.*

*Kriegsberichter*: Die Gelegenheit macht den Dichter. Sie, Herr Oberstleutnant, sind Meister im ungezwungenen Plauderstil. Und

*Szenenfoto von der Aufführung des Berliner Ensembles*

ich habe noch einem jeden darüber hinweggeholfen, wenn er einmal unversehens in Verlegenheit geriet, nicht wahr, Kamerad Hörder – .

*Die beiden Panzerleutnants imitieren Sirenengeheul, dann mit „Bumbum" das Einschlagen von Bomben. Alle machen dabei mit, nur Hörder abseits. Stimmung von einer künstlichen, nervösen, fieberhaften Ausgelassenheit.*

*Von Rundstedt*: ... befinden uns also, wie Sie hören, in einem fröhlichen Bombenkeller und versorgen uns mit heiteren Darbietungen.
*Erster Panzerleutnant*: Hoch die Selbstversorger!
*Alle (stoßen an)*: Hoch die Selbstversorger!
*Panzerleutnant mit Klaps (auf das Weinglas wie ins Mikrophon einsprechend)*: Meine sehr verehrten Hörerinnen und Hörer in Deutschland: Achtung! Achtung! Die deutsche Ostfront spricht! Zweiter Teil unserer Reportage: Schlacht um Moskau. Oder: Winterschlacht. Wir stehen hier ... auf einer Anhöhe, vielmehr in einem Stabsquartier, nein, muß heißen in einem Weinlokal, beziehungsweise vielmehr in einem urgemütlichen fidelen Bombenkeller ... Nur wenige Kilometer noch ... Beziehungsweise vielmehr in Moskau selbst ... Die deutschen Armeen haben ihre Winterquartiere bezogen ... Der Krieg ist zu Ende ... Bewahrheitet hat sich – ein fabelhafter Endsieg ... Meine sehr verehrten ... in Deutschland ... Die russische Kälte kann uns ... In dicke Pelzmäntel sind wir gekleidet ... Heute abend – ich werde Ihnen rasch unser Souper zusammenstellen – Spargelsuppe und Gänsebraten, als Nachspeise einen in der Englischen Botschaft erbeuteten Riesen-Plumpudding ... Hühnerbouillon, Eisbein, Entenbraten, Rehkeule ...

*Rufe: „Abtreten! Abtreten! Das ist ja nicht zum Aushalten!"*

*Fürst*: Ach, dieser Stillstand! Aufgegeben haben wir sie tatsächlich, unsere welthistorische Anhöhe ... Meine Herren, wie ich darunter leide! Oh, du meine russische Heimaterde! Mein Gutsbesitz! Mein Gutsbesitz! Heimweh, wissen Sie, meine Herren, was Heimweh ist? In Paris habe ich mir mein Brot verdienen müssen ...
*Einige*: Als Chauffeur ... und so weiter ...
*Oberstleutnant von Quabbe*: Wie es meine Aufgabe ist, für eine würdige Unterkunft unserer teuren Gefallenen Fürsorge zu tragen – und ich kümmere mich Tag und Nacht darum, daß sie eine den

Verhältnissen entsprechende würdige Unterkunft nach ihrem Tode vorfinden –, so ist es die Aufgabe anderer Stellen, für unsere Truppen schon im vorhinein Quartiere in den eroberten Gebieten bereitzuhalten, und es waren auch die Pläne für die Unterbringung unserer siegreichen Armeeteile in Moskau bereits ausgearbeitet, wie ich gehört habe ...

*Fürst*: Auch auf meine Bedürfnisse wurde Rücksicht genommen?

*Oberstleutnant von Quabbe*: Wie können Sie daran zweifeln, Eure Hoheit. Ihr Mausoleum ... verzeihen Sie, Eure Hoheit, dieses bedauerliche Versprechen ergibt sich daraus, daß man ganz in der Hingabe an das Wohl der Toten aufgeht – Ihr Palais, soll es heißen, selbstredend – wird Ihnen am Tag des Einzugs feierlichst zurückerstattet, sicherem Vernehmen nach, und Deutsche werden Ihre Besitztümer verwalten, wie Sie den Wunsch geäußert haben, eine deutsche Leibwache dürfte Sie zuverlässig behüten vor allen Anschlägen unsicherer Elemente – *(nebenhin gesprochen)* –, vor dem eigenen Volk ...

*Fürst*: Oh, wie glücklich ich sein werde, unter dem Hoheitsschutz des Deutschen Reiches! Das Deutsche Reich wird mir einen ruhigen Lebensabend ...

*Oberstleutnant von Quabbe*: Kommt noch! Kommt noch! Kommt Zeit, kommt Rat! Garantiert! Garantiert ...!

*Von Rundstedt (für sich)*: Die ganze Zeit schon beobachte ich ihn. Er sitzt schweigend da, wie in sich gekehrt. Ab und zu trinkt er einen Schluck, hin und wieder zuckt es um seinen Mundwinkel. Unsere fröhliche Ausgelassenheit bleibt auf ihn ohne Eindruck. Ist der Mann krank? Hat er sich bei den Weibern was geholt? Ich werde den Arzt auf ihn aufmerksam machen. Aber eher scheint es ein Gemütsleiden ... Ist es nicht verdächtig, sein Benehmen? Da steckt was dahinter, sage ich ... Da heißt es scharf aufpassen ... Er schweigt – einfach unehrerbietig, abscheulich. He, Hörder! Kamerad!

*Johannes Hörder (Zuruf nicht achtend)*: Wie widert es mich an! An solchen Gesellschaften darf ich nicht teilnehmen. Sind nichts für mich. Sind Gift für mich ... Damit kann man nicht siegen ...

*Panzerleutnant mit Klaps geht wie schlafwandelnd an den Fürsten heran, nimmt Hörrohr, spricht hinein wie in ein Mikrophon, wieherndes Gelächter, Fürst wehrt sich, Oberstleutnant von Quabbe ihn beruhigend.*

*Panzerleutnant mit Klaps*: Meine sehr verehrten ... in Deutschland! Zum Abschluß unserer Sendung, zweiter Teil Schlacht um Moskau. Oder Winterschlacht – eine wahre Geschichte!

*Tumult. – Zurufe: „Eine wahre Geschichte!“ – „Die hat uns noch gefehlt!“ – „Der ist verrückt genug!“ – „Ein großartiger Abend!“*

*Panzerleutnant mit Klaps (fortfahrend)*: Wir stoßen vor aus dem Wald, da sehen wir in einer Hügelfalte den russischen Panzer vor uns. Fünf Panzer sind wir. Der Russe rührt sich nicht. Bewegungslos steht er ... Plötzlich springt er hoch, rast feuernd los ... Qualm, Stichflammen. Der Russe brennt ... Schon wollen wir Feuer einstellen ... Da, trauen unsern Augen nicht ... Ein Mann, wie schwarz verkohlt, schwingt sich aus dem Turm, läuft uns an mit Handgranaten ... Wie sollen wir siegen: dagegen. Die Russen sind – anders ... *(Taumelt, schlägt hin, wie in einem Anfall.)*

*Während der Erzählung ist Oberkofler erschienen. Oberkofler wird bemerkt. – Stimmen: „Wer kommt denn du!“ – „Oberkofler, der Stabskoch!“ – „Hoch soll er leben, dreimal hoch!“*

*Oberstleutnant von Quabbe*: Will er uns nicht etwas zum besten geben?

*Fürst (wie bittend)*: Nach dieser scheußlichen Geschichte zur allgemeinen Erheiterung beitragen?

*Von Rundstedt*: Parole: Heiterer Abend im Bombenkeller.

*Oberkofler*: Sie müssen mich schon entschuldigen, die Herren Offiziere, ich habe nämlich heute einen stillen, ernsten Tag. Auch so was kommt vor mitunter ... Mir ist heute so zumute wie an einem hohen Feiertag ...

*Gelächter. Beifallsklatschen.*

*Stimme*: Bravo, Oberkofler, ausgezeichnet gesagt! Der beste Witz des Abends ... Sei prämiiert! ...

*Oberkofler (zur Seite)*: Es ist geschehen ... Eine wunderbare klare Nacht ist draußen.

*Hallo, betrunkenes Lachen.*

*Von Rundstedt*: Dieses blöde Gefasel eines bedauerlicherweise geistig Gestörten hat einen Eindruck auf unsern Ritterkreuzträger nicht verfehlt. Ich konnte beobachten, wie er mit seiner Anteilnahme ganz auf der Seite dieses legendären Russen stand, er hat sich lebhaft in die Rolle dieses Fabelwesens hineinversetzt ...

*Oberkofler (zu Hörder)*: Langweilen Sie sich, Herr Obergefreiter? Fad solch ein Abend, was?

*Johannes Hörder (in Nachdenken versunken)*: Der eine Mann, der eine ... Gegen unsere Panzer anstürmend ... Die Russen sind anders. *(Erwachend.)* Danke der Nachfrage. 's geht so.

*Oberkofler*: Den Herrn Oberfeldwebel hab ich getroffen. Schien wieder ganz mit seinen Gedanken beschäftigt zu sein. Sonderling, gewissermaßen.

*Johannes Hörder (abweisend)*: Wie beliebt? Kann sein ... *(Für sich.)* Gerhards Weg ist nicht der meine. Dieses hier ist auch nicht mein Weg. Es muß ein Drittes geben, etwas ganz anderes. *(Unvermittelt.)* Wie meinen Sie, Oberkofler, sind viele gegen den Krieg?

*Oberkofler*: Eine verzwickte Frage, die mir da der Herr Obergefreite zu beantworten aufgibt! Viele gegen den Krieg? Teils – teils – halb und halb – a bissel dagegen, a bissel dafür, wie man's so nimmt. Dafür und dagegen zugleich. Heute dafür, morgen dagegen. Viele wissen überhaupt nicht, sind sie dafür, sind sie dagegen. Andere sind weder dafür noch dagegen. 's ist ihnen halt sowieso alles gleich. 's ist nichts zu machen, sagen sie – *(deklamierend)* – „Anderssein, sich fühlen im Ganzen, eins sein, mächtiges Wir mit Waffe in der Hand" – und Kriegsgewinnler gibt es nicht nur hoch dort oben, auch für den Landser fällt dabei etwas ab, mit einigen Ausnahmen allerdings, aber auch deren Tod heißt „Heldentod", und die Trauer um sie wird „Stolze Trauer" genannt. Und stur ist man geworden, unsereins, stur, da haben Sie ja keine Ahnung davon, Herr Obergefreiter. Die Sturheit, meine ich, ist die hervorragende Charaktereigenschaft unseres Volkes geworden.

*Johannes Hörder*: Will ich nicht gehört haben.

*Oberkofler*: Soll ich wiederholen?

*Johannes Hörder*: Will ich nicht gehört haben.

*Oberkofler*: Und ich meine auch, wer A sagt, muß nicht nur B sagen. Es wird uns wohl nicht erspart bleiben, das ganze Alphabet herunterzubuchstabieren von A bis Z. Von Adolf bis Zusammenbruch.

*Johannes Hörder*: Will ich nicht gehört haben. Will ich nicht gehört haben. *(Träumerisch.)* Und wir sind auf der Suche nach einem ganz anderen ... Auf der Suche nach Deutschland ... Wo habe ich das nur gelesen? Wie heißt das nur, bei Hölderlin wohl?

„O gäb es eine Fahne ... ein Thermopylä,
Wo ich mit Ehren sie verbluten könnte,
All die einsame Liebe, die mir nimmer brauchbar ist."

*Oberkofler*: Will ich nicht gehört haben.
*Johannes Hörder*: Wollen wir beide nicht gehört haben –
*Oberkofler*: Beide nichts gehört haben.

*General tritt ein.*

*General*: Welche Verwüstungen! Wie ein Schlachtfeld! Hat eine Bombe eingeschlagen? Leichen liegen.
*Von Rundstedt*: Mit dem Koch spricht er, mit diesem Blödian, mit diesem Schlemihl spricht er, das sieht ihm gleich, das kann ich noch bemerken. Uns ignoriert er, verachtet er mit Schweigen. Hörder, he, was sagen Sie zu Amerika?

*Fürst eingeschlafen.*

*Oberstleutnant von Quabbe*: Gräber, Kreuze. Ich verstehe nicht, der Herr General ist zu unmodern. Die Erdbestattung ist zu kostspielig geworden, viel zu zeitraubend, auch vom hygienischen Standpunkt aus nicht mehr vertretbar. Wir können uns diesen Luxus nicht erlauben. Ja, jetzt noch, wo Amerika ...

*Ordonnanz in höchster Eile.*

*General*: Was gibt's?
*Ordonnanz (verwirrt)*: Drei Mann, in einem Panzer ... Ein Mann namentlich festgestellt: Oberfeldwebel Gerhard Nohl von den Kradschützen ... unsere Linien verlassen ... in Richtung auf russische Stellungen ... Moskauer Straße.
*Betrunkene (lallen)*: Wer hat sich das ausgedacht? Fabelhafter Witz! Wird immer besser, großartiger Abend!
*Kriegsberichter (sinnlos betrunken)*: Das wäre – ja – in der Tat – der effektvollste Abschluß – unserer Sendung – zweiter Teil – S c h l a c h t u m M o s k a u ... Winterschlacht.

*Allgemeiner Gesang, nur Refrain hörbar: „Rumba, rumba, rumba!"*

*General*: Ruhe, meine Herren, wenn ich bitten darf ...

*Stimme: „Wer kommandiert hier? Rundstedt hat das Kommando ..."*

Das ist eine Sache, welche die ganze Division ... Ruhe! Wollen Sie Ruhe halten! Deutschlands Ehre steht auf dem Spiel!

*Von Rundstedt*: Was sagt er, der Hörder? Was für ein Gesicht macht er? Ich verstehe mich drauf, Schweigen beredt zu machen! Oh, ich verstehe es, Stumme reden zu machen! Der Herr Vater würde an mir seine Freude haben. Hörderchen, ich werde am Ende doch noch dein abscheuliches, unehrerbietiges Schweigen zum Reden bringen –

*Johannes Hörder (in höchster Erregung)*: Das hätte ich ihm nicht zugetraut. Fahnenflüchtig. Nohl: mich, uns alle, Deutschland hast du verraten. Ich melde mich freiwillig ... *(Laut vortretend.)* Herr General, ich melde mich freiwillig ...

*General*: Ich danke Ihnen, Hörder. Das habe ich von Ihnen erwartet. Sie übernehmen das Kommando. Ich veranlasse sofort alles Weitere.

*Erster Panzerleutnant*: Angenehme Verfolgungsjagd!

*Zweiter Panzerleutnant*: Hals- und Beinbruch! Glück auf!

*Oberkofler*: Nein, so was! Wer hätte das von dem Herrn Oberfeldwebel geglaubt. Das übertrifft ja die Kriegserklärung Amerikas. Das ist ja schon Aufruhr.

*Panzerleutnant mit Klaps (singend)*:

Hörderlein, Hörderlein,
Willst deines Bruders Mörder sein ...
Wenn du meinen Panzer siehst,
Sag, ich laß ihn grüßen!

*In allgemeinen betrunkenen Gesang übergehend.*

Ja, ein Regenwurm hat's gut,
So ein Regenwurm hat's fein,
Ach, könnt ich doch, ach, könnt ich doch
Ein Regenwürmlein sein!
Rumba, rumba, rumba.

## VIERTER AKT

*Weihnachtsabend in einer deutschen Stadt.*

### Erste Szene

*Anna Nohl. Halbdunkel.*

*Anna Nohl*: Wie sagte der Alte, als man ihn wegholte: „Hab keine Angst, Anna! Alles wird gut werden!" Wie hat Gerhard gesagt damals, als er fortging: „Anna, du sollst keine Angst haben! Merk dir: alles wird gut werden ..." Jeder für sich ... in der Einzelzelle seiner Gedanken ... Jeder macht brav seine fünf Schritte ... von Wand zu Wand. Weit haben wir es gebracht, weit in der sonderbaren Kunst, daß zwei Menschen, die sich lieben, ihre wichtigsten, ihre entscheidenden Gedanken voreinander verbergen ... Und doch, es gab einmal eine Zeit, da sahen wir uns an und brauchten nicht viel Worte zu machen, und einer verstand den andern, jeden heimlichen Gedanken erriet er, aber damals war die Wand noch nicht da, die Wand, die sich zwischen uns alle drängt. Friede war. F r i e d e ! Nein, die Nachbarwohnung ist leer ... und niemandem wird einfallen, daß hier, in dem dunklen Zimmer jemand plötzlich wie verrückt nach Frieden schreit ... Wie viele Jahre sind wir verheiratet ... Wie viele Jahre davon haben wir miteinander leben dürfen? Jahre können kurz sein und ewigkeitslang. Nur zweieinhalb Jahre hat man ihn mir gelassen. Dann mußte er fort, es hieß, für Deutschlands Größe. Unser kleines Glück zählte da nicht mehr mit ... Wenn es um Deutschlands Größe geht ... um Deutschlands Größe ... Und in jedem deutschen Haus beweint man einen Toten oder zittert um einen noch Lebenden ... Wie ich ... ich bin nur ich ... ein armseliges Ich, ein Nichts vor Deutschlands Größe ... ein deutsches Ich, das fünf Schritte macht, von Wand zu Wand, und das ist Deutschlands Größe, und das bin ich, und du, und ihr und wir alle!! Da ist sie, Deutschlands Größe! Dafür also ... dafür! Halt, das ist die Wand ... Licht! Licht! Ich muß Licht haben, ich halte die Dunkelheit nicht mehr aus ... Einer müßte endlich da sein und mir sagen, welchen Sinn diese unerhörte Qual hat, wozu man uns so unmenschlich schindet ... Euch da draußen und uns zu Hause! Deutschlands Größe! Ist sie denn nicht hier, in der Größe meines Jammers?! ... *(Verdunkelt Fenster. Macht Licht.)* Ja, so ist es besser! Bei Licht besehen, wird alles klarer ... Nicht leichter, aber klarer ... Noch den Vorhang zu, damit das verdunkelte Fenster, dieser schwarze Fleck, nicht gleich wieder davon zu erzählen beginnt ... Still, Fenster! Es ist verboten, über militärische Geheimnisse ... Was sagst du —: es sei kein Geheimnis mehr ... die Spatzen pfeifen es schon von den Dächern, wie es bei uns zugeht, drinnen im Land und draußen an der Front ... dort, wo Gerhard ist ... an der eiskalten, endlosen Front im Osten. Schweig, Fenster! Du bist vorschriftsmäßig abgedichtet, du mußt dicht halten, verschwiegen sein ... Hast dich verwandelt, Fenster, wie alles andere, was einmal vernünftig war und schön und gut ... Kein Fenster mehr, sondern ein gespenstisch verhülltes Viereck in der Wand, ein gut und vorschriftsmäßig abgedichtetes Gespenst, das klirrend bebt, wenn es das Aufheulen der Sirenen hört und das pfeifende Surren naher Bomben spürt ... Ja, einmal warst du weit geöffnet, warst eine freundliche Tür des Lichtes, durch die der noch nicht von Scheinwerfern zerpflügte Himmel nachtblau in dieses Zimmer sah ... Ja, einmal warst du weit aufgetan, um den weichen Glanz des Mondes und das Leuchten der Sterne in deinen Rahmen zu fassen ... Vorbei ... vorbei ... Ja, einmal hast du den Menschen, die auf der Straße draußen vorbeigingen, den warmen Gruß eines im Zimmer schimmernden Lichts nachgerufen, und Blumen sind in der Helligkeit deines gläsernen Schutzes erblüht ... Auch das – vorbei ... Du bist selber schutzbedürftig und verängstigt geworden und siehst erbarmungswürdig genug aus, dunkles Viereck. Alle Dinge um mich herum haben in diesen ewigkeitslangen zweieinhalb Jahren einen erbarmungswürdigen Ausdruck angenommen, jetzt, wo es hell geworden ist im Zimmer, läßt es sich durchaus nicht mehr verbergen, wie erbarmungswürdig sie aussehen ... *(Plötzlich ausbrechend.)* D i e s e r K r i e g i s t D e u t s c h l a n d s U n g l ü c k. A l l e s w a r L ü g e ! Nein, ich habe keine Angst mehr, Gerhard! Du meinst, ich merke nichts. Oh, ich merke schon. Aufmerksam verfolge ich alles und jedes. Ja, ich habe es gemerkt, und – ich – werde – d e n , d e n Brief schreiben!

*Es läutet.*

Wer – am Weihnachtsabend? Will man auch mich holen? Eine feine Dame das, die Hörder, gab vor, sei gekommen, um den Alten zu warnen, holte ihn aus – wieder hat er nicht tief genug geschwiegen –, und eine Stunde darauf war er verhaftet ... Nein, ich werde nicht aufmachen ... Sollen sie aufbrechen ... Ich öffne nicht ...

*Es läutet zum zweitenmal.*

Brecht doch die Tür auf! Holt mich doch! Was läutet ihr da lange herum?! Seid doch auch sonst nicht so zimperlich, das kann man euch wahrlich nicht nachsagen ... Was macht ihr für einen Schmus mit eurem Läuten da?! Ich öffne nicht!

*Heftiges Läuten zum drittenmal. Klopfen.*

Wer – ist das? ... Das drittemal. Heute, am Weihnachtsabend ... Vielleicht – der Vater ... frei ... oder – ja, warum hab ich denn daran nicht gedacht ... wenn er, Gerhard! Gerhard! Weihnachtsurlaub – *(Laut rufend.)* Ich komm schon! Ich komm schon! Ich öffne! Gleich, gleich!

Zweite Szene

*Johannes Hörder, Anna Nohl.*

*Anna Nohl (kalt, förmlich)*: Was führt Sie her zu mir, Herr Hörder? Haben Sie mir nichts zu bestellen, von meinem Mann? Nichts? Keinen Brief, keinen Gruß? Also, er hat keinen Urlaub? Ist etwas geschehen mit ihm? Das ist ja alles zu merkwürdig ...

*Johannes Hörder*: Ich mußte Sie sehen ...

*Anna Nohl*: Was ist mit Gerhard, Sie wissen es. Ich kann alles ertragen – nur Ihr dummes Schweigen nicht.

*Johannes Hörder*: Er ist fort.

*Anna Nohl*: Was heißt das: fort? Was ist das: fort? Fort – wovon? Fort wohin? Werden Sie deutlich, endlich ...

*Johannes Hörder*: Zu den Russen ... Er ist fahnenflüchtig geworden ...

*Anna Nohl (wie erwachend)*: Er lebt ...

*Johannes Hörder*: Sofern die Russen ihn am Leben lassen ...

*Anna Nohl*: Die Russen lassen ihn. Also – lebt er. Gerhard lebt ...

*Johannes Hörder*: Ich wundere mich, wie Sie diese Nachricht aufnehmen. Die Nachricht von seinem Tode müßte Ihnen leichter fallen ...

*Anna Nohl*: Keine Kugel hat ihn dabei getroffen von hinten, keine deutsche?! Was Gerhard tat – das ist e i n Weg ... *(Sich rasch fassend.)*

*Johannes Hörder*: Gnädige Frau, ich bitte ... Will ich nicht gehört haben ...

Anna Nohl (gespielt): Ach, er wurde nicht – gefangengenommen. Da hab ich Sie ganz falsch verstanden ... Er selbst ist freiwillig – übergelaufen, desertiert, so nennt man das – ja, warum haben Sie sich denn nicht deutlicher ausgedrückt! Gott, so eine Schande. Mein Mann ein Deserteur ... Verdammt ...

*Johannes Hörder*: Ich selbst habe mich sofort gemeldet, freiwillig. Sie wissen, er war mein bester Freund, nachdem mein Bruder in Polen gefallen war ... In der letzten Zeit gerieten wir auseinander. Gerhard äußerte Ansichten – nicht unterschieden von denen seines

Freundes, mit dem er gebrochen hat vor Jahren, aus politischen Gründen . . .

*Anna Nohl (kaum ihre Freude verbergend)*: . . . Schrecklich . . . Und Sie, Hörder, sind nach wie vor der gleiche . . . Mit allem ganz einverstanden.

*Johannes Hörder*: Keiner ist sich gleichgeblieben. Keiner ist mehr derselbe.

*Anna Nohl*: Aber ich verstehe, offen gesagt, Ihren Besuch noch immer nicht . . .

*Johannes Hörder*: Ich habe an der Front viel an Sie gedacht. Ich mußte zu Ihnen. Fühlen Sie es nicht . . . Anna?

*Anna Nohl*: Sie meinen vielleicht, ich sei so eine.

*Johannes Hörder*: Vielleicht hat Gerhard – doch recht gehabt. Nein, ich habe nichts gesagt . . . Helfen Sie mir. Hat das jemand abgehört? Konnte das jemand mit anhören? Halten Ihre Wände dicht? Und wer sind S i e , Anna?

*Anna Nohl*: Warum soll der Sohn nicht ein Schuft sein, wenn die Mutter . . .

*Johannes Hörder*: Was hat meine Mutter?

*Anna Nohl*: Gerhards Vater in das Gefängnis gebracht! Unter dem Vorwand, ihn zu warnen, hat sie sich in sein Vertrauen eingeschlichen . . .

*Johannes Hörder (feierlich)*: Ich gebe Ihnen mein Ehrenwort, ich schwöre Ihnen: das – ist – ganz unmöglich!

*Anna Nohl*: So überzeugt sind Sie? In unserer Zeit ist alles möglich.

*Johannes Hörder*: Einiges ist nach wie vor unmöglich. Niemals würde ich Sie . . .

*Anna Nohl*: Sie haben sich doch gemeldet, freiwillig . . .

*Johannes Hörder*: Ich habe Gerhard nicht verraten. Ich kannte seine Ansichten, trotzdem habe ich ihn nicht . . .

*Anna Nohl*: Ich erkenne Ihre Stimme wieder. Ich habe mir Ihre Stimme genau gemerkt. So sprachen Sie im Radio . . .

*Johannes Hörder*: Freiwillig gemeldet habe ich mich, vielleicht, um ihn n i c h t zu finden . . .

*Anna Nohl*: Aber Sie sind von der Reise überanstrengt . . .

*Johannes Hörder*: Durch Polen bin ich gefahren. Haß sah ich, nichts als Haß. Da sah ich d e n Haß . . . Und in Rußland sah ich, dort hab ich gesehen . . . Ja, ich bin von einer langen, weiten Reise überanstrengt. Es strengt an, Anna, solch ein Sehen . . .

*Anna Nohl*: Aber das alles sind ja Dummheiten. Sie kommen nach Hause . . . Dort brennt der Weihnachtsbaum. Und viele, viele schöne Sachen gibt es. Sicher haben Sie auch hübsche Geschenke aus Rußland mitgebracht. Erholen werden Sie sich und an die Front zurückkehren ... Und alsbald melden Sie sich wieder freiwillig ...

*Johannes Hörder*: Ich habe nichts aus Rußland mitgebracht. Ich habe noch immer versucht, ein anständiger Mensch zu bleiben.

*Anna Nohl*: Nichts aus Rußland mitgebracht – das ist schon was. Das ist sogar schon viel, heutzutage. Man ist ja in seinen Ansprüchen bescheiden geworden ...

*Johannes Hörder*: Wie soll ich Ihnen beweisen, daß ich nicht feig bin?

*Anna Nohl*: Es kann sein, daß es einmal auch dazu zu spät ist ...

*Johannes Hörder*: Und Gedichte werde ich wieder schreiben – im Frühling, im Frieden.

*Anna Nohl*: Sie haben aufgehört, Gedichte zu schreiben?

*Johannes Hörder*: Seit der Krieg ausgebrochen ... nur diese beiden Zeilen hier:

Wir lernten Weinen lange vor dem Lachen.
Wir waren Nummern, eh wir Namen hatten.

*Anna Nohl*: Nichts aus Rußland mitgebracht – und diese beiden Zeilen hier – das sind schon Beweise. Dann werden Sie einmal gute, sehr gute Gedichte schreiben.

*Johannes Hörder*: Sie haben damals Gitarre gespielt.

*Anna Nohl*: Aber seit Gerhard fort ist, nicht mehr.

*Johannes Hörder*: Würden Sie, wenn ich Sie bitte ...

*Anna Nohl*: Ich würde nicht nein sagen.

*Johannes Hörder*: Ich bitte Sie.

*Anna Nohl*: Weihnachtsabend, Krieg. Der Vater verhaftet und Gerhard fort bei den Russen ... Und wir, als wäre tiefster Friede ...

*Johannes Hörder*: Spielen Sie, singen Sie, das macht stark für ein anderes – Leben.

*Anna Nohl (scherzend)*: Will ich nicht gehört haben. *(Greift auf der Gitarre Akkorde und singt)*:

Ade, zur guten Nacht,
Nun wird der Schluß gemacht,
Daß ich muß scheiden.

Sie können ruhig mitsingen ...

*Beide (singen)*:

Im Sommer blüht der Klee,
Im Winter schneit's den Schnee.
Dann kehr ich wieder.

*Anna Nohl*: Was sind die Russen für Menschen? Wie sehen sie aus, wie ist's bei ihnen in ihrem Land? Und was soll werden danach? Ich werde mir das alles merken, bestimmt merken ...

*Johannes Hörder*: Anna!

*Anna Nohl*: Nun gehn Sie, Hörder, doch bevor Sie gehn ... *(Hält ihm den Mund zu, küßt ihn auf die Stirn.)* In unserer Heimat gibt's ein Wiedersehn.

Dritte Szene

*Maria Hörder, Johannes Hörder. Dann Karl Hörder. Tannenbaum geschmückt.*

*Maria Hörder*: Daß du endlich da bist, du mein Lieber. War am Bahnhof, dich abzuholen. Aber die Züge kamen ganz unregelmäßig. Hast du dich denn nicht umgeschaut? Daß ich dich nicht erkannt habe! Aber ihr alle habt so gleiche graue und ernste Gesichter. Alt bist du geworden, mein Junge, du bist ganz anders geworden ... Wie ich mich freue, und – ich gratuliere dir.

*Johannes Hörder*: Es ist gut, daß du so sprichst, Mutter, ich dachte schon –

*Maria Hörder*: Ich würde dich mit „Sieg Heil" empfangen? Nein, die Zeit ist vorüber. Die Zeit ist nicht mehr.

*Johannes Hörder*: Ich hatte noch etwas zu bestellen.

*Maria Hörder*: Schon gut, macht nichts. Du siehst ja, der Vater ist noch nicht da. Er hat noch eine wichtige Verhandlung. Er hat vorhin angerufen, wir sollen ruhig den Weihnachtsbaum anzünden. Es könne bis spät in die Nacht hinein werden ...

*Johannes Hörder*: Bei Nohls war ich.

*Maria Hörder*: Bei Anna Nohl, meinst du. Hattest du von ihrem Mann etwas auszurichten?

*Johannes Hörder*: Er ist fort, bei den Russen.

*Maria Hörder*: Dann hat er diese unsinnige Schlächterei wenigstens hinter sich. Das ist die Hauptsache.

*Johannes Hörder*: So denkst du, Mutter?

*Maria Hörder*: Darüber später. Aber Nohls interessieren mich. Gerhards Vater ist verhaftet.

*Johannes Hörder*: Und Anna hat dich in Verdacht –

*Maria Hörder*: Mich – wie kann man mich denn in solch einem Verdacht haben? Gewarnt habe ich ihn, den Alten.

*Johannes Hörder*: Gewarnt? Ich hab mein Ehrenwort für dich gegeben.

*Maria Hörder*: Da muß ich sofort . . .
*Johannes Hörder*: Es hat bis morgen Zeit, Mutter. Ich konnte Anna überzeugen. Wir müssen jetzt sprechen.
*Maria Hörder*: Morgen in aller Frühe werde ich . . . Und bevor du zu mir kamst, bist du zu Anna . . .?
*Johannes Hörder*: Mutter!
*Maria Hörder*: Und denkst du auch an deinen Bruder noch manchmal? Ja, sag einmal, hast du denn nicht die geringste Ahnung davon . . . Und dein letzter, dein so unvorsichtiger Brief – ist wohl überholt, was? – Ich kann ihn auswendig . . .
*Johannes Hörder*: Ich verstehe schon nichts mehr . . .
*Maria Hörder*: Soviel aber verstehst du immerhin noch, daß du weißt: dein Bruder ist gefallen . . .
*Johannes Hörder*: Ja, vor Warschau.
*Maria Hörder*: Weißt du, wofür dein Bruder gefallen ist?
*Johannes Hörder*: Für Deutschland.
*Maria Hörder*: Weißt du, gegen wen dein Bruder gekämpft hat?
*Johannes Hörder*: Gegen die Polen.
*Maria Hörder*: Was für eine Kugel muß es demnach gewesen sein, die deinen Bruder getroffen hat?
*Johannes Hörder*: Eine polnische.
*Maria Hörder*: Richtig, wie schlau du bist – eine polnische Kugel muß es demnach gewesen sein.
*Johannes Hörder*: Was stellst du mit mir für ein Verhör an, Mutter?
*Maria Hörder*: Um dich freizusprechen von dem Verdacht, auf Grund des Verhörs. Also: das Andenken deines Bruders hast du nicht geschändet? Denn ist es auch richtig, daß er vor Warschau gefallen ist, so ist es ebenso richtig – einwandfrei durch zuverlässige Zeugen, seine besten Freunde bewiesen und durch deines Vaters Geständnis unlängst –, daß eine d e u t s c h e Kugel deinen Bruder getroffen hat, aus dem Hinterhalt, auf Befehl jener Stellen, die sich mit derartigem beschäftigen . . . Ich will den Weihnachtsbaum anzünden . . .

*Während sie den Weihnachtsbaum anzündet, Johannes Hörder zuhörend, Gesicht mit den Händen bedeckend.*

Dein Bruder hat, wie du weißt, in den Reihen der Legion Condor gekämpft, in Spanien. Er hat mit mir oft darüber gesprochen, daß er die Gewißheit gewonnen habe, Spaniens Volk stehe auf der andern Seite. Dein Bruder schwieg. Nur mit mir sprach er sich darüber aus. Und dein Bruder begann zu träumen von einem anderen

Deutschland ... Der Krieg gegen Polen schien ihm der Beginn eines langwierigen, unübersehbaren Abenteuers zu sein – unberechenbar in seinen Auswirkungen. Bei Krakau weigerte er sich, eine Massenhinrichtung zu vollziehen ... Er wurde unverzüglich von seiner Fliegertruppe abkommandiert, wurde Artilleriebeobachter, er hatte dazu nicht die geringste Vorbildung. Einige Tage darauf ist er gefallen, als Artilleriebeobachter, in der vordersten Schützenlinie ... Freunde haben mir diese Nachricht hinterbracht. Auch die Namen der Mörder glaube ich zu kennen. Ich werde sie dir nennen, wenn es Zeit dazu ist ... Der Vater weiß bis jetzt nicht, daß ich das von ihm so streng gehütete Geheimnis kenne. Ich hinwiederum wußte nicht – was er mir erst neulich gestand –, daß er sich von seinem Sohne losgesagt hatte und ihn einen Schandfleck der Familie nannte ...

*Weihnachtsbaum brennt. Johannes Hörder aufschauend.*

Dieses Büchlein hier sollte ich dir einmal übergeben, bat dein Bruder. Wenn ich es für an der Zeit halte. Nun ist es Zeit. „Katechismus für den deutschen Kriegs- und Wehrmann" von Ernst Moritz Arndt.

*Johannes Hörder (feierlich, sich erhebend)*: „Sie meinen, wenn sie zur Fahne eines Königs oder Fürsten geschworen haben, müssen sie blind tun alles, was er ihnen gebietet; sie achten sich also nicht als Menschen, die einen freien Willen von Gott erhalten haben, sondern als dumme Tiere, die sich treiben lassen. Und diesen tierischen Zustand und diesen blinden Gehorsam gegen ihren Herrn nennen sie ihre Soldatenehre und meinen, Soldatenehre sei ein anderes Ding als Bürgerehre und Menschenehre. Das ist aber nicht wahr ... Das ist die wahre Soldatenehre ... daß keine Gewalt noch Herrschaft den edlen und freien Mann zwingen kann, das Schändliche oder Unrechte zu tun oder tun zu helfen."

*Maria Hörder*:
Uns aber bleibt die Rache. Du und ich,
Wir haben diese Rache zu vollziehen.

*Karl Hörder tritt ein.*

Da ist er ... Lieber Mann! Die Kerzen brennen!
Wie gut, daß die Verhandlung nicht zu spät
Zu Ende ging ... Nun kommt, wir wollen feiern ...

## Vierte Szene

*Karl Hörder, Johannes Hörder, Maria Hörder.*

*Karl Hörder*:
Sieg Heil! Sieg Heil, mein lieber Sohn, Sieg Heil!
Nach Moskau – hundert Kilometer! Bravo!
Die Tafel hat er angebracht. Ganz Deutschland
Ist stolz auf dich. Mein lieber Sohn, Sieg Heil ...
*(Deklamierend.)*
Wenn um uns einer nach dem andern fällt,
Und stünden wir in Blut bis an das Knie,
Wär ein zerschossener Berg die ganze Welt,
Wir hielten ihn, die deutsche Infanterie ...
Was, anstrengend so eine Reise? Maria, laß den Punsch bringen! Gegessen habe ich in der Verhandlungspause, vor einer Stunde. Aber ihr habt ja noch gar nicht gegessen. Sich interessant unterhalten, was ...

*Johannes Hörder*: Ich habe gar keinen Hunger, jetzt ... Möchte nur etwas Punsch ... Wie warm, wie hell die Kerzen ...

*Karl Hörder*: Und dann setzen wir uns hier zusammen unter den Weihnachtsbaum, und unser Ritterkreuzträger ... Donnerwetter, wie stolz ich auf dich bin, Junge! Und der Unbekannte Soldat des zweiten Weltkrieges erzählt uns ... Und im Radio dazu ganz leise unsere schönen alten Weihnachtslieder ... Das nenne ich Stimmung ... Aber zuerst die Bescherung ... Dreht euch um einen Augenblick ... Etwas behelfsmäßig ... Aber schließlich: die Zeit ...

*Telefon läutet.*

*Maria Hörder*: Hörder. Ja, bin ich. Zu liebenswürdig, Frau Major. Auch Ihnen ein recht fröhliches deutsches Weihnachten. Jaja, eingetroffen. Sieht fabelhaft aus. Leider gerade nicht im Zimmer. Schade, ja, zu schade, daß Ihr lieber Mann nicht ... Hat geschrieben? Imitiert an der Front Ihren lustigen Bombenkeller? Zu interessant! Na klar, die klimatischen Verhältnisse sind schuld, die sibirische Kälte ... Im Frühling wird alles anders ... Beginnt die ganze große Offensive wieder ... Nun entschuldigen Sie aber, Frau Major, bitte, es hat eben geklingelt, bin heute abend ohne Mädchen. Viele Gäste? Nein, nur im engsten Familienkreis. Mein Mann ist ja auch zu sehr überlastet ... Und wir sehen uns übermorgen. Also nochmals: alles Gute – und ein recht, recht fröhliches Weihnachten!

*Maria Hörder und ihr Sohn verlassen einen Augenblick das Zimmer, während Karl Hörder die Weihnachtsgeschenke ausbreitet, dann klingelt er einige Male mit einem silbernen Weihnachtsglöckchen: aufs Lockend-Zärtlichste.*

*Karl Hörder*: Nun dürft ihr! . . . Zuerst Prachtausgabe auf Bütten: „Deutschlands Siege im Osten", gewidmet „dem Ritterkreuzträger, dem Unbekannten Soldaten des zweiten Weltkrieges von seinem Vater". Nummer zwei: ein altes Erbstück, die goldene Uhr deines Großvaters – meinen Lieblingsspruch hab ich dir eingravieren lassen: „Mehr sein als scheinen!" Aller guten Dinge sind drei. Und damit zum letzten: ein kleines Aktienpaket unseres Stahlkonzerns, in dessen Aufsichtsrat ich bekanntlich bin; hebe es dir gut auf, du wirst das Päckchen schon brauchen können, wenn du einmal heiratest . . . Und so, jetzt du, meine Maria. Diesen schönen Schal hier aus Norwegen, diese feine juchtene Ledertasche aus Polen, diesen Puder aus Paris – ich habe mich schier totgeärgert bei der Zusammenstellung, daß Holland, Belgien, Dänemark, Griechenland und Serbien ausfallen mußten, eine ganze Länderkollektion wollte ich dir im Zeichen der Neuordnung Europas auf den Weihnachtstisch legen, unser ganzes neugeordnetes Europa dir zu Füßen legen – Rußland, dachte ich, wird ja ohnehin vertreten sein, dafür wird ja unser Held gesorgt haben . . . So, das ist alles, was ich zu bieten habe. Wenig, reichlich wenig, aber von Herzen . . .

*Johannes Hörder*: Ich danke dir, Vater.

*Maria Hörder*: Ich danke dir, mein Gemahl . . . Ich habe diesmal ganz – ja, was habe ich nur –, erst jetzt fällt mir ein, man beschert, beschenkt sich ja gegenseitig zu Weihnachten – Erst als der Junge da war, wußte ich überhaupt: es ist Weihnachten . . . Den Weihnachtsbaum hat mir das Mädchen einfach ins Zimmer gestellt . . .

*Karl Hörder*: Mariechen, Mariechen . . . Immer von neuem wieder überraschst du einen . . . *(Zärtlich.)* Aber du hast mir doch den Sohn geschenkt, einen Helden geschenkt.

*Johannes Hörder*: Auch ich, Vater . . .

*Karl Hörder (jovial, doch enttäuscht)*: Das finde ich ja kolossal. Da habt ihr euch ja wirklich mächtig übernommen. Splendid bis zur Verschwendungssucht. Und nicht einmal Blumen, meine Lieblinge . . . wo wir jetzt doch die beste Gelegenheit hätten, uns aus Holland auf die billigste Weise Tulpen- und Hyazinthenzwiebeln kommen zu lassen . . . Da dachte ich mir, kommt der Weihnachtsmann aus Rußland mit Pelzhandschuhen, in Pelzstiefeln, Pelzhausschuhen, in Pelzjacke, Pelzkappe und Pelzmantel ... Und mit Wodka und Kaviar ... Nun, Maria, gieß den Punsch ein ... *(Stoßen an.)* Der hat es intus.

*Maria Hörder*: Für unseren Helden habe ich allerdings etwas, aber ich habe dabei gar nicht an Weihnachten gedacht, es liegt schon lange hier, wollte es der Feldpost nicht anvertrauen – aus guter alter Wolle ein Jäckchen, selbst gestrickt, bequem unter dem Waffenrock zu tragen, nicht gerade schön, aber praktisch, und noch diese Wollhaube hier und ein Paar Pulswärmer ... Ich gieß euch noch Punsch ein.

*Johannes Hörder*: Wie lieb von dir, Mutter. Warm hält das, warm. Ihr könnt euch ja gar nicht denken, d i e Kälte ...

*Telefon läutet.*

*Maria Hörder*: Ja, Frau Major. Bitte, erzählen Sie nur, bitte ... *(Legt Telefonhörer hin.)* Gebt eure Gläser! *(Schenkt ein, nimmt den Hörer wieder auf.)* Sehr schön, sehr schön ... Schade, nein, ist einen Augenblick zu einem Bekannten gegangen. Mein Gatte – ist noch nicht zu Haus ... Aber entschuldigen Sie bitte, läutet draußen schon wieder ... Auf Wiederhören! Auf Wiederhören!

*Karl Hörder*: Manchmal, Maria, bist du zu unschicklich. Solch eine angenehme Dame. Was hat sie dir denn nur getan! Also nochmals: hoch soll er leben! *(Stoßen an.)* Ein bißchen schweigsam ist er geworden, lange nicht mehr so redselig ... Jetzt schieß aber mal los mit deinen Erlebnissen, euer Feldzug war ja eine grandiose, gloriose Sache ... Besonders ihr Kradschützen wieder – ihr Stukas der Landstraße!

*Johannes Hörder*: Vater, nimm es mir nicht übel: die Reise hat mich so angestrengt; morgen bestimmt. Will mich mal wieder richtig ausschlafen.

*Karl Hörder*: Das läßt sich hören. Das sind Gründe fürwahr. Auch ein Held muß sich ausschlafen, bevor er zu neuen Heldentaten auszieht ... Nur eines, wann, meinst du, so beiläufig, werden wir Moskau ... Das ist nämlich für uns verdammt wichtig.

*Johannes Hörder*: Läßt sich schwer sagen, Vater. Die Russen sind – anders ...

*Karl Hörder*: Was heißt das: „anders"?

*Johannes Hörder*: Vater! Ungeheuerlich ist es. Unheimlich – alles.

*Karl Hörder*: Eine schöne Hiobsbotschaft bekommen wir da vorgesetzt zu Weihnachten.

*Die Baumkerzen sind heruntergebrannt und erloschen.*

Maria, steck doch einmal neue Kerzen auf. Wir sitzen ja schon im Dunkeln ... Nun, da will ich eben für mein Teil etwas zur Unterhaltung beitragen. Wir können uns doch nicht alle anschweigen.

*Maria Hörder schaltet Rundfunkempfänger ein, leise Weihnachtslieder – spärliches Kerzenlicht.*

Es dürfte dich interessieren, Maria: um den alten Nohl hat es sich heute gehandelt. Auch dich, mein Junge, wie gut, daß du deine Beziehungen zu diesem Lumpen – den Sohn, meine ich – abgebrochen hast. Natürlich liegen mir schon die genauesten Berichte vor. Mit besonderer Genugtuung erfahren, daß du dich freiwillig gemeldet hast. Du siehst also, ich bin im Bilde, wenn ich auch oft so tue, als wisse ich von nichts. Der Prozeß mit dem Alten war eine langwierige Sache. Vielleicht der hartnäckigste Fall, der mir begegnet ist. Er wollte nichts zugeben, wollte und wollte nicht ... Alle unsere modernsten Geständniserzeugungsmittel – haha – in Anwendung gebracht ... Da aber ist uns heute abend, vor drei Stunden, unerwarteterweise die Front zu Hilfe gekommen ... Ein über unseren Linien abgeworfenes Flugblatt, darin Bild dieses Vaterlandsverräters, mit einem Aufruf, einem Gedicht.

*Maria Hörder*: Hast du das Flugblatt?

*Johannes Hörder*: Das Bild!

*Maria Hörder*: Den Aufruf!

*Johannes Hörder*: Das Gedicht!

*Karl Hörder*: Also Kinder, streng vertraulich. Ich habe den Fetzen tatsächlich eingesteckt. *(Zieht das Flugblatt aus der Tasche.)* Schaut euch nur die Visage von dem Kerl an ... So was also gibt's noch immer bei uns, ist noch immer nicht ausgerottet.

*Maria Hörder, Johannes Hörder mit Flugblatt.*

*Maria Hörder*: Ein sympathisches Gesicht. Nun, ich kenn ihn ja.

*Johannes Hörder*: Gerhard. Ja, Gerhards Augen. Ich konnte seinem Blick oft nicht standhalten. Er sah mich an, als schaute er durch mich hindurch – in eine Ferne.

*Karl Hörder*: Kinder, gebt mir das Zeug zurück!

*Maria Hörder*: Und hier ist der Aufruf!

*Johannes Hörder*: Ja, das sind ganz seine Worte.

*Maria Hörder (liest hastig)*: „Hitlers Krieg ist eine verlorene Sache. Niemand hat unserem Volk soviel Kummer und Leiden gebracht wie Hitler. Deutschland kann in einem solchen Krieg nicht siegen ..."

*Johannes Hörder (liest)*: „Es gibt ein Deutschland größenwahnsinniger Machthaber, und es gibt ein anderes Deutschland – ein Deutschland des Volkes ..."

*Karl Hörder*: Gebt mir den Fetzen wieder! Ihr seid ja ganz ... Ich versteh nicht ... Ihr habt den schon viel zu lange!

*Maria Hörder*: „Durch den Sturz untauglicher Regierungen retten sich die Völker aus der Katastrophe."

*Johannes Hörder*: „Das deutsche Volk will nicht mit Hitler untergehn, es hat einen anderen, seinen eigenen Weg."

*Karl Hörder*: Jetzt wird es mir aber bald zu dumm, ihr ...

*Maria Hörder*: Und hier noch das Gedicht.

*Johannes Hörder*: Das ist ja d a s Gedicht ... Gerhards bester Freund hat es – er, mit dem er gebrochen hat vor Jahren aus politischen Gründen – *(Liest getragen.)*

Wenn alles schweigt, weil eine solche Knechtschaft
Das Volk bedrückt, daß keiner zu erheben
Die Stimme wagt, dann muß es einer sein,
Und diesem einen werden viele folgen,
Bis eines Tages dieser eine ist
Das ganze Volk – so muß es einer sein,
Der aufsteht und im Namen seines Volks
Die Wahrheit ausruft, durch die Tat beweist,
Daß auferlegt ihm nur durch die Gewalt
Die Herrschaft ist und ihre Freveltaten,
Das Volk verachtet, seine Herren haßt.
Den Tag erwartend, um sie selbst zu richten.

*Maria Hörder laut mitlesend.*

So retten sie die Ehre ihres Volks.
Die aufstehn, um die Wahrheit zu verkünden,
Und durch die Tat beweisen sie der Welt,
Daß nicht das ganze Volk die Blutschuld trägt.
Ihr Helden, kühne Retter eures Volks!
Steht auf! Steht auf und sprengt des Schweigens Bann,
Damit das Volk selbst auferstehen kann!

*Pause.*

*Karl Hörder*: Nun erlaubt aber einmal, was soll das bedeuten? Das ist ja einfach unbegreiflich, euer Verhalten ... Ihr werdet mir allmählich rätselhaft ... Ich lasse das nicht zu in meiner Wohnung, her mit dem Blatt ... Ich will, ich darf es nicht gehört haben! Zum dritten- und letztenmal ...

*Maria Hörder (gespielt)*: Solche hochverräterischen Dokumente muß man zur Kenntnis nehmen. Wie kann man den Hochverrat wirksam bekämpfen, ohne seine Sprache zu kennen!

*Johannes Hörder*: Vater, darf ich das Flugblatt für einen Tag, bis morgen ... *(Für sich.)* Für – Anna.

*Karl Hörder*: Bist du ...? Darauf steht Todesstrafe. Ich selbst habe mich eines schweren Verbrechens schuldig gemacht, daß ich mich von euch bereden ließ. Bereue es jetzt schon. Habe das nicht erwartet ...

*Maria Hörder*: Du hast dich keines Verbrechens schuldig gemacht. Ich kann dich beruhigen ... Man hätte mir das Dokument nicht vorenthalten ... Du weißt doch, ich habe meine Verbindungen ...

*Karl Hörder*: Also, das Flugblatt habe ich wieder. Das ist die Hauptsache. Ihr gebt mir euer Ehrenwort ...

*Maria Hörder, Johannes Hörder*: Ehrenwort!

*Karl Hörder*: Maria, gieße uns Punsch ein ... Also, geleugnet hat er und geschwiegen hat er und wieder geleugnet; wie gesagt: alle unsere Geständniserzeugungsmittel haben nichts vermocht. Da, heute abend, vor drei Stunden, konnte ich ihm das Flugblatt vorlegen ... Und nicht mehr geleugnet hat er danach, und nicht mehr geschwiegen, der Verbrecher, offen hat er sich zu dem Hochverrat seines Sohnes bekannt – fünf Minuten später Urteil fertig, Fall erledigt ... Todesurteil selbstredend ... Haftbefehl gegen die Frau des Deserteurs. Fortsetzung gleich nach den Feiertagen. Habe wieder einmal eine ganze Bande dingfest gemacht ...

*Johannes Hörder (zur Seite)*:
Das ist, das ist ... Es drängt mich zur Entscheidung.
In diesem Haus kann ich nicht länger bleiben.
Zu furchtbar, um es ganz sich auszudenken ...
Auf mich fällt der Verdacht. Ja, Anna wird ...

*Maria Hörder (zur Seite)*:
Es wird geschehen ... Heut, in dieser Nacht!
Der Sohn muß fort. Er darf nicht länger hier ...
Ich komm bei ihr von neuem in Verdacht ...

*Johannes Hörder (laut)*:
In diesem Haus will ich nicht länger bleiben!

*Maria Hörder*:
In diesem Haus kannst du nicht länger bleiben!
*Karl Hörder*:
Was sprecht ihr beide? Was ist denn geschehn?
Seid ihr von Sinnen? Bin von Sinnen ich?
*Johannes Hörder*:
Die erste Russenkugel soll mich treffen.
*Maria Hörder*:
Gib acht, daß dich nicht eine deutsche trifft!
*Karl Hörder*:
Ist es nicht Wahnsinn, ist es Hochverrat!
*Maria Hörder*:
's ist Hochverrat, du Schuft, 's ist Hochverrat!
*Karl Hörder*:
So, dann erstatt ich Meldung unverzüglich.
*Maria Hörder (spöttisch)*:
Das Telefonamt ist von mir besetzt ...
Und wer hat dieses Flugblatt uns gegeben?
Du hast ein Staatsgeheimnis uns verraten.
*Karl Hörder*:
Ich tat es nur, um euren Sinn zu prüfen.
Seit langem gärte in mir ein Verdacht.
Wie recht ich hatte, zeigt mir der Erfolg.
*Maria Hörder*:
Auf diesen Trick fällt keiner mehr herein.
Du Tulpenfreund, was suchst du nach der Waffe?
Nimm sie zur Hand, ich habe sie entladen.
*Karl Hörder*:
Dann bin ich wehrlos. Du hast mich entwaffnet.
*Maria Hörder (zieht Pistole)*:
Dein Schicksal liegt nunmehr in dieser Hand.
*Johannes Hörder*: O Mutter, was bist du zu tun bereit!
*Maria Hörder*:
Du geh! Und wisse eines: Russenkugeln
Sind nimmermehr bestimmt für deinesgleichen.
Für solche, wie der hier, sind sie bestimmt.
*Karl Hörder*:
's ist Hochverrat. Bei Gott, 's ist Hochverrat!
... Bestraft mit Tod ... wird mit dem Tod bestraft ...
*Johannes Hörder*:
Ach, Mutter, nein, ich kann, ich kann nicht gehn.

*Karl Hörder*:
Ich kenn mich selbst nicht mehr. Wahnsinn brach aus.
*Maria Hörder*:
Begreife endlich: es ist Hochverrat.
*Johannes Hörder*:
Ich kann nicht, Mutter, nein, ich will nicht gehn.
*Maria Hörder*:
Ich muß hier bleiben. Gerne wäre ich
Mit dir gegangen, fort, in deine Fernen.
Dein Leben aber muß ich hier bewachen,
Und daß e r schweigt, laß meine Sorge sein.
Für deinen Bruder: geh! Geh, geh für mich!
Für Anna: geh! Für alles, was dir teuer!
Verlaß dies Haus! Geh, ich beschwöre dich!
Geh! Sei ein Mann! Hat dich nicht stark gemacht
Das Vorbild deines Freunds! Sein Blick! Sein Ruf!
Geh! Sag ich dir schon zum wievielten Mal!
In Gottes Namen, geh! In Deutschlands Namen!
*Johannes Hörder*:
Dann muß ich gehn, und geh ich in den Tod,
Weiß ich, wofür –
*Maria Hörder*:
Leb wohl, ich will dir geben *(küßt ihn auf die Stirn)*
Noch meinen Segen!
*Johannes Hörder*:
Dorthin auf die Stirn
Hat auch sie mich geküßt . . .
*Maria Hörder*:
Nun, lebe wohl!
I c h bleibe hier. Ich kann nicht anders. Amen.

*Johannes Hörder ab.*

Fünfte Szene

*Maria Hörder, Karl Hörder.*

*Karl Hörder*:
Maria! Sei vernünftig. Ich verspreche,
Ich gebe dir hiermit mein Ehrenwort.
Der ganze Vorfall soll streng unter uns –

*Maria Hörder*: Du siehst ja wohl, ich hab die Hand nicht frei.
Kein Ehrenwort kann ich entgegennehmen.
Mach dich nicht noch verhaßter, als du bist ...
Beeile dich. Ich habe wenig Zeit.
Erinnere dich an jede deiner Taten,
An die Verhöre, die du angestellt,
An jedes Urteil, das du unterschrieben.
Erinnere dich, daß du dich losgesagt
Von deinem Sohn hast, unserem älteren ...
Für alles das liegt nun die Rechnung hier
Bereit in dieser Hand, in diesem Lauf.
Mit e i n e r Kugel wird es heimgezahlt.
Oh, heimzahlbar ist's nicht mit e i n e r Kugel,
Man müßte dich ein ganzes Jahr erschießen
Unausgesetzt ... So groß sind die Verbrechen ...
Beschönige nichts. Du hast mich eingeweiht ...
*(Für sich.)*
Was ist mir? Plötzlich dämmert ein Verdacht.
Zu ungeheuerlich wär es. Weshalb
Hab ich d i e Tat ihm niemals zugetraut?
Ich tue so, als wüßte ich's bestimmt,
Und geh aufs Ganze ... Höre, Tulpenzüchter ...
*(Laut.)*
Du standst mit der SS vor Warschau damals,
Du schriebst mir: zur besonderen Verwendung.
Wendungs-verwendungsfähig warst du stets,
„Besonders" ließt du dich ja gern verwenden.
Du standst vor Warschau damals, als der Sohn
Vor Warschau fiel. Du hattest das Kommando,
Du gabst den Mordbefehl. Nein, du, du hast
Mit dieser deiner Hand den eigenen Sohn —!
Und Blumen, Blumen streutest du aufs Grab,
Ein Bild sogar hast du mir mitgebracht
Von diesem Blumengrab. So war es, so.
(Das habt ihr, Freunde, mir bisher verschwiegen.)
Ich kenn die ganze Wahrheit. Ich weiß alles.
Gib es nur zu. Es heißt, der Tod sei leichter,
Wenn man Verbrechen vorher eingestanden.

*Karl Hörder*:
Ich — mußte es ... Mir blieb nichts anderes übrig,
Den Sonderauftrag mußte ich erfüllen ...

*Maria Hörder*:
O Bomben! Warum schlagt ihr jetzt nicht nieder!
Vernichtet ihn und mich, die ganze Stadt!
Verbrennt ihn bei lebendigem Leib, den Schurken!
Hört ihr mich nicht, ihr Bomben, hört ihr nicht,
Daß eine deutsche Mutter nach euch ruft?
Wo ist ein Weg, der nicht zum Abgrund führt?
Er ging den einen, Gerhard ... Er, sein Vater,
Wußte um einen andern. Wo ist meiner?
Wo meines Sohnes Weg? Daß ihm erspart
Blieb das Geständnis des entmenschten Vaters,
Beklag ich nicht. Er hätt es nicht ertragen.
Und sich, sich selbst ... Aus einer andern Schicht
Entstammen wir, und schwer ist es für uns,
Wenn nicht unmöglich, einen Weg zu finden.
*Karl Hörder*: Ich wollte nur zu diesem Fall erklären:
Auch dies geschah streng nach des Führers Willen.
*(Will weitersprechen.)*

*Maria schaltet Rundfunkempfänger ein. Weihnachtslied.*

*Maria Hörder (schaltet aus)*:
Schweig, schweig für immer! Halte dich bereit!
Trink Punsch, soviel du willst. Bediene dich!
Magst du betrunken sterben oder nüchtern,
Mir ist es gleich ... Dein Wort bleibt ungehört ...

*Karl Hörder will sprechen, Maria schaltet Rundfunkempfänger wieder ein.*

*Karl Hörder (in einer Sekundenpause des Rundfunks)*:
Drum laß mich selbst –
*Maria Hörder*: Dich selbst? Ich geb die Waffe
Nicht aus der Hand. Auch d e r Trick ist mißglückt.
Erst wenn das Urteil ist an dir vollstreckt,
Dann leg die Waffe ich in deine Hand.
So wird die Polizei dich morgen finden.
Auch dies Verfahren ist dir wohlbekannt ...
Du hast auch einmal einen freigesprochen,
Bevor du noch der große Henker warst,
Ein Gutsbesitzer war's, wenn ich nicht irre,
Der mit dem Jagdgewehr – oh, jetzt genau
Entsinn ich mich – er, der im Rundfunk sprach –

Du selbst hast prahlend mir den Fall erzählt,
D e n Mord hast du auch mit auf dem Gewissen
– „Was ist Gewissen?“ blickst du fremd mich an –,
Zu all der Morde Vielzahl einen mehr.
Und da der eine Mord blieb ungestraft,
Hat jener alsbald wiederum gemordet.
„Es hat der Freispruch damals sich gelohnt“,
So rühmtest du das neueste Verbrechen
Und sprachst: „Er trifft den Feind auf seine Art –
Der Oberstleutnant, 's ist ein prächtiger Kerl ...“
Doch was zähl ich hier deine Morde auf!
Erschienen sie, die auf der Flucht erschossen,
Und die, von deiner Feme umgelegt,
Sie fänden kaum in unseren Räumen Platz ...

Der Stahlkonzern wird dich gebührend ehren,
Ihm hast du reichlichen Gewinn gebracht.
Raub sprachst du heilig, jedem Raumgewinn,
Den Raubgier schuf, liehst du Gesetzeskraft
Und gabst ihm einen Namen: Lebensraum.
Der Krieg hat dich zum reichen Mann gemacht ...
Ein Staatsbegräbnis sei dir zuerkannt.
Für einen Volksverbrecher deinesgleichen
Scheut ein Verbrecherstaat die Kosten nicht.

*Telefon läutet.*

Hörder, Frau Major, ah ... Nein, meine Liebe, wie sollten Sie denn. S i e stören nie ... Nein, haben Sie Pech heute. Meine beiden Männer sind schon schlafen gegangen ... War ja auch zu strapaziös ... So, urgemütlich, so fidel war es bei Ihnen ...? Zu nett ... Wie mich das freut ...

*Karl Hörder versucht herüberzugreifen. Maria geht mit dem Hörer zurück, deckt mit der Hand die Sprechmuschel ab.*

Wenn du noch einmal hier herübergreifst,
Leg ich den Hörer ab und schieß sofort.
So aber magst du leben noch, solang
Das blöde Weib mir in die Ohren schwätzt ...
Habe gelesen ... Natürlich die klimatischen Verhältnisse, die sibirische Kälte ... So stand es ja auch in der Zeitung ... Müde, so abgespannt, meine Liebe, sind Sie? ... – Ja, man ist einen Punsch

nicht mehr recht gewöhnt ... Auch bei uns ging es ganz einfach zu, dem Ernst der Zeit entsprechend. Bescheiden. Bescheiden. Die Bescherung? Das verrate ich Ihnen erst übermorgen ... Überraschung muß sein. Das müssen Sie mit eigenen Augen gesehen haben ... Von Ihrem Mann ein Weihnachtspaket? Da sehen Sie wieder, er denkt doch an alles ... Russisches Leinen, Stickereien ... Ja, Ihre Stimme klingt wirklich ganz matt ... Auch ein wenig erkältet ... Dann aber rasch ins Bett ... Also, meine Liebe, ich danke Ihnen, werde ausrichten ... Übermorgen, pünktlich, werden sich meine beiden Männer aber freuen ... Übermorgen ... Nochmals: eine gute, gute Nacht ...

*Karl Hörder bewegungslos, wie zum Bild erstarrt.*

So kurz hat sie noch niemals sich gefaßt,
Für dich, dein Leben viel zu kurz gefaßt,
*(Schaltet Rundfunkapparat ein.)*
So wird auch vor auftönendem Choral
Stumm sein der Schuß. Unhörbar wird er fallen.
Verschwiegen wirst du enden. Lautlos wird
Der Tod sein, wie ein schändliches Verenden.

*Choral lauter.*

Du, Mörder meines Sohnes, sei verflucht!
Fortleben sollst du als ein blutiger Fluch!
Schon stehst du vor mir, wie zum Bild erstarrt ...
Und nun gedenke ich des Älteren,
Des besten meiner Söhne – denke sein.
Es töne dir zu Ehren der Choral,
Mein liebster Sohn! Nun ist die Rache mein.
In dem Choral hör ich die Stimme dein.
's ist deine Stimme, und ich stimme ein ...

*Pause. Choral überströmend.*

Das ganze Unheil hab ich aufgedeckt ...

*(Maria Hörder steht mit dem Rücken zum Zuschauer. Dann schaltet sie Rundfunkempfänger aus, drückt dem Toten die Pistole fest in die Hand, als nehme sie von ihm, aber auch von sich selber zugleich Abschied, wendet den Zuschauern offen das Gesicht zu und tritt bis an die Rampe vor.)*

Ge-rech-tes – Urteil – ward an – ihm – vollstreckt ...

## FÜNFTER AKT

### *Deutsche Ostfront*

### Erste Szene

*Stabsquartier. General, dann Oberkofler, von Rundstedt.*

*General*: Herzschläge, Schlaganfälle, Selbstmorde ... Ich persönlich bin kerngesund. Treibe Sport, Mitte der Fünfziger, aber auch die gesündesten und kräftigsten Männer sterben unerwartet dahin in unsern Tagen ... Diesjähriges Weihnachtsfest mit weiterer Rückzugsbewegung gefeiert ... Drei Schüsse sind gefallen in der Nacht, als der Panzer mit den Fahnenflüchtigen unsere Stellungen verließ. Frühmorgens kam der Obergefreite mit seinem Kommando zurück, unverrichteterdinge ... Der Führer hat mir, der ganzen Division seine schärfste Mißbilligung ausgesprochen. Im Wiederholungsfall ... Pistolen wandern von Hand zu Hand, sie haben die Gewohnheit, sich in den Händen von Toten zu befinden, nachträglich, die sich selbst damit nicht erschossen haben ... Ich sehe mich gezwungen, will ich mein eigenes Leben retten, mit äußerster Schärfe vorzugehen, dem Feind gegenüber, meinen eigenen Truppen gegenüber. Die entsprechenden Befehle sind erlassen ... Ein Flugblatt ist über unsern Stellungen abgeworfen worden, mit einem Aufruf. Die Untersuchung im Fall Nohl scheint bisher ergebnislos verlaufen. Von Rundstedt will mir heute Näheres darüber mitteilen ... Den Koch könnte man noch befragen. Ein Narr sieht und hört in dieser Zeit mehr als zehn Weise. *(Klingelt.)* Lassen Sie mal den Oberkofler kommen ...

*Ordonnanz ab.*

Wir müssen endlich die Lehren der eigenen Geschichte beherzigen. Das Gefühl für Wert und Maß, die weise und entschlossene Konzentration auf das jeweils Erreichbare mangeln der Führung des Reiches mehr denn je. Abenteuerlich schweifen wir ins Grenzenlose, verlieren uns im Raum- und Zeitlosen ... Ein schmutziger Krieg, den wir hier führen, ein Raub- und Mordkrieg, aber wie, aber wie ihn beenden. Rundstedt meint, mit Hilfe Amerikas – er bereitet sich auf einen Frontwechsel vor, auf einen dritten Weltkrieg. Aber nur ein Deutschland, mit Rußland verbündet, wird als Großmacht Bestand haben ... Ich kann mich somit der Schlußfolgerung nicht entziehen, daß der Krieg, den wir hier gegen Rußland führen, zugleich auch ein Krieg gegen Deutschland sei. Wehe, wenn die Rundstedts davonkommen! ...

*Oberkofler tritt ein. General winkt ab, als Oberkofler strammsteht.*

*Oberkofler (zur Seite)*:
In meiner Jugend hatte ich gelesen
Des großen Dreißigjährigen Kriegs Chronist
Simplizius Simplizissimus. Er galt
Als Beispiel mir, wie man im Umgang mit
Den feinen Herrn sich zu benehmen habe.

*General*: Sagen Sie mal, mein lieber Oberkofler, nichts Verdächtiges bemerkt?

*Oberkofler*: Eingebrochen sind sie in die Stabsküche, hätten am liebsten das ganze Stabsquartier ausgeraubt.

*General*: Die Wache hat nichts gemerkt?

*Oberkofler*: Die Wache, Herr General? Wozu eine Wache Wache steht? Um beim Wachen zu schlafen, dazu steht eine Wache Wache ...

*General*: Was ist abhanden gekommen in der Küche, vielmehr: wurde geraubt?

*Oberkofler*: Die schöne reine weiße Farbe, die wir aus der Heimat erhalten haben ...

*General*: Was wollten sie mit der schönen reinen weißen Farbe, Ihrer Ansicht nach?

*Oberkofler*: Meiner bescheidenen Ansicht nach haben sie die schöne reine weiße Farbe für schönes reines, feines, weißes Mehl gehalten oder für gesüßtes Milchpulver.

*General*: Fassen Sie sich kürzer, Oberkofler. „Farbe" genügt. Das „schöne, reine, feine, weiße", diese ganz und gar unnötigen Attribute können Sie sich sparen ... Ein Flugblatt ist über unsern Stellungen abgeworfen worden, mit einem Aufruf. Was wissen Sie Näheres darüber?

*Oberkofler*: Weiß nur, Herr General, daß gerade ein windiger Tag war, den ganzen Haufen Flugblätter hat's wieder abgetrieben, den Wirbel hab ich gesehen hoch oben in der Luft.

*General*: Es bedarf also, Ihrer Ansicht nach, keiner besonderen Maßnahmen?

*Oberkofler*: Solche besonderen Maßnahmen, Herr General, wie sie der Herr Major von Rundstedt immer erläßt, die richten mehr Schaden an, als sie nützen. Die machen die Leute erst richtig aufmerksam ... Ich, an Ihrer Stelle, Herr General, würde die Flugblätter einfach nicht beachten.

*General*: Sie würden also von besonderen Maßnahmen absehen? Das beruhigt mich einigermaßen. Und die Fahnenflüchtigen, die Deserteure? Nichts Verdächtiges bemerkt, diesbezüglich?

*Oberkofler*: Eine Flasche Wodka ist nämlich bei dem Festschmaus übriggeblieben, die hab ich gleich, nachdem der Herr Obergefreite sich freiwillig gemeldet hat, auf einen Schluck geleert und bin daraufhin – bis gegen Morgen ohne Verstand geblieben.

*General*: Neuigkeit. Das habe ich ja inzwischen auch erfahren. Also, es ist wenig ergiebig, eine Aussprache mit Ihnen. Was den Verstand anbetrifft, scheinen Sie nicht gerade auf der Höhe zu sein. Zum Küchenchef langt's ja, ein Küchenverstand, klar? Leuchtet das Ihrem Verstand ein?

*Oberkofler*: Zu Befehl, Herr General! Von Verstand verstehe ich nichts. Bin mir selbst oft ganz unverständlich, und erst recht verstehe ich nichts von den politischen Künsten und den Kriegskünsten heutzutage. Nichts von den vielen Verträgen, die wir geschlossen und wieder aufgekündigt haben und die wir noch schließen werden und wieder aufkündigen, nichts von den Kriegserklärungen, von den Lebensräumen, nichts und wieder nichts von den Kriegsgewinnen – entschuldigen Herr General, sollte heißen: von den Raumgewinnen –

*General*: Will ich nicht gehört haben ... Ein Küchenverstand, ein Küchenwunder an Verstand ... Ein Simpel ohnegleichen ...

*Oberkofler*: Da hatte ich einmal ... einen Verwandten, Herr General, der wohnte in Berlin in der Yorckstraße. In München gibt es keine Yorckstraße, auch in keiner andern deutschen Stadt, habe ich mir sagen lassen, gibt es eine Yorckstraße, nur in Berlin gibt es solch eine Straße, eine Yorckstraße ... In dieser Yorckstraße, die nach dem General Yorck heißt ... General Yorck war nämlich ...

*General*: Was reden Sie mir jetzt den General Yorck ein?

*Ordonnanz tritt ein.*

*Ordonnanz*: Herr Major von Rundstedt! *(Ab.)*

*General*: Schluß, Oberkofler, schleunigst abtreten!

*Oberkofler ab.*

Ein Einfaltspinsel, ein Tepp – und doch wirkt sein unsinniges Gerede irgendwie auf mich erfrischend ... Und was die Flugblätter betrifft, mag er sogar recht haben ... Ja, es war einmal ein General, der auf den Namen Yorck hörte ... Will ich nicht gehört haben ...

*Von Rundstedt*: Heil Hitler, Neuigkeiten! Sensationen! SS-Obergruppenführer Hörder am Weihnachtsmorgen erschossen in der Wohnung aufgefunden. Das erstens. Zweitens: Frau spurlos verschwunden. Drittens: Sohn am Weihnachtsabend an die Front zurückgefahren, einige Zeit in Warschau sich herumgetrieben. Grab seines gefallenen Bruders besucht. Festgestellt inzwischen: sofort nach Eintreffen in der Heimat, unmittelbar vom Bahnhof aus Frau des Deserteurs Nohl besucht, seines gewesenen oder seines vielmehr nicht gewesenen Freundes, was noch zu ermitteln sein wird. Vater Nohls war bereits verhaftet, inzwischen zum Tode verurteilt. Meine Ansicht: der Obergefreite in eine großangelegte Verschwörung verstrickt. Abbruch der Freundschaft mit Nohl nur vorgetäuscht. Freiwillige Meldung zu dessen Verfolgung in fraglicher Nacht raffiniert abgekartete Sache. Um sichere Flucht des Deserteurs zu ermöglichen. Obergefreite dürfte heute abend bei Division eintreffen. Haben alles Nötige veranlaßt, wird unauffälligst beobachtet. Geeignete Leute ausgesucht, um sich an ihn heranzumachen.

*General*: Nohl, Hörder – die Besten der Division ... Ein Skandal, schwerlich tragbar ...

*Von Rundstedt*: Machen Sie sich keine Sorge, Herr General. Die Sache liegt in meiner Hand. Wer dieser Obergefreite ist, werde ich bald in Erfahrung bringen. Wir verstehen, die schwerfälligste Zunge zu lösen. Wir haben da die beiden Partisanen. Vorgestern gefangen. Wir müssen sowieso wieder einmal ein Exempel statuieren ... Ich werde dazu den Obergefreiten abkommandieren. Sein Verhalten dabei wird richtungweisend sein. Gestatten Sie, Herr General, daß ich mich empfehle ... Bin in Eile. Wollte Ihnen nur kurz Bericht erstatten ...

*General*: Gut, es ist gut so ... Sie haben ja besondere Vollmachten ... Ich danke Ihnen ...

*Von Rundstedt ab. General allein.*

Hörder! Wenn ich zuvor mit dem Jungen noch sprechen könnte. Wird nichts zu machen sein ... Rundstedt hat die Sache in der Hand ... Muß der Sache ihren Lauf lassen ... Sollte Rundstedts Annahme zutreffen: die Folgen für die Division, für mich, klar ... Nichts als Maßnahmen ... Wie der Rundstedt sich das vorstellt –

so kann man keinen Krieg führen – und erst recht keinen gewinnen ... *(Sinnend.)* Wo sind wir stehngeblieben – in der Yorckstraße. Dieser Oberkofler, dieses Unikum, dieser verfluchte Tölpel ... So haben wir es in der Schule gelernt: Am 30. Dezember 1812 unterzeichnete, gegen den Willen seines Königs und unter Bruch seines Fahneneids, General Hans Yorck von Wartenburg in Tauroggen den Bündnisvertrag mit Rußland. Mit dieser Tat Yorcks begannen die deutschen Freiheitskriege ... Was habe ich damit zu tun? Was soll das Ganze? ... Es war einmal ein General: Hans Yorck von Wartenburg ... *(General ab.)*

*Oberkofler tritt ein, deckt den Tisch.*

*Oberkofler*: Irgend etwas ist vorgefallen. Der General lief eben wie verstört aus dem Zimmer. Er sah gar nicht wie ein General Yorck aus! Der Rundstedt hält Besprechungen ab, tut so verdächtig geheimnisvoll ... Irgend etwas tut sich ... Eine neue Wendung im Fall Nohl? Hörders Weihnachtsurlaub? Diesmal läßt mich jede Vermutung im Stich ... Folgt der General meinem Rat und verzichtet auf besondere Maßnahmen, was die Flugblätter betrifft, so wird ihn das in einen schlimmen Konflikt bringen mit dem Rundstedt. Und wenn die beiden sich streiten und miteinander zerfallen sind, freut sich alleweil ein dritter. Das Flugblatt wird gelesen, verbreitet, daß es eine wahre Freude ist. Ein Gedicht steht auch drin, viele kennen es schon auswendig.

## Zweite Szene

*Waldlichtung. Major von Rundstedt, der Fürst, Oberstleutnant von Quabbe, Kriegsberichter, Johannes Hörder. Die beiden Fallschirmjäger. Ein Übersetzer, Mannschaften. Im Hintergrund Bäuerinnen mit Kindern, von Soldaten mit aufgepflanztem Bajonett eskortiert. Zwei gefangene Partisanen. Mannschaft anrükkend mit Trommeln und Pfeifen.*

*Oberstleutnant von Quabbe*: Das Grab ist ausgehoben, Eure Hoheit. Die Verbrecher werden vorgeführt. Sie haben tief im Hinterland mehrere Züge zum Entgleisen gebracht, einen davon, einen Munitionszug, in die Luft gesprengt.

*Fürst*: Woher dieses Gesindel dazu nur immer wieder den Mut nimmt! Sie müssen seelisch ganz abgestumpft sein.

*Kriegsberichter (flüsternd ins Mikrophon)*: Der russische Fürst, aufgerichtet in seiner ganzen majestätischen Größe – ganz Hoheit –, als hielte er persönlich Gerichtstag ab ... Die beiden Untermenschen auf der Hinrichtungsstätte. Düsteren, gesenkten Blicks sehen sie entgegen der gerechten Strafe.

*Von Rundstedt (für sich)*: Die Folge war: ein verbundener Kopf. Ein blutig geschlagener Dummkopf. Der stellte sich auch zu dumm an. Unser Mann konnte bei dem Obergefreiten nichts landen. Als er ihm auftragsgemäß den Vorschlag machte, mit ihm zusammen zu den Russen überzulaufen, gab ihm der Obergefreite ein paar tüchtige Maulschellen, ließ ihn feststellen und, um den Schein zu wahren, mußten wir unsern Mann verhaften. Auch ist mißlungen der Versuch, ein Flugblatt unauffällig bei ihm unterzubringen. Höchst bedenklich scheint es mir, daß unser General keine besonderen Maßnahmen gegen die Flugblattverbreitung zu ergreifen wünscht. Weiteres dürfte sich alsbald ergeben.

*Oberstleutnant von Quabbe*: Der eine ist ein Russe, der andere Jude. Die Bevölkerung der Umgebung haben wir zusammengetrieben, um ihr auch auf diese Weise zu Gemüte zu führen, wer Herr im Lande ist. Dazu bedarf es erfahrungsgemäß drastischer Beispiele ...

*Kriegsberichter*: Wenn wir Ihnen heute eine Höraufnahme dieser Gerichtsszene bringen, die eine Art Weltgericht darstellt, so geschieht es, meine sehr verehrten Hörerinnen und Hörer in Deutschland, aus dem naheliegenden Grund, um Ihnen im dritten Teil und als Abschluß der Hörfolge S c h l a c h t u m M o s k a u, Winterschlacht, noch einmal eindringlich vorzuführen, daß es an der Ostfront um Entscheidungen von weltgeschichtlicher Größe geht.

*Von Rundstedt (zum Übersetzer)*: Befehlen Sie jetzt dem Russen, den Juden einzugraben.

*Übersetzer tritt zum Russen.*

*Übersetzer (zu von Rundstedt)*: Der Russe antwortet nicht. Rührt sich nicht von der Stelle.

*Von Rundstedt*: Teilen Sie dem Russen mit, wenn er den Juden eingräbt, wird ihm das Leben geschenkt, lassen wir ihn laufen ...

*Übersetzer (zu von Rundstedt)*: Der Russe schweigt. Scheint von seiner ganzen Umgebung überhaupt keine Notiz zu nehmen.

*Von Rundstedt*: Wenden Sie sich an den Juden. Befehlen Sie dem, den Russen einzugraben.

*Von Rundstedt (zum Übersetzer)*: Auch der Jude will nicht, schweigt? Versprechen Sie ihm sein Leben . . .

*Johannes Hörder*:

„Wenn alles schweigt, weil eine solche Knechtschaft
Das Volk bedrückt . . . dann muß es einer sein . . ."

*Von Rundstedt*: Obergefreiter Hörder! Zug antreten lassen! Kurzen Prozeß gemacht. Mit den beiden ins Grab! Los! Zuschaufeln!

*Johannes Hörder*: Zug – angetreten!

*Stimme: „Zug ist angetreten."*

*Von Rundstedt*: Geben Sie den Befehl durch . . .

*Johannes Hörder*: Das – nicht. Nein – nur – das nicht . . .

*Von Rundstedt*: Weigern sich, Befehl durchzugeben? Haben Sie sich das gründlich überlegt?

*Johannes Hörder*: Ich kann nicht anders.

*Fürst*: Ich sehe, ich sehe – ein eigenartiges Schauspiel!

*Die beiden Partisanen singen.*

*Übersetzer (zu von Rundstedt)*: Die singen ein Lied, worin es heißt, daß der Sieg dem russischen Volke gehöre.

*Von Rundstedt*: Bedeuten Sie der Bevölkerung, daß unverzüglich erschossen wird, wer es wagen sollte . . .

*Fürst*: Droht uns nicht Gefahr? Es geht etwas tumultiös zu!

*Kriegsberichter*: Das war wieder einmal genial von mir! Fabelhaft gemacht! Ein echter Geniestreich, die Szene rechtzeitig abzubrechen.

*Von Rundstedt*: Ich hab ihn, ich hab ihn. Er ist mir in die Falle gegangen . . . Dein Ritterkreuz mach dir ab! Der Unbekannte Soldat des zweiten Weltkriegs: d i e Rolle ist ausgespielt . . .

*Im Hintergrund Mannschaft mit Pfeifen und Trommeln ab.*

*Johannes Hörder (seitwärts)*:

Der Offizier rief: „Grab den Juden ein!"
Der Russe aber sagte trotzig: „ N e i n ! "
Da stellten sie den in das Grab hinein.
Der Jude aber blickte trotzig. „ N e i n."
Der Offizier rief: „Grabt die beiden ein!"
Da trat ein Deutscher vor und sagte: „ N e i n ! "
Der Offizier rief: „Stellt ihn zu den zwein!
Grabt ihn mit ein! Der will ein Deutscher sein!"
Und Deutsche gruben auch den Deutschen ein . . .

## Dritte Szene

*Bunker. Johannes Hörder gefesselt. Major von Rundstedt, zwei Mann mit aufgepflanztem Bajonett als Begleitung.*

*Von Rundstedt (feierlich)*:
Der Führer hat geruht, in Anbetracht
Des früheren Verdienstes –

*Johannes Hörder (zur Seite)*:
Bin ich frei?

*Von Rundstedt*:
In Anbetracht, daß für das Vaterland
Den Heldentod gestorben ist Ihr Bruder –

*Johannes Hörder (zur Seite)*:
Die alte Lüge zwar – doch ich bin frei!
Ich finde meinen Weg, bin ich nur frei!

*Von Rundstedt*:
In Anbetracht des Umstands, daß der Vater
Des Reiches höchstes Richteramt versah –

*Johannes Hörder*:
Versah – was heißt das, er versieht es n i c h t mehr?

*Von Rundstedt*:
Der hochverehrte Vater ist indes
Erlegen einem Herzschlag –

*Johannes Hörder (zur Seite)*: – und die Mutter?
Was ist mir ihr geschehen? Ist sie frei?

*Von Rundstedt*: In Anbetracht aller dieser Umstände hat der Führer geruht, von seinem Einspruchsrecht als Oberbefehlshaber der deutschen Wehrmacht gegenüber einem kriegsgerichtlichen Verfahren Gebrauch zu machen und anzuordnen: das Kriegsgerichtsverfahren wegen Gehorsamsverweigerung vor versammelter Mannschaft gegen den Obergefreiten Johannes Hörder, Kradschützenbataillon Nummer soundsoviel, ist niederzuschlagen und demselbigen nahezulegen *(zieht eine Pistole, legt sie auf den Tisch)*, das einer solchen Handlungsweise angemessene Urteil an sich selbst zu vollziehen, binnen einer zu bestimmenden kurzbemessenen Frist. Ich, als Ausführender des Willens des Führers, habe bestimmt, daß die Urteilsvollstreckung Punkt zwölf Uhr nachts des heutigen Tages zu erfolgen hat, als des letzten Tages des alten Jahres, wenn die Übertragung des Neujahrsgeläutes aus der Heimat mittels Rundfunk ihren Anfang nimmt, widrigenfalls –

Fällt nicht der Schuß, wird die Minute drauf
Mit Handgranaten dieser Fall bereinigt ...
Ich darf wohl annehmen, daß Sie Ihren ehemaligen Kameraden diese traurige Pflicht ersparen werden und nicht auf diese Weise den Neujahrsbetrieb stören. Erweisen Sie sich der Gnade des Führers würdig. Ich habe ihm persönlich Vollzugsmeldung zu erstatten.

*Johannes Hörder (gefaßt)*:
Mich selbst? Fällt mir nicht ein. Dies blöde Ding
Muß schon der Henker selber auf mich richten.

*Fegt Pistole vom Tisch, Soldat hebt sie auf – gibt sie an von Rundstedt zurück.*

*Von Rundstedt*:
Die Sprache hör ich gern. Ein offenes Wort,
Darauf hab ich die ganze Zeit gewartet.
Der Hochverräter ist geständig. Das
Geständnis wurde draußen abgehört –
So hab ich Zeugen ... Für den General
Wird dieser Fall nicht ohne Folgen bleiben ...
Die ganze Bande wurde ausgehoben.
Der Vater des verfluchten Deserteurs
– he, hören Sie! – ward gestern hingerichtet,
Und nächste Woche folgt die – Anna Nohl.
Nicht unbekannt, was? Hatte ihre Reize ...

*Johannes Hörder*:
Schweig, schweig, du Schuft! Ich schieße dich noch nieder!

*Von Rundstedt (die Pistole mit liebenswürdiger Geste auf den Tisch zurücklegend)*:
Ich wiederhole: pünktlich zwölf Uhr nachts ...
Bedienen Sie sich, bitte ... Prost Neujahr!

## Vierte Szene

*Johannes Hörder und der Tod als Zeitansager.*

*Johannes Hörder*: Bleiben mir noch ganze drei Minuten. Die beiden Fallschirmjäger, die oben Wache halten, machen sich den Spaß, mir jede Minute die Zeit herunterzurufen.

*Zeitansager*: Elf Uhr sieben-und-fünfzig Minuten – siebenundfünfzig.

*Johannes Hörder*: So muß ich rasch machen, es eilt. Aber ist nicht alles schon gesagt? Nicht einmal die Explosion der Handgranaten wird zu hören sein in dem Silvestertumult ... Schon hört man Grölen und Singen ... Vielleicht geht eine Uhr vor, vielleicht sind sie über die Störung ihrer Feier ungehalten, und die Handgranaten treffen früher ein ... Wie war es? *(Summt Melodie.)* „Ade, zur guten Nacht, nun wird der Schluß gemacht, daß ich muß scheiden ..."

*Zeitansager*: Elf Uhr achtundfünfzig Minuten, achtundfünfzig.

*Johannes Hörder*: Dich, Gerhard, grüße ich! ... Du wirst bauen, du wirst das Werk schaffen, du hast einen Plan – schon hast du den Grundstein gelegt, schon seh ich den Grundriß ... Dich, meinen Bruder, grüße ich, dich in der mir so nahen Ferne – gefallen für Deutschland, ermordet für Deutschland wie ich ... Dich, Mutter, grüße ich ... Hier unter dem Waffenrock spür ich deine weihnachtliche Wärme ...

*Grölen: „Licht aus! Messer raus! Runter vom Balkon!" – „Daß ich heute Kinderwagen schieben muß – alles wegen dir, alles wegen dir!" – „Ich hab schon vierzehn Tage kein reines Hemd mehr an –"*

Mein Lieblingsspruch? Ich hatt ihn lang vergessen,
Ich lernte andere Sprüche unterdessen,
Auf jener Höhe sagte ich ihn her,
Als Nohl mich fragte, und seitdem nicht mehr.
„Vor dem, was war, werd dir das Aug nicht naß.
Vor dem, was kommt, werd dir die Wang nicht blaß!?"
Mein Lieblingsspruch, ich muß dich anders fassen.
Seh ich zurück – mit Augen, tränennassen,
Erblick ich mich als anderes Bild, das schwebt
Mir vor: „Warum hast du mich nicht gelebt?
Das Leben selbst ist dir durch dich entgangen."
Vor diesem Bild steh ich mit blassen Wangen ...
O all die Liebe, die ich nicht geliebt,
O all das viele nicht gehaßte Hassen –
Dafür, dafür muß ich das Leben lassen.
Oh, daß mir Deutschland einst d i e Schuld vergibt.

*Zeitansager*: Achtung! Achtung! Elf Uhr neunundfünfzig Minuten – neunundfünfzig! *(In der Folge Zeitansager: „59 – 10; 59 – 20; 59 – 30" und so weiter, sportmäßig.)*

*Silvestergetöse schwillt an, aufziehendes Sturmwehen. – Grölen: „Und wenn sie uns, und wenn sie uns, bum-bum trara, bum-bum trara ... Und wenn sie uns die Stiefelsohlen mit Kaviar beschmieren, wir lassen uns, wir lassen uns von Juden nicht verführen!"*

*Johannes Hörder*: Sekundenschnell zieht jetzt der Tod heran ...
*(Pistole auf dem Tisch wieder bemerkend.)*
Ihr, die ihr Deutschlands Größe habt gewahrt,
Ihr, die ihr Deutschlands Größe offenbart,
Wenn ihr aufruft in seiner tiefsten Not
Das Volk, und wenn das Volk folgt dem Gebot:
„Wir freies Volk, das Deutsche Reich sind w i r!"
Im Namen Deutschlands seid gesegnet ihr!
– – – – –
Laßt mich zu guter Letzt noch in dies Buch
Einschreiben meinen neuen Lieblingsspruch!

*Sturm über der Erde. Hörder schreibend. Rufe im Sturmheulen: „Prost Neujahr!" – „Hurra!" – „Sieg Heil!" Glockengeläute durch Rundfunkübertragung.*

*Zeitansager*: Achtung! Achtung! Neunundfünfzig Sekunden – Zwölf Uhr – Punkt!

*Handgranatendetonation.*

## Fünfte Szene

*Schneesturm. Geläute verklingt. Grölen und Singen, von Sturm unterbrochen. Gestalten, verweht im Sturm, vom Sturm aufgehalten, sich an Bäume klammernd, oft in gebückter, halb kriechender Haltung. Oberstleutnant von Quabbe, Oberkofler. Darauf drei Unbekannte. Später die beiden Fallschirmjäger; versprengte Teile motorisierter Infanterie. Kommandeur der Roten Armee mit Rotarmisten.*

*Oberstleutnant von Quabbe*: Los! Los! Schneller! Ein wenig beeilt euch, ihr Männer! Tempo, ihr Männer. Ein Wetter!

*Oberkofler*: Die große Kälte ist gekommen, Herr Oberstleutnant. Ich habe sie vorausgefühlt. Der sibirische Taifun. Eine wunderbare Kälte. Ein entzückender Sturm ... Wünsche Ihnen ein gutes neues Jahr, Herr Oberstleutnant ...

*Oberstleutnant von Quabbe*: Schon gut! Geben Sie nur Ruhe,

Mann ... Eine Rücksichtslosigkeit ohnegleichen, mich in ein solches Wetter hinauszujagen. Mitten heraus aus einer so gemütlichen Neujahrsfeier. Und was ist schuld daran: die Rückständigkeit unserer Behörden in betreff Erdbestattung.

*Oberkofler*: Daß man Sie, Herr Oberstleutnant, bemüht, kann ich mir nicht anders erklären, als daß man der Erledigung dieses Auftrags höchste Bedeutung beimißt. Das Begräbnis hat unmittelbar nach Ableben zu erfolgen. Vielleicht Ansteckungsgefahr.

*Oberstleutnant von Quabbe*: Sache ist auch bedeutsam, will ich meinen, höchst bedeutsam sogar ... Ein Ehrenmann: der Vater – wohl ihm, daß er diese Schande nicht mehr erlebt hat – hat mir damals durch Freispruch aus peinlichster Affäre herausgeholfen, nie vergeß ich's dem Alten ... Und beschmutzt wird das Ehrenschild solch eines Mannes durch einen schurkenhaften Sohn ... Männer, he! Habt ihr die Leiche noch? Daß ihr mir achtgebt! Paßt gut auf! Daß sie euch nicht noch abhanden kommt.

*Stimmen der unbekannten Männer: „Zu Befehl, Herr Oberstleutnant! Wir haben die Leiche noch!" – „Stampfen mit ihr durch den Schnee!" – „Schleppen sie hinter uns her durch den Schneestaub!" – „Schieben sie vor uns her durch den Sturm!" – „Kriechen mit ihr auf allen vieren durch den Sturm!" – „Die Leiche wär noch da ..."*

Dort muß die Grube sein, neben dem Unterholz dort. Schneller, Männer ... Her mit der Leiche! Hinein damit! ... Gut zuschaufeln. Der Sturm verweht ohnehin jede Spur ... Das alles: Nachteile der Erdbestattung. Im Krematorium wäre der Fall erledigt, längst. Kein Sturm. Kein Frieren ... So, Oberkofler, ich mach mich wieder auf den Rückweg ... Sie sind mir verantwortlich dafür. Gut zuschaufeln ... Jede Art von Spur gut verwischen, vorsichtshalber, man weiß nicht –

*Männer kommen mit der Leiche an.*

*Erster*: Da wären wir ...

*Legen Leiche in die Grube, beginnen zuzuschaufeln.*

*Zweiter*: Was für eine Leiche ist das? ... Dort drüben, neben dem Bunker, im Schnee hat sie gelegen. Der Oberstleutnant hat uns hingeführt.

*Dritter*: Das ist doch der – aus dem Bunker.

*Oberkofler*: Mich haben sie dazu abkommandiert, mich. Der Auftrag ehrt mich ... Männer, ist das ein Wetter! Nach der Leiche fragt ihr! Ihr Name, Alter, ihr Geburtsort, Rang? War sie verheiratet oder nicht? ... Ich rat: ein Ritterkreuzträger war sie. Ich rate: ihr Name sollte eingehen in die Geschichte. Ich wette: eine Tafel hat sie angebracht. Und auf einer Höhe stand sie, auf der welthistorischen Höhe.

*Erster*: Hundert Kilometer vor Moskau?

*Zweiter*: So nahe an Moskau waren wir?

*Dritter*: So nahe – hab's schon vergessen.

*Oberkofler*: Wer ist die Leiche? Was ratet ihr, Männer?

*Erster*: Ich rat: der Unbekannte Soldat des zweiten Weltkrieges.

*Zweiter*: Der Hörder – rate ich.

*Oberkofler*: Richtig geraten, Männer. Kein anderer als der, ebender.

*Dritter*: Da kennt sich noch ein Mensch aus! Was hat denn der nur wieder ausgefressen?

*Erster*: Der hat nicht mehr mitgemacht ... Der hat sich geweigert, die beiden mit einzugraben. Gehorsamsverweigerung vor versammelter Mannschaft ... Auch der General, heißt es, sei heute nacht erkrankt.

*Zweiter*: Was ist nur los seit gestern?

*Erster*: Was soll los sein! Der Rundstedt ist los.

*Dritter*: Johannes Hörder, der Obergefreite von den Kradschützen ...

*Oberkofler*: Und was für ein strenger Herr war er, der General. Aber nicht immer gestreng aus sich selbst heraus. Anstrengen mußte er sich manchmal, um streng zu sein ... Schaufelt! Schaufelt!

*Erster*: Das neue Jahr fängt ja gut an: mit Begraben.

*Zweiter*: Wenn es der Hörder ist, dann müssen wir doch ...

*Erster*: Den kann man doch nicht so mir nichts, dir nichts –

*Oberkofler*: Ein Gebet will der nicht hören.

*Erster*: Gut fängt das neue Jahr an, hab ich gesagt. Jahraus, jahrein nichts als begraben. Und dies neue Jahr, sag ich euch, wird ein Massenbegräbnis, dazu reichen all unsere Schaufeln und Spaten nicht.

*Zweiter*: Aber die Hoffnung begrab ich noch lange nicht, die stirbt nimmermehr aus. Den ganzen falschen Zauber werden wir begraben und den Krieg dazu ... Ja, richtig, wenn es der Hörder ist, da müssen wir uns schon was ausdenken. Man kann doch so ein Grab nicht einfach zuschaufeln ...

*Dritter*: Macht schnell, der Sturm ...

*Erster*: 's wär soweit, fertig sind wir ... Ein Zeichen vielleicht, damit später einmal ...
*Zweiter*: Wer will einen Spruch hersagen?
*Dritter*: Der Sturm duldet keine Zeichen. Alle Kreuze reißt er aus.
*Oberkofler*: Da in seinem Notizbuch steht ein Spruch, hat ihn für uns aufgeschrieben:
„Denn die Gerechten
Schlagen, wie Zauberer,
Und ihre Vaterlandsgesänge
Lähmen die Kniee den Ehrelosen."

*Pause.*

Und dann, denk ich, machen wir's so, ein alter Brauch ist's. Von den Bauern stammt er, aus ihrem Krieg gegen die Fürsten und Fronvögte, ja, lang ist's her, das war noch eine große Zeit. Wär auch gern so einer gewesen aus dem rebellischen Bauernhaufen und hätt den Bauernfängern, den Schlächtern und Schindern, den roten Hahn aufs Dach gesetzt ... So, stellen wir uns auf! Ich rufe die Namen auf! Wer aufgerufen wird, antwortet mit „hier". Und wenn ich aufruf den Namen des Toten, antworten wir alle „hier", als Zeichen, daß wir von jetzt ab alle seinen Namen innen bei uns mittragen und wir seine Taten gutheißen und daß in dem, was w i r tun, e r fortlebt ... – Stillgestanden! ... Xaver Maria Oberkofler ... Hier!

*Zweiter Name undeutlich im Sturm. – Stimme: „Hier." – Oberkofler ruft Name im Sturm, Name undeutlich. – Stimme: „Hier."*

*Oberkofler (ruft Name im Sturm, Name wie vom Sturm getragen)*: Johannes Hörder!
*Alle*: Hier! *(Wie vom Sturm getragen.)*
*Dritter*: Das war mehr als eine Grabrede. Wir alle sind aufgerufen.
*Oberkofler*: Ich hatt einen Kameraden ... *(Lied pfeifend, summend ab.)*

*Stimme: „Geh du, Oberkofler, voran. Wir finden den Weg nicht."*

Ich geh schon voran. Den Weg hab ich ... Haltet euch ran. Ein weißes Wehen sehe ich überall. Wie inwendig mitten im Sturm drin. Wie Mäntel, weiße, wehende ... *(Ab.)*

*Die beiden Fallschirmjäger, vorüberfliehend.*

*Erster Fallschirmjäger*: Wieder einer – erledigt.

*Zweiter Fallschirmjäger*: Und was für einer!
*Erster Fallschirmjäger*: Handgranaten!
*Zweiter Fallschirmjäger*: Prost Neujahr!

*Schüsse knallen . . . Rufe: „Die Russen!“*

*Kommandeur der Roten Armee (tritt in weißem Mantel aus dem Schneewehen heraus)*:
Merkt euch: für Feinde führt kein Weg nach Moskau!
Den Freunden aber öffnen wir das Herz . . .
Sie ist nicht mehr. Das war die Division,
Die als die erste sollte Einzug halten
In Moskau. „Moskau – hundert Kilometer“,
Ward eine Tafel damals angebracht
Auf jener Höhe, die zurückerobert
Wir alsbald haben . . . Neu beginnt ein Jahr.
Des Jahres Anfang haben wir gefeiert
Auf unsere Art. Wir wollen nicht verweilen
Bei unserem Sieg. Wir stürmen weiter vor
Noch heute nacht . . . Laßt mich nur dies noch sagen:
Für unsere Freiheit schlugen wir die Schlacht,
Und haben eine Schlacht zugleich geschlagen
Für aller Völker Freiheit. Nicht zuletzt
Für Deutschlands Freiheit. Wenn dereinst erwacht
Das deutsche Volk – ich wag's vorauszusagen –,
Wird dort ein Denkmal stehn, das auf uns weist:
„Zum Sieg der deutschen Freiheit beigetragen
Hat auch d i e Schlacht. Solch einen Sieg verheißt
Uns manche Tat, wenn auch nur halb vollbracht,
Die Deutsche wagten. Ihrer sei gedacht
Hier mitten in der Nacht der Winterschlacht . . .“
*Während ein dichtes Flockentreiben als Vorhang niedergeht.*

# Bemühungen

## AUS: VERTEIDIGUNG DER POESIE

1952

### GEHEIMNIS DES JAHRHUNDERTS

Wie lange war ich nach dieser Schrift auf der Suche! Wie viele eigenwillige, untaugliche Versuche habe ich unternommen, mir das Rätsel meines Jahrhunderts zu deuten! Wie vielen unzulänglichen oder gar unsinnigen Lösungsversuchen bin ich anheimgefallen! Bei aller instinktiven Abneigung, die ich gegen Nietzsche hegte, war es mir doch nicht möglich, dieses raffinierte Blendwerk zu durchschauen, und so „spielte ich auch sein Spiel", indem ich vor nichts so sehr zurückschreckte wie vor dem Verdacht, ein „terrible simplificateur"[1] zu sein, ein Schreckgespenst, in dem Nietzsche das Gespenst des Kommunismus sah. Nein, ich wollte kein Vereinfacher sein, und so verkomplizierte ich die einfachsten Dinge, und das, was schon kompliziert war, verwickelte ich so sehr, bis jede Lösung unmöglich wurde. Lenin vor allem verdankte ich es, daß ich allmählich lernte, die Dinge so zu sehen, wie sie sind, nichts, was ihrem Wesen nicht gemäß ist, in sie hineinzudeuten und nichts wegzulassen, wenn es einem genehm ist. Lenin vor allem verdankte ich es, daß ich mich von den Provokationen eines Nietzsche befreite und verstehen lernte, was auch Gorki immer so wunderbar auszudrücken vermochte, daß alle wahre menschliche Größe immer einfach und schlicht ist. Lenin vor allem verdankte ich es, daß es mich höchst gleichgültig ließ, wenn mich irgendein literarischer Snob einen „schrecklichen Vereinfacher" schalt, weil ich die Dinge bei ihrem Namen nannte und nicht um den „Schrecken" herumredete und ihn zurückführte auf die einfache Formel, die Lenin dafür gefunden hatte, eine Formel, die mit der Erkenntnis zugleich auch eine praktische Lösung verband.

Erst Anfang der zwanziger Jahre habe ich Lenins Schrift kennengelernt, und von einem klärenden Licht wurde der geschichtliche Raum erhellt, den ich bisher allein mit meinem Denken nicht zu

1 „schrecklicher Vereinfacher".

durchdringen vermochte. In der Tat, so ist es: wer die Schrift Lenins nicht kennt, dem muß das Rätsel unseres Jahrhunderts verschlossen bleiben. Er kann nichts verstehen von dem Entscheidenden, das sich um die Jahrhundertwende vollzogen hat, und er wird nur oberflächliche Vorstellungen gewinnen von dem ersten und dem zweiten Weltkrieg, von der Katastrophe unseres Volkes, denn die eigentlichen Triebkräfte, wie sie in Lenins Werk bloßgelegt werden, bleiben ihm verborgen. Es wäre billig, der ersten Hälfte des zwanzigsten Jahrhunderts zu gedenken, indem man ein buntfarbenes Bild aller möglichen Ereignisse entwirft und so gleichsam ein schillerndes Traumgewebe vor dem Leser ausbreitet. Mir scheint, man kann sich keine würdigere Abschlußfeier der ersten Hälfte des Jahrhunderts denken, als daß jeder auf seine Weise von einem Ereignis Zeugnis ablegt, das ihn entscheidend beeinflußt hat und das er auch heute noch als entscheidend für die Entwicklung der Menschheit betrachtet. Für mich also war es ein Buch. Sein Verfasser hieß Lenin und der Titel „Der Imperialismus als höchstes Stadium des Kapitalismus". Damit soll nicht behauptet werden, daß andere Bücher, und nicht zuletzt selbstverständlich auch literarische Werke, auf mich keinen tiefen, nachhaltigen Einfluß ausgeübt hätten. Aber dieses Buch – Lenins Werk – hat mich am tiefsten auf den Grund der Dinge schauen lassen, und ohne diesen Blick auf den tiefsten Grund der Dinge wäre mir das wesentliche Verständnis für unsere Zeit vorenthalten geblieben. Ja, auch die Große Sozialistische Oktoberrevolution, die ich von Anfang an begeistert begrüßte, wäre für mich nur die Sache eines elementaren Gefühlsausbruches gewesen, und ich wäre nicht zu ihrem ganzen Verständnis durchgedrungen, wäre meinem Verstande nicht von Lenins Werk der richtige Weg des Denkens und des Zu-Ende-Denkens gewiesen worden.

Damit habe ich wohl auch manchem Leser geantwortet, der erstaunt sein mag, daß ein Dichter von einer nüchternen, wissenschaftlichen Schrift, wie sie Lenins Werk darstellt, so entscheidend beeindruckt wurde. Aber was nützt alle Poesie, was nützt die wunderbarste Kunstbegabung, wenn sich ihre Zauberkraft in zunehmendem Maße der Wahrheit entgegensetzt und allmählich bestenfalls nur noch eine „schöne Lüge" ist. Damit die Schönheit lebendig bleibe und an Schönheit zunehme, damit sich die Kunst auf der Höhe dessen halte, was die Großen aller Völker an Kunstwerken hervorgebracht haben, muß sie sich mit dem Geist der Wahrheit messen und ihm standhalten. Die Lektüre von Lenins Werk ist für jeden Künstler solch ein Sichmessen mit der Wahrheit. Keine Niederlage ist es, wenn sich in diesem Sichmessen Lenin als der Stärkere erweist; aus dieser Art von Niederlage kann auch der Künstler, wenn er lernwillig ist, als Sieger hervorgehen.

## VERTEIDIGUNG DER POESIE

Es ist sehr wohl ein Unterschied zwischen einem Dichter, der sich, in der Verteidigung des Schönen und des Lebensrechts der Poesie, an die Öffentlichkeit wendet und mit in das Politische eingreift, und jenen, die das Politische literarisch kommentieren und illustrieren und, mit künstlerischen Mitteln die Politik bedienend, das menschliche Leben verändern und in einer bestimmten Richtung vorantreiben wollen. Dieser Unterschied verwischt sich oft, da in einer Zeit, welche das Prinzip des Menschlichseins selbst bedroht, das Lebensrecht der Poesie nur im Zusammenhang mit *den* Rechten verteidigt werden kann, die uns erlauben, Menschen zu sein.

Dennoch bleibt ein Unterschied bestehen, auch wenn diejenigen, die unserem Leben wieder mit den Mitteln der Politik einen menschlichen Sinn geben wollen, dazu beitragen, die Poesie wieder in Freiheit zu setzen. Aber dieser Unterschied tritt hervor, wenn der Dichter nur als eine Art Funktionär betrachtet wird, der auf dem Gebiet der Propaganda mit literarischen Mitteln arbeitet. Nun, es gibt auch Ausnahmen. Ein von der politischen Notwendigkeit her erteilter Auftrag kann auf unvorhergesehene Weise mit dem Auftrag korrespondieren, ja, ihn sogar von außen her auslösen, wie er in dem Dichter selbst vorhanden ist. Die Regel ist das nicht. In der Regel liefert der Dichter, wenn er das Politische ergreift, *seinen* Beitrag, und in der Originalität und Selbständigkeit dieses Beitrages liegt zugleich auch der besondere poetische Wert solch eines poetisch-politischen Beitrags, da er auf Menschen zu wirken imstande ist, die der direkten politischen Beeinflussung entzogen sind. Auch in unserer Zeit ist dem Menschen das Gefühl für das Poetische und das Bedürfnis nach dem Schönen nicht abhanden gekommen. Dieses Bedürfnis wird auf die verschiedenartigste Weise befriedigt, behelfsmäßig und ersatzweise, Traumfabriken und Schönheitsinstitute zeugen von diesem Bedürfnis, denn das Poetische und das Schöne sind ein dem menschlichen Leben Immanentes, und des Dichters Aufgabe ist es, dieser immanenten Tendenz Sprache und Gestalt zu verleihen. Es gibt auch eine poetische Ordnung und ein Reich des Schönen. Indem der Dichter dem immanenten Schönen Sprache und Gestalt verleiht, bereichert er unser Leben an Schönheit, das Schöne erkennt sich in der Gestaltung selbst als schön, das Schöne an sich wird zu einem Schönen für uns. In der Verteidigung der poetischen Ordnung und des Reichs des Schönen kann es geschehen, wie wir gesagt haben, daß der Dichter gleichsam aus sich selbst heraustritt und in das Politische eingreift, aber ohne zu vergessen, daß es ein allgemeiner Notstand ist, der ihn dazu veranlaßt, und daß er aufhören würde, ein Dichter zu sein, wenn er aus diesem Notstand eine Tugend machen würde. Verlernt oder verleugnet er aber das dem Poetischen eigentümliche Erleben und Sehen, das ihn befähigt, sich die Welt ästhetisch anzueignen, so gibt er sich selbst auf und trägt dazu bei, daß unser Leben verarmt, indem es der Poesie und der Schönheit beraubt wird.

## VOM NEUEN IN DER LITERATUR

> Mit *einem* Worte: es gibt keine individuelle souveräne Originalität und Neuheit im Sinne der Willkürgenies und eingebildeten Subjektivisten ... Neu in einem guten Sinne ist nur, was aus der Dialektik der Kulturbewegung hervorgeht. So war Cervantes neu in der Auffassung des Don Quichote.
>
> *Gottfried Keller*

Nicht darin besteht das Neue einer Literatur, daß man einige technische Neuerungen einführt und meint, damit eine neue Literatur geschaffen zu haben. Nicht darin besteht das Neue einer Literatur, indem sie aufdringlich ihre Neuartigkeit betont und sich programmatisch allem Herkömmlichen entgegensetzt. Das Neue einer Literatur kann also nicht darin bestehen, daß man einige künstliche Veränderungen vornimmt, das Sprachbild auflöst, Hauptwörter klein schreibt, die Reime durch Assonanzen ersetzt oder nur den freien Rhythmus gelten läßt, auf die Interpunktion verzichtet.

Bevor wir auf die Frage antworten, worin das Neuartige einer Literatur besteht, fragen wir uns: Wie ist es zu erklären, daß uns manches Werk der Vergangenheit mehr sagt und uns tiefer anspricht als so vieles, was sich uns als neue Literatur anbietet? Woher kommt es, daß man auf ein Werk der Vergangenheit zurückgreift, wenn man eine Antwort sucht auf Fragen, wie sie uns in der Gegenwart bewegen, und sich nicht mit seinen inneren Anliegen und seinen Nöten an einen zeitgenössischen Schriftsteller wendet, von dem doch behauptet wird, er sei „zeitnah" und vertrete eine neueste Richtung unserer Literatur?

Es scheint uns dann so, als sei mancher Autor der Vergangenheit moderner als der modernste unserer Zeit und als hätten einige Werke der Vergangenheit alles nach ihnen Kommende überholt, während manches, was uns als übermodern angepriesen wird, weit hinter dem Vergangenen zurückbleibt.

Das Neue einer Literatur besteht also wohl darin, daß sie das Neue einer Zeit entdeckt und daß sie uns eine neue Antwort gibt, wenn wir uns nach dem Sinn unseres Lebens fragen. In manchem alten Werk mag nun die Antwort auf die Fragen unserer Zeit tiefer und allumfassender enthalten sein als in den Werken mancher zeitgenössischer Schriftsteller. Denn vieles, was wir als neu in unserem Leben empfinden, ist gar nicht so neuartig, wie wir vermuten, und hat, in der oder jener Variation, schon vor Jahrhunderten die Menschheit beschäftigt, und wiederum hat eine tiefe und allumfassende Gestaltung der Menschheitsprobleme die Kraft, auch auf unsere aktuellen Fragen zu antworten, wenn auch auf indirekte Weise.

Solch eine indirekte Antwort aber sagt uns oft mehr, als wenn sie direkt erfolgt und dabei ungestaltet und oberflächlich bleibt.

Das schöpferisch Neue einer Literatur besteht also darin, daß sie erstens das wahrhaft Neue in unserem Leben entdeckt und daß sie zweitens imstande ist, diesem wahrhaft Neuen in einem Werke von allumfassender Gestaltung Ausdruck zu geben.

Was ist das Besondere in unserem Leben, worin unterscheidet sich unser Leben, sowohl im Guten als auch im Schlechten, von dem aller anderen Zeiten, und worin wiederum besteht das uns mit allen anderen Zeiten Verbindende und Gemeinsame, worin enthält unsere Gegenwart Vergangenes, und wo ist in dem Vergangenen unsere Gegenwart enthalten? Auch das charakterisiert das schöpferisch Neue einer Literatur, daß es auch Neues im Vergangenen entdeckt und zu einem neuen Leben erweckt. Vergangenes tiefer und allumfassender zu begreifen und darzustellen als bisher, auch in dieser Richtung wirkt sich das schöpferisch Neue einer Literatur aus.

Mancher sucht verzweifelt nach dem Neuen, das Herkömmliche scheint ihm überholt, er leidet an dem Mißbrauch der Worte, der Verbrauchtheit der Begriffe, er spürt, daß das einstmals Große konventionell geworden ist, das Übliche und das Klischeemäßige langweilen ihn, die Klassiker in ihrer musealen Erhabenheit lassen ihn unberührt – und so sucht er das seiner Zeit Gemäße, ringt um neue Formen, bemüht, einen neuen Stil herauszubilden. Aber nur allzubald – so hoffen wir – wird er bemerken, daß mit artistischen Kunststücken nichts getan ist und daß solch eine Übermodernität nur allzu rasch veraltet: neue Richtungen erheben den Anspruch, die neue Literatur zu sein.

Mit der Zeit sind wir für Sensationen weniger empfänglich und sind nachdenklich geworden, ernsthafte Gedanken bewegen uns über das Neue in der Kunst, und zur gleichen Zeit bedrängt uns die Not unseres Volkes so überwältigend, daß wir in einer jener schöpferischen Stunden zeugen müssen von dieser Not und sie so aussprechen müssen, wie die Sprache organisch in uns gewachsen ist. Herkömmlich vielleicht dem Ausdruck nach, und vielleicht auch reimen wir „Schmerz" auf „Herz" – und da blicken wir selber erstaunt auf, als entdeckten wir uns selbst: das Neue ist gefunden, ein wahrhaft und wesenhaft Neues, mag es sich auch den äußeren Formen nach nicht aufdringlich als eine noch nie dagewesene literarische Manier anbieten.

Wir entdecken an uns selbst, daß wir manches aus dem Vergangenen übernommen haben, daß wir in uns selbst eine Verbindung hergestellt haben zu dem Vorhergegangenen, in dem und jenem schwingt und setzt sich das Vergangene in uns fort, ein neues Vergangenes, und da vermischt es sich nun auch mit dem Besonderen, wie es nur unserer Zeit eignet, ein andersartiges, noch nie dagewesenes Gebilde entsteht, aber vielleicht nicht auf den ersten Blick als ein Neues sichtbar.

Überwältigt wurden wir von dem Neuen und fanden es gerade da, wo wir es nicht krampfhaft suchten, sondern als wir, ohne daß wir uns in diesem Augenblick bewußt waren, daß wir Schriftsteller, Künstler sind, nichts als Menschen und „nur" Menschen waren – denn in diesem „Nichts-als-Mensch-Sein" und in diesem „Nur-Mensch-Sein" hat sich uns die Zeit in ihrer ganzen Menschlichkeit und Unmenschlichkeit offenbart, in der besonderen, einmaligen, in ihrer entsetzlichen und in ihrer herrlichen Neuheit.

## NEUE WIRKLICHKEIT

Indem der Künstler die Wirklichkeit gestaltet, nach den ihr innewohnenden Gesetzen der Wahrheit und der Schönheit, fügt er der Wirklichkeit eine neue Wirklichkeit hinzu, die nun als künstlerische Gestalt wirksam ist. Somit ist der Künstler nicht nur ein Spiegel, der die Wirklichkeit reflektiert, somit ist der Künstler auch nicht nur ein

Seismograph, der die gesellschaftliche Atmosphäre einer Zeit anzeigt oder sie vorhersagt – der Künstler ist mehr als die Wirklichkeit, wenn er der Wirklichkeit, so wie sie vorhanden ist, noch eine neue, nämlich die von ihm künstlerisch gestaltete, hinzufügt.

Es ist nicht so, daß sich der Künstler, zum Beispiel eine Landschaft malend, der reinen Wirklichkeit der Natur gegenüber befindet. Zu der reinen Wirklichkeit der Natur kommt hinzu die Wirklichkeit des Künstlers, der ein konkreter, wirklicher Mensch ist, von einem ganz bestimmten menschlichen Charakter und einer ganz bestimmten künstlerischen Veranlagung, und in dieser bestimmten künstlerischen Wirklichkeit sind ferner enthalten die gesellschaftliche Wirklichkeit und die Wirklichkeitsbilder, die von anderen Künstlern geschaffen wurden und die in dem betreffenden Künstler als Wirklichkeit wirksam sind. Also eine Anzahl von Wirklichkeiten, die hier zusammenwirken oder gegeneinanderwirken, wobei nicht von vornherein und ohne weiteres zu entscheiden ist, welche von diesen Wirklichkeiten im Schaffensprozeß die vorherrschende ist und sich als vorherrschender Zug in dem neuen Wirklichkeitsbild durchsetzt.

## WAS LANGWEILT UND WEN LANGWEILT ES?

Es wäre zu einfach, wenn alles, was langweilt, langweilig wäre. Wenn jemanden ein Mensch oder eine Sache langweilt, so muß man sich auch denjenigen betrachten, der den Menschen oder die Sache langweilig findet. Es spricht in vielen Fällen nicht für uns, wenn wir sagen: das ist ja nicht mehr zu lesen, das ödet mich an und ist mir zu langweilig – solch eine Ablehnung zeugt oft nur davon, daß wir nicht mehr imstande sind, uns ernsthaft auf eine schwierige Sache zu konzentrieren, oder daß unser Geschmack für die Aufnahme des Guten und Einfachen verdorben ist. Wir wurden an anderes gewöhnt. Wir wurden an kurzatmige Sätze gewöhnt und an eine äußerliche, sich effektvoll darbietende Handlung, wir wurden der Ordnung und Schönheit entwöhnt, wie sie sich in einem ausgeführten Satzbau darstellen, wir wurden entwöhnt der sich innerlich vollziehenden Handlung, die auf drastische äußere Effekte verzichtet. Wir wurden daran gewöhnt, Gedanken als Fertig-Gedachtes und auch Gefühle als Standard-Ware und Fertig-Fabrikate vorgesetzt zu erhalten, und wir wurden der Schwierigkeit entwöhnt, selber ernsthaft nachdenken oder uns auch in unseren Gefühlen anstrengen zu müssen. Es wurde uns leicht gemacht, und da das Leben es uns überschwer macht, verlangen wir in unseren freien Stunden nach einer leichten Kost. So langweilt uns häufig das Schwere und Ernste, was aber nicht besagt, daß das Schwere und Ernste langweilig ist, sondern es wird nur über unseren eigenen Zustand Auskunft erteilt. Würden wir, umgekehrt, nicht vielleicht auch einen Menschen langweilen, der nur dem Ernsten und Schweren zugewandt ist: wir in unserer Sprunghaftigkeit und unserem Abwechslungsbedürfnis – wirken wir nicht auf die Dauer höchst langweilig in dieser unserer Sprunghaftigkeit, in dieser unserer Hast, in diesen unseren „interessanten" Eigenschaften? Nein, diese „Interessantheit" und „Originalität", dieses Launische und Modische in unserem Wesen sind nichts, was auf die Dauer ein wahres Interesse erwecken könnte. Wir finden das Schwere und Ernsthafte auch häufig deswegen langweilig, weil wir uns mit uns selbst langweilen und nicht mit uns allein sein können. Denn in der Konfrontierung mit dem Ernsten und Schweren wird uns die Brüchigkeit unserer eigenen Existenz erst so recht bewußt, und von diesem Wissen wünschen wir verschont zu bleiben. Wir wünschen vor der Welt und vor uns selbst Persönlichkeit zu spielen und ein Original zu sein, worunter gemeinhin verstanden wird, auffällig zu sein und aus der Reihe zu tanzen.

Auffälliges Benehmen, Hemmungslosigkeit und irgendwelche sonderbaren Manieren werden als Persönlichkeitswerte geachtet, wobei sie nur die Verzerrung eines Persönlichen sind und nur einen jämmerlichen menschlichen Bankrott bezeugen, den diese Person auf der Suche nach einer Persönlichkeit erlitten hat.

Also muß man nach beiden Seiten hin fragen, wenn die Rede davon ist, ein Mensch oder ein Ding interessierten nicht oder seien langweilig. Wenn ein Buch als nicht interessant oder als langweilig abgelehnt wird, muß man auch den Betrachter betrachten, ob nicht er am Ende vielleicht uninteressant und langweilig ist. Aber darüber hinaus, auch das Langweilige ist nicht langweilig. Auch die Langeweile ist interessant, wenn man ihre tieferen Gründe aufspürt. Auch das Gähnen enthält ein Sehnen, auch der Mensch, der mit sich selbst nichts anzufangen weiß, ist ein interessantes Beispiel. Wofür? Daß die Menschen miteinander nichts anzufangen wissen und es sogar fertigbringen, aus der interessantesten Sache der Welt oft eine langweilige zu machen.

Es gehört mit zur Aufgabe jedes wahrhaft Neuen, die Welt und das Leben des Menschen interessant zu gestalten, da sie es tatsächlich auch sind. Man darf den Kampf gegen die Langeweile nicht der

Vergnügungsindustrie überlassen. Die Vertreibung der Langeweile: auch das gehört mit zur Revolution. Wenn diejenigen Menschen, in deren Interesse die Veränderung der menschlichen Gesellschaft geschieht, nicht das Gefühl haben: es ist interessant wie noch nie und – es ist eine Lust zu leben, und wenn die veränderte menschliche Gesellschaft dieses Gefühl nicht wach erhält und stärkt, dann besteht die Gefahr, daß diese gute Sache durch Langeweile und Desinteressiertheit Schaden leidet.

## MANGEL AN SCHULE

In allen Kunstarten scheint mir, und diese Beobachtung betrifft ganz Deutschland, ein bedenklicher Mangel vorhanden zu sein, was Schule anbetrifft. Unter Schule bei einem Künstler versteht man zwar auch, und wohl in erster Linie, die „Schule des Lebens", und wenn ich jetzt von *dieser* Schule nicht ausführlich spreche, so möchte ich nicht, daß man mich mißversteht: die „Schule des Lebens" scheint mir die entscheidendste zu sein, in die ein Künstler gehen, sein Leben lang gehen, in der er immer wieder von neuem lernen und deren Prüfungen er unausgesetzt bestehen muß. In der Schule des Lebens aber kann man nur lernen, wenn man sich alle Bildungsmittel verschafft, die uns zugänglich sind, und wenn man von diesen Bildungsmitteln reichlichen, überreichlichen Gebrauch macht. Man muß geradezu verschwenderisch sein in der Lust am Lernen. Sparsamkeit in dieser Richtung und Geiz sind das Schlimmste, was einem Künstler geschehen kann. Denn bald wird er aufhören, wenn er es vordem je gewesen war, ein Künstler zu sein. Also von dieser Schule des Lebens sprechen wir nicht, auch deren Mangel macht sich allerorts bemerkbar, denn aus der Schule des Lebens, wie sie ja immer besteht und wie sie ja auch während der Nazizeit bestanden hat, war nur zu lernen, wenn man, wie wir schon ausgeführt haben, sich der Bildungsmittel bediente, die es einem erst richtig möglich machen, in der Schule des Lebens zu lernen.

Wir sprechen von der spezifischen Schule, in die jeder Künstler geht, in die Kunst-Schule der großen Genien, die jedem Lernwilligen offensteht und in die er täglich aus und ein gehen sollte, im Wachen und auch im Traum. Wir lernen von den großen Genien, von allen und jedem. Um bei der Literatur zu bleiben, lernen wir von Homer, von Pindar, von dem Dreigestirn der griechischen Dramatiker, und wir lernen herauf über Balzac bis zu Tolstoi, über Dante bis zu Hölderlin, über Shakespeare bis zu Swinburne – eine Lernens-Unendlichkeit. Aber auch das ist noch nicht die besondere Schule, von der ich spreche. Die besondere Schule, von der ich spreche, besteht darin, daß unter all diesen Auserwählten, diesen leuchtenden Großen, diesen in ihrer kristallenen Ewigkeit durchsichtig klaren Gebirgszügen der oder jener Gipfel ist, manchmal auch einige, die uns mit einer besonderen Anziehungsgewalt zu sich aufblicken lassen und bei deren Anblick wir sagen: So im Anblick dieses oder jenes Gipfels beginne ich selber meinen Aufstieg, so oder so ähnlich, wie dieser Gipfel geformt ist, stellt sich auch mir dar: Welt und Menschengestaltung. Dieser Gipfel scheint mir die Formen zu besitzen, die in mir schon irgendwie vorgebildet sind und bei deren Ausbildung das vor mir schon Aufgestrebte von Nutzen sein kann. Bei diesem oder jenem Meister will ich besonders lernen, diesem oder jenem Meister gilt nicht nur meine allgemeine Verehrung, ich liebe ihn auch noch darüber hinaus, bin ihm verwandt, ohne Hochmut darf ich vielleicht sagen: ein wenig bin ich seinesgleichen.

Wenige Künstler kenne ich heutzutage, die in solch eine Schule gehen und bei deren Werk uns das Vorbild eines Meisters anspricht. Ja mehr noch, ohne uns der Untreue schuldig zu machen, wechseln wir ja auch unsere Meister, und unsere Entwicklungsphasen sind meist auch verbunden mit der Entdeckung neuer Berggipfel, wie sie bisher im Frühnebel noch unklar vor uns lagen. Mancher Künstler entdeckt erst in der Mitte seines Lebens dieses oder jenes Vorbild, mancher erst im späten Alter. Die Vorbilder sind nicht über alle Lebensalter die gleichen. Und so ist es, meine ich, ein besonderer Genuß, beim Studium von Kunstwerken mitzuerleben, wie mit der Vollendung des Werkes auch die Meister wechseln und immer eine neue Nachfolge sichtbar wird. Diese Verehrung, diese Schule, diese Nachfolge, diese lebendige Allgegenwart unsterblicher Meisterschaft, das ist es, was ich bei unseren Künstlern heute hauptsächlich vermisse.

Dagegen macht sich bemerkbar, daß unsere Künstler aufs eigenwilligste bestrebt sind, sich uns als „Original" zu empfehlen. Sie wollen unter keinen Umständen, wie mir scheint, Epigonen sein. Jede Art von Imitation widerstrebt ihnen so heftig, daß sie sich auch scheuen und geradezu panikartig davor zurückschrecken, das Gute nachzuahmen und großen Vorbildern zu folgen. Ich meine, diese Angst ist verdächtig, ist verräterisch.

Wär ich ein Maler, so hätte ich große Lust am Kopieren, denn ich wüßte, gerade durch das Kopieren, das Nachzeichnen, das Nachmalen, das Nachempfinden, das Nachdenken, gerade dadurch würde mir das Meisterwerk weitaus zugänglicher werden als nur durch Betrachten, mag dieses auch noch so aufmerksam und häufig erfolgen. Nachzuzeichnen drängt es mich, nachzuziehen diese wunderbaren Dürer-Linien, und so wie es mich dazu drängt, drängt es mich, da ich nun ein Dichter geworden bin, dazu, ein Gedicht von Hölderlin nicht nur nachzulesen, sondern es nachzuformen, nachzubauen, nachzudenken, bis ich an den Punkt gelangt bin, bei dem der Dichter selber einmal mit dem Gedicht begonnen hat, und nun lege ich mit ihm sogleich noch einmal den Weg durch alle Zeilen und Strophen des Gedichtes zurück.

Armselige Kreaturen scheinen mir diejenigen zu sein, die sich für Eigengewächse halten, aber nichts ist aus Eigenem gewachsen, sondern dieses sogenannte Eigene setzt sich zusammen aus allem Schlechten, Minderwertigen, Zufälligen, das diesen Leutchen gerade unter die Hände geraten ist. Das ist wahrhaftig, wenn es überhaupt eine Schule ist, eine miserable Schule, wohin es diese Armen verschlagen hat, und man sollte nichts unversucht lassen, diese Schulen zu schließen.

Schule muß sein. Welch eine herrliche, glückhafte Schule war für mich jungen Menschen die Alte und die Neue Pinakothek. In meinen anbetenden Gedanken sank ich in die Knie vor den großen Italienern, den Holländern, und die deutsche Dreieinigkeit Grünewald, Dürer, Holbein schien mir nicht zurückzustehen hinter dem griechischen Dreigestirn Aischylos, Sophokles, Euripides, das den Himmel meiner werdenden Jugend erleuchtete.

Darum frage ich auch jeden Künstler, dem ich begegne, nach seinem Woher, nach seiner Herkunft, seiner Abstammung, seiner künstlerischen, geistigen. Aus dem Woher ist das Wohin zu ergründen. Wer kein ausgeprägtes Woher hat, wird nirgends wohin gehen, wo wahrer Erfolg winkt.

Wir müssen das alles nicht schreiben, wir können darauf verzichten, auf alles das aufmerksam zu machen, wäre man geneigt, all das wiederzulesen und zu studieren, was unsere Meister in zahlreichen Abhandlungen, Sprüchen, Sentenzen niedergelegt und uns als ihr Vermächtnis hinterlassen haben.

So führt es meines Erachtens zu nichts, nur immer zu neuen Irrtümern, Mißverständnissen, Mißgriffen und Mißerfolgen, wenn man nicht endlich begreift, daß „Schule" eine künstlerische Lebensnotwendigkeit ist und daß solch eine schöpferische Schule einzurichten auf die und jene Art gleichbedeutend ist, unserer Kunsterziehung, sowohl was die des Künstlers selber als auch was die des Kunstliebhabers anbetrifft, eine entscheidende, zukunftweisende Richtung zu geben.

Schule muß sein.

## ALS VERMÄCHTNIS

Verteidigt die Poesie, ihr Dichter, verteidigt sie innerhalb der Dichtung und verteidigt sie außerhalb ihrer. Ich hoffe, daß ich euch überzeugt habe, daß man aus seiner Haut fahren muß, um sich seiner Haut zu wehren. Wehrt euch eurer Haut, verteidigt die Dichtung!

Verteidigt sie allem und jedem gegenüber, was ihr feindlich entgegensteht und was bemüht ist, ihren Wert herabzusetzen, ihren Wert zu verfälschen. Verteidigt sie ebenso gegen ihre Feinde wie auch gegen ihre falschen Freunde, die sich gar als Beschützer der Dichtung ausgeben und auf diese Weise danach trachten, sie hinterhältig auszutilgen. Verteidigt sie gegen jene Kritikaster, jenen arroganten Klüngel von Marodeuren und Aasjägern, wie er in der Literatur sein Unwesen treibt – und für die jedes Edle und Erhabene in der Dichtung nur dazu dient, daran ihren Witz zu wetzen und damit Geschäfte zu machen.

Auch ihr, Freunde der Dichtung, treue Lesergemeinde der Poesie, seid aufgerufen, die Dichtung zu verteidigen gegen ihre Verleumder und ihre Verfolger und manchmal auch, das wollen gerade wir Dichter uns offen eingestehen, gegen die Dichter selbst, die an der ewig gültigen Bedeutung großer Dichtung irre werden und einem Zeitgeschmack nachgeben, worin die Dichtung zur okkulten Wichtigtuerei, zu einem selbstgefälligen, sentimentalen Geschmuse oder zu einer elendiglichen Gebrauchsreimerei erniedrigt wird.

Ihr guten Kritiker, ihr wahrhaften Freunde der Poesie, verteidigt sie mit den Dichtern zusammen gegen Stilwidrigkeit und eine Manier, wie sie dem Wesen der Dichtung widerspricht, verteidigt mit der Dichtung zugleich die Schönheit, Reinheit und Fülle der Sprache, und auch ihr, Kritiker, ebenso wie ihr, Freunde der Dichtung, stimmt mit den Dichtern darin überein, daß die Verteidigungslinie der Dichtung überall dort verläuft und die Positionen ihrer Verteidigung bis dorthin vorgeschoben sind, wo das Recht auf das Leben selbst, auf ein menschenwürdiges Leben aller, wo der Friede und wo die Freiheit verteidigt werden!

## BEMERKUNGEN

In dem neuen Dichter wird weit mehr als bisher der Arbeiter hervortreten, der er ist und den schon Goethe im Dichter entdeckt hat, wenn er davon spricht, daß sich das Genie vor allem auch durch Fleiß hervorhebe. Diese Rückbeziehung auf die Arbeit, dieses Einbezogenwerden in die Arbeit ergeben wieder eine feste, solide Grundlage für die Poesie. Das Vagabundieren, das Ausschweifende, das Haltlose mancher Dichter haben die Poesie nicht wesentlich gefördert. Wenn wir die Dichtung aller Zeiten und Völker einmal daraufhin betrachten, werden wir finden, daß gerade die bedeutendsten Dichter außerordentlich solide, erdgebundene, handfeste Naturen waren. Die Haltlosigkeit, das Ausschweifende haben nicht weltentscheidende Kunstschöpfungen zustande gebracht. Es ist ein neuer Stolz, der uns erfüllt, wenn wir Dichter sagen: Wir sind Arbeiter. Ja, wir sind Arbeiter. Dazu und zur Arbeiterschaft bekennen wir uns. Und es ist bei uns in der Deutschen Demokratischen Republik eine Lust geworden zu leben – als Arbeiter. Wenn wir durch einen Betrieb gehen, „besichtigen" wir ihn nicht. Wir veranstalten auch keinen Ausflug dorthin. Für uns handelt es sich bei einem Betrieb nicht um irgendeine sensationelle Sehenswürdigkeit oder gar um eine technische Ausstellung, die man eben auch einmal (pflichtgemäß) gesehen haben muß. Wir gehen durch den Betrieb wie durch ein Werk, wenn nicht geschaffen von uns selbst, so doch erzeugt von unseresgleichen, ohne von diesem „Unseresgleichen" Aufhebens zu machen. (III)

—

Das ist so eine Sache: Wer sein höheres Niveau verläßt und sich auf das tiefere Niveau seines Gegners begibt, um ihn dort zu schlagen, kann dort dem Gegner nicht standhalten und wird dort unfehlbar geschlagen, denn der Gegner ist in seinem minderwertigen „Niveau" jedem anderen (höheren) Niveau überlegen. Also wer als anständiger Mensch meint, den Verleumdern und Kotwerfern mit ihren Mitteln begegnen zu müssen, ist verloren – niemals wird ein anständiger Mensch die Verleumder und Kotwerfer mit ihren Mitteln schlagen können – sie sind unbestreitbar, was Verleumdungen usw. anbelangt, jedem anständigen Menschen überlegen.

Aber „Niveau" hat nichts mit Wissen und Bildung zu tun, und so verlasse ich auch mein Niveau nicht, wenn ich mit einem „einfachen Menschen" spreche, im Gegenteil habe ich häufig die Erfahrung gemacht, daß solch ein „einfacher Mensch" mir niveaumäßig bei weitem überlegen war. Umgekehrt habe ich das Gefühl, daß mancher Hochgebildete und Vielwissende „ohne Niveau" war, ja daß Bildung und Wissen erst so recht seine Niveaulosigkeit in Erscheinung treten ließen. Demnach muß Niveau also etwas mit Charakter zu tun haben, mit dem Grad der Menschlichkeit, der menschlichen Vervollkommnung, die einer erreicht hat. Wissen und Bildung gehören zweifellos zum Bild des vollendeten und sich vollendenden Menschen, aber der unverbildete, sich noch in einer gewissen Natürlichkeit und Unverdorbenheit erhaltende Mensch ist niveaumäßig dem gebildeten überlegen, wenn dessen Bildung nicht zugleich auch das Menschliche in ihm bereichert hat. Es gibt ein Wissen und eine Bildung, die nichts weiter sind als eine raffinierte Apologie menschlicher Minderwertigkeit und Zurückgebliebenheit. (V)

—

Einen „harten Arbeiter schwereloser Stils" könnte man den Lyriker nennen, da gerade die Unbeschwertheit des Ausdrucks in vielen lyrischen Gedichten in unmittelbarem Zusammenhang steht mit der Härte der Arbeit, die der Dichter an sich selbst geleistet hat, mit der Härte des Schicksals, wie es ihn getroffen hat. Darum ist nichts so abwegig, als sich die zarten, hauchdünnen Gebilde eines lyrischen „Stimmungs"-Gedichts als etwas irgendwie durch eine zufällige Eingebung Hervorgebrachtes zu erklären. Einzig und allein aus der Härte und der Schwere des Lebens entsteht die Erfüllung dessen, was Goethe gefordert hat: „. . . nur ein Hauch sei dein Gedicht!" (XI)

—

Es ist erstaunlich, wie fremd Hölderlin das Reimgedicht bleibt, worin er sich besonders in der Jugend versucht hat und worin es ihm nicht gelingt, über das „Schillern" hinauszugelangen. Wir kennen einige Gedichte von ihm, die uns gereimt und ungereimt überliefert wurden. Die freie Fassung bewegt sich wahrhaft „frei im Stoff", und das Gereimte erscheint ihr gegenüber wie von einem anderen Dichter geschrieben. Woher dieses Unbehagen Hölderlins, dieses Fremdsein dem Reim gegenüber? Vielleicht war ihm die harmonische Utopie, die er in der Vergangenheit im Hellenismus verwirklicht sah, innerlich schon so zur Form geworden, daß er sich auch nur in ihrer Strophenart innerlich frei auszudrücken vermochte? Oder war es die spezifische Form seiner Flucht aus der deutschen Misere, die sich ihm so gewaltig aufdrängte, daß er hoffnungslos vereinsamte und sein Geist sich unheilbar verwirrte? Schien es ihm, nachdem jede schöpferische Auswirkung der französischen bürgerlichen Revolution auf Deutschland unterblieben war, keine deutsche Lösung des deutschen Übels mehr zu geben, und wirkten sich diese Schwermut und Verzweiflung bis in die Wahl seiner Strophenart aus? Man möchte denjenigen raten, die so leicht von irgend etwas behaupten, es sei formal nicht gelungen, sich doch einmal genau umzuschauen, ob das formal Mißlungene nicht vielleicht inhaltlich-weltanschauliche Schwächen hat und ob die formalen Fehler nicht die Form eines nicht zu Ende Gedachten sind. Wenn sich ein Künstler an ein gewaltiges Thema heranwagt, ohne die dazu nötigen Formqualitäten zu besitzen, so würde ich sagen, daß dieses dilettantische Wagnis kein formaler Fehler ist, sondern ein gedanklicher, weil der Künstler der Ansicht ist, daß ein großes Thema an sich schon die Form hervorbringe, die es benötigt. Die Unterschätzung der Form in diesem Fall ist also kein formaler, sondern ein gedanklicher Fehler. Und nochmals: die meisten schlechten Bilder sind nicht schlecht, weil sie schlecht gemalt, sondern sie sind schlecht gemalt, weil sie schlecht konzipiert sind. (XII)

—

Es peinigt uns oft das Gefühl, die Reime seien durch ihren jahrhundertelangen Gebrauch abgegriffen und hätten ihre ursprüngliche Originalität, ihre Verbindlichkeit und Bindungsfestigkeit eingebüßt. Und wir suchen nach einem Neuen. Gibt es nicht auch in den anderen Künsten solche „Verbindlichkeiten“, die durch ihr Alter gelitten haben und greisenhaft erscheinen? Sind demnach auch die „gebräuchlichen“ Reime nicht mehr imstande, über das, was uns bewegt, über unsere Zeit auszusagen? Man erinnert sich, daß auch im Schachspiel der Versuch unternommen wurde, ein neues Schach zu konstruieren, und zwar mit der Begründung, daß die Züge doch alle schon einmal dagewesen seien und das Schach keinerlei neue Kombinationen biete. In diesem Fall war es leicht nachzuweisen, daß die Kombinationsmöglichkeiten des Schachspiels unendlich sind. Nun, ich meine, die Kombinationsmöglichkeiten des Reims sind ebenfalls unerschöpflich, und gerade mit dem Erlebnis der Verbrauchtheit, der Aufgezehrtheit des Reims verbindet sich das der Erstmaligkeit, des noch nicht Entdeckten in der Reihenfolge. Das Gefühl der Verbrauchtheit wird zu einem korrigierenden Faktor in dem Sinne, daß es nur solche Reime durchläßt, die innerlich begründet sind und dadurch Bestand haben. (XII)

—

Nicht zu erlernen sind die besonderen Eigentümlichkeiten eines Schriftstellers, die seinen, einzig und allein nur für ihn charakteristischen persönlichen Stil ergeben. Dieser persönliche Stil ist aufs innigste verbunden (insofern er ein echter persönlicher Stil ist) mit der menschlichen Persönlichkeit des Autors und wirkt um so überzeugender, als in ihm das Menschliche in einer besonders überzeugenden akzentuierten Note vorhanden ist. Würde man (und viele junge Schriftsteller begehen diesen Fehler) diesen Stileigentümlichkeiten nacheifern, käme nichts anderes dabei heraus als eine leere Nachahmung, da ja das Eigentümliche, der persönliche Gehalt dieser Eigentümlichkeiten notwendigerweise fehlen müßte. Nur eines ist daraus zu lernen: die Persönlichkeit eines Schriftstellers muß sich auch in seinem Stil ausprägen, wie sich die Persönlichkeit eines Menschen in allen Handlungen ausprägt, die er begeht.

„Schreibt wie Maxim Gorki" heißt also nicht: „Kopiert den Stil Maxim Gorkis", sondern kann nur heißen: „Nehmt euch ein Beispiel an dem wundervollen Menschen und darum auch an dem gewaltigen Schriftsteller Maxim Gorki." Lernt von ihm das Lernen, geht wie er auf die Universitäten des Lebens, erkennt so tief wie er, daß es kein Großes und Kleines gibt, das voneinander getrennt wäre, sondern daß das Kleine im Großen und das Große im Kleinen enthalten ist. Werdet wie er ergriffen von dem schöpferischen Erlebnis der Unteilbarkeit der Welt, verkündet wie er die Allmacht des Menschen und das herrliche Gefühl, stolz auf den Menschen zu sein, seine unendlichen Möglichkeiten, seine geniale Wandlungsfähigkeit, und wenn ihr euch so verbündet mit dem Leben, der Natur, der Geschichte, wenn ihr so euer Volk liebt, wie Maxim Gorki das russische geliebt hat und über dieser Liebe doch nicht die Achtung vor anderen Völkern und ein liebevolles Verständnis für sie vergessen hat – dann kann sich daraus, um all das künstlerisch darzustellen, nur eine Methode ergeben: die sozialistische. Im übrigen aber heißt „Schreibt wie Maxim Gorki" zugleich auch: schreibt nicht wie Maxim Gorki, sondern schreibt so, wie es eurer Natur, eurer Bildung, euren nationalen Gegebenheiten und den Forderungen unserer Jahrhundertmitte entspricht. (XII)

---

Von der besonders anschaulichen Wirkung eines Gedichts sollte ich eines Tages erfahren, als ich aus dem Zuchthaus den Brief eines politischen Gefangenen erhielt. Das Gedicht, um das es sich handelte, heißt „Gewehre". In dem Gedicht ist eine Entwicklung dargestellt, das heißt, ein Arbeiter, ein unpolitischer, steht vor Gericht, und angesichts der ihm drohenden vielen Zuchthausjahre wegen Aufbewahrung von Waffen überlegt er sich einen Augenblick lang, ob er nicht einige Angaben machen sollte, die es ihm ermöglichen, das Strafmaß zu verringern. Der Vorsitzende redet ihm gut zu. Sein eigener Anwalt wendet alle Mittel der Überredung an, damit der Angeklagte „die Wahrheit sage", und auch die Frau läßt nichts unversucht, um den Mann zu beschwören, doch die Familie nicht in Schande und Unglück zu bringen. Aber im letzten Augenblick, als er schon beinahe entschlossen ist, „der Wahrheit die Ehre zu geben", erinnert er sich der toten Genossen, die in dem Aufstand gefallen sind, und er gibt der Wahrheit die Ehre, indem er nicht *der* Wahrheit die Ehre gibt, die in Wirklichkeit Verrat wäre.

Dies also der Verlauf des epischen Gedichts „Gewehre". Der Gefangene nun, der mir aus dem Zuchthaus schrieb, dankte mir für dieses Gedicht, das ihn vor dem Verrat bewahrt habe, denn er habe sich in einer ganz ähnlichen Situation befunden wie der Held des Gedichts, und in dem Augenblick, als er bereits so weit war, die „Wahrheit" preiszugeben, kamen ihm die Verszeilen aus meinem Gedicht „Gewehre" in den Sinn, und er handelte genauso wie der Held dieses Gedichts.

Er steht noch vorn. Sein Kopf ist schwer.
„Ja, gewiß doch – ich weiß schon – die Ehre . . ."
Wie war es nur?! 's war damals der Streik –
Er hört knallen wie im Traum die Gewehre –

Polizei kam in dichten Haufen daher,
Hundert Arbeiter lagen erschossen . . .
Und jetzt?! – steht er selbst, die Hand am Gewehr,
Und drückt ab – auf die Genossen . . .

„Nein, nein, meine Herren –" und Jack bricht los –
Er hört noch „Achtung, gebt Feuer" –
Genossen an der Mauer – nackt und bloß.
Und wieder „Achtung, gebt Feuer –"

„Nein, nein, meine Herren! Zu früh gelacht!
Ich weiß es noch gut:
's war damals der Streik. Auf der Zeche ‚Marie'
Floß Arbeiterblut!

So kam es, die Kinder schrien nach Brot.
Arbeit?! Daß ich nicht lache.
Da sagte ich mir: Gewalt tut not.
Mir war es eine heilige Sache.

So war es. Und was die Gewehre betrifft,
Die ruhen, bis wir sie holen,
Wir fördern sie eines Tages ans Licht.
‚Glückauf' heißt dann die Parole.

Dann holt euch, ihr Herren, die Gewehre!

So war es. So wird es wieder sein.
Ich gebe der Wahrheit die Ehre.
Ich gestehe:
‚Ich steh dafür ein! . . .'"

Man wird verstehen, daß ich besonders stolz auf dieses mein Gedicht war und mir selbst und allen unseren Dichtern wünschen möchte, solche „vorbildlichen" Gedichte zu schaffen. (XII)

—

Eine neue Stille habe ich entdeckt. Ausgehend davon, daß Stille nur eine durch uns nicht wahrnehmbare Bewegtheit von Klängen und Geräuschen ist, machte ich die Entdeckung, daß sich nun eine Stille um mich her aufgetan hat, bestehend aus fernem Lachen, Singen, den Rufen von vorüberziehenden Segelbooten und oft auch dem vertraulichen Summen eines Flugzeugs. Solch eine neue, bewegte Stille – und sie ist still, denn das alles verschwimmt, verschwindet uns kaum hörbar und ins Lautlose – ist nur zu vergleichen mit der Meeresbrandung oder dem Wehen des Windes. Aber niemand wird sagen, daß dort, wo Meeresbrandung und Windeswehen ihr Spiel treiben, keine Stille sei. Es ist eine tiefe Stille, vielleicht eine „gesellschaftliche" Stille, denn all das, was um mich her so bewegt still ist, zeugt davon, daß uns ein neues, gutes, ein glückliches Leben beredt umschweigt und still in uns weiterschwingt, auch dann, wenn es ganz still, ganz tief still, abendstill und totenstill um uns her geworden ist. (XII)

—

Es ist sehr wohl eine Entwicklung denkbar, worüber mancher noch den Kopf schütteln mag und die gerade dem Schriftsteller von bürgerlicher Herkunft schwer ausdenkbar ist – und diese Entwicklung besteht darin, daß das literarische Schaffen mit gesellschaftlichen Organisationen, mit Betrieben, landwirtschaftlichen Genossenschaften verbunden wird und daß dort Schriftsteller ihre Wurzeln haben und von dorther aufwachsen. (XIV)

—

„Für wen schreibst du?" Nicht diese Frage ist es, die an den Dichter gerichtet wird, wie einige in der Dichtung unerfahrene Leute nach wie vor annehmen, ungeachtet dessen, daß sich bereits Goethe gegen diese Fragestellung gewendet hat. Die Frage, die an jeden Dichter gerichtet ist, lautet vielmehr: „Wer bist du, der du schreibst?" Diese Fragestellung geht tiefer und ist die eigentliche Lebensfrage jedes Dichters. Man schreibt für diejenigen, deren Wesen so tief in das eigene eingegangen ist, daß man gar nicht anders kann, als für sie schreiben, so daß die Frage „Für wen schreibst du?" in diesem Zusammenhang geradezu absurd wirkt. Wenn ich mein Volk liebe, wenn ich ganz eins geworden bin mit den Großen meines Volkes – so schreibe ich eben für mein Volk und brauche mir nicht ununterbrochen vorzuhalten: „Für wen schreibe ich?" oder: „Ist das, was ich schreibe, auch verständlich genug?" Es ist schwieriger und zugleich einfacher, als es sich die Leute vorstellen, die jene Frage an den Dichter richten: „Für wen schreibst du?" Schwieriger ist es, weil es gewiß schwierig ist, die Gesamtinteressen eines Volkes in seiner Person zu verkörpern und so selbst zu einer nationalen Persönlichkeit zu werden. Leichter ist es, weil man sich alsdann „frei im Stoff" bewegen kann und nicht ständig das Fragezeichen vor sich aufleuchten sieht: „Für wen schreibst du?" Der Dichter muß sich zu einem solchen ausbilden, daß all das, was ihn selbst freudig oder leidvoll bewegt, zugleich Glück und Not des ganzen Volkes bedeutet – alsdann wird er in der Selbstgestaltung das Höchste erreichen, was ihm gegeben ist: Spiegel der Seele, Ausdruck des Traums und des Willens seines Volkes zu sein. (XIV)

—

Zu guter Letzt. Es war ein kleines, unscheinbares Lied, das solch eine bedeutende Wirkung auf ihn ausübte, und zwar in dreierlei Hinsicht. Zuerst staunte er, daß solch ein kleines, unscheinbares Lied solch eine Wirkung hervorbringen konnte, eine größere, als manches überragende Kunstwerk bisher vermocht hatte. Dieses Phänomen veranlaßte ihn zum Nachdenken, wobei er viele solcher Momente in seine Erinnerung zurückrief, wo kleine, unscheinbare menschliche Äußerungen eine tiefere Wirkung erzielt hatten als manche gewaltige geistige Leistung. Ja, es gab auch Kunstwerke, die ihn in ihrer natürlichen Schlichtheit, mitunter auch in ihrer rührenden Unbeholfenheit, tiefer und nachhaltiger zu beeindrucken vermocht hatten denn manches als unsterblich Gerühmte, glänzend Gelungene. Das kleine unscheinbare Lied, von dem wir sprachen, war ein Pionierlied, ein helles Gezwitscher von Kinderstimmen, sich weder durch den Text noch durch die Melodie besonders auszeichnend. Aber das war es eben: daß diese Stimmen, daß diese Kinder, welche das Liedchen sangen, nun *tatsächlich* da waren, daß sie nicht mehr ein schöner Traum, eine Zukunftsvision, ein Traumgezwitscher in den Wipfeln und in Himmelshöhen waren, sondern nochmals und nochmals, daß sie da waren, existent waren, sichtbar und begreifbar waren. Das alles bedeutete, daß nun das Leben des Menschen, der von diesem Lied so erschüttert wurde, eine reale Fortsetzung gefunden hatte – denn er war Sozialist, und daß in diesem kleinen, unscheinbaren Lied der Sozialismus von der Utopie über die Wissenschaft nun zu einer realen Gegenwart geworden war. So lebte er, durch dieses kleine unscheinbare Lied angeregt, nicht mehr nur in der Gegenwart, sondern auch in der Zukunft. Dadurch hatte sich drittens für ihn ein ungeheuerliches Problem gelöst, mit dem er zeitlebens nicht fertig zu werden imstande gewesen war, nämlich die Frage des Todes. Einmal in seiner Jugend war es das Lied „Jesus, meine Zuversicht", das ihn den Abgrund des Todesdunkels eine Zeitlang vergessen ließ. Nun hatte sich durch dieses kleine, unscheinbare Pionierlied der Abgrund wie mit einem Blühen aufgefüllt. Es war kein Abgrund mehr, sondern ein Weg, unendlich und breit beschritten. Er sagte vor sich hin:

> Tod, deine Macht ist gebrochen;
> Angst, du bist nicht mehr!

Und der Refrain „Immer bereit!" löste in ihm die Assoziation aus – Schimmer der Zeit, der Ewigkeit. (XIV)

## AUS: POETISCHE KONFESSION

1954

„Alles Dichten gleicht einem Gespräch, das man in einer fremden und nur höchst notdürftig beherrschten Sprache führt. Man sagt nicht das, was man sagen möchte und müßte, sondern nur das wenige, das auszudrücken man gerade noch die Fähigkeit hat. Das Eigentliche bleibt ungesagt und geht bis ans Ende mit dem Leben des Dichters als ein unablässiges Insuffizienzbewußtsein[1] mit. Glücklich jener, dessen Empfindungs- und Gedankenschatz so eingeschränkt ist, daß er sich mit seinem bescheidenen Wortvorrat deckt." So spricht ein Dichter, dem wir den Namen „Nebel" verleihen könnten, wenn er auch Werner Bergengruen heißt. Ihm haben, vorahnend, daß solch ein dunkler Unfug geäußert würde, schon vor Jahrhunderten und Jahrzehnten Dichter und Denker geantwortet, so Homer, die großen griechischen Tragiker, so Dante und Goethe, und Stendhal hätte zu ihm gesagt: „Prahle nicht mit deinem Tiefsinn, der in Wirklichkeit nichts als eine aufgerührte trübe Untiefe ist! Verneble nicht, trübe nicht, verdunkle nicht die Tatsache: der Dichter beginnt damit, daß er das, was er sagen möchte und müßte, auszudrücken vermag; und es ist das eigentlich Poetische, das Eigentliche zu sagen und nur das ungesagt zu lassen, was als uneigentlich nicht die Aussage lohnt." Was an unseren Gefühlen und Gedanken nicht imstande ist, Wortgestalt anzunehmen, ist auch nicht wert, gefühlt oder gedacht zu werden, denn alles, was wir fühlen und denken, ist zugleich ein sprachlicher Vorgang, und nur der Nebel, der Blutdunst entziehen sich mit Recht der Sprachwerdung. Alles, was in uns fühlt und denkt, will Sprache werden, will sich zur Verbindlichkeit und zur Verantwortlichkeit erheben, will sich mitteilen und sich mit den Gefühlen und Gedanken aller der ganzen Welt verbinden. Nicht dessen Wortvorrat ist bescheiden, nicht dessen Empfindungs- und Gedankenschatz sind eingeschränkt, in dessen Ausdrucksvermögen Fühlen, Denken und Wort eins geworden sind, sondern umgekehrt. Eine reichhaltige Empfindungs- und Gedankenwelt hat in diesen

1 Unzulänglichkeitsbewußtsein.

„Glücklichen“ eine Wortfülle, einen Sprachreichtum hervorgebracht, der es ihnen erlaubt, sich frei im Reich tiefster Gefühle, kühnster Gedanken zu bewegen. (12)

—

Für den Dichter (wie für jeden Menschen) gibt es verschiedene Wege zur Wirklichkeit (und verschiedene Abwege, die von der Wirklichkeit wegführen). Wir erinnern uns dabei an den Satz Goethes, worin er bemerkt, daß der Kunst sowohl die Möglichkeit der tiefen Verbindung mit dem Leben innewohne als auch die Möglichkeit, sich aus dem Leben zurückzuziehen. So ist *ein* Weg zur Wirklichkeit für den Schriftsteller zweifellos der, daß er einen Beruf ausübt, in diesem Beruf mit Menschen verschiedenster Art in Berührung kommt und selber genötigt ist, sich in der Wirklichkeit des beruflichen Lebens zu bewähren. Ich persönlich war seit je der Ansicht, daß solch ein tätiger Beruf der Berufung des Dichters nicht nur nicht schadet, sondern ihr nur zugute kommt. Aber selbstredend gibt es auch andere Wege zur Wirklichkeit, und es ist wohl so, daß jeder sich den seinen, ihm persönlich zugänglichen suchen muß und sich nicht darauf verlassen kann, daß andere den Weg für ihn finden oder ihn statt seiner gehen. Wegtafeln oder Verbotstafeln, Anweisungen können wohl im allgemeinen, aber nie konkret die Richtung angeben, die wir gehen müssen, um uns so dicht wie möglich am Leben zu halten (was bedeutet: uns am Leben zu erhalten) und den Lebensweg nicht zu verlieren. (110)

—

„Es ist ein großer Unterschied, ob der Dichter zum Allgemeinen das Besondere sucht oder im Besondern das Allgemeine schaut. Aus jener Art entsteht Allegorie, wo das Besondere nur als Beispiel, als Exempel des Allgemeinen gilt; die letztere aber ist eigentlich die Natur der Poesie; sie spricht ein Besonderes aus, ohne ans Allgemeine zu denken oder darauf hinzuweisen. Wer nun dieses Besondere lebendig faßt, erhält zugleich das Allgemeine mit, ohne es gewahr zu werden oder erst spät.“

Dieser Satz Goethes aus seinen „Maximen und Reflexionen“ darf in keiner Poetik fehlen, es ist, wie Fontane sagt, ein „weites Feld“, welches uns dieser Satz eröffnet, und er verpflichtet jeden Dichter zu viel. Wenn wir also die Natur der Poesie wiederentdecken und sie wieder hervortreten lassen wollen, so muß dieser Goethesche Satz selber in uns zur Natur werden, allerdings mit einer Ergänzung, so scheint mir: es gilt vom Besonderen auszugehen, zum Allgemeinen aufzusteigen und von dorther wieder zum Besonderen zurückzukehren. So vollzieht sich dieser schöpferische Prozeß in uns doch nicht ohne Gedanken (ja Meditationen und Spekulationen), und daß wir das Allgemeine zugleich mit erhalten, ohne seiner gewahr zu werden, nur wenn wir das Besondere lebendig erfassen: diese Ansicht überschätzt das Instinktive und Intuitive des Schaffensprozesses, was sonst bei Goethe keineswegs der Fall ist, der immer auf das Denken im Dichten verweist und die Selbstverständigung als mit zugehörig zum schöpferischen Akt betrachtet. (122)

—

Die Behauptung, nur das vollendet Geprägte vermöge wirksam zu sein, ist falsch. Die Erfahrung lehrt, daß sehr viele keineswegs vollendet geprägte Werke längst in die Weltliteratur eingegangen sind und ewigen Bestand haben werden. Man kann nicht behaupten, zum Beispiel, daß Balzac vollendet geprägt sei. Auch „Krieg und Frieden", um schon nicht von Dostojewski zu sprechen, ist nicht vollendet geprägt, es ist in seinen einzelnen Teilen außerordentlich ungleich, und die Menschengestalten erscheinen nicht alle in vollendeter „künstlerischer Geprägtheit". Und dennoch . . . nicht das vollendet Geprägte ist es, was ein großes Kunstwerk vor allem auszeichnet. Im großen Kunstwerk nimmt das Leben eine solche Gestalt an, daß in ihr wie im Wetteifer mit der Natur eine neue Wirklichkeit hervortritt. Die künstlerische Vollendung sehen wir also darin, daß die Wirklichkeit sich in einem Kunstwerk überzeugend ausdrückt, wobei dieser Ausdruck nicht immer vollendet geprägt sein muß, sondern manchmal auch in seinem Unvollendetsein uns mehr an Leben vermitteln kann als manches vollendet Geprägte. Den Werken von Tschernyschewski („Was tun?") und Ostrowski („Wie der Stahl gehärtet wurde") zum Beispiel würde man nicht gerecht werden, wenn man an sie das Maß des vollendet Geprägten anlegen würde. Dennoch haben diese Werke eine außerordentliche erzieherische Bedeutung und haben auf Millionen Menschen einen entscheidenden Einfluß ausgeübt. (197)

—

Der Dichter ist dazu berufen, Mittler zu sein zwischen Natur und Gesellschaft, und zwar in dem Sinne, daß er einerseits der Natur als Gesellschaftswesen gegenübertritt und daß er andererseits als Gesellschaftswesen sich der Natur nicht entäußert. Der Mensch ist *von Natur* ein *gesellschaftliches Wesen*, womit ausgedrückt wird, daß das gesellschaftliche Wesen des Menschen mit zu seiner Natur gehört, worin aber außerdem noch enthalten ist die Tatsache, daß die Existenz des Menschen weder als die eines reinen Naturwesens noch als die eines reinen Gesellschaftswesens zu bestimmen ist. Wenn wir also auf die Schönheiten der Natur hinweisen und sie preisen, so weisen wir auf sie hin und preisen sie nicht als reine Schönheitsphänomene, wir können sie nicht (wie Kant) interesselos betrachten, sondern wir beziehen sie auf uns, auf unsere Gesellschaft, und diese Naturschönheiten erwecken in uns zugleich den Wunsch, eine gleich schöne Ordnung auch im Gesellschaftlichen zu errichten. Wir wollen in diesem Sinne die Natur nachahmen, mit ihr in Konkurrenz treten, sie übertreffen. Die Natur soll sich in eine Natur für uns verwandeln. Nur unter einer solchen Perspektive wird Natur wahrhaft schön, nur so wird unsere gesellschaftliche Tätigkeit wahrhaft sinnvoll. Wenn es heißt: „Wir haben ein Ziel vor Augen", so ist dieses Ziel auch in der Schönheit, den Herrlichkeiten, den Wundern der Natur abgebildet und lockt uns. Und wir schaffen neue Wirklichkeit, neue Natur, indem wir den Naturwundern das Wunder einer menschlichen Gesellschaftsordnung, das Wunder des „schönen, des menschlichen Menschen" hinzufügen, der eine Gestalt ist, in welcher die Einheit des Guten, Schönen, Wahren und Freien sich verkörpert und in welcher die Verbundenheit des ganzen Menschen mit dem Menschenganzen zur Allmacht des Menschen geworden ist. (240)

## AUS: MACHT DER POESIE

1955

Man muß immer wieder diese Worte Lenins zitieren: „Kein Zweifel, die literarische Tätigkeit verträgt am allerwenigsten eine mechanische Gleichmacherei, eine Nivellierung, eine Herrschaft der Mehrheit über die Minderheit. Kein Zweifel, auf diesem Gebiet ist die Sicherung eines weiten Betätigungsfeldes für persönliche Initiative, individuelle Neigungen, eines Spielraums für Gedanken und Phantasie, Form und Inhalt unbedingt notwendig. Das alles ist unbestritten, aber das alles beweist nur, daß der literarische Teil der Parteitätigkeit des Proletariats nicht schablonenhaft identifiziert werden kann mit den anderen Gebieten der Parteitätigkeit des Proletariats." Wer von uns hätte nicht gegen den Sinn dieser Sätze verstoßen! Wer hätte nicht immer wieder versucht, die „anderen Gebiete" der Parteitätigkeit schablonenhaft zu identifizieren mit dem literarischen Gebiet der Parteitätigkeit. Darum ist es notwendig, diesen Satz sich so fest einzuprägen, daß er uns in Fleisch und Blut übergeht. (13)

—

Man muß *für* die Menschen *mit* den Menschen kämpfen, aber mancher Sozialist mißversteht diesen Satz und kämpft *ohne* die Menschen oder *gegen* die Menschen *für* die Menschen, und eines Tages wenden die Menschen sich gegen denjenigen, der für sie gekämpft hat, ohne sie in diesen Kampf mit einzubeziehen. Der Mensch will mitbeteiligt sein an dem Kampf um sein Glück, er will nicht, daß andere ihm sein Glück bescheren oder es ihm aufzwingen. (16)

—

Wenn ich durch die Dörfer fahre, so buchstabiere ich deren Namen vor mich hin, als würde ich zärtlich darüberhinstreichen und ihnen alles Gute wünschen. Ich winke den Wäldern zu und grüße die Flüsse, und wenn gar das Meer erscheint, so neige ich mich tief vor ihm in Andacht. Ob es glänzend glatt vor mir daliegt oder sich rührt in seinem Wellenschlag – o du wunderbares, unbegreifliches Meer, du, wohin alle die Quellen unserer Bemühungen, die Flüsse unserer Sehnsüchte streben, worin unser Leben mündet, um im Unendlichen zu zerfließen. Wenn die Berge am Horizont sichtbar werden, so erfüllt mich ein Gefühl der Glückseligkeit, und zugleich ist mir feierlich zumute. „Ich hebe meine Augen auf zu den Bergen, von welchen mir Hilfe kommt." Die Erinnerung an die Kindheit türmt sich vor mir auf, und mag diese oft auch noch so angstvoll und peinigend gewesen sein, nunmehr, ins Vergangene zurückversunken, hat sie alles Schlimme von sich abgestreift – zartes, fernes Glänzen. Aber auch die Wälder sind es, die ich anspreche, wenn sie dunkelgrün vor mir aufdämmern und ich ihren Geruch tief in mich einatme, damit seine herbe Reinheit mein ganzes Wesen durchdringe. Die verschiedenartigen Töne des Grüns, in welchem sich die Wiesen vor mir hinschmiegen – unermüdlich bemühe ich mich, dieses grüne Wunder zu erfassen und mit Worten zu begreifen, und immer wieder muß ich mir eingestehen, wie wortarm, wie unkundig der Sprache, wie sprachlos ich bin. (22)

—

Aber auch jedem einzelnen Menschen, dem ich begegne, drücke ich die Hand und sage ihm Dank, Dank. Denn alles, was ich an Gutem hervorgebracht habe, dankt meine Existenz der seinen, und nichts, was vielleicht in meinem Leben mir gelungen ist, geschah ohne den, der dort drüben mit dem Pflug über das Feld geht oder der eben das Fabriktor verläßt. Der Lehrer, den ich dort am Pult durch das Fenster der Schule erblicke – er lehrt auch mich, auch ich sitze vor ihm auf der Bank, ihm danke ich all mein Wissen. Die Frau, die auf dem Marktplatz einkauft, und sie, die ihr hinter dem Marktstand das Gemüse vorwiegt, sie beide sind mit dem Menschen verwandt, den ich meine Mutter nenne. Ihnen beiden entstamme ich. Und dort wieder, der würdige Herr, der über den Platz schreitet, ja schreitet, weiß er nicht, daß ich sein Sohn bin, der an ihm vorüberfährt und ihm erstaunt zuflüstert: „Ach, Vater ..." Und mein Bruder ist überall. Brüder, meine Brüder, rufe ich, wenn auch lautlos, daß keiner von ihnen diesen Zuruf hört. Soll ich von dem glückhaften Lächeln berichten, worin mein ganzes Wesen aufgeht, wenn Kinder singend vorüberziehen oder ich ihnen beim Spielen zuschauen darf ... Durch Stadt und Land streifend und nicht zuletzt auch die lieben guten Läden mit ihren schönen Waren betrachtend, habe ich das Gefühl, daß ich diese Wanderschaft auch über den Tod hinaus fortsetze und auch dann noch diesseitig und hiesig bin, allgegenwärtig überall dort, wo das Leben fließt, auch wenn ich schon eingemündet bin in das Meer, das Unendliche. (23)

—

Nun begegnet uns wieder die ungeheuerliche Zahl von neun Millionen toter Deutscher, den Opfern der beiden Weltkriege. Nur wer nichts niemandem gegenüber zu verantworten geneigt ist, wird sich mit dieser Zahl ohne Gewissenserschütterung abfinden und Schicksal Schicksal, Vorsehung Vorsehung sein lassen – bis zum nächsten Mal. Wer aber die gegenteilige Ansicht vertritt, daß nämlich der Mensch das Schicksal des Menschen ist, der wird die tatsächlichen gesellschaftlichen Verhältnisse untersuchen, welche den Tod von neun Millionen Deutscher hervorgerufen haben, und er wird als Ergebnis dieser Untersuchungen feststellen, daß diejenigen, die heute so penetrant die Freiheit der Persönlichkeit deklamieren, dazu nicht im mindesten das Recht besitzen, denn sie haben neun Millionen deutscher Persönlichkeiten „in Freiheit gesetzt", indem diese auf den Schlachtfeldern hingeopfert wurden. (41)

—

Seit der Entstehung meines ersten Gedichts war ich immer bemüht, auch theoretisch das Wesen der Poesie zu begreifen. Diskussionen haben mich begleitet und geleitet mein Leben lang. In Cafés, in Ateliers, auf Straßen, wo immer auch ich mich aufhielt, haben solche gewaltigen (und manchmal auch gewalttätigen) Auseinandersetzungen stattgefunden, und sie schienen mir untrennbar zu sein von dem schöpferischen Prozeß selbst. München, Paris, Jena, Wien, Prag, Zürich, Stuttgart, Urach, Bodensee, Moskau, Kasan, Taschkent sind die Ortsnamen jener geistigen Schlachtfelder, auf denen das Schicksal meiner Dichtung entschieden wurde. Dieses leidenschaftliche Interesse für theoretische Fragen hat mich immer wieder beunruhigt und aufgeschreckt, wenn ich, wie so häufig, in Gefahr war, mich zu beruhigen und mich mit dem Erreichten zufriedenzugeben. Ich konnte nicht anders, als den Dingen auf den Grund zu gehen und den Versuch zu wagen, sie beim richtigen Namen zu nennen. Gerade das leidenschaftliche Interesse für ihre Theorie hat mich verhindert, mich im Theoretischen zu verlieren, und hat mich immer wieder veranlaßt, das Theoretische durch die schöpferische Praxis und diese wiederum durch die Theorie überprüfen zu lassen. So meine ich, daß derjenige, der sich in Abstraktionen verliert, keineswegs auf der Höhe der Theorie steht, wie ich auch der Meinung bin, daß das weltanschauliche Niveau entscheidend das künstlerische bestimmt. (142)

—

Die interessantesten Menschen waren nie solche, die als interessant gegolten oder gar sich selber für interessant gehalten haben. Die interessantesten Menschen meines Lebens waren eigentlich immer durchschnittliche Menschen, Namenlose, die von sich selber kein Aufheben machten und die nicht laut vor aller Welt gerühmt wurden. Diese „uninteressanten" Menschen waren die interessantesten, aufschlußreichsten Begegnungen meines Lebens. Was von ihnen über mich oder über meine Arbeiten geäußert wurde, interessierte mich weit mehr als die gelehrten Urteile bekannter Kritiker, wenn ich auch nicht bestreiten will, daß unter diesen manche waren, die mich anzuregen und mitunter aufs tiefste zu beeindrucken wußten. Immer wieder durfte ich erleben, wie anregend gerade diejenigen Menschen waren, die man zu den uninteressanten zählte, und welche lebendige Aufmerksamkeit in ihnen verborgen war für alles wahrhaft Interessante in der Welt, wenn man nur einmal sich die Mühe machte, sich mit ihnen zu beschäftigen und dieses Interesse zu wecken! (Wobei von den „interessanten" Menschen diejenigen am interessantesten waren, die ein leidenschaftliches Interesse für die „Uninteressanten" bezeigten, deren Urteil in ihrem Urteil berücksichtigten und es gleichsam in das ihre mit hineinnahmen.) (185)

—

Es gibt auch eine Literatur von Routine-Charakter, die ich nicht unterschätzt haben möchte. Diese Literatur begleitet das politisch-geschichtliche Geschehen ohne eigene Meinung, sie illustriert und illuminiert. Eine andere Sache aber ist eine Literatur, die neuartige Gedanken entwickelt und die dem Neuen zum Durchbruch verhilft. Die Gefahr für diese Literatur besteht darin, daß sich die Routiniers als die eigentlichen Schriftsteller etablieren und der, nennen wir sie einmal: Durchbruchsliteratur einen minderen Platz, wenn nicht sogar einen im „Strafraum" anweisen. Dann hört die Gemütlichkeit auf, und die Routiniers müssen zurück auf ihren Platz verwiesen werden (selbstverständlich keineswegs in irgendeinen „Strafraum"). Immer ist es notwendig, Maße und Werte zurechtzurücken und gegenüber der Gleichmacherei Rangunterschiede durchzusetzen, aber nur unter der Voraussetzung, daß wir die Entwicklung der Literatur im Gesamtzusammenhang analysieren und die Perspektive der Literatur ins richtige Verhältnis setzen zur Perspektive unserer gesellschaftlich-geschichtlichen, weltanschaulichen, menschlichen Verhältnisse überhaupt. Unter dieser Voraussetzung werden wir, das Geschmäcklerische in unserer Literaturbetrachtung überwindend, zu richtigen, objektiv gültigen Werturteilen auch im Literarischen gelangen. (210)

—

„In *jeder* nationalen Kultur gibt es, wenn auch unentwickelte, *Elemente* einer demokratischen und sozialistischen Kultur, denn es gibt in *jeder* Nation eine werktätige und ausgebeutete Masse, deren Lebensbedingungen unvermeidlich eine demokratische und sozialistische Ideologie erzeugen. Aber in *jeder* Nation gibt es auch eine bürgerliche (und in der Mehrzahl der Fälle noch dazu erzreaktionäre und klerikale) Kultur, und zwar nicht nur in Form von ‚Elementen', sondern als *herrschende* Kultur. Deshalb ist die ‚nationale Kultur' im allgemeinen die Kultur der Gutsbesitzer, der Pfaffen und der Bourgeoisie."

Wir haben diesem Satz Lenins lange Zeit nicht genügend Aufmerksamkeit geschenkt. Wir müssen ernsthaft über diesen Satz nachdenken und nachholen, was wir versäumt haben. Man kann nicht die Wartburg restaurieren und gleichzeitig die Müntzer-Gedenkstätte verkümmern lassen, denn auch Luther und Thomas Müntzer sind „korrespondierende Größen". Thomas Müntzer und seine Nachfolger, wir, die deutsche Arbeiterbewegung, haben der Gestalt Martin Luthers gerade dadurch zur Unsterblichkeit verholfen, indem wir dem Schändlichen, Knechtseligen seiner Figur entgegengesetzt haben die Genialität seiner Sprachleistung und gerade auf sie in der Zeit der Spaltung unseres Vaterlandes als auf ein mächtiges, alle Deutschen einendes Moment hingewiesen haben. Luther verdankt das Beste seines Wesens, seine lebendig-schöpferische Existenz Thomas Müntzer und den Seinen, und ähnliche Beispiele lassen sich viele in der Geschichte finden, das heißt, in allen geschichtlich widerspruchsvollen Persönlichkeiten wird der Widerspruch überwunden nur dadurch, daß andere, fortschrittliche Persönlichkeiten ihn aufheben und das Beste des Vergangenen in ihrer eigenen Leistung, mittels ihrer Leistung in die Zukunft herübernehmen. (312)

—

Wir sind überzeugt von der Macht der Literatur. Das Problem Geist und Macht, wie es seit je die bedeutendsten Persönlichkeiten der Menschheitsgeschichte beschäftigt, sind wir gewillt auch im Bereich der Literatur zu lösen. Bei dieser Lösung handelt es sich nicht darum, sich zu abstrakten Meditationen und Spekulationen verleiten zu lassen, sondern den Geist zu charakterisieren, den wir meinen. Von der Macht darf man nicht im allgemeinen sprechen, sondern muß sie, wenn wir sie in Beziehung zu einem konkreten Geist setzen, ebenfalls konkret bestimmen. Wir befinden uns in der Deutschen Demokratischen Republik in der beglückenden Lage, das Staatswesen, in welchem wir wirken, aufs leidenschaftlichste bejahen und als das zuinnerst eigene empfinden zu können. Die Deutsche Demokratische Republik ist im Begriffe, die besonders günstigen Verhältnisse zu entwickeln, wie sie Goethe als die Voraussetzung für das Entstehen einer Nationalliteratur anführt. Wir werden schon in absehbarer Zeit eine „Geschichte" haben, die als eine deutsche Vergangenheit sich uns darstellt, auf die wir uneingeschränkt stolz sein dürfen und die reich an Menschen und Werken ist, die sich uns zur Gestaltung aufdrängen und nach einer großen Dichtung verlangen. Diese neuartige Beziehung zwischen Literatur und Staat, zwischen Geist und Macht haben wir in unserer bisherigen Geschichte noch nicht erlebt. Im Gegenteil: unsere bisherige Geschichte charakterisiert die Diskrepanz zwischen der Staatsmacht und jeder Bemühung um ein geistiges Leben. Somit unterscheidet sich unsere Literatur auch prinzipiell von allen Literaturen und Kunstrichtungen, wie sie in den kapitalistischen Ländern vorhanden sind, und die meisten Mißverständnisse seitens „westlicher" Schriftsteller kommen nicht zuletzt daher, daß sie die neuartige Situation, in welcher sich unsere Literatur befindet, nicht begreifen oder, wenn es sich um bösartige Fälle handelt, nicht begreifen wollen. Wir begreifen es zutiefst, daß ein Staat, der unser ist und mit dem wir identisch sind, auch Macht haben muß, denn ein Staat, der wie der unsere den Frieden und das Glück unseres Vaterlandes will, muß auch die Macht haben, sein friedliches Wirken zum Glück des Volkes zu verteidigen. Wir sind stolz auf die Macht des Staates, der unser ist, ja, wir wollen solch einen mächtigen Friedensstaat, der in der Lage ist, jeden Versuch, ihn zu erschüttern, rechtzeitig und rückhaltlos abzuwehren. Mehr noch als bisher, weit mehr noch muß unsere Literatur von diesem Machtbewußtsein durchdrungen werden, und gerade dieser Wille zur Macht des Friedens und des Glücks für unser Vaterland, gerade dieses Machtbekenntnis erhebt uns über die Wehrlosigkeit des deutschen Geistes der vergangenen Zeit und gibt uns das Gefühl der Einheit von Geist und Macht. (340)

# AUS: DAS POETISCHE PRINZIP

1957

Wenn ich von meiner eigenen Vergangenheit spreche, von meiner poetischen, was habe ich nicht selber dazu beigetragen, um die expressionistische Rebellion im nachherein zu korrigieren und meine ungestümen Verskolosse meinen gegenwärtigen Einsichten anzupassen, und habe sie dadurch ihrer grotesken Attraktion beraubt. So blätterte ich neulich einen Band der „Aktion" wieder durch, und ich konnte nur staunen, wie leblos veraltet die meisten dieser Beiträge mich anmuteten. Wohl ab und zu konnte mich ein Beitrag veranlassen, ihn nochmals zu lesen, oder irgendeine Tatsache vermochte mich zu beeindrucken, aber – vorbei. Vorbei, dieses Aufbegehren und Stürmen, vorbei die „Aktion", vorbei unsere Jugendzeit mit ihren poetischen, oft grotesken Irrungen und Wirrungen. Ich selber stand vor mir, um fünfzig Jahre verjüngt, und versuchte mir, einem jungen Menschen, klarzumachen, was diese Zeit für uns bedeutet hatte. Der junge Mensch, zu dem ich geworden war, schüttelte den Kopf. Er verstand es nicht, er konnte nichts von alledem in der Vergangenheit vorfinden, was uns zu solchen Räuschen, zu solchen literarischen Exzessen begeistert hatte ... Nun gewiß, ein Roman könnte das alles gestalten, die Gestalt des Vergangenen mehr oder weniger lebendig hervortreten lassen, aber wie dürftig, so schien es mir, müßte auch solch ein Unternehmen geraten. Und dennoch muß man versuchen wiederherzustellen, wenn wir Kunstwerke hervorbringen wollen. Jedes, auch das scheinbar Aktuellste, ist historisch, denn es folgt immer den Ereignissen nach, wenn es auch noch so bestrebt ist, mit ihnen sich auf der Höhe zu halten oder gar sie einzuholen. Dennoch ist Vergangenheit wiederherstellbar, aber anders, ganz anders, als wir, die wir in ihr, mit ihr vergangen sind, es wahrhaben wollen. Ist das Vergangene auch nicht herstellbar mit dem spezifischen poetischen Aroma, wenn ich mich so ausdrücken darf, das ihm anhaftet, so können wir es doch reproduzieren und dadurch neu produzieren, in dem Sinne, daß es mit die Gegenwart, die wir erleben, geschaffen hat. Indem wir in dem Vergangenen erkennen, wie sich aus ihm unsere Gegenwart herausgebildet hat und sich weiterbildet in ein Künftiges hinein, in dem Maße solch eines Erkennens und solch einer Gestaltung kann Vergangenes unverlierbar sein und kann bleiben. Aber die Erkenntnis von solch einer Art Wiederherstellbarkeit des Vergangenen schließt ein, daß wir darauf verzichten – welch ein oft schmerzlicher Verzicht –, vergangene Zeiten in der nur ihnen eigenen, besonderen und nicht wiederherstellbaren Traumhaftigkeit – guter und schlechter – einzufangen.

Meine poetische Kraft reicht nicht aus, um die Wirkung jenes Gedichtes wiederherzustellen, von dem ich jetzt sprechen will. Auch die kühnste Phantasie meiner Leser würde ich überanstrengen bei dem Versuch, ihnen die Zauberhaftigkeit zu schildern, wie sie dieses Gedicht „Weltende" von Jakob van Hoddis für uns in sich barg. Diese zwei Strophen, o diese acht Zeilen schienen uns in andere Menschen verwandelt zu haben, uns emporgehoben zu haben aus einer Welt stumpfer Bürgerlichkeit, die wir verachteten und von der wir nicht wußten, wie wir sie verlassen sollten. Diese acht Zeilen entführten uns. Immer neue Schönheiten entdeckten wir in diesen acht Zeilen, wir sangen sie, wir summten sie, wir murmelten sie, wir pfiffen sie vor uns hin, wir gingen mit diesen acht Zeilen auf den Lippen in die Kirchen, und wir saßen, sie vor uns hin flüsternd, mit ihnen beim Radrennen. Wir riefen sie uns gegenseitig über die Straße hinweg zu wie Losungen, wir saßen mit diesen acht Zeilen beieinander, frierend und hungernd, und sprachen sie gegenseitig vor uns hin, und Hunger und Kälte waren nicht mehr. Was war geschehen? Wir kannten das Wort damals nicht: Verwandlung. Erst viel später war von Wandlungen die Rede, dann vor allem, als wirkliche Wandlungen zur Seltenheit geworden waren. Aber wir waren durch diese acht Zeilen verwandelt, gewandelt, mehr noch, diese Welt der Abgestumpftheit und Widerwärtigkeit schien plötzlich von uns – zu erobern, *bezwingbar* zu sein. Alles, wovor wir sonst Angst oder gar Schrecken empfanden, hatte jede Wirkung auf uns verloren. Wir fühlten uns wie neue Menschen, wie Menschen am ersten geschichtlichen Schöpfungstag, eine neue Welt sollte mit uns beginnen, und eine Unruhe schworen wir uns zu stiften, daß den Bürgern Hören und Sehen vergehen sollte und sie es geradezu als eine Gnade betrachten würden, von uns in den Orkus geschickt zu werden. Wir standen anders da, wir atmeten anders, wir gingen anders, wir hatten, so schien es uns, plötzlich einen doppelt so breiten Brustumfang, wir waren auch körperlich gewachsen, spürten wir, um einiges über uns selbst hinaus, wir waren Riesen geworden, und das Gedicht, das wir als Losung alles dessen unserem Sturm vorantrugen, das eine ungeheuerliche Renaissance der Menschheit einleiten sollte, lautete:

Dem Bürger fliegt vom spitzen Kopf der Hut,
In allen Lüften hallt es wie Geschrei.
Dachdecker stürzen ab und gehn entzwei,
Und an den Küsten – liest man – steigt die Flut.

Der Sturm ist da, die wilden Meere hupfen
An Land, um dicke Dämme zu zerdrücken.
Die meisten Menschen haben einen Schnupfen.
Die Eisenbahnen fallen von den Brücken.

Nun, mir selber ist diese seine damalige, wir hätten gesagt, epochale Wirkung nicht mehr wiederherstellbar. Dutzende von Dichtern haben dieses Gedicht inzwischen nachgedichtet, es zuschanden gedichtet, und in mancher Anthologie, die sich dem expressionistischen Jahrzehnt widmet, habe ich dieses Wunder-Gebilde nicht einmal mehr wiedergefunden. Würde ich die Wirkung wiederherstellen, wenn ich seinen Verfasser Jakob van Hoddis beschriebe? Ludwig Meidner hat ihn gezeichnet, anmutig und schwungvoll, wie er sich aber in seiner natürlichen Existenz kaum vorstellte. Er war zwerghaft, von verwahrlostem Äußern, grau, unrasiert, pickelig – von den Händen schon nicht zu sprechen –, mit einem mehr als reinigungsbedürftigen Wollschal zu jeder Tageszeit behaftet, scheu, verspielt und schon ein wenig irre, und bald darauf endete er auch in einer Thüringer Irrenanstalt. Aber dieses Gedicht, von welch einer mächtigen Wirkung auf mich auch heute noch, wohl darum auch, weil zwischen seinen Zeilen, hinter ihnen, sich außerordentliche Erlebnisse und Ereignisse hervordrängen – eine seltsame Jahrhundertstimmung ist es, die in dieser brüchigen, bruchstückhaften, ein wenig närrisch lallenden Stimme sich kundtut.

Manche Gedichte, manche Dichter haben mich späterhin ähnlich beeindruckt. Ich kann nicht sagen, daß Dantes „Hölle", daß die Sonette Petrarcas, daß Rimbaud, Baudelaire, Swinburne oder daß Flaubert, Stendhal mich nicht aufs tiefste ergriffen und mich gleichsam aus meiner bisherigen Bahn geschleudert hätten. Vielleicht ist es für viele heute schwer vorstellbar, was für ein Weltereignis die Lektüre mancher Bücher für uns bedeutet hat. Ja, Shakespeare-Sonette waren ein Weltereignis, und von nichts anderem sprachen wir als von ihren Strophen. Jeden Bekannten, aber auch ganz und gar fremde Menschen sprachen wir daraufhin an und versuchten, ihnen die Schönheit dieser Strophenwunder zu erklären. Man mochte uns für Irre halten, aber wir Irren ließen uns dadurch nicht irremachen. Wir ließen uns nicht irremachen in unserem Glauben an die Schönheit der Dichtung, an die Sendung der Poesie, in unserem Glauben an das poetische Prinzip. Ja, solch eine Zeit war das. Ist sie wiederherstellbar? Unwiederherstellbar, bis eine Zeit kommt, die ähnlich dieser wieder solch eine Literaturleidenschaft hervorruft – dann wird diese Zeit in ihrer Literaturleidenschaft vielleicht sich an jene vergangene erinnern und sie in ihrer Leidenschaftsverwandtheit erkennen, und so, meine ich, aber nur so, wäre dann vielleicht Vergangenes wiederherstellbar.

Ein neues Weltgefühl schien uns ergriffen zu haben, das Gefühl von der Gleichzeitigkeit des Geschehens. Einige gelehrte Literaturbehandler haben dafür auch alsbald eine Etikettierung erfunden, und zwar Simultanismus. Jakob van Hoddis aber dozierte uns, während wir Nächte hindurch die Stadt von einem Ende bis zum anderen durchstreiften (wir waren nämlich Peripatetiker[1]), daß schon bei Homer dieses Gefühl der Gleichzeitigkeit vorgebildet sei. Der Vergleich nämlich sei bei Homer nicht dazu da, um eine Sache zu verdeutlichen, sondern um in uns das Gefühl der Gleichzeitigkeit, der unermessenen Weltweite zu erzeugen. Wenn Homer eine Schlacht schildere und das Geklirre der Waffen vergleiche mit dem Schlag eines Holzfällers, so habe der Dichter diesen Vergleich nur gebraucht, um uns zu zeigen, daß während des Schlachtvorgangs gleichzeitig auch Waldstille sei, erschüttert vom Schlag der Holzfäller . . .

> Dachdecker stürzen ab und gehn entzwei,
> Und an den Küsten – liest man – steigt die Flut.

So heißt es in Jakob van Hoddis' „Weltende". Während die Dachdecker abstürzen, steigt zugleich die Flut, oder nichts ist für sich allein da auf der Welt, alles Vereinzelte ist nur scheinbar und steht in einem unendlichen Zusammenhang. „Die meisten Menschen haben einen Schnupfen", und gleichzeitig fallen die Eisenbahnen von den Brücken. Das katastrophale Geschehen ist nicht denkbar ohne eine gleichzeitige Nichtigkeit. Das Große ist dem Kleinen beigemengt

1 Herumgehende: Schüler des Aristoteles; so genannt, weil Aristoteles auf und ab gehend zu lehren pflegte.

und umgekehrt, nichts vermag abgeschlossen für sich zu bestehen. Dieses Erlebnis der Gleichzeitigkeit waren wir nun bemüht in unseren Gedichten zu gestalten, aber van Hoddis, so scheint es mir heute, hat alle diese unsere Bemühungen vorweggenommen, und keinem sind solche zwei Strophen gelungen wie „Weltende". Was an Alfred Lichtenstein, was an Ernst Blaß bemerkbar war, kam von van Hoddis. Das Erlebnis der Gleichzeitigkeit wurde zur Schablone, und bürokratische Versprodukte entstanden, die geradezu rechnerisch durchgeklügelt waren, indem auf jeden Satz ein Gegensatz folgen mußte, wobei diese Willkür und Ungeordnetheit jede Art von Zusammenhang und Zusammenfassung vermissen ließen. Späterhin konnte ich auch entdecken, daß nicht nur bei Sinclair Lewis, sondern auch schon bei Balzac und manchem anderen Dichter dieses Gefühl der Gleichzeitigkeit zu gestalten unternommen wurde, ohne daß es doktrinär erstarrt wäre. Aber schon kündeten sich neue Ereignisse an, indem das Politische begann, auf unsere Dichtung einzuwirken. Der Ausbruch des ersten Weltkrieges stand bevor. (96)

—

Das Denkmal, einen bedeutenden Staatsmann darstellend, stand mitten unter uns. Denn es war uns nicht künstlich nach oben hin entrückt, sondern, von einer Parkanlage umgeben, erhob es sich kaum um Kopfhöhe über uns, den sterblichen Menschen. Neben diesem Denkmal, das also keinen Sockel hatte und kein Standbild war, konnte man sich auf Bänke niederlassen und das Denkmal anreden: „Du", und mit ihm sprechen wie mit seinesgleichen. Ein menschliches Denkmal. Und beinahe ein wenig neidvoll sah eine Statue, die gegenüber errichtet war, auf dieses menschliche Abbild, denn um die Statue kümmerte sich keiner, und man ging teilnahmslos an ihr vorüber. Um einen Kopf höher, haben wir bemerkt und wollen damit ausdrücken, daß dieses menschliche Denkmal nach jenem Kunstgesetz gebildet war, das uns lehrte: man müsse sich um ein weniges über die Natur erheben, um nicht unterhalb ihrer zu bleiben. Aber die Statue erhob sich wohl zu sehr über die menschliche Natur und verflüchtigte sich aus dem Grunde auch wohl ins Unmenschlich-Abstrakte. Wir ließen uns also auch auf einer Bank nieder und sprachen mit dem menschlichen Denkmal. Ein großer Bruder war er, dieser bedeutende Staatsmann, aber nicht so groß wiederum, um ihm nicht die Hand drücken und ohne Mühe zu ihm aufschauen zu können. Und die Kinder spielten sogar mit ihm, versteckten sich hinter seinem Rücken, stiegen an ihm empor und konnten auf seinen Schultern reiten ... Der bedeutende Staatsmann büßte dadurch nichts an Autorität ein, aber wieviel Freunde gewann er sich dadurch, daß er nicht zur Statue erstarrt war. (110)

—

Bei Marx wieder den Satz entdeckt, der mit zu den Grundsätzen jeder modernen Poetik gehört:

„Das Tier formiert[1] nur nach dem Maß und dem Bedürfnis der species[2], der es angehört, während der Mensch nach dem Maß jeder species zu produzieren weiß und überall das inhärente[3] Maß dem Gegenstand anzulegen weiß; der Mensch formiert daher auch nach den Gesetzen der Schönheit."

Marx weist also ausdrücklich darauf hin, daß der Mensch auch nach den Gesetzen der Schönheit formiert, das heißt, daß im Menschen selber ein Bedürfnis vorhanden ist nach Schönheit und daß dieses Bedürfnis befriedigt werden muß. Das Bedürfnis nach Schönheit ist nicht identisch mit dem Bedürfnis nach Wahrheit, wie das Wahre nicht identisch ist mit dem Schönen und wie beide Begriffe nicht identisch sind mit dem Begriff des Guten. Man muß die Begriffe auseinanderhalten, das heißt, man muß jeden dieser verschiedenen Begriffe anstrengen und nicht den einen mit dem anderen vertauschen oder miteinander vermengen, da wir sonst in ein Begriffschaos geraten. Also der Mensch formiert auch nach den Gesetzen der Schönheit, und die Kunst insbesondere ist dazu berufen, die Gesetze der Schönheit zu entdecken und sie zu erfüllen. Es gibt zweifellos bedeutende Kunstwerke, die nicht nach den Gesetzen des Schönen formiert sind, sondern sie stellen andere Werte dar, zum Beispiel erkenntniskritische, gesellschaftskritische, wie denn überhaupt auch in den Künsten die Begriffe des Schönen, Wahren und Guten die verschiedenartigsten Verbindungen miteinander eingehen und keineswegs „chemisch rein" vorhanden sind. (117)

—

Es wird behauptet, der Künstler unterscheidet sich von den anderen Menschen dadurch, daß er imstande sei, intensiver zu erleben. Diese Behauptung möge nicht unwidersprochen bleiben. Zunächst ist es eine ganz unzulässige Verallgemeinerung, wenn man *den* Künstler *den* Menschen gegenüberstellt. Ebenso, wie es Künstler verschiedener Art und verschiedenen Ranges gibt, unterscheiden sich auch die Menschen unendlich voneinander, und es ist darum

1 bildet. – 2 Art. – 3 anhaftende, zugehörende.

müßig, so ins Vage hineinzuphilosophieren und Behauptungen aufzustellen, dic teils unbestimmt sind, teils bewiesenermaßen nicht stimmen. Zweifellos gibt es gewisse Künstler, die sich von gewissen Menschen dadurch unterscheiden, daß sie fähig sind, intensiver zu erleben. Ich würde schon einschränken und sagen, *gewisse* Dinge intensiver zu erleben, nicht alle. Aber zweifellos gibt es auch Menschen, die wenn nicht intensiver, so doch ebenso intensiv gewisse Dinge zu erleben vermögen wie der oder jener Künstler. Es wäre absurd anzunehmen, daß ein Künstler tiefer zu lieben vermag als alle anderen Menschen, wobei wiederum die Tiefe des Liebeserlebnisses bei allen Menschen nicht die gleiche ist (auch nicht bei den Künstlern). Was den Künstler (den bedeutenden) von den anderen Menschen unterscheidet, ist die Fähigkeit, seinen oder einigen seiner Erlebnisse einen künstlerischen Ausdruck zu verleihen. Dabei ist es möglich, daß seine Erlebnisse vielleicht weniger intensiv sind als die anderer Menschen, aber er vermag kraft seiner künstlerischen Fähigkeiten diese weniger tiefen Erlebnisse zu intensivieren oder die intensiven Erlebnisse anderer Menschen nachzuerleben und darzustellen. Ich meine also, das Unterscheidende ist die Fähigkeit der künstlerischen Darstellung. Wir dürfen unter keinen Umständen den Fehler begehen, den Künstler als ein solches Wesen darzustellen, das intensiver, tiefer zu erleben versteht als andere Menschen. Das ist nicht der Fall, und derlei Ansichten schaden nur. Es gibt Menschen, das kann nicht bestritten werden, deren Gefühlsleben abgestumpft und verkümmert ist und die nicht fähig sind, irgend etwas intensiv zu erleben, wobei Menschen, deren Gefühlsleben nach einer Richtung hin verkümmert und abgestumpft ist, nach einer anderen Richtung hin außerordentlich beeindruckbar und großer Erlebnisse fähig sind. Der Künstler wird mit seinen Erlebnissen (mit einem Teil seiner Erlebnisse) dadurch fertig, daß er sie gestaltet. Der Künstler spricht aus, was anderen Menschen entweder versagt bleibt, auf künstlerische Art auszusprechen, oder überhaupt auszusprechen. Ihm, dem Künstler, „gab ein Gott zu sagen“, worüber andere Menschen sich freuen oder worunter sie leiden, aber die Freude und das Leid, das intensive Erlebnis anderer Menschen, kann sich auch sehr wohl darin äußern, daß es in ihre Arbeit eingeht, daß es ihre Beziehung zu anderen Menschen wiederum beeinflußt, daß sie durch ihre Freuden und durch ihre Leiden menschlicher (oder auch unmenschlicher) werden. Es ist also nicht so, daß andere Menschen nicht ebenso intensiv erleben wie der Künstler und daß dieses intensive Erlebnis sich nicht äußerte. Es äußert sich nur anders als bei einem Künstler. Auch der Wissenschaftler hat intensive Erlebnisse, und dessen intensives Erlebnis setzt sich (zu einem Teil) wiederum in seine wissenschaftliche Arbeit um. Jede Wissenschaft, Forschung, jede Denkarbeit sind unmöglich ohne intensives Erlebnis, nur unterscheidet sich, wie wir schon gesehen haben, diese Art intensiven Erlebnisses von dem des Künstlers. Manchmal aber auch setzt sich das intensive Erlebnis des Künstlers keineswegs in Kunst um. Er ist nicht imstande, sich zu dem, was er intensiv erlebt hat, künstlerisch zu äußern, mindestens nicht im Augenblick des Erlebnisses oder kurz danach. Der Künstler ist dem Ansturm des Erlebnisses genauso ausgesetzt wie ein erlebnisfähiger Mensch, und seine Ausdruckskraft scheint oftmals auch daniederzuliegen. Er ist Objekt des Lebens, hin und her gerissen von dem ihn überwältigenden Erlebnis, ja wohl noch hilfloser als mancher andere Mensch, da ihm plötzlich die Möglichkeit, sich zu diesem Erlebnis zu äußern, entzogen scheint. Erst später, mitunter viel, viel später, ist es ihm gegeben, diesem Erlebnis einen künstlerischen Ausdruck zu verleihen. Wir dürfen und sollen also nicht vergessen, daß „in jedem Mensch ein Dichter gestorben ist" und daß der Künstler sich wesensmäßig nicht so sehr von anderen Menschen unterscheidet. Man soll die unterscheidenden Merkmale nicht auf Kosten des Gemeinsamen vergrößern und dramatisieren und auch nicht umgekehrt Gleichmacherei betreiben und X gleich Y setzen. (144)

—

In dem Maße, wie die res politica[1] zu einer res humana[2] wird, wird sie auch zu einer res poetica[3]. Der Staat, der sich vermenschlicht, der selber die Gestalt eines menschlichen Wesens annimmt, eines Kollektivwesens, wird in zunehmendem Maße auch eine poetische Gestalt annehmen, und die Sprache der schönen Künste wird auch eines seiner Ausdrucksmittel werden. Ein denkender Staat, ein wissender Staat, ein Staat der Schönheit – dieser Staat ist es, dem wir entgegenleben. Darin erblicken wir unsere Freiheit, alles das zu verwirklichen, was dem Kommen dieses Menschenreichs, dem Aufbau dieses Menschenstaats dient. Glücklich und von allen vorhergehenden Geschlechtern beneidet dürfen wir sein, daß wir dieses Menschenreich auf Erden nicht mehr als eine vage Andeutung oder Spekulation, als eine Utopie erleben müssen, sondern als eine realistische Vision, als ein Traumgebilde, das sich, jede Stunde unsere kühnsten Träume übertreffend, in uns und um uns verwirklicht. (152)

—

1 politische Sache. – 2 menschliche Sache. – 3 poetische Sache.

Es heißt: „Gleichzeitig ist die neue Gesellschaft bemüht, neue Formen zu finden. Es gibt Leute, die bei dem Wort ‚Form' sofort die Stirne runzeln und erklären: ‚Es geht nicht um die Form, sondern um den Inhalt.' Inhalt und Form sind organisch miteinander verbunden, und die Entwicklung der Kultur erheischt, daß alle, denen der Fortschritt wirklich am Herzen liegt, Inspiration nicht nur in Bibliotheken und Museen, sondern im Leben suchen. Routine, Akademismus, Epigonentum, Stilisierung, blindes Nachahmen alter, wenn auch guter Formen ist in unserem Jahrhundert, da die Gesellschaft sich wandelt und immer neue Schichten des Volkes an die Kultur herangeführt werden, weit gefährlicher als selbst das kühnste Suchen."

Ich möchte dem widersprechen. Zwar ist ein unabdingbarer Grundsatz der, daß die Form die Form des Inhalts ist, aber es zeigt sich, wenn wir die Literatur in ihrer Veränderung und in ihrem Gestaltenwandel betrachten, daß ein Inhalt nicht nur immer die eine Form hervorzubringen vermag. Ein neuer Inhalt kann sich sowohl in alten Formen äußern als auch in neuen. Es ist häufig so, daß ein neuer Inhalt alte Formen bemüht, um leichter Eingang zu finden bei Menschen, deren Gewohnheiten noch im Alten wurzeln, und ein alter Inhalt kann sich neuer Formen bedienen, um über sein Alter und sein Veraltetsein hinwegzutäuschen und um sich revolutionär zu gebärden. Die Frage heißt nicht entweder – oder. Es handelt sich nicht einerseits um Routine, Akademismus, Epigonentum, Stilisierung, blindes Nachahmen und andererseits um kühnstes Suchen. Das sind spekulative Extreme, die in der Realität nur ausnahmsweise angetroffen werden. Meistens handelt es sich darum, daß einerseits das Neue sich herkömmlicher Formen bedient, ohne dabei routinemäßig akademisch, epigonenhaft, stilisierend zu gestalten, und andererseits das Neue experimentiert und versucht, sich in neuen Formen zu formieren. Beidem kann man nicht seine Berechtigung absprechen, beides hat seine Gültigkeit. Wir kennen Dichter von hoher Bedeutung, deren kühnstes Suchen nicht auf formalem Gebiet lag und die formal nicht experimentiert haben. Sie haben das Neue in einer durchaus verständlichen, unkomplizierten, einfachen, ja schlichten Weise vorgetragen und wurden auf diese Weise zu wirksamsten Verkündern und Gestaltern des Neuen. Wir kennen aber auch Dichter, die bemüht waren, das Neue in eine neue Form zu fassen, und denen dabei interessante, neuartige Gebilde gelungen sind. Wir möchten also auf das Positive sowohl der einen wie der anderen Art hinweisen und nicht die eine gegen die andere Art ausspielen und so uns um beide

Möglichkeiten bringen. Das Neue verfügt über verschiedenartige Möglichkeiten, sich kundzutun und auszudrücken. Auch in der Literatur ist die Wirklichkeit phantasiereicher, „listiger" als die abstrakte Spekulation und das Meditieren in Antagonismen. (167)

—

O lerne denken mit dem Herzen,
Und lerne fühlen mit dem Geist.

In diesen Worten hat Theodor Fontane eigentlich das vorweggenommen, was wir von einem Künstler verlangen müssen, will er uns den Verstand und das Herz gleichermaßen bewegen, denn dieses „Gleichermaßen" ist es, was allen bedeutenden Künstlern so wunderbar gelungen ist und worin sie sich als Vorbilder ganzer Menschen erwiesen haben. Wessen Verstand aber auf Kosten des Gefühls und welches Gefühl aber auf Kosten des Verstandes sich auflehnt, der macht immer den Eindruck eines außer menschliche Fasson Geratenen, eines Menschen mit unsicherem Gang, mit Schlagseite, und man folgt ihm nicht gern, weder als Menschen noch auch als Künstler, da er nicht unser Vertrauen besitzt, daß er einen guten Weg weiß, und auch nicht das Vertrauen, daß er, wenn er seines Wegs ungewiß ist, er uns dieses aufrichtig mitteilt. Wo aber Verstand und Gefühl eins sind und immer wieder miteinander eins werden, mögen sie sich auch immer wieder entzweien und zeitweilig uneins sein – in solch einer immer wieder sich bildenden Einheit ist der Mensch ganz da, und in uns selber stellt sich diese Einheit immer wieder her und stellt sich dar in der Beziehung zu solch einem ganzen Menschen. (239)

—

## *Von den Möglichkeiten literarischer Wirksamkeit*
## oder
## *Stimme und Gestalt*

Nicht so sehr von mir persönlich möchte ich sprechen, denn ich bin kein „Fall", am allerwenigsten ein spezifischer Fall, ein Einzelfall. Meine Möglichkeiten, als Schriftsteller zu wirken, sind bestimmt von den Möglichkeiten literarischer Wirksamkeit in unserer Zeit, im zwanzigsten Jahrhundert. Diese Möglichkeiten allerdings erscheinen mir außerordentlich, ja, keine Zeit vordem hat der Literatur solche Möglichkeiten geboten. Welch eine Überfülle an epischen

*Johannes R. Bechers Arbeitszimmer*

und dramatischen Begebenheiten, welche Menschenschicksale, welche Tiefen tragischer Konflikte! Welche Verkommenheiten, welche Niederungen, welche Höhenflüge, welche Vervollkommnungen! Was an Erlebbarem und zu Erleidendem wäre uns erspart geblieben! Was an Unausdenkbarem, Unsäglichem, was an Visionen des Grauens! Nichts an Angst und Bangen, keinerlei Art von Qualen und Peinigungen wurden uns vorenthalten! Was wurde uns nicht zugemutet, wessen Kräfte wurden nicht maßlos überfordert, welche „Opfer unerhört" mußte ein jeder von uns bringen, was für eine Verantwortung, nicht von mehreren Menschen tragbar, wurde jedem einzelnen von uns aufgebürdet! Aber es war uns auch gegeben, aus Ruinen aufzuerstehen. Beste Träume der Menschheit wurden verwirklicht. Manches, was wir nicht zu träumen wagten, erfüllte sich. Wir waren mit dabei, als es galt, eine neue Menschenordnung zu begründen. Was an Realitäten, an wunderbaren und glückhaften, wurde uns zuteil!

Das ist die Gegebenheit, woraus wir die Möglichkeiten schöpfen können, literarisch zu wirken. Aus dem Unvermögen aber, diese gewaltige Möglichkeit literarischer Wirksamkeit in unserem Jahrhundert zu erkennen, ergibt sich das Versagen vieler unserer Schriftsteller und der Verzicht auf die Schaffung einer großen Literatur. Die Möglichkeiten literarischer Wirksamkeit in unserer Epoche zu erkennen, dazu aber bedarf es eines Standpunktes. Dieser Standpunkt ist der „prägnante Punkt", von dem Pascal und Goethe gesprochen haben und den sie nicht nur bei der Betrachtung von Kunstwerken fordern, sondern auch von dem Verhalten des Menschen bei der Hervorbringung von Kunstwerken und dem Leben selber gegenüber. Es gilt also für den Künstler, den Standpunkt, jenen „prägnanten Punkt", ausfindig zu machen, denn nur von ihm aus läßt sich eine zeitgemäße Antwort geben auf die uralte Frage: „Herr, was sollen wir tun? Was tut not, was ist Not-wendend? Worin besteht die Notwendigkeit?" Nur von einem Standpunkt aus läßt sich beurteilen und künstlerisch gestalten, woher wir kommen und wohin wir zu gehen wünschen, wohin wir gehen müssen. Von solch einem prägnanten Punkt aus vermögen wir uns (auch mit Flüstern) Gehör zu verschaffen den Lautstarken gegenüber, denen wir nicht mit gleich lautstarken Mitteln weder antworten können noch antworten wollen. Einzig und allein von solch einem prägnanten Punkt aus können wir den Gestaltenwandel unseres Jahrhunderts überblicken und dessen Gestalt in unseren Werken sichtbar machen. Die Möglichkeit literarischer Wirksamkeit ist also unlösbar verbunden mit der Erkenntnis des Notwendigen. Selbstredend stehen dieser Erkenntnis und damit der Möglichkeit literarischer Wirksamkeit oft kaum zu überwindende Schwierigkeiten entgegen. Es erübrigt sich, diese im einzelnen zu beschreiben, jeder weiß, daß der Kunstbetrieb, die Kunstfremdheit eine Macht darstellen, welche die Energien der Künstler oft übermenschlich beansprucht.

Es soll dabei nicht unerwähnt bleiben, daß die gefährlichsten Widersacher der Dichtung aus den Reihen der Literaten selbst erstehen, die in ihrem Nihilismus die uns heute gegebenen Möglichkeiten, eine große Literatur zu schaffen, ableugnen und bestrebt sind, alle, die Bedeutendes wollen, zu entmutigen. Die Kunst in ihrem Ernst und ihrer Schwere wird zum Kunstgewerbe degradiert. Maßgebung und Wertsetzung werden der subjektiven Willkür, der Intuition überlassen und damit jede Art objektiver künstlerischer Gesetzmäßigkeit preisgegeben. Die Figuration, die Freude am künstlerischen Spiel, artet in leere Spielerei aus. Das Schöne verflüchtigt sich als schöner Schein. Der Schönheitsbegriff, in seiner konkreten Gegenständlichkeit, verliert sich in der Region des Abstrakten und wird zum Unbegreifbaren. Das Schönheitsideal, wie es der klassischen Kunstperiode eigen war, wurde entweder schematisch nachgeahmt oder avantgardistisch verworfen, statt es, in einer echten schöpferischen Nachfolge, durch das neue Schöne, wie es in unserem Jahrhundert entstanden ist, zu bereichern und zu vertiefen. Diesen widrigen Verhältnissen, dieser „Ungunst des schöpferischen Klimas" gegenüber ist Widerstand zu leisten nur dann, wenn die Möglichkeiten künstlerischer Wirksamkeit in unserer Zeit erkannt werden. Innerhalb dieser Möglichkeiten liegen auch die meinen.

Diese Möglichkeiten war ich bemüht in meinen Dichtungen wahrzunehmen, wie es in einem Sonett heißt:

> Des zwanzigsten Jahrhunderts erste Hälfte
> Hab ich gedichtet . . .
>
> . . . . . . . . . . . . . . . .
>
> Siegt meines Volkes Freiheit, mög es heißen,
> Daß auch mein Werk ein Sieg der Freiheit sei!

Ob es mir gelungen ist, in meinen Arbeiten der ersten Jahrhunderthälfte Stimme und Gestalt zu geben, muß ich zur Entscheidung anderen, nicht zuletzt auch denen überlassen, die nach uns kommen.

Meine Konzeption der Dichtung oder mein „poetisches Prinzip" unterscheidet sich vor allem in zwei Fragen von den Ansichten anderer Dichter, und gerade diese beiden Fragen erscheinen mir für die Möglichkeiten literarischer Wirksamkeit maßgebend:

1. Indem der lyrische Dichter sich selbst gestaltet, gestaltet er das Problem seines Jahrhunderts, wobei dieses „Selbst", die dichterische Persönlichkeit, sich zu einem repräsentativen Charakter auswachsen muß, zu einem Organ, worin das Zeitalter seine eigene poetische Gestalt wiederfindet.
2. Das poetische Prinzip muß nicht nur innerhalb der Dichtung, sondern auch außerhalb ihrer eigentlichen engeren Grenzen verteidigt werden.

Meine gesellschaftliche Tätigkeit, wie ich sie ausübe, ist nichts anderes als solch eine „Verteidigung der Poesie". Mit allem und jedem, was ich bin, diene ich nur ihr, der Dichtung, als einer erhöhten Lebensform, als der höchsten Existenzform des Menschlichseins – denn ich habe dich so sehr, über alles geliebt: Poesie.

Möglichkeiten müssen auch auf literarischem Gebiet wahrgenommen werden, oder sie werden zu versäumten Gelegenheiten, von denen es bei Goethe heißt: „Was man nicht nützt, ist eine schwere Last." Wenn wir die Möglichkeiten literarischer Wirksamkeit, die uns gegeben sind, nicht nützen, entsteht eine Belastung nicht nur für unser eigenes literarisches Schaffen, sondern auch für die Literatur selber, die dadurch verhindert wird, wozu, wie wir hoffen bewiesen zu haben, die Möglichkeit besteht, wieder ein maßgeblicher gesellschaftlicher Faktor, wenn nicht eine Großmacht zu werden.

Wir, unsere Zeit, das zwanzigste Jahrhundert: Es ist eine Lust zu leben, wenn es auch mitunter verzweifelt schwer ist, es ist eine Lust zu schreiben, wenn es auch mitunter verdammt schwierig ist. *Dank* den Möglichkeiten, die uns gegeben sind, und *trotz* der Schwierigkeiten, die sich uns entgegentürmen, sind wir imstande, Großes zu vollbringen – *dank* und *trotzdem*! Denn es geht nicht um irgendeine Art Restauration, um eine restitutio hominis[1], sondern um die Konstituierung einer neuen Menschenordnung, um eine neue Geschichte des Menschen, um eine neue Weltschöpfung, die in der Antizipation des Künftigen schon heute Gegenwart und mitten unter uns ist.

Die Perspektive literarischer Wirksamkeit, wie ich sie für möglich und zugleich für notwendig erachte, habe ich angedeutet, wenn ich mich als Dichter selber sprechen lasse:

Vollendung träumend, hab ich mich vollendet,
Wenn auch mein Werk nicht als vollendet endet.
Denn das war meines Werkes heilige Sendung:
Dienst an der Menschheit künftiger Vollendung.

1 Wiederherstellung des Menschen.

# Reden und Aufsätze

## UNSERE FRONT

1929

Aus den Reihen der proletarisch-revolutionären Literatur kommen sie: ganze, tolle Kerle, die vor Unruhe brodeln und ihre Sätze hinhauen, daß die Sprache platzt, und die wiederum so diszipliniert sein können und sachlich bis ans Herz hinan, daß sie nüchterne Berechnungen aufstellen und ihre Worträume durchkonstruieren wie Maschinenbauer.

Das wichtigste Ereignis auf dem Gebiet der Literatur ist die Entstehung einer proletarisch-revolutionären Literatur, einer Literatur, die die Welt vom Standpunkt des revolutionären Proletariats aus sieht und sie gestaltet. Sie ist der Aufstand gegen die Welt, so wie sie heute ist, der Ruf nach durchbluteten Gehirnen und nach dem Breitschultrigen.

Der bürgerliche Dichter von heute: er degradiert die Kunst zu einem harmlosen Gesellschaftsspiel, er liegt faul und verspielt an der großen Heerstraße, er kann nicht Schritt halten. Er hat darauf verzichtet, Geschichte mitzuschaffen.

Das 20. Jahrhundert, das Zeitalter der imperialistischen Kriege und der Revolutionen – wir wissen: diese unsere Zeit ist eine Zwangsstellung. Wie man sich auch stellen mag, man ist gezwungen, Stellung zu nehmen. Es gibt kein „Jenseits", erst recht nicht in der Entscheidungsschlacht der beiden Klassen, der Bourgeoisie und des Proletariats. Man kann nicht heraus aus der Haut, die die Zeit ist. Jedes Wort, zu dem ihr euren Mund auftut, und wenn ihr von den Sternen reden würdet, ist klassenbefangen. Und wenn ihr schweigt, wir fragen, worüber ihr schweigt: in euch schweigt die Klasse, auch euer Schweigen ist Stellungnahme.

Proletarisch-revolutionäre Literatur ist nicht Armeleutepoesie oder Mitleidsdichtung, sie bewimmert nicht tränenbeflissen das Elend des Proletariats, sie blättert nicht beschaulich in dem Krieg wie in einem Schaueralbum. Im Trommelfeuer und in Straßenkämpfen ist sie geboren, sie ist unter dem Druck der Zensur groß geworden. Die Antwort, die sie auf die Ausbeutung und auf den Krieg gibt, ist eine aktive Lösung. Proletarisch-revolutionäre Literatur singt Klassenliebe und Klassenhaß. Sie marschiert mit unter der Parole: „Krieg dem Krieg!"

Wir umgeben uns nicht mit einem Dunst von Ewigkeit wie die bürgerlichen Literaten, die ausschließlich damit beschäftigt sind, die vorhandenen Tatsachen geistreich als „Schicksal" zu beschwatzen. Wir überlassen die Berufung auf die Ewigkeit denen, die schon heute gestorben sind. Wir sind tief mißtrauisch gegen alles „Allgemein-Menschliche". Wir halten „die Menschheit" für einen idealistischen Spuk, den in jeder Stunde dieser Welt die Klassenwirklichkeit zunichte macht.

Kunst ist für uns eine höchst verantwortliche und gefährliche Sache. Sie ist ein Einbruch, sie bohrt an und betrommelt den Menschen dort, wo, oft unberührt von politischem Tageskampf, die Gefühlsmassen verborgen liegen. Hier bricht die Kunst durch, sie spürt die Gefühlsmassen auf und bringt sie in Bewegung, sie pumpt Blut, sie verhindert, daß der Mensch zur Litfaßsäule erstarrt. Die Kunst geht aufs Ganze. Sie dringt vor bis zur letzten unbewußten und innersten Gefühlsregung . . .

Der Krieg hat uns nicht nach Hause entlassen. Die Heimat, in die wir zurückkehren, war nicht unsere Heimat. Wir sind Soldaten geblieben und kämpfen weiter an der Front, deren Fahne die rote ist.

Hier, an diesem Frontabschnitt Deutschland, kämpfen wir. Wir beten die Literatur nicht an, wir sind nicht so hoffnungslos literaturgläubig und wortbesessen, um nicht zu erkennen, welche natürlichen Grenzen der Kunst gezogen sind. Wir werden, wenn es not tut, auch jederzeit außerhalb der Literatur unseren Mann stellen, dort, wo man uns braucht. Unsere Literatur ist kein faules abgestandenes Gewässer, das die Haut schlaff macht und die Knochen weich brüht, wir sind eine Bewegung, ein Vorwärtsströmen voll Durchbruch und Wellenschlag.

Wir betreiben keine Maskerade. Es ist klar, wer wir sind. Wir müssen noch einige Legendenbildungen über uns zerstören – dabei werden wir immer härtere und schärfer umrissene Formen annehmen. Wir werben nicht, indem wir euch etwas vormachen oder euch umkriechen. Wir zeigen euch: seht, hier unsere Welt – vielen, die noch ungebrochen sind und die die Verwesung anekelt, werden wir den Beweis erbringen, daß diese unsere Welt die Zukunft ist und daß es wert ist, im Kampf für sie das Leben einzusetzen.

Die Neuschaffung der Welt hat begonnen. Die „Neue Welt" wurde von den werktätigen Massen entdeckt, sie kann in ihnen nicht

*Maxim Gorki, Johannes R. Becher und Béla Illés im Jahre 1931*

mehr gemordet oder herausrationalisiert werden. Es ist die Zeit der großen Schmelze. Die Völker der ganzen Welt sind mit einbezogen in diesen Umwandlungsprozeß aller Machtverhältnisse und Werte, der Krieg war das Donnerwort, auf das hin die geknechtete Erde lossprang.

Draußen auf der Straße, wenn es auch ganz stille ist, rauscht der Gleichschritt dieser roten Heere, sie sammeln sich jeden Tag im Betrieb und füllen ihre Reihen wieder neu auf. Aus den Pflastern leuchten ihre Inschriften, ihre Zeichen kleben an den Häusern. Man findet ihre Spuren in Stadt und Land. UdSSR funkt die rote Melodie der Welt.

Wenn diese Heere antreten, dann schnellt ein kurzes hartes Wort hoch an die Spitze: „Genossen!"

„Genosse": Wort, das uns alle verbindet,
Unlösbarer als „du",
Metallener Klang, der uns einander verkündet,
Mahnruf, der immerzu
Uns aus unserem gespenstischen Trägsein schreckt,
Wort, das in den Förderkorb steigt und die Gruben, die
schlafenden, weckt,
Sich hinauf auf die Tribüne schwingt,
Von der Rednertribüne in die Versammlung springt,
Wort, das um die Erde wandert,
Wandert durch alle Sprachen fort,
Genosse spricht den Genossen an:
„Genosse!" – und es leuchtet das Wort.
Wort, das uns alle Länder zur Heimat macht,
Wort, Machtwort der Sowjetmacht! . . .

# AUS DER WELT DES GEDICHTS

1936

Dem Faschismus ist es gelungen, den Menschen herabzuwürdigen bis zur tiefsten Erniedrigung. Das System ist darauf angelegt, den Menschen in der ganzen Größe seines Grauens erscheinen zu lassen. Ein „Es ist schade um den Menschen“ wäre unerträglich und schwächlich. Wir stehen in den faschistischen „Heroen“ der Vernichtung selbst gegenüber. Einem Absud von Unmenschlichkeit, in solch einer Konzentration, wie sie bisher kein Zeitalter zu destillieren vermochte. Das erste- und letztemal wird in der Geschichte der Menschheit ein Volk planmäßig auf Grauen gedrillt. Die faschistische Vision arbeitet mit Giftregen und Todesstrahlen. Es sind genügend Organisationsmacht und Abenteurertum vorhanden, um diesem Wahn einen gewaltigen realen Nachdruck zu verleihen. Es ist richtig: im Faschismus ist der Mensch ohne Raum. Der Mensch wird eingekreist und mitschuldig gemacht, so panzern sich die „Heroen des Grauens“, um aus ihrem Untergange auszubrechen. Die Maske ist durchlässig: von der Innenseite her regen sich Angst und Schwäche. Die Frage nach der Nachfolge kann nicht zurückgedrängt werden, sie muß sich äußern, sei es auch als Drohung oder als Hohn über die „Cäsaren der Verborgenheit“. Ein Dichter, der es versuchen wollte, dieses Grauen zu verklären, gäbe sich als Dichter auf, da Dichtung von Menschlichem handelt. Gewiß, auch die Niederungen des Menschen und seine Verbrechen stehen nicht außerhalb der Dichtung, aber sie bestehen nur als umgekehrtes Vorbild. Der Zwang zum Umgehungsversuch und zur Ausrede kann unter bestimmten Verhältnissen Erfindungskraft und Phantasie steigern, es gibt Meister in der Kunst der Andeutung und Kunstwerke, die uns in einer hartnäckigen Schönheit zeitlos anschweigen. Man müßte hier Schichten abheben und nachdichten, um auf die innerste Spur zu kommen. Es spricht aber alles dafür, daß wir in ein Zeitalter eingetreten sind, das von uns fordert, das Gesicht zu zeigen. Im großen Frage- und Antwortspiel der Geschichte gibt es Augenblicke, in denen der Befragte antworten muß und, wenn er schweigt oder die richtige Antwort schuldig bleibt, dem geschichtslosen Vergessen anheimfällt. Bis in unsere Zeit hinein ragen die Denkmäler solcher geschichtlicher Antworten, Erkenntniswerke, Bekenntniswerke, „Ja“ oder „Nein“, in kriegerischer Haltung, gestachelt und angreifend. Wir wollen uns nicht künstlich erhöhen. Die Emigration ist kein Randgebirge, von dem aus man auf das verlassene Land herabschaut. Wir kennen sie oder ahnen sie, und wir sind für sie da, die heute in Deutschland, unter den gewagtesten Umständen, an einer deutschen Dichtung schaffen. Aber ihre Zeit wird erst sein vom Tage des Wiedersehens an, wenn überall Hände gereicht werden. Damals, 1918, versuchten wir den „Vollendeten Menschen“ herzustellen nach einem vagen Traummuster. Wir wollten den Menschen öffnen, aber er wuchs vor uns zu, da hängte man ihm ein Geheimnis um und entfernte sich noch weiter von ihm. Denn „der wahre Weg, zum Menschen zu kommen, ist der umgekehrte. Wir müssen vom Ich, vom empirischen, leibhaftigen Individuum ausgehen, nicht um drin stekkenzubleiben . . ., sondern uns von da aus zu ‚dem Menschen‘ zu erheben.“ Der Mensch „ist immer eine Spukgestalt, solange er nicht an dem empirischen Menschen eine Basis hat“. Wir haben Vorkrieg. Das Ungeheuer steht fertig. Wir ließen uns überraschen von ihm, es umgibt sich wie mit einem Glanz mit seiner Gefährlichkeit. Als wollte man in einem letzten Augenblick seine Bekanntschaft machen, ist wieder vom Menschen die Rede. Er wird gesucht, bis in seine geheimsten Winkel hinein wird er durchstöbert, und oft ist es, als verflüchtigte sich sein Bild immer mehr während der Suche. Man kennt ihn aus der Überlieferung her, vom Hörensagen. Aus Gemälden, Statuen und Tonfolgen könnte man ihn zusammensetzen, durch die Dichtung hindurch seine Stimme herleiten, von Säulengängen begleitet kommt er auf uns zu, was Jahrtausende er mit seinen Blicken durchstreift hat, blickt uns an, wie mit den eigenen Augen. Und in Einem Land überraschte er uns durch seine Übermenschlichkeit. Hier schuf er sich die Basis seiner Erhebung. Hier erstand den „Heroen des Grauens“ der Gegenspieler. Es gelang dem Menschen, sein Vorbild darzustellen und es mit seinem äußersten, unmenschlichen Widerspruch zu konfrontieren. Der Mensch wächst nicht gleichmäßig. Ein Teil des Menschen vollendet sich in der Wirklichkeit, bevor er in die Dichtung eintritt. Ein Teil des Menschen aber, bevor er in die Wirklichkeit eintritt, vollendet sich in der Dichtung.

Ein Gedicht kann nicht von Mord leben und von der Lüge. Das Gedicht kann nicht ohne Wahrheit auskommen. Auch in dem Gedicht regt sich heimlich der Widerstand, errichten sich Barrikaden, und es verjagt seine Peiniger: Das Gedicht fragt sich, und die Antwort wird ihm von dorther erteilt, wo die Zukunft am Zuge ist, und nicht von dorther, wo das Henkerbeil das Leben abschneidet.

Das Gedicht hat sich entschieden. Was Jahrtausende gedichtet haben, geht durch unsere Reihen – aber im Gedicht lebt auch das Denken in Farben, das Denken in Musik, wenn man von Erbe in der Dichtung spricht, soll man nicht bei der Dichtung haltmachen. Es ist nicht gesagt, daß das Gedicht beim Dichter bleibt. Schweigen die Dichter, können die Farben reden, verstummen die Farben, kann es Musik sein. Walt Disney ist ein Dichter, auch wenn er sich im Film ausdrückt, und die Kathedrale von Rouen ist solch ein gewaltiges Gedicht, das uns aus der Vergangenheit anstrahlt. Die Menschheit wird das Gedicht nicht aufgeben, auch wenn die Dichter versagen.

Sprechen wir von den „drei Zeiten". Dieses Phänomen ist bereits beschrieben worden. Der Aufbau des Sozialismus in der Sowjetunion hat nicht nur die Gegenwart erschüttert und umgeschaffen, mit jedem Spatenstich in die Gegenwart gräbt er Vergangenheit auf und legt Gelände frei für den Blick in die Zukunft. Schafft Gedächtnis nach rückwärts, Visionen nach vorne. Es ist, als sei die Menschheit auf ihrem Zug durch die Geschichte auf einem Plateau angelangt, von dem aus dem Blick drei Zeiten gleichzeitig erfaßbar sind. Wir erleben hier eine neue Art von Simultaneität, mit einem ungeheuren Reichtum an Bildern und Formen.

Es ist falsch, wenn ein Dichter sich ängstlich fragt: „Für wen schreibe ich?" und danach sein Gedicht einrichtet. Der Dichter soll sein Gedicht schreiben und dabei nur an sein Gedicht denken. Ist das Gedicht gut, ist der vom Dichter gewählte Gegenstand poetisch durchdacht, so wird sich auch der Leser einfinden. Ein Gedicht wird nur gut sein, wenn *im* Dichter die Beziehungen zum Leser vorhanden sind. Erkenntnis kommt von Kenntnis, erst recht, wenn es sich um den Menschen handelt. Die Frage nach dem Leser zu stellen im Moment des Schaffens erscheint reichlich primitiv, vor allem verspätet. Dichtung und Leben sind unteilbar, Gedicht ist kein Lebens-Ersatz, man kann nicht im Gedicht das Leben „gutmachen".

Es ist gut, wenn sich ein Dichter en detail mit dem Alltag beschäftigt. Solch eine Beschäftigung bewahrt ihn davor, allzu hastige und ekstatische Sprünge zu vollführen, das Pathos erfährt die nötige nüchterne Korrektur, solch eine Beschäftigung reguliert den Überschwang, der Dichter tritt aus dem Gedicht heraus und kann sich dem Gedicht gegenüber als Außenstehender verhalten.

Dies scheint eines der Geheimnisse der künstlerischen Entwicklung zu sein: man muß sich Übersicht verschaffen, seinen Platz einnehmen und die Reihe überschauen können, der man angeschlossen ist. Viel muß mitgetragen werden und ist weiterzufördern, auch der Zusammenhang will bewahrt sein. Man soll sich immer wieder vergewissern, es setzen sich zu leicht Legendenbildungen fest, man müßte eigentlich jedes Jahr alle Bücher von neuem lesen, sonderbare Vorstellungen haben sich eingeschlichen, hartnäckige verstockte Gerüchte, es ist schon eine Art Wahnbildung und Aberglauben, was man mit sich herumschleppt, oft das halbe Leben lang. Lesen. Neu-Lesen. Umlesen. Sich lernfähig erhalten, vom Lernen durchbluten lassen, ständig sich umgruppieren: nur so kommt man der Erstarrung bei, der Phrasen-Dürre und dem Klischee-Tod.

So soll auch der größte Dichter sich nicht als zu vornehm „dünken", Gelegenheitsgedichte zu schreiben. Ist er wirklich ein bedeutender Dichter, kann die Gelegenheit, die er bedichtet, eben eine langlebige und große Angelegenheit werden. Besonders Kurzverse sind geeignet, allzuleicht verschmierendes Pathos zu reinigen und die Dichtung von unnötigem Schnörkelwerk zu befreien. Die Dichter sollten es sich angewöhnen, solche Entdeckungsversuche, wie zum Beispiel die Reportage, aufmerksam zu verfolgen. Die Reporter haben Großes geleistet, gerade für die Dichtung. Sie haben die meisten Dichter an Kühnheit übertroffen dadurch, daß sie unbekannte, unermeßliche Stoffgebiete entdeckten, Strecken freilegten, damit sie die Dichtung erobere.

Aber die saubere, realistische Bewältigung einer Sache wird bei uns häufig ersetzt dadurch, daß man geschwätzig wird, daß man erklärt oder deklamiert, aber das ist schon eine Ausrede. Der Stoff ist nicht durchgeknetet, überall Löcher und Flecken, mit Brüllen etc. verputzt, besonders Ausrufungszeichen und Unterstreichungen wirken von vorneherein verdächtig. So verlieren wir die Balance, das Gedicht ist ohne Schwerpunkt; Satzfetzen, Summiertes – hingeschüttet und sich gegenseitig verschüttend.

Wir sind nicht nur auf einem Sechstel der Erde in die Geschichte eingedrungen, die gepanzerten Platten, die über einigen Völkern liegen, sind nicht dicht genug, um nicht die wahren Sehnsüchte dieser Völker zu offenbaren. Unsere soziale Dichtung ist nicht mehr

Arme-Leute-Dichtung und Elendspoesie, sie begnügt sich nicht mehr mit Herwegh und Freiligrath, wenn sie zurückgreift, sie ist im Begriff, eine Renaissance der Dichtung einzuleiten, die, wie wir gesehen haben, sich nicht nur auf eine Zeit beschränkt.

Wo steht ein Dichter? Dort, wo er als Dichter steht: inmitten des Besten, was er geschaffen hat. Nicht unbedingt dort, wo er seine Unterschrift hinsetzt und sich politisch bekennt. Sich umstellen, das heißt, eine Klasse, der man verfallen war, verlassen und mit einer anderen Klasse auch als Dichter verwachsen, ist ein langer Übergang, ein historischer Prozeß, kein Privatsprung. Die Flaggen werden nicht einfach miteinander vertauscht, und das neue Wehen beginnt. Es ist kein Zufall, daß viele von uns gerade dort künstlerisch am stärksten sind, wo sie das Depressive des heutigen Weltzustandes gestalten, wo sie Bilanz machen, den Strich ziehen, ausstreichen. Oft streichen wir falsch aus oder durchstreichen so, daß die Schrift darunter noch deutlich sichtbar bleibt.

Es wird nicht gelingen, die Dichtung in die Idylle abzudrängen oder ins Behäbige. Es wird eine Dichtung entstehen, bestimmt, ohne „irgendwie", sparsam mit Rhetorik, nur wenig fließende Übergänge, die Reime schneiden die Strophen, schlüssig, wie Kanten. Geometrisch exakt, aber ganz und gar nicht flächenhaft, die Wortlinien zu Perspektiven ausstrahlend, optimistisch, ohne sich brüllend zu gebärden, in einem neuen Sinn: „heilige Nüchternheit".

Die Kritik macht mit bewundernswerter Kühnheit gerade dort halt, wo das eigentliche Gedicht beginnt. Die poetische Substanz bleibt von ihr unberührt. Das Schema dieser Kritik lautet: 1. Umfangreiche Mitteilung von dem Erscheinen eines neuen Buches, Hinweis auf frühere Werke, Personalbeschreibung. 2. Aufzählung der Titel. 3. Allgemeine Inhaltsangabe. 4. Besondere Inhaltsangabe, mit deskriptivem Kommentar, einiger ausgewählter Gedichte. 5. „Besonders gut gelungen ist" oder „weniger gelungen scheint . . ." 6. Allgemeines ideologisches Lob beziehungsweise Rüge. 7. Schulterklopfen, „in hoffnungsvoller Erwartung". Solch eine Lobanweisung interessiert den („hochbegabten" beziehungsweise „hochpoetischen") Autor natürlich nur als erweiterte Bauchbinde. Kritik liefert Reklame. Aber der Autor, der weiter will, hat noch gewisse andere geheime Sehnsüchte. Er träumt von einer Kritik, durch die ein Mensch zu ihm spricht, der sich auskennt, der Gedichte liebt, ja mit ihnen sogar, auch außerhalb der Kritik, zusammenlebt. Das Zusammenleben mit Gedichten wäre für einen Kritiker schon unerläßlich. Denn Gedichte müssen, wenn sie bestehen sollen, sich immer wieder bewähren und bewahrheiten, unter den verschiedensten Bedingungen, in jedem Klima, zu jeder Jahreszeit, an verschiedenen, voneinander ganz entfernt liegenden Orten. (Auch der Dichter sollte solch einen Prüfstand gegenüber seinem Gedicht einnehmen.) Eine solche Kritik würde natürlich, da ihr der spezifisch poetische Charakter zugänglich wäre, auf jedes lästige geschmäcklerische Geschwätz Verzicht leisten, aus solch einer Kritik würde man heraustreten, frisch und gefestigt, eine solche Kritik wäre auch imstande, das Knäuel der mannigfachen Tendenzen und Widersprüche, wie sie oft in einem Dichter zusammenlaufen, aufzulockern, ihn frei zu machen. Solch eine Kritik würde Auskunft geben können über Metrik, Symbolik, Metapher, über Verhältnis von Thematik und Rhythmik, über den Einbau und die Erhebung zur Erstmaligkeit verbrauchter Reime und Wortbildungen. Eine solche Kritik könnte eine Schule werden, zu solch einer Kritik würde man gern in die Lehre gehen: bescheiden und aufmerksam würde man dasitzen: zuhören, lernen, alles nachholen und weiterdenken ...

Ein Gedicht ist ein Wagnis. Der Sozialismus gab uns Dichtern eine große Sicherheit, aber man kann diese Sicherheit auch mißbrauchen. Wir müssen auch angesichts des sozialistischen Wohlstands jene schöpferische Unruhe beibehalten, die uns einstmals zu den ersten Gedichten trieb, jene shakespearehafte Besessenheit, wie sie jeden wahren Dichter auszeichnet. Die Kunst des sozialistischen Aufbaus erschöpft sich gewiß nicht in einer Erbauungskunst, in einem satten Bekennertum, das sich darauf beschränkt, die bestehenden Errungenschaften mit anonymen Klischees zu verteidigen.

Unsere Leidenschaftlichkeit soll nicht darunter leiden, daß wir heute richtiger denken gelernt haben. Wir werden wieder naiv sein dürfen, gerade deshalb, weil aus uns das Falsche und Verlogene im „Ursprünglich"-Naiven herausgedacht wurde. Wenn es einmal nicht heißen soll: „Die Zeit war reich, reich an Aufopferung und Heroismus wie keine andere, überreich am Spiel aller menschlichen Leidenschaften, der Mensch erschien in ihr, bevor er Abschied nahm von seiner Vorzeit, in seiner ganzen Niedrigkeit, in seiner ganzen Größe – aber, was die Dichtung betraf, sie versagte und blieb schwächlich" – wenn man, um diese Zeit kennenzulernen, nicht in Zeitungsbänden nachschlagen soll, statt in unseren Versheften zu blättern –

wenn es uns also gelingen soll, das Gesicht der Zeit im Worte abzubilden und für die Zukunft *vorzubilden*: dann müssen wir uns leidenschaftlich anstrengen.

Mit einem Gedicht lebt es sich fröhlicher und besser. Mit einem Vers auf den Lippen sind Menschen in den Tod gegangen. Wir wissen von Schlachtgesängen und Strophen auf Grabplatten. Die Taten der Helden, ins Gesicht gemeißelt, überdauerten die Jahrhunderte. Durch ein Gedicht verständigten sich die Zeiten. Dichtung hält dicht gegen Vergänglichkeit.

Aber wir sahen auch, wie Gedichte alterten und Verse welkten. Gedichte gingen zugrunde an Irrtum und Aberglauben. Man muß gesund sein, um ein Gedicht zu schreiben. Man muß verwurzelt sein dort, wo die Menschheit gesundet. In ihrem „Stirb und werde". Wo die neue Ordnung gebaut wird und Traum und Vision sich ständig wandeln in lebendige Figuren.

## DER GLÜCKSUCHER UND DIE SIEBEN LASTEN

*Eine Voranzeige*

1937

1

An diesem Buch habe ich mehr gearbeitet als an jedem anderen. Aber nicht nur, daß ich mir die Mühe gab, jedes Gedicht immer wieder zu überprüfen und durchzudenken, die Hauptarbeit wurde außerhalb des Buches, nicht unmittelbar im Gedicht selbst, geleistet. Es hätte mir wenig genützt, mein technisches Können zu vervollkommnen, wenn ich der „Alte" geblieben wäre. Die Kunst fängt im Künstler selbst an. Mißratene Gestalten sind nur das Zeichen eigener Ungeordnetheit. Wem die eigene Gestaltung mißlingt, wird nichts Durchgestaltetes zustande bringen und muß sich ins Künstliche und Naturwidrige flüchten. Wie auch könnte ein Dichter Vorbildliches zeigen, wenn in ihm nichts Vorbildliches lebendig wäre! So ist auch ein schlechter Vers weniger ein technisches Versagen als das Abbild einer menschlichen Schwäche. Die Hauptarbeit an diesem Buch bestand also darin, daß für mich hier in der UdSSR Goethes „Stirb und werde" eine neue und tiefere Bedeutung gewann. Goethe beschreibt diese Umwandlung und dieses Neugeborenwerden in seinen Briefen aus Italien: „Man muß recht zum Schüler werden, wenn man einigen Vorteil von dem Aufenthalte haben will ... Die Wiedergeburt, die mich von innen heraus umarbeitet, wirkt immer fort, ich dachte wohl hier was zu lernen, daß ich so viel *ver*lernen müßte, dacht ich nicht. Desto lieber ist mir's, ich habe mich ganz hingegeben, und es ist nicht allein der Kunstsinn, es ist auch der moralische, der große Erneuerung leidet ... Was aber das Größte ist und was ich erst hier fühle: wer mit Ernst sich hier umsieht und Augen hat zu sehen, muß solid werden, er muß einen Begriff von Solidität fassen, der ihm nie so lebendig wird." Für das Absterben des Alten und für das tägliche Neuwerden, für *eine lebendige Solidität* ist uns hier in der UdSSR alles gegeben. Erst hier fand ich auch die Gelegenheit, ein mir bisher unzugängliches Massiv, wie es die Gestalt eines Goethe ist, zu durchdringen und für mich zu entdecken. Es war mir vergönnt, mich eingehend mit der Größe geschichtlicher Existenzen zu befassen und so zum „Mitgenossen der großen Ratschläge des Schicksals zu werden".

Der Titel des Buches besagt, daß es sich um die Suche nach dem menschlichen Glück handelt. Der Titel des Buches besagt ferner, daß in ihm die Rede sein wird von den Lasten, die dem Menschen auferlegt und ihm zu tragen verordnet sind. Von wem diese Verordnung ausgeht, wer sie erläßt und wie sie durchgeführt wird und wie diese Verordnung der wahren menschlichen Ordnung widerspricht: davon will das Buch zeugen. Dieses Zeugnis wäre unvollkommen, wenn nicht der Kampf um die neue Ordnung und diese neue Menschenordnung selbst dargetan würden. Nicht nur „dagegen" sein zu müssen, sondern auch ein endgültiges „Dafür" zu haben, das ist für einen Dichter wohl das Höchste und Beglückendste. Nicht nur die Sehnsucht zu kennen, sondern auch die ungeahnte Erfüllung der Sehnsucht: darum würden uns wohl alle Dichter der vorhergegangenen Zeit beneiden. Dies aber fordert von uns das Beste. Das Vollbrachte, das um uns ist, eifert täglich uns an, uns zu überwinden und uns dem Vollendeten anzunähern. Hier konnte ich, wo so vieles in Ordnung gebracht wird, auch mich selbst in Ordnung bringen. Dieses gestaltende Ordnen meines Lebens wurde mir hier, in der UdSSR, das erstemal geboten.

Es ist nicht meine Absicht, Gebrauchswerte zu liefern, indem ich mich bemühe, gebrauchsfertige Klischees aneinanderzureihen. Die Kunst, auf die biederste Art leer und nichtssagend zu sein, ist nicht meine Sache. Was augenblicklich von Nutzen erscheint, kann sehr wohl auf die Dauer sich als hinderlich erweisen, besonders, wenn es als vorbildlich erklärt und auf jede nur mögliche Weise bevorzugt wird. Der Dichter dient auch einer politischen Bewegung nicht dadurch, daß er sozusagen in jeder Schlußstrophe aufdringlich seine Ergebenheit betont, diese Ergebenheit wird besser und würdiger bewiesen, wenn man sauber und gründlich arbeitet und durch solch eine Arbeit der politischen Bewegung weit über ihre engeren Kreise hinaus Ansehen und Anhänger gewinnt.

Es gibt hartnäckige Verenger und Verengte, die nach wie vor den Versuch machen, ihre eigene Engstirnigkeit und Engherzigkeit der Literatur aufzuzwingen. Selbstverständlich sind diese Verenger gegen das Verengen, aber dies „Dagegen" geschieht auf verengte Weise und engt gleichzeitig wieder jede weitere ernsthafte Bemühung ein. Oft sind diese Verenger auch geradezu verdächtig beflissen, das Falsche möglichst falsch zu bekämpfen und dadurch dem Satz Geltung zu verschaffen: „Das Gegenteil eines Fehlers ist wieder ein Fehler.“

Es ist meine feste Überzeugung, daß die dichterische Leistung weit- und tiefgehendst bestimmt wird von dem ringsum Geleisteten. Es ist nicht so, daß Leistung erleichtert würde durch ein Minderwertiges, das in näherer Umgebung geschieht. Es ist das ureigenste Interesse jedes Dichters, daß der andere Dichter ein möglichst guter sei. Das hebt, nur das steigert den eigenen Wert. Nichts ist kurzsichtiger als billige Schadenfreude am Mißlingen des anderen.

Einsamkeit und Schwermut kommen niemals daher, daß man sich einem anderen, Größeren untergeordnet fühlt – das gibt Sicherheit, und am Größeren aufgezogen, wächst man –, Einsamkeit und Schwermut werden erzeugt durch das Verlassensein und durch das Verkanntsein innerhalb einer maßlosen und wertverlorenen Welt. Es genügt einem Dichter zu seiner Leistung nicht, nur in der Ferne zu leben, was seinen poetischen Umgang anbetrifft, und nur Vorfahren und Nachkommen zu finden. Dem Dichter ist der in der Gegenwart lebende Mitdichter mindestens ebenso nötig, die Atmosphäre, deren die Dichtung bedarf, kann ein einzelner niemals allein schaffen. „Gehen wir in die Geschichte zurück, so finden wir überall Persönlichkeiten, mit denen wir uns vertrügen, andere, mit denen wir uns gewiß in Widerstreit befänden ... Das wichtigste bleibt jedoch das Gleichzeitige, weil es sich in uns am reinsten abspiegelt, wir uns in ihm.“ (Goethe) Dieses gegenseitige Sich-verpflichtet-Fühlen, dieses große Aufeinander-Angewiesensein ist nichts Mystisches, es ist etwas höchst Reales und ist durchaus beweisbar. Wir sind mehr verwandt miteinander, als wir häufig annehmen, sowohl in dem, wodurch wir stark sind, als auch in unseren Schwächen.

Gering noch erscheint die dichterische Leistung vor dem Gewaltigen, das uns die Geschichte als Geleistetes hinstellt. Bescheiden ist die Gabe, die ich mit diesem „Hohen Lied“, zum zwanzigjährigen Bestehen der Sowjetunion, der Öffentlichkeit übergebe.

Die Zeit der Hymne ist gekommen. Denn Hymne ist: Gewißheit des Sieges und Sicht auf große Tage.

## 2

Die Stimmen, die meine Versuche begrüßten, als das Sonett für mich wieder zu leben begann, waren verschiedenartig und nicht wenige. Ich konnte mich vor allem der Zustimmung jener erfreuen, auf deren Urteil ich Wert lege. Es gab auch Einwände. Leider nur solche, zu deren Diskussion man sich ins durchaus Unfruchtbare hätte begeben müssen. Es handelte sich dabei nicht um Kritik oder um leicht behebbare Mißverständnisse, sondern um hartnäckige Feindschaft gegen das Poetische, wie sie sich immer wieder, grobschlächtige Aktualität mit Dichtung verwechselnd, hervorwagt.

Es war wohl viel Formen-Wirrnis und Irrfahrt nötig bis zu dieser Heimkehr ins Sonett. War es nicht mehr noch?! Wiedereinkehr in die Dichtung, meine dichterische Selbstverständigung, das Aufspüren des wahrhaft Poetischen und das Einnehmen eines Standortes, der dem Dichter zugewiesen ist und der ihm längst zukam?!

Daß diese Heimkehr und Wiedereinkehr gerade in Moskau stattfand, ist gewiß nicht zufällig und mag als ein schöner und gestalteter Beweis gelten dafür, daß wir in der Sowjetunion eine neue große Heimat der deutschen Dichtung gefunden haben. Hier sind die besten Anlagen vorhanden, um frei und wahrhaftig zu fühlen, um allseitig und tief zu denken. Glücklich beeinflußt uns das ungeheuere, in der deutschen Dichtung so seltene Ereignis, daß wir hier, im Reich des Sozialismus, der Kunst der Flucht und des Ausweichens nicht bedürfen, sondern zu dem, was ist, ja sagen können, ein begeistertes, vernünftiges Ja. Jedes Gedicht wird im Dichter lange und beharrlich vorbereitet. Jeder Dichter trägt in sich ein Traumbild vom vollendeten Gedicht. Die Sehnsucht nach einer menschenwürdigen und geordneten Welt setzt sich auch in der Form durch. In meinem Fall mußte es eine besonders verläßliche, standhafte und geschlossene Form sein, die mir schwierigste – ein Bollwerk gegen das Zerfluten. Das Sonett war meinem sprunghaften, sprengenden Temperament und meiner hemmungslosen Ausdehnungssucht gerade darum die gemäßeste Form, weil sie zunächst als die mir entgegengesetzte erschien und als die mir ungemäßeste. Das Sonett übte auf mich, vom Gegensatz her, eine gewaltige moralische Anziehungskraft aus. Es nahm mich in eine heilsame Zucht. Ich wurde gezwungen, mich in der Beschränkung zu bewähren. Das Sonett war Reinigung und Überwinden, war feste Fassung und Wehr wider Verwahrlosung und Maßlosigkeit. Vierzehn Zeilen standen mir zur Verfügung, nicht mehr. In vierzehn Zeilen mußte ich ganz dasein. In diesem erzieherischen Prozeß des Wählens und Ausscheidens werteten sich Werte um, vervollkommneten sich die Maße, das Minderwichtige wurde zum Minderwertigen. Weitschweifig Unnötiges, Dekoratives, Geschwätziges verträgt das Sonett nicht. Das Sonett ist die Form, mit der man am wenigsten spielen und spaßen kann, für Formverspieltheiten aufgeblasener, wesenloser Wichtigtuer ist es ganz und gar ungeeignet. Das Sonett verlangt Wissen, Bildung und einen Geschmack, der weder plump noch übermodern verderbt ist. Keine Form, scheint mir, erfordert vom Dichter so sehr, daß er wer sei, mit keiner Form kann man so wenig „machen“ wie mit dem Sonett. Es ist vergänglichkeitsdicht, dauerhaft, es hält einen an, bei der Arbeit immer wieder zu überprüfen, was nicht als zukunftsgültig durchgelassen wird. So wurde es mir zum Inbegriff der poetischen Disziplin, die ja eine Disziplin ist, die aus dem Menschlichen kommt und wieder den ganzen Menschen ergreift. Aus dem Sonett ergab sich mir eine Form der Freiheit, die das Geordnete und Planvolle zur Grundlage hatte.

Nichts wäre nun irrtümlicher als meine Arbeit an dem Sonett aufzufassen in dem Sinn, daß sie eine laute oder insgeheime Aufforderung enthalte, nur noch in Sonetten zu dichten. Ich selbst befolge dies keineswegs. Das Sonett nimmt innerhalb meines Schaffens einen verhältnismäßig nur geringen Raum ein. Es gibt nach wie vor viele und oft auch seltsam verschlungene Wege, unsere Dichtung aus dem Chaotischen herauszuführen, sie wieder mit dem höchsten Maß in Verbindung zu bringen und der vorbildlichen Größe sie anzunähern. „Der Künstler muß eine Herkunft haben, muß wissen, woher er stammt.“ Aber wie dieser Anschluß zu gewinnen sei, wäre lächerlich und vermessen durch ein Rezept feststellen zu wollen. Nicht unbemerkt sollte auch bleiben, daß innerhalb des Sonetts selbst mannigfache Varianten gegeben sind und daß das Shakespearesche Sonett und das Sonett Petrarcas, Dantes oder gar das Platensche und Baudelairesche Sonett kaum viel miteinander gemein haben.

Vor Enttäuschungen aber sei gewarnt. Es gilt noch manche Unklarheit zu beseitigen, die aus einer verengten Betrachtungsweise der Literatur herrührt. Eine künstlerische Leistung würde sich nie mit solch einem Schema decken und würde nur ständig in einen unhaltbaren Widerspruch zu ihm geraten. So kann ich platte und primitive Erwartungen nicht erfüllen, ich will zu geringen künstlerischen Ansprüchen nicht nachgeben. Ich bin ein deutscher Dichter. Diese Bezeichnung genügt mir vollauf. Gerade darum, weil ich bemüht bin, an dem Werk einer wahrhaft deutschen Dichtung mitzuschaffen, nehme ich seit langem an dem revolutionären Befreiungskampf teil, der, indem er das Volk befreit, auch die Dichtung erst in volle Freiheit setzt.

Was nun das Depressive anbelangt, das man in meiner Dichtung vorfindet, so bekenne ich mich zu ihm. Ich bin nicht ohne Krisen und

Konflikte. Und selbst dort, wo die Unterdrückung aufgehoben ist, bedrückt der Mensch sich noch selbst mit seiner Vergangenheit. Der Mensch steht unter Druck, unter dem Druck der Umarbeitung und des zu Überwindenden. Ein gefühlloses Schema, aber kein Gedicht wäre es, würde ich diesen Durchbruch gestalten ohne das Moment der Schwäche und selbst der Verzweiflung. Nicht ohne Opfer und Leiden geht der Weg ins Reich der Freiheit. So gibt es auch keine leidlose Dichtung. Aber ich glaube doch, daß ich dieses Leid streitbar auflöse.

Meine Dichtungen möchten, was ihren Gehalt betrifft, Zeugnis ablegen von jener lauteren und leidenschaftlichen Liebe zum deutschen Volk, die uns so stark und unüberwindlich macht. Es wäre das höchste Lob, das mir zuteil werden könnte, würde der unvoreingenommene Leser mir zubilligen, echte und tiefe Worte dieser Liebe in den Gedichten gefunden zu haben. Vielleicht ist es mir wirklich gelungen, fühlbar zu machen, daß diese höchste und wahrhaftigste Liebe, was die Dichtung betrifft, sich gegenwärtig außerhalb der deutschen Grenzen offenbaren muß.

Sodann möchten die Gedichte noch ein Beitrag sein zu dem Streben, das unsere Dichtung immer mehr auszeichnen sollte und das uns Goethe in dem trefflichen Bild vermittelt hat: „Alles Vollkommene in seiner Art muß über seine Art hinausgehen, es muß ein anderes, Unvergleichbares werden. In manchen Tönen ist die Nachtigall noch Vogel; dann steigt sie über ihre Klasse hinaus und scheint jedem Gefiederten andeuten zu wollen, was eigentlich singen heißt."

Sprechen wir auch freimütig über das Noch-nicht-Erreichte. Nicht erreicht wurden jene Gedankenvielfalt und jener Formenreichtum, wie sie jede große Dichtung auszeichnen. Auch immer wieder ergibt sich eine Gefahr aus dem Beharren an dem nun einmal Errungenen. Leicht wird man starr und träg, gibt sich zufrieden mit dem Eingespielten und läßt sich oft nur unwillig vorwärtsstoßen. Immer noch durchwandern wir Engpässe, wohl hin und wieder mit einem freieren Ausblick, aber die weltumfassende Aussicht und Übersicht fehlt. Kräftiger, saftiger und noch viel unmittelbarer müßte man zu gestalten verstehen, vieles ist erst Sehnsucht nach Dichtung und mehr Bemühen als Dichtung selbst. Oft lassen wir es beim „ersten Sinn" bewenden, manchmal gelingt uns auch der nicht, ein nachfolgender tieferer Sinn ist nicht zu ergründen. So schaffen wir oft Flächen ohne Hintergründe, Ornamente an sich.

An einem Gedicht sind immer viele beteiligt. Der Name des Dichters steht für ungezählte namenlose Mitarbeiter. Einige dieser meiner Teilhaber sind mir bekannt. Es macht stolz und es ist ehrenvoll, sich zu ihnen bekennen zu dürfen. Der erste ist die große Dichtung und Kunst der Vergangenheit, der zweite heißt: UdSSR. Und der dritte ist das unterdrückte deutsche Volk. Ihnen verdanke ich in der Hauptsache, was an Gutem und Gelungenem in mir vorhanden ist, und gerade auch das ist mitbestimmt von ihnen, was nicht betont auf sie hinweist. Auf sie soll der Leser, sofern er sich an irgendeiner Stelle zu einer Anerkennung entschließt, seine Sympathie übertragen. Diesen drei großen Mitwirkenden ist alles, was ich schreibe, gewidmet: sei es in Worten, sei es ungesagt.

## WACHSTUM UND REIFE

1937

Die Sowjetunion ist zu einer neuen großen Heimat der deutschen Dichtung geworden . . . Der Aufbau des Sozialismus in der UdSSR, die sozialistische Wirklichkeit, hat eine tiefe revolutionäre Wirkung auf den Entwicklungsgang unserer Literatur. Wir kennen den Ausspruch Hölderlins: „Was wir sind, ist nichts, was wir wollen – alles." Das tragische Mißglücken des Zusammenschlusses von „Alleswollen" und „Nichtssein", von Traum und Wirklichkeit, ist eines der Kennzeichen der deutschen Literatur-Misere. Die deutsche Literaturgeschichte ist, was viele ihrer bedeutendsten Erscheinungen anbelangt, eine Galerie von Gescheiterten, Verhungerten, Wahnsinniggewordenen und Selbstmördern. Was vergangenen Zeiten nicht ganz gelang, hat der Faschismus vollendet: er hat die Literatur auf ein derartiges Niveau erniedrigt und herabgewürdigt, bis das Wort aufhörte, ein menschliches, ein wahrhaftiges, ja ein deutsches Wort zu sein. Hier in der UdSSR nun, in dieser unserer neuen großen Heimat, gelingt der Dichtung der Zusammenschluß von Traum und Wirklichkeit. Eher umgekehrt: unsere Träume sind nicht kühn genug und bleiben oft hinter einer traumreichen Wirklichkeit zurück. Dieses Ja-sagen-Können zu der uns umgebenden Wirklichkeit, dieses nicht Abseits-Stehen oder heftige Nein-sagen-Müssen – dieses begeisterte Bejahen also übt auf das Innenleben unserer Literatur eine tiefgehende Wirkung aus. Für eine Schilderung platter Gewöhnlichkeit ist hier ebensowenig der Platz wie für exklusive Formspielereien: wir leben in einer geschichtlich kräftigen Luft, die auch den Dichter vermenschlicht. Unsere Dichtung erhält, mit dem Leben aufs innigste verknüpft, jenen gesunden realistischen Zug, der ihr lange verlorengegangen war. Alles ist dazu angetan, das Unzuverlässige und Halbe, unsere menschlichen und poetischen Unarten und Rückstände aus uns auszuscheiden und uns zu echten und wahrhaftigen Dichtern zu erziehen. Außergewöhnliche Menschen begegnen uns und außergewöhnliche Umstände, und die Begabung wird in diesem freien Land immer mehr zu etwas Normalem und Selbstverständlichem. Es ist für viele von uns so, daß wir jetzt erst das Wesen der Dichtung zu ahnen beginnen und ihre Gesetze freilegen und neu für uns entdecken.

In Hegels Ästhetik findet sich der Satz, daß in der Lyrik zwar das Subjekt als Subjekt die Form und den Inhalt abgibt, „dies jedoch darf nicht so verstanden werden, als ob das Individuum, um sich lyrisch äußern zu können, sich von allem und jedem Zusammenhang mit nationalen Interessen und Anschauungen losmachen und sich formell nur auf seine eigenen Füße stellen müsse. Im Gegenteil, in dieser abstrakten Selbständigkeit würde als Inhalt nur die ganz zufällige und partikuläre Leidenschaft, die Willkür der Begierde und des Beliebens, übrigbleiben und die schlechte Querköpfigkeit der Einfälle und bizarre Originalität der Empfindungen ihren unbegrenzten Spielraum gewinnen. Die echte Lyrik hat, wie jede wahre Poesie, den wahren Gehalt der menschlichen Brust auszusprechen." Eine Fülle ähnlicher Sätze finden wir bei Goethe und Puschkin, alle großen Dichter haben die Grundwahrheit dieser Sätze in ihrem Schaffen bestätigt. Und darum hat auch die deutsche Dichtung in der Sowjetunion ihre neue große Heimat gefunden, weil hier, wie in keinem anderen Land und zu keiner anderen Zeit, Dichter leben können, ohne lügen zu müssen. Hier, in diesem wirklichen Land der Dichter und Denker, können wir wahr und echt sein ...

Man muß kein Kommunist sein, es genügt, daß man ein ehrlicher und anständiger Mensch ist, um freudig seine Pflicht zu erfüllen gegenüber dem Sowjetstaat, der uns das Recht gibt, ungestört unsere Werke zu schaffen. Die Freiheit ist unteilbar: die schöpferische Freiheit eines Schriftstellers und die Freiheit seines Volkes sind untrennbar miteinander verbunden. Und jeder, dem es mit einer echten und wahren Literatur ernst ist, muß demnach den Bestand der UdSSR schützen, nicht nur in Bekenntnissen und Aufrufen, vor allem auch in seinem Werk selbst und durch sein gesamtes menschliches Verhalten. Gerade von uns Schriftstellern müßte man Hellsichtigkeit und eine ausgebildete Menschenkenntnis verlangen. Ein Schriftsteller müßte in einem ganz besonderen Sinn ein Durchleuchter und Aufklärer sein, ein Menschenöffner und Wegdeuter. Die Aufgabe des Schriftstellers ist es, das Wort, das geschriebene und das gesprochene, besonders sorgfältig und verantwortungsvoll zu handhaben. Phrasen und Klischees ermöglichen es dem Gegner, weitgehend sein wahres Gesicht zu verbergen. Unwissenheit und Dilettantismus sind schlechte Wachtposten. Die Wachsamkeit nach außen hin wird abgeschwächt bei einem Menschen, der sich selbst gegenüber nicht wach ist und sich nicht ausgiebig kontrolliert. Die Meisterung der Form, wenn sie keine leere Virtuosität, sondern eine wahre Meisterschaft sein soll, kommt aus einer Disziplin, die den ganzen Menschen ergreift. Und gerade das ist es, was unsere Literatur der Sowjetunion verdankt und was auf eine zukünftige deutsche Literaturentwicklung einen entscheidenden Einfluß ausüben wird: hier bemerken wir schon die ersten Anfänge der Überwindung der deutschen Literaturkrise, die in mannigfachen Formen und Richtungen bis in die Mitte des neunzehnten Jahrhunderts zurückreicht oder, wie Heinrich Mann es ausdrückt: „Wie, wenn es das erste Schimmern, noch hinter dem Horizont, einer zweiten Renaissance wäre?!" Die Ergänzung und Wiederbelebung des Menschen im Dichter und in seinen Gestalten: so arbeiten wir uns aus unseren Niederungen heraus, den Höhen der sozialistischen Dichtung entgegen. Nicht zufällig ist die Zeit dieses Unternehmens, nicht zufällig der Ort.

Nur in ganz schlechten Zeiten der Dichtung durften sich Dichter mit ihrer Unwissenheit und Unbildung brüsten, und dies wurde ihnen noch als dämonisches Gebaren ausgelegt. Aber alle solche Attribute des Dichters wie: unberechenbar, launisch, sprunghaft, verrückt – gehören einer verfallenen Moderne an, und aus der Fäulnis der Ignoranz ist noch niemals eine dauerhafte Blüte entstanden. Viel Fleiß und eine wahre Lern-Besessenheit sind notwendig, damit ein Talent werde. So richtig es ist, daß ein Dichter sich sein Gemüt gesund und unverkümmert erhält, daß er die Kraft der Leidenschaft besitzt und daß er mitzulieben, mitzuhassen, mitzuleiden und sich mitzufreuen versteht wie kein anderer, ebenso selbstverständlich müßte es sein, daß ein Dichter in den wichtigsten Gebieten des Lebens sich auskennt und darin sich zurechtfindet und daß er über einen Verstand verfügt, der ihn befähigt, auch die widerspruchsvollsten und verwickeltsten Dinge klar und geordnet darzustellen.

Zur Ausbildung gehört ein Vorbild. Ich will, um dies zu veranschaulichen, in meine eigene Jugend zurückgehn. Ich wuchs in einer Umgebung auf, die mit Bach, Beethoven, Schiller und Goethe zusammenlebte. Meisterwerke von Tizian, Michelangelo, Rembrandt hingen, wenn auch in Kopien, in allen Zimmern und prägten sich mir so von früh auf ein. Ich wurde angehalten, die Pinakothek zu besuchen, und jede Woche fand zu Hause ein Trio statt, bei dem ich auserwählte Kammermusik zu hören bekam. Um so heftiger meldete sich bei mir der Widerspruch an zwischen jener Innerlichkeit und der

Macht, die sie umschloß. Die Disharmonie der Gesellschaft ließ solch eine familiäre Harmonie nicht unberührt. Was ich aber auch späterhin anstellte, diese leuchtenden Vorbilder zu vergessen und in mir auszulöschen, es gelang mir glücklicherweise nur zum Teil: dort, wo meine Dichtung noch etwas Wahres und Echtes an sich hatte, zeigte sie die Spuren jener Züge, die in Farben, Klängen und Worten seit meiner Kindheit mir eingezeichnet blieben. Mein Haß gegen die Zwiespältigkeit und Verlogenheit der Gesellschaft war maßlos. Er überstieg alle Grenzen und bezog auch alles das in sich ein, was mit meiner Herkunft und Erziehung nur irgendwie zusammenhing. Es war kein wissender, sehender, sondern ein dumpfer, sich selbst verzehrender Haß ...

Wir gaben uns nicht zufrieden, verbrauchte Wendungen durch neue „unerhörte" Varianten zu verbessern, unsere Protest-Haltung führte uns groteskerweise, wenn auch nicht ganz unlogisch, dazu, die Sprache selbst zu „zerhacken", weil sich ihrer die Ausbeuter und Kriegstreiber bedienten; reine Reime waren verpönt, herausfordernd wurde durchwegs Assonanz gebraucht; und ehrenvoll war es, gegen die von der Schule her verhaßte Grammatik nach allen Regeln zu verstoßen.

Kein Wunder, daß bei solch einer Einstellung die tollsten Dinge zustande kamen. Ich blieb ohne jedes Vorbild. Von einer gewissenhaften dichterischen Ausbildung oder Erziehung konnte nicht die Rede sein. Alles war der Willkür und dem Maßlosen überlassen. Die eigene Unzulänglichkeit wurde zum Maßstab der Dinge. Daß Dichter wie Andreas Gryphius und Friedrich Hölderlin etwas gelten konnten, kam daher, daß ich sie in der Schule nicht auswendig zu lernen hatte und daß mir der Wahnsinn Hölderlins als warnendes Beispiel oft genug vorgeführt wurde.

Die große Lehre, die wir aus der klassischen Dichtung ziehen können, ist die: es kommt auch in der Dichtung auf den Menschen an. Der Charakter, die Persönlichkeit sind es, um die sich die Poesie kristallisiert und die der Poesie ihren eigentlichen Halt geben. Jede Bruchstelle im Charakter äußert sich im Dichterischen, keine noch so ausgeklügelte Sprache, keine noch so ziselierte Verstechnik vermöchten menschliche Fehler zu überdecken. Im Dichter bewahrt sich nur schlecht ein Geheimnis. Der Dichter durchleuchtet sich im Gedicht. Lauheit und Unentschiedenheit des Gefühls werden offenbar; dem Dummkopf gelingt im Gedicht kein Versteckspiel. Menschliche Qualität ergibt die Güte eines Gedichts, und es ist nicht schwer zu beweisen, daß diese menschliche Qualität aufs engste zusammenhängt mit den forschrittlichen Kraften, die in der Zeit wirken. Wo immer sich ein bedeutender Dichter über Literatur ausgesprochen hat, hat er auf die menschliche Bedeutung des Dichters, auf seine Wahrhaftigkeit und Aufrichtigkeit als auf die Voraussetzung jedes echten künstlerischen Schaffens hingewiesen.

Wissen und Bildung gehören zum Wesen einer Persönlichkeit, „dumme, ungebildete Persönlichkeit" ist ein Widerspruch in sich. Krankhafte Originalitätssucht, das Extravagante und Verschrobene sind kein Ausweis, sondern nur ein spottbilliger Ersatz für Persönlichkeit, ebenso wie lächerliche Aufgeblasenheit und Effekthascherei uns nur die innere Unsicherheit und Schwäche einer Person aufs deutlichste anzeigen. Die Form, so lehrt uns die Klassik, ist dazu da, den Inhalt klar und kräftig herauszuarbeiten. Wer Großes zu sagen hat, der spricht das Große einfach, klar und entschieden aus. Ohne unnützes Beiwerk und irgendwelchen formalistischen Schnickschnack. Das Bedeutende, das den ganzen Menschen ergreift, zeugt eine feste, standhafte Form, die die Zeit überdauert; das Bedeutende, das uns erschüttert, hält sich gleich fern von der Schablone wie von einer Neuerungssucht, von der, im Unglauben an ihre Persönlichkeit, viele Dichter besessen sind, um eine Originalität zu beweisen. Formspielereien lenken nur ab vom Inhalt, „verschlingen" ihn; sie stellen sich ein, wenn ein Dichter dem Inhalt nicht gewachsen ist oder wenn er versucht, Nichtiges künstlich aufzuputzen, und das Herz ihm leer und kalt ist. Der schönste Aufputz aber täuscht nicht über die Leere hinweg, während andererseits eine schlechte Ausführung auch dem besten Inhalt schaden oder ihn aufheben kann. Extravagante Reime sind mit äußerster Vorsicht zu gebrauchen, sie eignen sich zwar vorzüglich als Pointen bei satirischen Gedichten, verkehren aber bei ernsten Gedichten oft die Absicht des Autors ins Gegenteil: sie fallen aus dem Gang des Gedichts heraus, erregen Erstaunen und wirken als Trick.

Es ist erstrebenswert, daß sich ein Dichter in allen Arten der Dichtung auszudrücken verstehe und daß wir unsere Dichtung nicht in lyrische, dramatische, epische Sektoren, hermetisch voneinander abgeschlossen, einteilen und damit das Kontinuierliche und das Wechselspiel der verschiedenen Literaturgattungen untereinander ausschalten. Es wird damit nicht das Wort geredet einem in allen Fächern herumpfuschenden Dilettantismus, sondern dem Sich-Bereichern der Persönlichkeit, dem Von-einander-Lernen und dem Weiter-Ausgreifen. Der Dramatiker, der nichts von Lyrik, der Lyriker, der nichts vom Drama, der Lyriker, Dramatiker und Epiker, die nichts von Theorie und Kritik verstehen – ich bin überzeugt, daß diese Überspezialisten am allerwenigsten von dem Fach verstehen, in dem sie sich für sachverständig halten. Es ist für den Lyriker nur heilsam, wenn er ab und zu Prosa schreibt, und eine dramatische und epische Persönlichkeit hat immer eine Beziehung gehabt zum Gedicht als zu dem erhabensten und gedrängtesten Ausdruck der Sprache.

Jede Dichtung ist Heimatdichtung. Aus diesem hohen und edlen Begriff haben die Ausbeuter aller Zeiten, und ganz besonders die Faschisten, eine ekelhafte, marktschreierische Sache gemacht; sie mißbrauchen und schänden zu Geschäfts- und Kriegszwecken das natürliche Heimatgefühl des Menschen; die Blut-und-Boden-Dichter im Dritten Reich sind Verräter und Feinde ihrer Heimat, indem sie Not und Knechtschaft des an „die Scholle gebundenen" Bauern als ewiges Schicksal verherrlichen und indem sie versuchen, den auch auf diese Weise gebundenen Bauern ewiger Tyrannei auszuliefern. Andererseits haben Lokalpoeten ihre Heimat in ein Krähwinkel verwandelt, das Stumpfsinnige und Bornierte als Idyll und Lokalkolorit gefeiert und damit dieses Genre, als „Heimatdichtung" berüchtigt, dem allgemeinen Gespötte preisgegeben. Die Liebe, die glückliche und unglückliche Liebe zur Heimat ist aber auch zum Ausgangspunkt und zum Inhalt der größten Weltdichtungen geworden. Man kann Dichter nicht beliebig untereinander auswechseln und sie in verschiedene Landschaften versetzen, ein Goethe und Hölderlin sind nicht in Norddeutschland und ein Fontane ist nicht im Süden denkbar. Jeder dieser Dichter ist mit dem Geruch und der Stimmung dessen behaftet, woher er stammt, ja, oft ist es, als ob die Landschaft auch auf die Lautbildung und den Rhythmus Einfluß genommen hätte; es gibt ein Klima des Gedichts. Dieses Klima ist ja noch mehr ein historisches, das bei der Ungleichmäßigkeit der Entwicklung Deutschlands sich nicht vereinheitlicht hat und in mannigfachen Eigenarten auf die Dichtung abfärbt. Das, was die innerste Poesie ausmacht, das Heimatliche, ist unübertragbar. Wie haben diese Dichter ihre Heimat geliebt! Wie machte sie diese Liebe erfinderisch; wie ließ diese Liebe sie die geheimsten Schönheiten ihres Landes entdekken: sie durchstreiften die Täler ihrer Heimat und stiegen auf die Höhen, gewiß nicht mit dem Vorsatz, zu dichten, sondern einfach, weil sie sich ihres Landes freuten; aus dieser Freude heraus fiel ihnen das Gedicht zu oder aus der Schwermut, wenn sie dieses ihr herrliches Land an das Fremde und Feindliche verloren sahen. Wenn Hölderlin den Neckar besingt, so verfolgt er den Lauf dieses Flusses mit den Augen eines Menschen, der diesen Fluß liebt und ihn kennt, dem keine seiner Windungen, dem keiner seiner ihn umgebenden Hügel entgangen ist.

> Und all der holden Hügel, die dich,
> Wanderer! kennen, ist keiner fremd mir.

Er begleitet den Fluß, der Dichter begleitet sich selbst:

> Der Berge Quellen eilten hinab zu dir,
> Mit ihnen auch mein Herz, und du nahmst uns mit
> Zum stillerhabnen Rhein, zu seinen
> Städten hinunter und lust'gen Inseln.

Der Dichter „haftet" also nicht am Fluß, er „steigt" mit dem Fluß auf, eilt mit ihm zur Mündung, „zum stillerhabnen Rhein", und von dort zu seinem utopischen Traumbild, den Inseln Joniens. Das Gedicht hat eine innere Bewegung, die der inneren Bewegtheit des Dichters entspricht: einen Gang der Seele. Aber am Schluß des Gedichts heißt es:

> ...... doch weicht mir aus treuem Sinn
> Auch da mein Neckar nicht mit seinen
> Lieblichen Wiesen und Uferweiden.

So erhebt sich ungezwungen der Dichter vom Besonderen zum Allgemeinen, und kehrt er wieder zu seiner Quelle, dem Besonderen, zurück, ist dieses Besondere durch das Allgemeine gewandelt und neu gedeutet.

Ohne Vorbild ist nichts Vorbildliches zu leisten. Was ist ein Gedicht anderes als ein vorbildliches Gefühl, vom Denken durchprüft und als vorbildlich befunden? Was ist ein Held: ein Vorbild, hingestellt vom Dichter, damit Tausende sich ihm nachbilden.

Ich habe bisher nur eine Art Vorbilder behandelt. Vorbildliches aber findet sich in allen Künsten und überall im Leben: ein Lenin ist der Dichtung, auch was die Klarheit und Übersichtlichkeit seines Stils anbelangt, ein Vorbild. Das Volk ist Vorbild. Das Volk ist die beste Schule der Einfachheit. Man kann nicht „ins Volk gehen"; ein Dichter, der es unternimmt, ausgerüstet mit der Absicht, über das Volk zu schreiben, zum Volk sich herabzulassen, wird nichts Volkstümliches, nur etwas Minderwertiges, etwas Volkstümelndes zustande bringen. Im Volk lebend und vom Volk lernend, so ergänzt der Dichter das Lernen von den Klassikern und wird am sichersten vor klassizistischen Stilisierungskunststücken bewahrt bleiben.

Ich bin gewiß vielen Dichtern begegnet. Doch nie bin ich so vielen Dichtern begegnet wie hier in der Sowjetunion. Ich spreche jetzt nicht von meiner persönlichen Begegnung mit Maxim Gorki, die auf mich und mein Schaffen einen tiefen, nachhaltigen Eindruck gemacht hat. Es ist kein Zufall, daß ich hier in der Sowjetunion wieder den Dichtern der Klassik begegnete. Während im Ausland die Klassiker vielfach zu leeren Museumsfiguren geworden sind oder zum Ausbeutungsobjekt einer Unzahl von Epigonen, feiert die klassische Dichtung in der Sowjetunion eine Auferstehung voller Unmittelbarkeit und Lebendigkeit. Ich hatte von Puschkin bisher wenig gelesen. Die Sowjetunion hat mir auch diesen großen Dichter nahegebracht. Die Verwandtschaft Puschkins und Goethes ist offenkundig. Aber alle großen Dichter der Weltliteratur stehen wohl in solch einem tiefen inneren Verwandtschaftsverhältnis, und ihr Gemeinsames ist, „den wahren Gehalt der menschlichen Brust auszusprechen“. Bei Puschkin heißt es: „Was den Ausdruck anbelangt, so ist er um so besser, je einfacher er ist. Die Hauptsache ist: Wahrheit, Aufrichtigkeit ... D. schreibt zu glatt, zu geziert für einen jungen Lyzealschüler, ich sehe in ihm keine Spur von Schaffen, dagegen viel Künstelei.“ Und Goethe wird von Eckermann zitiert: „Im ganzen ist der Stil eines Schriftstellers ein treuer Abdruck seines Inneren: will jemand einen klaren Stil schreiben, so sei es ihm zuvor klar in seiner Seele; und will jemand einen großartigen Stil schreiben, so habe er einen großartigen Charakter ... Aber, wie gesagt, wären es nur bedeutende Personnagen, so möchte es, wenigstens um unsere jungen Dichter lyrischer Art, dennoch sehr gut stehen.“ Puschkin war ein wahrer und aufrichtiger Dichter. Welch eine Würde der Dichtung vertritt ein Puschkin solchen Dichtern gegenüber, die sich devot der Reaktion anbiedern oder die sich „genialisch“ verkommen lassen! Anmut und Leichtigkeit der Puschkinschen Verse kommen aus einem reichhaltigen, allem Menschlichen zugänglichen Gemüt. Puschkins Einfachheit hat nie etwas Leeres und Verdünntes. Er ist einfach, wie Lenin einfach war. Die wahre Größe auf allen menschlichen Gebieten steht untereinander ebenfalls in einer engen Beziehung und trägt dieselben Kennzeichen.

Puschkin ist ein Erzieher zur Dichtung. Er ist für uns ein Reiniger und ein Erneuerer. Mit seinem ganzen Werk wendet er sich uns zu, er beschwört uns gleichsam, von gewissen Unarten zu lassen, die in kürzester Frist nur noch Kuriositätswert besitzen werden. Solche Unarten, besonders aus dem Expressionismus und der Neuen Sachlichkeit herrührend, sind in einem großen Teil unserer Literatur noch nicht überwunden, wenn sie auch nicht mehr so programmatisch zugespitzt sich zu äußern wagen und bei einigen Dichtern sozusagen physiologisch, durch das Älterwerden, abgeklungen sind. Unsere Dichtung steht im Zeichen der Überwindung. Was und wie es überwunden werden soll, konnte hier nur angedeutet werden.

Wachstum und Reife unserer Literatur messen wir danach, bis zu welchem Grad Dichter und Volk eins werden. Das Volk wächst. Das Volk hat die Höhe des Verständnisses für Puschkin erreicht. Das Einswerden von Volk und Dichter wird auf den Höhen der Dichtung stattfinden.

(gekürzt)

## AUFERSTEHEN

1945

Wenn ich ein Trümmerland auch wiederfand,
Bist du es doch: mein Deutschland, Vaterland!

Fand ich dich auch verarmt und sterbensbleich,
Bist du es doch: Deutschland, mein Märchenreich!

Fand ich dich auch verhärmt und ohne Ruh,
Bist du es doch: Heimat und Mutter du!

O Deutschland! Schlag von Deutschlands Fluch dich frei,
Daß ich dich segnen kann: gesegnet sei!

Nach zwölf Jahren Verbannung in meine Heimat zurückgekehrt, spreche ich heute auf heimatlichem Boden das erstemal wieder in der Öffentlichkeit zu deutschen Menschen. Sie werden es mir nachfühlen können, daß es mir schwer und bang ums Herz ist und daß ich zutiefst erschüttert bin angesichts der ungeheuerlichen nationalen Katastrophe, deren Folgen ich jetzt in unmittelbarer Nähe erlebe, mit eigenen Augen erblicke, mit allen meinen Sinnen wahrnehme. Und Sie werden verstehen, daß auch einem Dichter zunächst die Sprache, ihre Bildkraft und Wortgewalt fehlen, um die Totenstille von Millionen Gräbern, um das Schweigen der Trümmerlandschaften beredt zu machen. Denn jeder von uns fühlt, daß diese Totenstille, daß dieses Schweigen der Ruinen *schreit* – Rechenschaft fordert und Anklage erhebt.

Das erste, was es zu erkennen gilt, ist die schmachvolle Größe, die moralische Schwere unserer Niederlage. Nur auf diese Weise können wir die Größe der Bemühungen ermessen, die wir aufwenden müssen, um unser Volk aus der tiefsten Niederlage seiner Geschichte herauszuführen.

Diese Niederlage ist nicht irgendeine Niederlage, sie ist nicht zu vergleichen mit irgendeiner Niederlage in unserer Geschichte, sie steht in der Größe ihrer Schuld, in der Tiefe ihrer Schmach in

*Johannes R. Becher während seiner Rundfunk-Rede „Auferstehen“ (4. Juli 1945)*

der ganzen Weltgeschichte unvergleichlich da. Die Naziphrase „Einmalig“ ist in diesem Sinne zur grauenhaften Wirklichkeit geworden.

Der Hitlerkrieg und dessen Totalkatastrophe erfolgten, *nachdem* Deutschland in seiner Vergangenheit eine glanzvolle Kulturhöhe erreicht und eine große Arbeiterbewegung herausgebildet, *nachdem* Deutschland solche Genies wie Goethe, Hegel, Engels und Marx hervorgebracht hatte und *nachdem* bereits in der Sowjetunion eine neue, freiheitliche Menschenordnung geschaffen worden war. Diese deutsche Niederlage erfolgte im Verlauf eines barbarischen Vernichtungskampfes gegen diese neue, freiheitliche Gesellschaftsordnung, gegen das Bündnis aller freiheitlichen Völker der Welt. Hinzu kommt: Hitlers Kriegsverbrechen war innerhalb von fünfundzwanzig Jahren das zweite Weltkriegsverbrechen der deutschen Reaktion. Wir Deutschen haben uns in unserer Gesamtheit teils nicht als willens, teils nicht als fähig erwiesen, die entsprechenden Lehren aus der ersten Weltkriegsniederlage zu ziehen. Die Lehre, welche die reaktionären Mächte aus dem Zusammenbruch des ersten Weltkriegs gezogen haben, war die: die Niederlage des ersten Weltkriegs umzuspielen in den Sieg in einem zweiten Weltkrieg. Ernst Jünger schrieb in seinem Buch „Totale Mobilmachung“: „Das erste Kaiserreich hat die individuelle Freiheit nicht radikal genug unterdrückt, weil es den modernen Krieg nicht nach Art eines Reklamechefs größten Formats vorbereitet hat.“ Radikale Unterdrückung der individuellen Freiheit, Vorbereitung und Führung eines zweiten imperialistischen Weltkriegs nach Art eines Reklamechefs größten Formats: das war auf ideologischem Gebiet die Lehre, welche der Nazismus aus der ersten Weltkriegsniederlage gezogen hat, und diese verhängnisvolle Lehre wurde von unserem Volk entweder nicht erkannt oder, wenn erkannt, nicht in ihrer ganzen Tragweite begriffen, um durch entschlossene Maßnahmen der herannahenden Katastrophe begegnen zu können. Hinzu kommt ferner, daß uns vor dem Hitlerkrieg zu wiederholten Malen die Gelegenheit geboten war, mit den freiheitlichen Völkern der Welt und vor allem mit der Sowjetunion ein dauerndes Friedensbündnis einzugehen. Während des Krieges wurde das deutsche Volk unausgesetzt gewarnt, es wurde aufgefordert, beschworen, ja angefleht, im ureigensten Interesse den Krieg rechtzeitig zu beenden. Der ordinäre Raubmordcharakter des Hitlerkrieges als eines Krieges des hemmungslosen „Gesundstoßens“ wurde von den Nazis, als das Kriegsgeschäft noch glatt zu verlaufen schien, selbst zynisch enthüllt. Wir waren als Volk in unserer Gesamtheit zu schwach, um von der geschichtlichen Chance, den Krieg zu vermeiden oder ihn wenigstens rechtzeitig zu beenden, Gebrauch zu machen. Diese politisch-moralische, geschichtliche Schwäche macht uns alle mitschuldig an dem Kriegsverbrechen Hitlers. Nur auf Grund dieser Erkenntnis, nur auf Grund eines aufrichtigen Bekenntnisses unserer Mitschuld und Mitverantwortlichkeit kann es gelingen, uns aus dem Grab unserer Niederlage wieder zu erheben und als ein neues, freiheitliches deutsches Volk aufzuerstehen.

Diese geschichtlich-moralische Größe der Niederlage mit dem ganzen Grauen der im Hitlerkrieg begangenen Verbrechen, diesen Abfall in die Barbarei, diesen Absturz großer Teile unseres Volkes in ein Inferno von Immoralität – müssen wir uns immer vergegenwärtigen, um den Kampf gegen das Hitlerverbrechertum gründlich, rückhaltlos und national-leidenschaftlich führen zu können. Zweifellos wird mancher nur allzu gerne bereit sein, alles vergessen zu wollen, was geschehen ist. Man wird versichern: Wir waren ja schon immer dagegen, wir haben das gleich von Anfang an gesagt, und wie diese Redensarten alle heißen mögen, mit denen man versuchen wird, sich auf die billigste, spießbürgerlichste und hinterhältigste Art aus der blutigen Hitleraffäre herauszuwinden. Nein, sagen wir, meine Herren, es ist keine Kunst, gegen Hitler zu sein, *weil* und *nachdem* er den Krieg verloren hat. Die Abkehr von Hitler als dem schlimmsten Deutschlandfeind unserer Geschichte und die Abscheu vor den Methoden des Nazismus müssen zu einer grundsätzlichen Abwendung von imperialistischen Methoden, von jeder Art Gewaltkult, von jeder Art von Blut-und-Eisen-Politik überhaupt werden. Jede Detailkritik der Niederlage, zum Beispiel nur die Kritik militärischer Fehler, ihre von der gesamten geschichtlichen Begebenheit isolierte Betrachtung, jedes Hervorkehren und In-den-Vordergrund-Stellen technischer Mängel wie Nachschubfrage, Raumfrage oder gar klimatischer Verhältnisse, jedes feige Sich-hinausreden-Wollen auf Schicksal, Schicksalhaftigkeit, jeder Versuch, wieder eine verlogene Dolchstoßlegende produzieren zu wollen in der oder jener Form, alle Versuche, ausschließlich nur einzelne Personen der Öffentlichkeit preiszugeben, um nur ja nicht das Hitlersystem als das System des deutschen Monopolkapitals der vernichtenden Kritik zu überliefern, alle diese Versuche, die tiefste Ursache nicht in dem falschen geschichtlichen reaktionären Weg, den Deutschland seit langem gegangen ist, ausfindig machen zu wollen, sondern nur in Symptomen und Nebenfaktoren: alle diese Versuche müssen entlarvt und gebrandmarkt werden als das, was sie sind, als Versuche der

Vorbereitung neuer Provokationen, eines neuen Weltkriegs und damit der Herbeiführung des endgültigen Untergangs Deutschlands.

Eine solche Niederlage, wie wir Deutsche sie erlitten haben, stellt die Frage an die ganze Nation. Unsere gesamte geschichtliche Entwicklung ist in Frage gestellt, muß neu überprüft und neu beantwortet werden. Wie konnte das geschehen? Wie konnte das möglich werden? Wie ist es möglich geworden, daß Millionen Deutscher – und die meisten wider besseres Wissen – einem Hitler nachfolgten ins Verderben bis zuletzt?! Es ist eine Lebensfrage, eine Frage auf Leben und Tod unseres Volkes, daß wir darauf eine gründliche, geschichtliche, eine uns selbst von allem gespenstischen, reaktionären Unrat befreiende Antwort erteilen. Der deutschen Tragödien haben wir in unserer Geschichte genug, übergenug, wir wollen endlich Schluß machen mit deutschen Tragödien – ein für allemal. Für immer ein Ende mit dem stumpfsinnigen Strammstehen, mit duldendem Gehorsam, mit unserer verfluchten Knechtseligkeit! Jeder einzelne von uns ist damit im Zusammenhang aufgerufen, sein Leben, sein Werk zu überprüfen und unerbittlich mit sich zu Gericht zu gehen und alle die Eigenschaften und Ansichten zu verurteilen und aus sich auszuscheiden, welche das Unheil mit heraufbeschworen haben. Jeder einzelne von uns, die ganze Nation muß über sich selbst Gerichtstag halten.

Weltanschauliches, politisches Neubeginnen, geistiger Neuaufbau verlangen, daß wir die geschichtliche Grundlage, das ideologische Fundament genauestens untersuchen, auf denen sich das neue Werk gründen soll.

Wir stehen vor Millionen Gräbern, vor zertrümmerten deutschen Städten, wir stehen vor Trümmerstätten deutschen Fühlens und Denkens, und einer Trümmerlandschaft gleicht auch die deutsche Seele. Wir stehen vor der harten, bitteren Tatsache, daß wir verachtet und verhaßt sind in der ganzen Welt. Wir stehen vor der schmachvollsten aller Tatsachen, daß durch die von Hitler anbefohlenen und von Hunderttausenden Deutschen durchgeführten Greueltaten auch die deutsche Ehre mitverspielt wurde. Den Männern und Frauen der Widerstandsbewegung, den Opfern und Helden der Konzentrationslager gilt unser heißer Dank, daß sie, wenn ihnen auch der politische Erfolg, der Sieg versagt blieb, dennoch all das Ihre getan haben, um von Deutschlands Ehre zu retten, was noch zu retten war.

Wir müssen der Wahrheit wieder die Ehre geben, um unsere nationale Ehre wiederzugewinnen.

Die Naziideologie ist, ihrem philosophisch-moralischen Charakter nach, platter, vulgärer Nihilismus, sie ist ein einziges, geistiges Verdunkelungsverbrechen, Naziideologie ist die Ideologie des Untergangs in der Barbarei. Im Kampf gegen die Naziideologie, die das deutsche Volk degradierte zu einer Masse sturer Befehlsempfänger, im Kampf gegen die Naziideologie als gegen ein Konglomerat von Zwecklügen und Zweckfälschungen, im Kampf gegen die Naziideologie als gegen den Ersatz einer Weltanschauung durch Reklame und Propaganda – in diesem ideologischen Kampf treten wir auf mit unserem Bekenntnis zum objektiven, selbständigen, verantwortungsbewußten Denken. Wir anerkennen objektive, sowohl in der Natur wie im Gesellschaftsleben vollinhaltlich gültige, wirksame Wahrheiten. Wir verlangen feste Maße und Werte, wir fordern logisches Denken, das Denken im Zusammenhang, wir müssen saubere Verhältnisse schaffen sowohl im Gefühlsleben als auch im Reich des Begrifflichen. Wir erinnern uns einer Bemerkung Goethes, worin er feststellt, daß alle Verfallszeiten der Menschheit subjektivistischen, alle Aufstiegs- und Renaissanceepochen dagegen objektiven Charakter tragen. Darum: die Wahrheit suchen heißt heute, auf der Suche sein nach dem, was Deutschland wahrhaft not tut. Die Wahrheit erkennen heißt heute: sich zu Deutschland bekennen. Für die Wahrheit streiten heißt heute: wahrhaft für Deutschland streiten. Die Gefühls- und Geistesart, deren wir heute vor allem bedürfen, hat Friedrich Hölderlin geprägt in der Forderung nach einer „heiligen Nüchternheit". Und ein Geleit auf unserem neuen schweren Weg in die Zukunft sollen uns auch sein die Worte eines Clausewitz: „Ich sage mich los von der leichtsinnigen Hoffnung einer Errettung durch die Hand des Zufalls, von der dumpfen Erwartung der Zukunft, die ein stumpfer Sinn nicht erkennen will."

Wir wollen diese Kundgebung der geistigen Neugeburt unseres Volkes nicht vorübergehen lassen, ohne nicht unter den Millionen der im Kampf gegen den Faschismus gefallenen Männer und Frauen eines Mannes zu gedenken, dessen Vermächtnis zu verwirklichen unsere besondere Aufgabe sei. Ich nenne den Namen des großen streitbaren Demokraten Carl von Ossietzky. Ich selbst war Zeuge seiner letzten Rede, die er wenige Tage vor dem Reichstagsbrand anläßlich der letzten Versammlung des „Schutzverbandes deutscher

Schriftsteller" in den Teltower Kammersälen gehalten hat. Während das Horst-Wessel-Lied unheildrohend aus einem andern Saal herüberscholl, sprach Carl von Ossietzky davon, daß nunmehr eine lange Nacht bevorstehe und daß mancher von uns vielleicht nicht mehr unter jenen sein werde, denen das Glück beschieden sei, den Morgen der anbrechenden Freiheit zu erleben. Und Carl von Ossietzky fügte sein Bedauern hinzu, daß er sich persönlich so spät entschlossen habe, über Parteigegensätze und andere Differenzen hinweg sich mit allen freiheitlichen Kräften zu einer festen antifaschistischen Einheit zusammenzuschließen. Wenn wir heute Carl von Ossietzkys gedenken, dem die Welt in Anerkennung seines Kampfes um Frieden und Freiheit den Nobelpreis verliehen hat und der von Hitler zuerst ins Konzentrationslager geworfen und später, auf den Protest der Welt hin, in eine Scheinfreiheit versetzt wurde, um mit kleinlichen Polizeischikanen zu Tode gequält zu werden, wenn wir heute an diesen teuren Toten erinnern, geloben wir damit, sein Vermächtnis zu erfüllen, da wir wissen, es gibt keine geistige Erneuerung Deutschlands und auch keinen materiellen Aufstieg, wenn die besten Kräfte nicht in einer unverbrüchlichen, antifaschistischen Einheit zusammenhalten. Und unverbrüchliche, antifaschistische Einheit ist heute gleichbedeutend mit Deutschlands Einheit.

Wir begrüßen es darum aufs wärmste, daß auch ein Vertreter der Kirche an dieser Kundgebung teilnimmt. Die Lehre des Christentums von der Gleichheit aller Menschen und von der einheitlichen Entwicklung des Menschengeschlechts, diese wahre Menschenlehre ist unvereinbar mit dem nazistischen Rassenwahn, und von Augustinus stammen die Worte: „Ohne Gerechtigkeit – was ist denn ein großes Reich anders als ein großer Raub." Die christliche Lehre ist ihrem Wesen nach aufs tiefste verbunden mit jeder humanistischen, demokratischen Weltanschauung, und gerade von seiten der christlichen Kirche ist zu wiederholten Malen während der Hitlerherrschaft an das deutsche Volk der Ruf ergangen: „Denket um!"

In einer schweren Notzeit unserer Geschichte, im Jahre 1844, hat der Dichter Gottfried Keller sich an das deutsche Volk gewandt und geschrieben:

> Und ich erkannte: Ja, du bist ein Grab,
> Jedoch ein Grab voll Auferstehungsdrang.

Diesen Auferstehungsdrang, wie er heute sich wieder in unserem Volk regt, dieses Auferstehungssehnen gilt es zu entfachen, eine Auferstehungsphilosophie, eine deutsche Erneuerungslehre, eine

*Johannes R. Becher bei Gerhart Hauptmann in Agnetendorf 1945*

Aufbauideologie tut not, um unser Volk aus dem tiefsten Grab seiner Geschichte herauszuführen. Nur im Zeichen der Wahrheit, nur im Zeichen der aufrichtigen Anerkennung unserer Kriegsschuld, nur im Zeichen der Wiedergutmachung, nur im Geiste eines streitbaren Demokratismus kann Deutschland von seinen furchtbaren Wunden genesen, worunter die schweren moralischen Schäden, die unser Volk erlitten hat, besonders hervorzuheben sind.

Wohin wir innerhalb unserer Grenzen blicken, wohin wir blicken weit, weit über unsere Grenzen hinaus: Trümmer, Tod und Tränen. Unendliche Weiten des Leides, nicht ermeßbare Strecken des Sterbens. Und aus *unserer* Mitte ist all dieses unsagbare Entsetzen über die Welt hereingebrochen. Nur ein unheilbarer Irrer, nur ein hoffnungslos verstockter Verbrecher kann sich da noch der Einsicht verschließen, daß es bei uns und daß es in uns anders, gründlich anders werden muß.

Zu einem solchen Anderswerden, zu solch einer Wandlung, zu solch einem Reformationswerk rufen wir auf. Wir können uns bei diesem hohen Beginnen auf die großen Genien unseres Volkes berufen, die uns ein reiches humanistisches Erbe hinterlassen haben. Dieses reiche Erbe des Humanismus, der Klassik, das reiche Erbe der Arbeiterbewegung müssen wir nunmehr in der politisch-moralischen Haltung unseres Volkes eindeutig, kraftvoll, überzeugend, leuchtend zum Ausdruck bringen. Unserer Klassik ist niemals eine klassische Politik gefolgt. Im Gegenteil, wir haben in unseren politischen Handlungen dem Vermächtnis unserer Besten stets zuwidergehandelt. Wir haben niemals den jenen hohen Kulturleistungen gemäßen politischen Ausdruck gefunden. Aus diesem Widerspruch zwischen Geist und Macht müssen wir heraus, aus diesem unheilvollen Widerspruch, der uns zum schwersten Verhängnis unserer Geschichte geworden ist und der letzten Endes auch jedes freie Geistesschaffen vernichtet hat. Im Sinne einer Geistesverwandtschaft mit unseren Besten, im Sinne einer volksmäßigen Verbundenheit, in diesem Sinne muß Deutschland – Deutschland werden! Deutschland wird ein freiheitliches, demokratisches Deutschland sein – oder politisch-moralisches Trümmerland, geschichtliches Niemandsland.

„Auferstehn! Ja, auferstehn!" So bedrängt es uns heute mit den Klängen aus der unsterblichen Passionsmusik Johann Sebastian Bachs. Im Vertrauen auf ihre Auferstehungskraft, auf ihre Wandlungskraft wenden wir uns vor allem an die Jugend. Um jeden einzelnen jungen Menschen müssen wir ringen, mit Liebe, Wissen und viel Geduld, um ihn aus dem Bann des Verderbens herauszulösen und ihm eine lebendige Bildung zu vermitteln, eine echte Leidenschaftlichkeit und Begeisterung, ein wahres Pathos. Die Jugend stehe in unserer vordersten Reihe, wenn wir zu einer Erziehung zur Freiheit, zu einer Neugeburt unseres Volkes, zu einer geistigen, geschichtlichen Neuschöpfung aufrufen. Alle Deutschen, die guten Willens sind, beschwören wir: Es werde Licht! Laßt endlich, endlich ein freiheitliches, wahrhaft demokratisches Deutschland auferstehn!

## DER BEFREIER

1949

### *Von einem Neuen sei die Rede*

Heute, an einem so bedeutenden und festlichen Tage wie der zweihundertsten Wiederkehr des Geburtstages von Johann Wolfgang Goethe, vor Ihnen sprechen zu dürfen, kann ich wohl als eine Art von Ehrung betrachten. Dafür danke ich, und ich hoffe, Sie nicht zu enttäuschen. Möge es mir gelingen, einem Menschen und Dichter des zwanzigsten Jahrhunderts, der ich bin, über den Wandel der Zeiten hinaus, dem großen und dem guten Genius unseres Volkes eine Huldigung darzubringen, die ihm gemäß und seiner würdig ist, damit dieser Tag sich erhebe und fortbestehe als ein Tag der deutschen Nation.

Es geht nicht darum, das Gespräch über Goethe noch von der oder jener Seite her zu ergänzen und noch einiges Interessante von dem oder jenem Standpunkt aus dazu beizutragen. Es geht nicht darum, das Gespräch über Goethe in konventionellem Tone weiterzuführen. Es gilt vielmehr, dieses herkömmliche und unfruchtbar gewordene Gespräch zu unterbrechen und es nach einer grundsätzlich veränderten Richtung hin neu zu beginnen.

Es geht heute darum, Goethe mit anderen, mit neuen Augen zu sehen.

Wo überall sich ein Neues regt und diesem Neuen sich keiner entziehen kann und jeder von ihm ergriffen wird, ob er es nun begreifen will oder nicht, wie könnte dieses anstürmende geschichtlich Neue davon Abstand nehmen, das Reich, das Goethe heißt, zu durchdringen und neu zu entdecken.

Von dieser Neuentdeckung lassen Sie mich sprechen, und lassen Sie mich zu Beginn meiner Rede der Überzeugung Ausdruck geben, daß man zu den wertvollsten Entdeckungen unseres Jahrhunderts einmal die Wiederentdeckung des Reiches zählen wird, das Goethe heißt.

Das Bedeutsame der diesjährigen Goethe-Feiern sind also die Bemühungen, Goethe mit anderen, mit neuen Augen zu sehen. Dieses mit anderen, mit neuen Augen Sehen bedeutet nicht, das Werk Goethes künstlich unseren Zeitproblemen anzunähern und gewaltsam Probleme hineinzudeuten, die ihm wesensfremd sind. Denn „die Natur verstummt auf der Folter", heißt es, und eine Gestalt wie die Goethes verschließt sich, wenn man versucht, ihr den Zwang einer Deutung anzulegen. Genau das Gegenteil scheint erstrebenswert: es gilt, das Leben und das Werk Goethes von zeitbedingten Fehlurteilen zu reinigen und ihn, der seine Rolle selbst einmal als die eines Befreiers gekennzeichnet hat, zu befreien von all den mehr oder weniger veralteten Darstellungen, die das Goethe-Bild nicht in ein klärendes und lebenspendendes Licht rückten, sondern es der Wahrheit entrückten und es verdunkelten. „Die Gestalt ist ein Bewegliches, ein Werdendes, ein Vergehendes. Gestaltenlehre ist Verwandlungslehre." So ist auch die Gestalt Goethes ein Bewegliches, ein Werdendes, ein Vergehendes. Sie ist einem unendlichen „Stirb und Werde" unterworfen, und zu einem neuen Leben zu erwecken vermag sie nur eine geschichtliche Kraft, die imstande ist, Vergangenes zu wandeln und die Größe des Vergangenen – gewandelt – wiedererstehen zu lassen.

Goethe offenbart sich nur dem, der ihm in der ungezwungenen Haltung freier Menschlichkeit begegnet.

Solch eine Begegnung mit Goethe, dem großen und dem guten Genius unseres Volkes, sei unsere Feier, und von einem Neuen sei die Rede!

Das Besondere der Goethe-Feiern dieses Jahres ist es, daß wir Deutschen das erstemal seit Goethes Tod imstande sind, Goethe zu begegnen in der ungezwungenen Haltung freier Menschlichkeit. Das besagt, daß geschichtliche, gesellschaftliche Veränderungen erfolgt sind, welche die Grundvoraussetzung dafür bilden, eine ungezwungene Haltung freier Menschlichkeit gegenüber den großen Persönlichkeiten und Begebenheiten der Geschichte einzunehmen. Wir wollen es offen aussprechen und mit unserer Überzeugung nicht zurückhalten: durch die Neugestaltung unserer Lebensform und durch das neue Leben, das wir hier zu leben begonnen haben, wurde unser Blick in einem unvergleichlichen Maße weiter geöffnet als bisher, nicht nur den Schwächen und den Verbrechen der Vergangenheit gegenüber, sondern auch für all das Schöne und Herrliche dieser Welt, und so sind wir auch imstande, eine Gestalt wie Goethe tiefer und umfassender zu erkennen, als es den Generationen vor uns möglich gewesen ist. Goethe lehrt, uns selbst, unserem Leben, wenn wir es richtig einschätzen und bemessen wollen, große geschichtliche Kräfte entgegenzustellen, und so ehren wir Goethe am sinnvollsten dadurch, daß wir seine eigenen Maßstäbe auf ihn selbst anwenden und sein Werk konfrontieren mit den großen geschichtlichen Kräften der Vergangenheit und denen, wie wir sie in unserer Gegenwart in Bewegung sehen. In solch einer Gegenüberstellung werden wir erkennen – um es wiederum vorwegzunehmen –, daß das Wesentliche in Goethes Werk nicht der Vergangenheit angehört, sondern daß das Reich, das Goethe heißt, in der Zukunft liegt.

„Ich habe den großen Vorteil", sagt Goethe, „daß ich zu einer Zeit geboren wurde, wo die größten Weltbegebenheiten an die Tagesordnung kamen und sich durch mein langes Leben fortsetzten, so daß ich vom Siebenjährigen Kriege, sodann von der Trennung Amerikas von England, ferner von der Französischen Revolution und endlich von der ganzen Napoleonischen Zeit . . . und den folgenden Ereignissen lebendiger Zeuge war. Hierdurch bin ich zu ganz anderen Resultaten und Einsichten gekommen, als allen denen möglich sein wird, die jetzt geboren werden."

So entzieht sich Goethe nicht der Verantwortung seiner Zeit und entflieht nicht in ein Zeitloses, sondern bekennt sich zu seinem Jahrhundert und anerkennt dessen Forderung als die Forderung des Tages und als die seine, wie er auch sagt: „Der Mensch ist immer mehr oder weniger ein Organ seiner Zeit", oder: „auch das größte Genie leidet von seinem Jahrhundert in einigen Stücken, wie es von andern Vorteil zieht", oder: „die größten Menschen hängen immer mit ihrem Jahrhundert durch eine Schwachheit zusammen", – „jedes Jahrhundert hat seine Fratze".

Wenn wir so die Zeitumstände umschreiben, in die Goethe hineingeboren wurde und in denen er gewirkt hat, so bedarf diese Beschreibung noch einer Ergänzung dadurch, daß wir versuchen, die geistige Situation anzudeuten, wie sie vor dem Erscheinen Goethes war und wie sie sich gestaltete nach seinem Tode.

Diese Ergänzung scheint uns besonders notwendig, um das Reich, das menschliche Reich, das Goethe heißt, in seiner ganzen unvergleichlichen Größe wiedererstehen zu lassen.

### *Was vordem war und was nach ihm kam*

Was vor ihm war, Namen wie Gottsched, Haller bezeichnen es, aber schon türmt sich auch Klopstocks „Messias“ empor, und in Lessing dämmert ein neuer Tag herauf. Aber man muß wohl noch weiter zurückgehen, um eine gleichwertige Größe für Goethes Persönlichkeit zu finden.

Es genügt nicht Andreas Gryphius und nicht Hans Sachs, erst in Luther, dem genialen Sprachmeister, findet ein Goethe sein ebenbürtiges Gegenstück. Aber Dürer und Holbein, aber Mozart und Johann Sebastian Bach? Gewiß, in Bild und Klang Unsterbliches, und doch vor der Fülle und Kraft des Wortes sich neigend, wie es in Goethe Vielgestalt annimmt.

Der Vergleich mit Luther, der weniger ein Vergleich ist zweier gewaltiger Persönlichkeiten als der Vergleich zwischen dem Versuch einer religiösen Neugeburt und einem weltlichen Neubeginnen, dieser Vergleich läßt uns erkennen, wie weit in Goethe die Menschheit fortgeschritten war, wie in Goethe, über Luther hinaus, das Volkstümliche der Reformation sich vereinigte mit der Bildungsleidenschaft der Renaissance und auch darüber hinaus durch das Ereignis der Französischen Revolution unser modernes Zeitalter sich in ihm ankündigte.

Vielleicht mehr als aus dieser Literatur vor ihm hat Goethe Gewinn gezogen aus den alten deutschen Märchen und Volksliedern, aus den Schwänken und Sagen, wie sie zu seiner Zeit noch im Volke umgingen, aus Architektur, Musik und Malerei, aber am meisten hat ihn angeregt und gefördert die Gemeinschaft mit solch hervorragenden Zeitgefährten wie Herder, Winckelmann und Schiller und im weiteren Umkreis Kant und Hegel, auch Beethovens Symphonien mögen in ihm, der den „Prometheus“ schuf und das immer strebende Bemühen um Vollendung gepriesen hat, in ihren gewitternden Sätzen, tiefverwandte Klänge angerührt haben.

Aber Goethes Blick war auch über die Grenzen Deutschlands gerichtet, und so konnte er schon um sich eine ansehnliche Schar ihm gleichwertiger Geister sammeln, aus der französischen und englischen Literatur zog er bedeutende Eindrücke, an Puschkin sandte er eine Botschaft – der Begriff der Weltliteratur wurde von Goethe geprägt.

Waren wir in Verlegenheit, geistige Vorfahren, die ihm einigermaßen gleichwertig gewesen wären, für Goethe namhaft zu machen, so erkennen wir die verhängnisvolle Entwicklung unserer deutschen

Geschichte, wenn uns aufgegeben wird, die seinem Genius würdigen geistigen Nachkommen zu benennen.

Unzweifelhaft waren seit Goethes Tod Generationen deutscher Menschen ehrlich bemüht, sein Erbe zu bewahren und zu bereichern. Aber wie schwächlich und epigonenhaft wirkten solche Bemühungen, und nur zwei Ausnahmen können wir gelten lassen, wenn wir von der Literatur des neunzehnten Jahrhunderts sprechen, in deren Werk wir den Atem Goethes verspüren: es sind Gottfried Keller und Heinrich Heine.

Gottfried Keller: Sein Werk von der Schwinge der Hoffnung auf das Jahr 1848 emporgetragen, aufs schönste und von einem durchaus eigenen Lebensgefühl durchdrungen. Goethe nachfolgend, und so der repräsentative Dichter der achtundvierziger Revolution, als welcher er bis heute verkannt ist – aber bei Gottfried Keller macht sich auch der Einfluß der Urwüchsigkeit seiner Schweizer Heimat bemerkbar, daß er so das Herz auf dem rechten Fleck hatte und einen gesunden Menschenverstand sich bewahren konnte, und Heinrich Heine stand schon im ersten Morgenschein der Arbeiterbewegung, und als einer ihrer Geburtszeugen ragte er über seine Zeit und über die kommende hinaus.

Nicht die eindringlich mahnende Menschlichkeit Gottfried Kellers konnte das Verhängnis bannen, das über Deutschland heraufzog, und auch nicht Heinrich Heine wurde der charakteristische Dichter der deutschen Entwicklung. Mehr als sie beide – und im unheilvollsten Sinne – hat ein anderer gewirkt – Friedrich Nietzsche – und wurde zum Ausdruck des Verhängnisses, das ein halbes Jahrhundert später zu Deutschlands nationaler Katastrophe werden sollte. Nicht Goethe wurde das Vorbild. Sondern Nietzsche wurde der Abgott. Welch ein Abfall!

Wenn wir Nietzsches Werk an dem Goethes messen, so wird uns in allem und bei jedem der ungeheuerliche Abstand, wenn nicht der Abgrund klar, durch den Goethe von Nietzsche getrennt ist. Ob es sich um das Verhältnis von Gut und Böse handelt, das für Goethe einen lebendigen Widerstreit darstellt, in dem letzten Endes das Gute siegte, während für Nietzsche das Böse das eigentlich Schöpferische war; ob es sich um die Art und Weise handelt, wie Goethe und Nietzsche die Antike betrachtet und eingeschätzt haben, wobei Goethe die humanistischen Züge der Antike herausarbeitete, während Nietzsche ein Unheimlich-Ausschweifendes und ein Dämonisches in die Antike hineindeutete; ob es sich darum handelt, die verschiedene Stellungnahme Goethes und Nietzsches darzulegen in Beziehung auf objektive Maße und Werte und auf die Rolle des Objektiven und Subjektiven im Leben des Menschen und in der Geschichte; während Goethes Weltanschauung gegründet ist auf der Anerkennung von Maß und Wert und dieses Maßhaltende und Wertsetzende in jeder Äußerung seines Stils wirksam ist, leugnet Nietzsche, in seinem trunkenen Nihilismus, die Möglichkeit jedes geschlossenen Weltbildes und setzt an Stelle einer systematisch und beweiskräftig durchgeführten Abhandlung seine unverbindliche Aphoristik; während Nietzsche lehrt, daß die Erkenntnis das Handeln töte, die Wahrheit verhängnisvoller sei als der Irrtum, und er ausruft: „Schaffen wir die wahre Welt ab!" – haben nach Goethe alle voranschreitenden Epochen eine objektive Richtung, und alle im Rückschreiten und in der Auflösung befindlichen sind subjektiv; während bei Goethe durch sein ganzes Leben hindurch das Plebejische eine ihn anregende und fördernde Rolle gespielt hat und ihm eine tiefe Achtung vor den Millionen namenloser Menschen eigen war, deren rastlose Tätigkeit ihm unabtrennbar schien von den höchsten Leistungen des Menschengeschlechts, bricht aus Nietzsche, das erstemal in der deutschen Geistesgeschichte, der offene Haß aus gegen alles Plebejische; hält Goethe Grausamkeit und die Lust am Bösen für Rückstände und Entartungen des Menschengeschlechts, so wird der Sadismus bei Nietzsche zu einer Tugend umgefälscht und als das schöpferische Privileg der Herrenklasse gepriesen – nichts, keine noch so unscheinbare Frage, worin sich nicht der Geist eines Goethe von dem Nietzsches scheidet.

Nein, es ist nicht so, und töricht und schädlich sind solche Ansichten, daß Nietzsche Goethe überholt hätte – das Umgekehrte ist der Fall: Goethe hat die meisten der ihm zeitlich nachfolgenden Denker und Dichter überholt, denn, liegen diese auch zeitlich nach ihm, so gleichen sie in ihrer geistig-menschlichen Verengtheit und Verderbtheit einer Senkung, einer Niederung, über die, Zeiten überschauend, Goethes Menschheitswerk wie ein leuchtender Gipfel emporragt.

So ist es: die Werke, die nach Goethes Tod geschrieben und die lebendig geblieben sind, die Werke, die heute geschrieben werden und lebendig bleiben werden, es sind solche Werke, in denen Goethes Geist lebendig geblieben ist und die von seiner Lichtquelle her noch durchleuchtet werden. So tief, so weithin durch die Zeiten wirkt er noch nach, ob wir es nun wissen oder nicht, und bei jedem Werk, das unseren Beifall findet, wird eine nähere Untersuchung ergeben, daß gerade das, was uns zu unserem Beifall veranlaßt hat, Goethe zu verdanken ist und goethisch ist.

## *Forderung der Epoche*

„Die Epoche, in der wir lebten, kann man die *fordernde* nennen", schreibt Goethe in „Dichtung und Wahrheit". Diese Forderung der Epoche leitete er daraus ab, daß „vorzüglichen, denkenden und fühlenden Geistern ein Licht aufgegangen war, daß die unmittelbare originelle Ansicht der Natur und ein darauf gegründetes Handeln das Beste sei, was der Mensch sich wünschen könne, und nicht einmal schwer zu erlangen". Die Wiederentdeckung der Natur und des natürlichen Menschen durch Rousseau war insbesondere für den jungen Goethe, in seinem Sturm und Drang, ein mächtiges Hilfsmittel, um sich selber von den unfruchtbaren und schädlich empfundenen Einflüssen einer vergangenen Epoche abzulösen und sich vom Mittelalter zu befreien. Denn das war in der Tat die Forderung der Epoche, in der Goethe lebte: die Befreiung des deutschen Menschen vom Mittelalter und seine Weiterentwicklung durch die Schaffung einer neuen Lebensform, der bürgerlichen Gesellschaft.

Goethe befreite uns damit auch von der Vorstellung, daß das Weltgeschehen von einer blinden Notwendigkeit beherrscht werde und daß dem Menschen nichts anderes gegeben sei, als sich willenlos dem Walten dieser geheimnisvollen Mächte zu unterwerfen. Goethe hat uns gezeigt, wie der Mensch sich durch Erkenntnis des Objektiven und durch ein tätiges Leben von der blinden Notwendigkeit befreien kann und wir die Welt aus einer Welt an sich in eine Welt für uns verwandeln können.

Der Mensch als Gestalter seines Schicksals – keine andere Macht über ihm –, und bestätigt fühlte sich Goethe auch durch den Ausspruch Napoleons, daß an Stelle des Schicksals die Politik getreten sei.

Die Reformation hatte Deutschland um die Renaissance gebracht, aber die Geschichte hatte einen geradezu großartigen Ersatz dafür angeboten: eine revolutionäre Einigung Deutschlands durch die Bauernbewegung. In Goethe glühte die Renaissance nach, und in ihrem Schein widerspiegelte sich ihm die Antike. Die Bildungsleidenschaft der Renaissance vereinigte sich in ihm mit dem Volkstümlichen, wie es die Reformation mit hervorgebracht hatte, und eine besondere Neigung empfand Goethe nicht nur zu Hans Sachs, sondern zu jeder Art von Volkspoesie, nicht nur zur deutschen, sondern auch zur böhmischen und serbischen, wobei er einen sehr feinen Unterschied machte zwischen einem entwickelten und unentwickelten Stadium und er vorschlägt, das Unentwickelte, Barbarische nicht weiterzufördern. Aber eine besondere Vorliebe hegt er nicht nur zu den Handwerkern und fahrenden Gesellen, den sogenannten „unteren Ständen“, sondern er verspürt auch, welch eine unverbrauchte Kraft noch das Bauerntum darstellte, durch dessen Niederlage Deutschland in seiner Entwicklung um Jahrhunderte zurückgeworfen war. Gleichsam als ein bürgerliches Bauernmädchen sieht er in Sesenheim das Bild der Geliebten, diese Mischung des Bürgerlich-Bäuerlichen scheint ihm eine besonders glückliche und dem Volke zuträgliche zu sein. Das ist, neben der Renaissance, die von außen her auf ihn zukommt, das Kraftspendende, was Goethe in seinem eigenen Volke vorfindet. Das ist, um mit ihm zu reden, „der Vorteil, den er aus seinem Zeitalter zieht“.

Aber den eigentlich schöpferischen Vorteil seines Zeitalters gewinnt er von außen her. Das Licht seines Zeitalters geht im Westen auf. In diesem Licht erst wird er selbst zu der Leuchte, die wir mit seinem Namen nennen und die zu einem ewigen Licht unseres Volkes geworden ist. Es ist der Geist der Französischen Revolution, der ihn ergriffen und der ihn in seinen wesentlichen Zügen gestaltet hat und dessen Verkörperung er geworden ist wie keiner unter allen Deutschen. Dabei ist es unerheblich, wie er sich selbst da und dort, durch irgendwelche Eingebungen und Launen bestimmt, zu dem Ereignis der Französischen Revolution geäußert hat. Sein Wesen ist mit diesem Ereignis so zutiefst und auf Gedeih und Verderb verbunden, daß, wie wir sehen werden, der Verrat der Französischen Revolution durch das deutsche Bürgertum zugleich auch den Niedergang seiner Wirkung bedeutet. Denn das war die Schwachheit und war die Fratze seines Jahrhunderts: ein Deutschland, das, wie Hegel sagt, der gesetzte Widerspruch war zwischen einem Staat, der es sein sollte und der es nicht war und der es nicht werden konnte; ein von raffgierigen Fürsten und einer bösartigen Bürokratie heimgesuchtes Vielländerreich, jedes freie geistige Atmen erstickend in dem Modergeruch des Provinziellen, und ein Bürgertum, jämmerlich und schwächlich in seiner Unentschlossenheit, ohne Selbstvertrauen in seine Kraft, nur immer nach oben schielend und von einer wahrhaft panischen Angst besessen vor dem „Unten“, vor dem Volk; schon einmal im Verrat „erprobt“, als es die Bauernbewegung preisgab, und nun Verrat fortübend, indem es alle Mittel billigte, damit der Geist seiner Revolution, der Französischen Revolution, nicht ins Volk dringe – dieser Schwachheit war Goethe nicht nur bewußt, und diese Fratze seines Jahrhunderts war ihm nicht nur erkennbar, es war seine eigene unausweichbare und aussichtslose Situation, es war seine Tragik, unlösbar, da sie nur lösbar gewesen wäre durch eine Wende der Zeit, durch eine geschichtliche Lösung. Wo aber gab es diese Lösung, wer hätte dieses Problem gelöst? Wo aber deutete sich eine solche Lösung auch nur an?

Denn, wie nur irgendeiner es je gewußt hat, wußte er, daß der Geist der Macht bedarf, um als Geist lebendig zu bleiben und als unsterblich sich fortzusetzen. Er wußte es, was wir vergessen haben: daß Wissen *nicht* Macht ist, sondern daß Wissen nur dann Macht ist, wenn es zur Macht wird. Er wußte es, daß der Geist, der auf Macht verzichtet, Verrat übt am Geist und seinen Geist selbst aufgibt.

Machtverzicht des Geistes ist Selbstaufgabe des Geistes. Selbstbehauptung des Geistes ist Machtwerdung.

Aber wo sollte sein Geist Macht werden, wenn er sich nach einer Macht umsah. Wie richtig schätzte er die ein, die an der Macht waren, die weniger Herrschende waren als Herrschsüchtige! Wie versagten oder wie verrieten sie, als es 1813 galt, wieder ein deutsches Befreiungswerk zu vollbringen. Wieder ahnt er richtig voraus, daß die Freiheitsbewegung nicht dem Volke werde zugute kommen, das allein der Freiheit würdig war und sie verdiente. Wieder sah er richtig voraus, wer die Nutznießer dieses Befreiungskrieges werden würden: niemand anders als die Geschäftemacher und die Fürsten. Denn wo war damals hinter dem Bürgertum sichtbar eine geschichtliche Kraft, wo stieg damals eine neue Klasse auf, um all das Versäumte nachzuholen und das Vermächtnis der besten Deutschen, daß Deutschland zur Nation werde, zu erfüllen.

Als die geschichtliche Vollendung seines Lebenswerkes, als die Verwirklichung des Traumes, den er von seiner Jugend an durch sein ganzes Leben hindurch träumte, betrachtete Goethe die Vereinigung der deutschen Stämme zu einer Nation, die, in der Herausbildung ihrer besten nationalen Eigenarten, einen wertvollen Beitrag würde leisten können zur Höherentwicklung der gesamten Menschheit. Die Vereinigung der deutschen Stämme zu einem einheitlichen deutschen Ganzen schien Goethe die Voraussetzung dafür zu sein, daß das deutsche Wesen sich entfalten und in die Welt hinein werde wirken können. Gerade weil für Goethe der Traum einer deutschen Einheit nicht eine leere utopische Phrase war, sondern er nach den geschichtlichen Kräften ausschaute, die ihn würden verwirklichen können, gerade deshalb überkam ihn so oft Verbitterung und Verzweiflung, da die geschichtlichen Kräfte, die er zu erblicken vermochte, seiner Ansicht nach nicht imstande gewesen waren, Deutschland zu vereinigen. Es war für Goethe selbstverständlich, daß die Zerrissenheit Deutschlands sich auch in dem Kulturleben seines Volkes verhängnisvoll auswirkte und daß somit die Herausbildung einer nationalen Kultur auch die staatliche Einheit Deutschlands erfordere. Goethes Ideale waren konkrete, Goethes Menschenbild war kein abstraktes, Goethes Humanismus war real. Für ihn konnte ein Volk an einer Weltkultur nur teilhaben durch kulturelle Errungenschaften, die organisch aus seinem Wesen hervorgingen. Das ganze Werk Goethes, kann man wohl sagen, drängte hin auf eine Vereinigung Deutschlands. In jedem Werk Goethes werden wir dieses ungestümen Drängens inne, die Reinigung und Bereicherung der Sprache ergibt bei Goethe ein solch freies, über alle Beengtheiten hinaus sich bewegendes, modernes Deutsch, als hätte Deutschland, bevor es seine Einheit politisch verwirklichte, sich im voraus nach der Sprachschöpfung Luthers nun auch in der Sprache Goethes ein Instrument seiner Einheit geschaffen.

Mit der Niederlage der achtundvierziger Revolution und der Gründung des Deutschen Reiches durch Bismarck fiel auch das goethische Sprachreich weitestgehend der Zerstörung anheim, und ein anderes Deutsch erstand, dem die Folgerichtigkeit und die lichthafte Klarheit der goethischen Sprache ermangelten und das an dessen Stelle etwas Undurchsichtiges und Wolkiges setzte, wenn es nicht zu einem banalen Geschäftsdeutsch absank. Es wäre eine Untersuchung wert, diese Zerstörung des goethischen Sprachreiches im Laufe der Zeiten zu beschreiben, und es wäre nicht allzu schwierig, aus diesem Zerstörungsprozeß abzuleiten, wie weit das Bismarcksche Reich entfernt lag dem deutschen Reich, wie es in der Sprache Goethes vorgebildet und in ihm lebendig war.

Wenn Goethe den fragmentarischen Charakter der Literatur betont und wenn er davon spricht, daß die Kunst zwar durch das Leben zu begleiten, aber nicht durch das Leben zu leiten verstehe, so drückt er damit aus, daß der Geist eines Korrespondierenden bedarf, um als Geist voll wirksam zu sein. Nein, Goethe befriedigte es nicht, sich im Besitze eines inneren Reichs zu wähnen und im übrigen die Welt auf sich beruhen zu lassen. Fern lag ihm der Traum von einer machtumschlossenen Innerlichkeit. Er redete sich nicht ein, daß solch eine Macht, irgendwie draußen, den Seelenfrieden nicht antaste und das innere Leben des Menschen unberührt lasse. Goethe glaubte nicht an solch ein Geheimnis von außen und innen. Auch er erfuhr die Einbrüche der Macht in sein Innenreich. Wie oft mußte er diesem Druck auch im Geistigen nachgeben, und verzweifelt, nicht beflügelt, ging er aus solchen Zusammenstößen mit einer geistlosen Macht hervor.

Oh, er wußte nur zu gut die Antwort auf die Frage: „Wann und wo entsteht ein klassischer Nationalautor?" Denn er antwortete: „Wenn er in der Geschichte seiner Nation große Begebenheiten und ihre Folgen in einer glücklichen und bedeutenden Einheit vorfindet; wenn er in den Gesinnungen seiner Landsleute Größe, in ihren Empfindungen Tiefe und in ihren Handlungen Stärke und Konsequenz nicht vermißt; wenn er selbst, vom Nationalgeiste durchdrungen, durch ein einwohnendes Genie sich fähig fühlt, mit dem Vergangnen wie mit dem Gegenwärtigen zu sympathisieren; wenn er seine Nation auf einem hohen Grade der Kultur findet, so daß ihm seine eigene Bildung leicht wird ..." Und wenn Goethe diese Betrachtung abschließt mit dem Satz: „Wir wollen die Umwälzungen nicht wünschen, die in Deutschland klassische Werke vorbereiten könnten", so wurde dieser Satz oft zu Unrecht dahin mißdeutet – wie übrigens andere Sätze auch –, daß Goethe ein Reaktionär und Pessimist gewesen sei und im späteren Alter den Glauben an eine Entwicklung der Menschheit und insbesondere an eine menschliche Gestaltung der deutschen Verhältnisse verloren habe.

Nichts abwegiger als dies. Aber „wenn man sich nur halbwege den Begriff von einem Menschen machen will, so muß man vor allen Dingen sein Zeitalter studieren" – so rät Goethe uns, und das ist wohl ein guter Rat. Woraufhin denn sollte Goethe die Umwälzung wünschen, die in Deutschland klassische Werke hätte vorbereiten können? Wer sollte ihm den Wunsch denn erfüllen, oder will man ihm gar vorwerfen, daß er die geschichtlichen Kräfte nicht vorgeahnt hat, die, zu seiner Zeit noch ungeboren, nach ihm seinen Wunsch hätten erfüllen können?

Wie illusionslos war er, wie vertraut war er mit dessen Grenzen und Krisen, wenn er vom deutschen Bürgertum sprach und von dessen Unfähigkeit, zu Harmonie und Freiheit zu gelangen. Im „Wilhelm Meister" lesen wir: „Ein Bürger kann sich Verdienst erwerben und zur höchsten Not seinen Geist ausbilden; seine Persönlichkeit geht aber verloren, er mag sich stellen, wie er will ... Er darf nicht fragen: ‚Was bist du?' sondern nur: ‚Was hast du? welche Einsicht, welche Kenntnis, welche Fähigkeit, wieviel Vermögen?' ... er soll einzelne Fähigkeiten ausbilden, um brauchbar zu werden, und es wird schon vorausgesetzt, daß in seinem Wesen keine Harmonie sei noch sein dürfe, weil er, um sich auf eine Weise brauchbar zu machen, alles übrige vernachlässigen muß."

Goethe war kein Utopist. Er war allzusehr Realist, um nicht billige Wunschbilder sich vorgaukeln zu lassen, und hat er nicht, was das Bürgertum und sein Versagen vor jeder geschichtlichen Aufgabe betraf, in seinem „Pessimismus" recht, nur allzu recht behalten?

Goethe bemühte sich um eine realistische Betrachtungsweise, und so war er weder Pessimist noch Optimist, er war bald der eine, bald der andere, je nachdem die Wirklichkeit zu Pessimismus oder zu Optimismus Anlaß gab.

Statt solche unberechtigten Vorwürfe gegen Goethe zu erheben, die im Grunde alle darauf hinzielen, daß nicht schon zu seiner Zeit Karl Marx das gesellschaftliche Bewegungsgesetz und damit den Schlüssel zum Geheimnis unseres Zeitalters entdeckt hat und daß eine Arbeiterklasse noch nicht entstanden war – statt uns mit solchen unberechtigten Vorwürfen abzugeben, wollen wir gerade an einem solchen Tage wie heute Goethes gedenken als eines Mannes, der an Deutschland gelitten hat wie kaum einer und der die Erfüllung seines Werkes in Gefahr sah und es wirkungslos dahinsterben sah, wenn nicht gar eine von ihm ungewollte verderbliche Wirkung ausübend.

Von den großen Ereignissen, die Goethe anführt, daß sie ihn gebildet und ihn bereichert hätten, war nur eines, der Siebenjährige Krieg, ein deutsches. Welche Enttäuschung auch dies! Nicht mit dem Sieg einer deutschen Einheit endeten diese sieben opferreichen Jahre, und das „Nun danket alle Gott" nach der Schlacht bei Leuthen wurde nicht zum Dankchoral einer befreiten deutschen Nation. Das zweite Ereignis, das Goethe in seinem Einfluß auf ihn besonders hervorhebt, die Französische Revolution, fand in Deutschland im wesentlichen nur ihren Widerhall in dem Schrecken, den sie erregte, und in der Verunglimpfung, die sie durch das deutsche Bürgertum erfuhr, und die Freiheiten, die zu Lebzeiten Goethes in Deutschland erreicht wurden, mußten den Deutschen durch die Bajonette Napoleons gewaltsam aufgezwungen werden.

Die steife Würde, die distanzierende Haltung, die kühle Gelassenheit, womit man mehr oder weniger gewisse unmenschliche Züge an Goethe feststellen will, gerade das Gegenteil ist der Fall: alle diese Eigenschaften sind nur der Ausdruck dafür, daß Goethe, dem jedes spekulative Geschwätz und jede Art von Transzendieren sinnlos und darum widerwärtig war, sich, soweit es ihm möglich war, aus einer Gesellschaft zurückzog, die er in ihrer Unfähigkeit, eine geschichtliche Aufgabe zu erfüllen, zutiefst verachtete. Dieser Gesellschaft gegenüber versteifte er sich immer mehr in zunehmendem Alter und benutzte jede Gelegenheit, sich von ihr zu distanzieren, und selbst in zuvorkommender Weise und höflicher Form verharrte er noch in der Abwehr.

So erscheint uns das Gesicht des alternden Goethe als eine Maske, und seine Züge sind erstarrt, und sein Auge blickt wie lichtlos: „Licht, mehr Licht!" – aber es war in dem Deutschland seiner Zeit nicht mehr Licht da. Es ist das Gesicht der Einsamkeit, ein Blick wie aus einer Vereisung. So spricht uns an das tiefe Erlebnis der Verlassenheit und der Vereinsamung – ein Werk getan, nicht wissend, wer es aufnimmt und welchen Weg es gehen wird, ob es nicht überhaupt, in unrechte Hände geraten, zu Staub zerfällt oder mißbraucht wird. Furchen des Verzichts, tiefe Leidensspuren, und nicht ohne tiefe Trauer auch über uns, die wir ihn so lange verkannt haben: o dies Verkanntsein – auch ein Verbanntsein, und Heimat, in der der Unverstand herrscht, wird Fremde.

Was blieb ihm übrig in dieser deutschen Misere, von Westen her nur erhellt wie von einem Wetterleuchten, was blieb ihm übrig, als einen Teil seines Wesens diesen unerquicklichen Verhältnissen zum Opfer zu bringen, wollte er nicht Hölderlins Schicksal teilen, dessen Traum von deutscher Freiheit im Irrenhaus endete. „Jeder, auch das größte Genie, leidet von seinem Jahrhundert in einigen Stücken." Nein, Goethe war zu sehr durchdrungen von der Überzeugung des Wechselspiels und des Aufeinander-Angewiesenseins von Denken und Tun, von Macht und Geist, als daß er – wie wir es schon ausgeführt haben – einem Verinnerlichungswahn hätte anheimfallen können und sich, im Besitz eines inneren Reiches wähnend, darüber hinweggetröstet hätte, daß die Macht, die herrschte, geistfeindlich war und daß auch ein noch so großer Geist ohne ausreichende Machthilfe die geistfeindliche Macht nicht würde stürzen können.

Geist und Macht. Nehmen wir ein Beispiel aus unserer zeitnahen Geschichte! Was wäre aus Tolstoi geworden und was aus Puschkin, hätte nicht eine Macht sie erweckt und sie zu einem neuen Leben erhoben. Schon hatte Dostojewski die Begräbnisrede, wenn auch eine großartige, für Puschkin gehalten und ihn für das Veraltete in Anspruch genommen, damit er dessen dunklen Zielen ein wenig klassischen Glanz verleihe – aber Lenin kam. Die Große Russische Oktoberrevolution 1917 wurde zur Wiedergeburt alles Großen in der russischen Vergangenheit, und so auch zur Wiedergeburtsstunde Tolstois und Puschkins. Ihr Geist ging in die Macht ein, die als herrschende nunmehr erstand, und untrennbar von dieser Macht lebt ihr Geist – denn Lenin kam.

Aber der Geist bedarf nicht nur der Macht, um als Geist fortzuwirken, jede geistige Schöpfung bedarf auch einer Ergänzung von unten her, einer Mitarbeit und Teilnahme des Volkes, die dadurch zustande kommt, daß der geistig Schaffende sich in einer tiefen Verbundenheit fühlt mit den Volkskräften, wie diese Beziehung des geistig schaffenden Menschen zum Volk von Goethe in einer schlichten volkstümlichen Weise dargestellt wird in der Beziehung zwischen Faust und Gretchen. Diese Verbindung zum Volk und diese Verbindlichkeit dem Volke gegenüber nicht abreißen zu lassen, sondern sie zu bewahren und sie zu festigen, rät uns Goethe, wenn er sich beunruhigt zeigt über die Losgelöstheit der Kunst vom Volke, denn in solch einer Lebensfremdheit entfremdet sich die Kunst auch sich selbst gegenüber. „Es waltet im deutschen Volke", klagt Goethe, „eine Art geistiger Exaltation. Kunst und Philosophie stehen abgerissen vom Leben im abstrakten Charakter, fern von den Naturquellen, die sie ernähren sollen." Und bei einer anderen Gelegenheit wendet sich Goethe gegen die deutsche Wissenschaft, die es nicht verstehe, ihre Erkenntnisse zugänglich und zu einer öffentlichen Angelegenheit zu machen.

Beides bedarf also der Geist, damit er sich vollende: Volksverbundenheit und Machtwerdung.

Goethe hat die geistigen Voraussetzungen geschaffen, den deutschen Menschen vom Mittelalter zu befreien. Wo aber war die kongeniale und die korrespondierende Kraft, die diesen geistigen Befreiungsakt aufgenommen und in ein Befreiungswerk für ganz Deutschland verwirklicht und vollendet hätte? Das Jahr 1848 hatte auch darüber zu entscheiden, ob die deutsche Klassik zu einem lebendigen Bestandteil des deutschen Wesens werden würde oder ob sie nur noch einen zweifelhaften Gebrauchswert besitzen würde als unverbindlicher Unterrichtsstoff und als patriotischer Schmuck an hohen Feiertagen.

Die Niederlage der achtundvierziger Revolution hat auch die deutsche Klassik mit zu Grabe getragen.

Der deutschen Klassik ist keine klassische deutsche Politik gefolgt, und so mußte das große humanistische Werk unserer Klassik unerfüllt bleiben und konnte nicht seine große volkserzieherische Wirkung ausüben. Das Versagen des Bürgertums war zugleich auch ein Sich-innerlich-Lossagen von dem klassischen Erbe, dessen Vermächtnis zu erfüllen seine Aufgabe gewesen wäre. Der lebendige Goethe, dem unser Volk seine Nöte hätte anvertrauen dürfen und der auf unsere deutsche Schicksalsfrage hätte antworten können, wurde ersetzt durch die Gipsbüste des Olympiers, zu der man bestenfalls in einer abstrakten Ehrfurcht aufzublicken sich bemüßigt sah. Ein entmenschlichtes Götzenbild wurde aus Goethe, dem allermenschlichsten aller deutschen Menschen.

Goethe wurde zur guten Stube des deutschen Bürgertums, die man nicht bewohnte und in der man sich nicht heimisch fühlte, sondern die nur geöffnet wurde, wenn irgendein hoher ausländischer Besuch eintraf, um zu zeigen, daß man an der Spitze der Weltkultur stehe und ein Volk der Dichter und Denker sei. Goethe-Gesellschaften waren bemüht, zu sammeln und zu konservieren, und in manchem Jahrbuch stand auch manch vortrefflicher Beitrag. Goethe wurde in alle seine Bestandteile zerlegt und manchmal auch wieder zusammengesetzt, aber im Grunde blieb das Goethebild, wie es war: ein Sternbild, fernher blickend, unnahbar.

Weimar, zu Goethes Lebzeiten ein deutsches Heiligtum, wurde wenige Jahre nach seinem Tode zu einer Museumsstätte und zu einem Wallfahrtsort für zahlungskräftige Fremde und, ebenso wie später Bayreuth, eine Sache des Fremdenverkehrsvereins und nicht eine Sache deutschen Geistes. Weimar und Potsdam, worin unterschieden sie sich eigentlich noch? Wohl darin, daß der unselige Geist Friedrichs II. ebenso dilettantische wie gefährliche Nachahmer fand, während Goethes Weimar verwaist blieb, bis auch dort der Potsdamer Ungeist unter den Klängen des Fridericus-Rex-Marsches dröhnend einzog.

Weimar und Potsdam. Zwei Seiten ein und derselben Sache: des verpreußten Deutschlands im Zeichen der Wehrlosigkeit deutschen Geistes und des Triumphs des Kasernenhofdrills und des Stechschritts.

Professor Unrat bemächtigte sich Goethes und brachte ihm erst einmal richtiges Deutsch bei. Goethe-Predigten erbauten, oberlehrerhaft und rührselig, deutsches Gemüt, von dem Goethe sagt, „die Deutschen sollten das Wort in einem Zeitraum von dreißig Jahren nicht aussprechen, dann werde nach und nach Gemüt sich wieder erzeugen“. Vorgesetzte Behörden ernannten Goethe zum Weltkriegsteilnehmer. Goethe wurde ein Platz eingeräumt an jedem Stammtisch, Goethe wurde hoffähig, wurde salonfähig; es gehörte zum guten Ton, eine nichtssagende Rede mit Goethe-Zitaten zu würzen.

Eine imposante Feier war es im Jahre 1932, Goethes hundertstem Todestag – sein Geist schien wiederzuerstehen in den Herzen vieler Deutschen, ja, man mochte davon träumen, das Reich, das Goethe hieß und das verwahrlost im Innern Deutschlands lag, sei wiederentdeckt und als ein kostbarster Nationalbesitz dem deutschen Volke zurückgewonnen worden. Thomas Mann sprach ernste und würdige Worte damals in Weimar, mahnend und ahnend sprach er davon, daß unter Umständen auch Gewalt nötig sei, um dem Verderben zu widerstehen und den Geist des Guten, wie er in Goethe so vorbildlich verkörpert sei, zur Macht werden zu lassen. „Die neue, die soziale Welt", so sagte Thomas Mann damals 1932, „die organisierte Einheits- und Planwelt, in der die Menschheit von untermenschlichen, unnotwendigen, das Ehrgefühl der Vernunft verletzenden Leiden befreit sein wird, diese Welt wird kommen, und sie wird das Werk jener großen Nüchternheit sein, zu der heute schon alle in Betracht kommenden, alle einem verrotteten und kleinbürgerlich-dumpfen Seelentum abholden Geister sich bekennen. Sie wird kommen, denn eine äußere und rationale Ordnung, die der erreichten Stufe des Menschengeistes gemäß ist, muß geschaffen sein oder sich schlimmen Falles durch gewaltsame Umwälzung hergestellt haben, damit das Seelenhafte erst wieder Lebensrecht und ein menschlich gutes Gewissen gewinnen könne."

Diese imposante Kundgebung, bei der das beste Deutschland versammelt schien – was war aus ihrem Treugelöbnis Goethe gegenüber geworden, als 1933 der Nationalsozialismus zur Macht kam. Wäre Goethe im deutschen Volke lebendig gewesen, so hätte diese seine lebendige Kraft solch einen überwältigenden Haß gegenüber der Nazibarbarei erzeugt, daß deren Bewegung hätte schon in den Ansätzen scheitern müssen. Und wieder hatte das Bürgertum versagt, dessen wunderbare menschliche Erhöhtheit ein Goethe gewesen war.

Es ist schwer, was in den Jahren 1933–1945 an Untaten geschah, mit der angesichts dieses Verbrechens beinahe erstaunlichen Tatsache in Zusammenhang zu bringen, daß Goethe ein Deutscher war. Von welch einem furchtbaren Widerspruch mußte dieses unser Volk zerrissen sein, so fragte man, und so fragten sich auch die, die selber Deutsche waren. Es gehört zur Goethe-Legende, daß Goethe ein harmonischer Mensch gewesen sei. Auch in Goethe war Widerspruch, und wir hoffen gezeigt zu haben, welcher Art Widerspruch es war und was Goethe unter ihm zu durchleiden hatte. Aber nun, mit dem Jahre 1933, schien ein Widerspruch mitten in jedem einzelnen von uns aufgerissen, der kaum zu erklären, kaum noch zu lösen war.

In seinem Roman „Doktor Faustus" hat Thomas Mann zur Lösung dieses Widerspruchs beigetragen. Thomas Mann hat für das Verhalten des Bürgertums gegenüber seiner eigenen Vergangenheit ein großartiges Gleichnis gefunden, indem er den Komponisten Leverkühn den Versuch wagen läßt, eine Symphonie zu schreiben, die in ihrer infernalischen Dissonanz eine Zurücknahme der IX. Symphonie Beethovens bedeuten sollte.

Nicht nur auf dem Gebiet der Musik, auch Goethe gegenüber wurde der Versuch gemacht, ihn zurückzunehmen und sein Werk ungeschehen zu machen, indem man über die Tatsache, daß Goethe, wie er selbst sagte, so etwas wie ein „deutscher Sauerteig" gewesen war, schamhaft hinwegging und ihn in einer olympischen Wolke verhüllte, darin er über dem Zeitgeschehen thronte, wobei man seinen Namen zugleich auch für die Jämmerlichkeiten und Schändlichkeiten des deutschen Spießertums zu mißbrauchen wagte. Das war die eine Form der Zurücknahme, während die andere, die aggressive, sich in Nietzsche vollzog, der meisterhaft die Rolle Leverkühns spielte und dessen Nihilismus, in eine blendende Form gebracht, Goethes Humanismus überspielte.

Damit das Werk eines großen Menschen am Leben bleibt, genügt es nicht, daß es einmal geboren wird, es bedarf immer neuer Geburtshelfer, um es fortzuzeugen von Geschlecht zu Geschlecht, von Zeit zu Zeit. Die deutsche Geschichte stellte für das Werk Goethes keine Geburtshelfer, statt dessen aber sorgte das deutsche Bürgertum dafür, daß in jedem Zeitabschnitt die Totengräber pünktlich zur Stelle waren.

Auch dessen gilt es zu gedenken, am Tag der zweihundertsten Wiederkehr des Geburtstags Goethes, denn daraus ergeben sich Folgerungen.

### *Das Vorbild*

In der umfassendsten und tiefsten Selbstdarstellung, wie sie nur je gelungen ist, wurde Goethe zum großen Menschheitserzieher und zum Künder einer neuen Menschenlehre. Nicht als Prophet und nicht, indem er eifernd eine Lehrmeinung vortrug, sondern indem er das neue Menschenbild selbst in sich verkörperte und es beispielhaft aus sich heraus gestaltete.

„Das eigentliche Studium der Menschheit ist der Mensch", dieser Satz tönt beinahe wie eine Fanfare, die eine neue Zeit ankündigt. Nun hat die Geschichte der Menschheit die menschliche Aufgabe: daß der Mensch sich menschlich gestalte und daß er eine immer höhere menschliche Gestalt annehme. So dürfen wir in der genialen

Selbstgestaltung Goethes eine Antizipation, eine Vorwegnahme der Lösung wichtigster Menschheitsprobleme, erblicken, und wenn wir von der Freiheit der Persönlichkeit sprechen – wer kann uns auf dieses Problem besser antworten als Goethe, nicht nur in den Aussprüchen, die wir darüber bei ihm vorfinden, sondern vor allem durch das Wirken seiner universellen Gestalt, in der sich uns die wahrhafte Freiheit der Persönlichkeit so unvergleichlich offenbart hat.

„Niemand ist mehr Sklave, als der sich für frei hält, ohne es zu sein", so heißt es bei Goethe in den „Wahlverwandtschaften". Dieser Satz besagt, daß Goethe unterscheidet zwischen Sein und Bewußtsein, so daß ein Mensch sehr wohl eine bestimmte Vorstellung über sich haben kann, ohne aber der Betreffende zu sein, für den er sich hält. Der Sklave, der im Bewußtsein seiner Sklaverei ist, erscheint Goethe nicht so sehr versklavt zu sein wie der Mensch, der glaubt frei zu sein, ohne daß er es ist. Unser Freiheitsgefühl muß also, um ein wahres zu sein, übereinstimmen mit der objektiven Freiheit, wie eine solche von Goethe anerkannt wird. Objektiv frei wird ein Mensch in dem Maße, in dem er seine Persönlichkeit so tief und allumfassend wie nur möglich ausbildet und eine menschliche, allmenschliche Gestalt wird, seinen Mitmenschen und Nachmenschen zum Vorbild und zum Wohlgefallen.

Die menschliche Fülle und die universelle Kraft, wie sie Goethe in sich verkörpert, erscheint uns heute beinahe legendär, die wir im Zug der Arbeitsteilung einem entmenschlichenden Spezialistentum anheimgefallen sind. Goethe selbst erscheint uns gewissermaßen als eine „geschichtliche Kraft", mit der uns in Vergleich zu setzen wir aufgefordert sind. Aber was von uns hält mit Goethe einen Vergleich aus? Wer kann vor der beinahe erdrückenden Wucht seiner Gestalt standhalten? In der Gegenüberstellung mit ihm, wie eng, verkümmert und verkrüppelt, wie brüchig wirken wir!

Goethe war nicht nur der unerschöpfliche Lyriker, dem alle Melodien der menschlichen Seele eigen waren, vom Ausbruch des Pathetischen, vom hymnischen Verzücktsein bis zum beredten Wehen der Stille und dem Flüstern eines Volksliedes, der seinen eigenen Rat aufs beste befolgte: „Bilde, Künstler! Rede nicht! Nur ein Hauch sei dein Gedicht." Er war Visionär, Elegiker, Idylliker – so reichhaltig das Leben war, so mannigfaltig Form und Stil. Goethe war nicht nur der Sänger großer Epen, er war meisterhafter Prosaist, Romancier, Erzähler und Novellist in einem. Goethes Dramen können sich auch mit der genialsten dramatischen Begabung Deutschlands messen, und schon sein tiefes Verständnis für Shakespeare, das er mit

*Johannes R. Becher mit Thomas Mann*
*in Weimar anläßlich der Schiller-Ehrung 1955*

Lessing teilt, zeigt, in welche Richtung seine dramatische Begabung weist.

Das Strophengebirge im Prolog des „Faust" – hier ist einer eingetreten in den Wettstreit mit der Musik der Sphären. „Die himmlische Musik" hat ihren Zauber verloren und mußte ihn abgeben, denn ein Überlegener ist im menschlichen Wort ihr erschienen, und das Diesseitige brachte er zum Klingen und das Irdische, den Alltag des Menschen zu feierlichen Tönen – inniger und erhabener als je ein Sphärengesang.

Aber das alles erschöpft Goethes Wirken bei weitem noch nicht. Ein Kritiker, vorbildlich an Wissen und Sachlichkeit, ein Gelegenheitspoet, als der er sich nicht zu gering ist, ein Satiriker, in der unverbrauchbaren Schlagkraft zahlloser Xenien und Epigramme, und auch das alles genügt nicht. Er ist der ausgezeichnete Naturwissenschaftler, dessen Ergebnisse heute noch diskussionswert sind, er ist der Kulturphilosoph, der Ästhetiker, dessen Kunstverstand in seinen Gesprächen, Aufsätzen und Glossen überragend geblieben ist. Welch ein Tiefeinsichtiger und Vielerfahrener – wenn wir seine Maximen und Reflexionen studieren. Welch ein kostbarer Schatz an Betrachtungen und Gedanken, noch lange nicht in dem gebührenden Maße uns zugänglich gemacht! Und das alles zusammengenommen ergibt erst den ganzen Menschen Goethe, dessen Ganzheit ihn eben beruft, der große Menschheitserzieher zu sein und der Künder einer neuen Menschenlehre, der er ist. Diese tiefe und allseitige Ausbildung menschlichen Wesens: das ist Freiheit der Persönlichkeit, das ist wahrhaftes Menschentum.

In solch einer Produktivität, in solch einer Universalität, in solch einer allseitigen Darstellung des Menschenbildes hat Goethe alle, die vor ihm waren, übertroffen und alle die nach ihm Kommenden überholt.

Das ist der einzige Weg in die Zeitlosigkeit, in die Unsterblichkeit, der uns Zeitbedingten, Sterblichen gangbar ist: auf der Höhe unseres Zeitalters zu stehen. Wer sich so in seiner Zeit als Gestalt erhöht hat wie Goethe, der eilt voraus, der bleibt sichtbar für das Kommende und zu dem werden auch die Gipfel kommender Zeiten herüberwinken.

Drei Erkenntnisse im besonderen sind es, die ich hervorheben möchte, um die Auffassung Goethes von persönlicher Freiheit eindrucksvoll zu charakterisieren.

„Alles, was der Mensch zu leisten unternimmt" – so heißt es in „Dichtung und Wahrheit" –, „es werde nun durch Tat oder Wort oder sonst hervorgebracht, muß aus sämtlichen vereinigten Kräften entspringen; alles Vereinzelte ist verwerflich." In „Wilhelm Meisters Lehrjahren" lesen wir, diesen Satz ergänzend: „Nur alle Menschen machen die Menschheit aus, nur alle Kräfte zusammengenommen die Welt." Und an Schiller schreibt Goethe: „Nur sämtliche Menschen erkennen die Natur, nur sämtliche Menschen leben das Menschliche." In Goethes Selbstgestaltung und seinen Aussagen werden Größe und Grenzen der menschlichen Individualität überdeutlich sichtbar.

Die besondere Größe der goethischen Individualität besteht darin, daß sie ihre Grenze erkennt und die Verwerflichkeit des Vereinzelten so unmißverständlich begriffen hat. Das Vereinzelte, was verwerflich ist, das ist das, was sich absondert von dem Allgemeingang des Menschlichen; das Vereinzelte, was verwerflich ist, ist das, was abseits steht, wo die Menschheit auf ihrem Wege nach vorwärts drängt. Die Individualität wird also, wenn sie sich ihrer Grenzen nicht bewußt ist, verwerflich, und sie wird sogar zum Gebrechen – denn: „wie nun Laster und Verbrechen eigentlich am Individuum kleben und solches zugrunde richten, alles Gute und Tugendhafte dagegen uns in das Allgemeine zieht".

Nicht zuletzt besteht die Freiheit der Persönlichkeit auch darin, durch ihre Ausbildung und ihr Beispiel Kräfte zu vereinigen und zu sammeln und einen menschlichen Zustand anzustreben, der sämtlichen Menschen ein menschenwürdiges Dasein ermöglicht.

Welch eine Größe, daß ein solcher Dichter wie Goethe sein Genie nicht als ein Privileg betrachtete und beinahe auch nicht als ein Verdienst, und wenn er ein Verdienst des Genies gelten ließ, so war es überhaupt nur: der Fleiß, der Fleiß in der Arbeit vor allem an sich selbst. Denn insbesondere dadurch scheint sich ihm das Genie auszuzeichnen, daß es den Satz befolgt, den Goethe an die Stelle des „Arbeite und bete!" setzt: „Arbeite und lerne!", „Arbeite an dir selber und lerne, damit du ein Mensch wirst!"

Welch eine menschliche – und hier dürfen wir wohl sagen übermenschliche Größe: die Erkenntnis, daß alle Menschen die Menschheit ausmachen, alle Kräfte zusammengenommen die Welt und daß in zunehmendem Maße die Erkenntnis der Natur und die Lösung der Welträtsel ein Akt menschlicher Gemeinschaft sein müsse, die in einer Neuordnung der menschlichen Verhältnisse anzustreben das vornehmste Anliegen jeder wahren menschlichen Individualität sei.

Eine zweite Erkenntnis, die uns Goethe so eindringlich vermittelt, ist die, daß der Mensch des Menschen bedarf, um sich zum Menschen auszubilden. Der Mensch ist der Spiegel des Menschen. Nur in dem Verhalten anderen Menschen gegenüber kann man sich selber kennenlernen, und zwar durch Handeln, wie Goethe ausdrücklich sagt, durch Betrachten niemals. Handelnd ist der Mensch erkennbar und zeigt, wer er ist.

Es ist wohl angenehm, sich mit sich selbst
Beschäft'gen, wenn es nur so nützlich wäre.
Inwendig lernt kein Mensch sein Innerstes
Erkennen; denn er mißt nach eignem Maß
Sich bald zu klein und leider oft zu groß.
Der Mensch erkennt sich nur im Menschen, nur
Das Leben lehret jedem, was er sei.

Aus „Torquato Tasso".

Dieses Angewiesensein aller Menschen aufeinander und die daraus folgende Notwendigkeit einer vernünftigen Ordnung menschlicher Beziehungen hat Goethe tief beschäftigt, und immer wieder beunruhigt wurde er von dem Gedanken des sinnlosen Gegeneinanderwirkens menschlicher Kräfte, des geschichtlichen Rückschritts, wie er sich ihm in der Bildung der Heiligen Allianz anzeigte, der hemmungslosen Eigensucht, der Verwirrung und Verdunklung der Gefühle, wie sie besonders in der romantischen Dichtung zum Ausdruck kommen.

Und mit noch einer Erkenntnis beschenkt uns Goethe, einer Erkenntnis, die wir bei keinem Dichter gefunden haben, weder vor ihm noch nach ihm, bis auf Maxim Gorki, bei dem ein ähnlicher Gedanke ausgedrückt ist. Im Jahre 1830, zwei Jahre vor seinem Tode, so daß wir dieser Äußerung wohl den Wert einer Testamentserklärung zubilligen können, sagt Goethe: „Was bin ich denn selbst, was habe ich geleistet? Alles, was ich gesehen habe, gehört und betrachtet, habe ich gesammelt und ausgenutzt. Meine Werke sind von unzähligen verschiedenen Individuen genährt worden: von Ignoranten und Weisen, Leuten von Geist und Dummköpfen. Die Kindheit, das reife Alter, das Greisenalter, alle haben mir ihre Gedanken entgegengebracht, ihre Fähigkeiten, Hoffnungen und Lebensansichten. Ich habe oft geerntet, was andere gesät haben. Mein Werk ist das eines Kollektivwesens, das den Namen Goethe trägt."

Mit diesen Worten hat sich Goethe nicht nur ein unsterbliches Denkmal gesetzt, er hat den höchsten Gipfel erreicht, der einem menschlichen Wesen – soweit wir das heute beurteilen können – zu ersteigen möglich ist. Wenn er nur diese seine Worte gesprochen hätte, so wären sie Schwingen, die ihn in die Zukunft tragen. Welch eine tiefe Auffassung vom einzelnen Menschen, daß er eine Ansammlung ist von Erlebnissen und Erfahrungen unzähliger anderer und daß damit jeder im andern enthalten ist. „Jedes Lebendige ist kein Einzelnes, sondern eine Mehrheit" – auch dieser Goethesatz – ein Fanfarenstoß, der eine neue Menschheitsepoche einleitet.

Wer so bescheiden von seiner Leistung spricht wie Goethe, der hat es verdient, daß er von Geschlecht zu Geschlecht erhöht werde und daß er in dem Kollektivwesen, das nach ihm jeder von uns darstellt, nicht nur einen Ehrenplatz, sondern den Platz eines besonders tätigen Mitarbeiters an unserem eigenen Lebenswerk einnehme.

Freiheit der Persönlichkeit. Man gehe bei Goethe in die Lehre, um sich nicht um diesen hohen Menschheitsbegriff betrügen zu lassen, sondern um ihn richtig zu verwenden und ihn wieder konkret begreifbar zu machen.

Wenn uns Goethe von gewisser Seite so gekennzeichnet wird, als wäre er zurückgewichen vor dem Blick in die Nichts-Unendlichkeit und ihm hätte das Gefühl ermangelt für die Seinslage des Menschen und für dessen problematische Stellung im unendlichen Raum, seine „Preisgegebenheit" und seine „Geworfenheit", so finden wir auf diese ganz und gar ungerechtfertigten Anwürfe, die sich nur daraus erklären lassen, daß Goethes Schriften ungelesen blieben, folgende Antwort: „Was bin ich denn gegen das All? ... Wie kann ich ihm gegenüber, wie kann ich in seiner Mitte stehen? ... Wie kann sich der Mensch gegen das Unendliche stellen, als wenn er alle geistigen Kräfte, die nach vielen Seiten hingezogen werden, in seinem Innersten, Tiefsten versammelt, wenn er sich fragt: Darfst du dich in der Mitte dieser ewig lebendigen Ordnung auch nur denken, sobald sich nicht gleichfalls in dir ein beharrlich Bewegtes, um einen reinen Mittelpunkt kreisend, hervortut?" Diese Stelle ergänzt Goethe durch eine nicht minder aufschlußreiche und widerlegt damit aufs treffendste das existentialistische Geschwätz von seiner Unfähigkeit, die ganze Problematik des Menschen zu erfassen. „Der Mensch ist als *wirklich* in die Mitte einer *wirklichen* Welt gesetzt und mit solchen Organen begabt, daß er das Wirkliche und nebenbei das Mögliche erkennen und hervorbringen kann. Alle gesunde Menschen haben die Überzeugung ihres Daseins und eines Daseienden um sie her. Indessen gibt es auch einen hohlen Fleck im Gehirn, das heißt eine Stelle, wo sich kein Gegenstand abspiegelt, wie denn auch im Auge selbst ein Fleckchen ist, das nicht sieht. Wird der Mensch auf diese Stelle besonders aufmerksam, vertieft er sich darin, so verfällt er in eine Geisteskrankheit, ahnet hier *Dinge aus einer andern Welt*, die aber eigentlich Undinge sind und weder Gestalt noch Begrenzung haben, sondern als leere Nachträumlichkeit ängstigen und den, der sich nicht losreißt, mehr als gespensterhaft verfolgen."

Es ist allerdings richtig, daß Goethe sich mit Problemen nur so weit eingelassen hat, als ihm eine gründliche Lösung möglich schien, und er es ablehnte, seine Phantasie haltlos im Unendlichen umherschweifen zu lassen und so jeden festen Boden unter den Füßen zu verlieren. „Allen Gewalten zum Trutz sich erhalten", hieß es für Goethe, und man könnte hinzufügen: erhalten bedeutete für ihn: sich gestalten.

Im Endlichen sich auszubreiten nach allen Seiten und sich zu vertiefen ist für ihn gleichbedeutend mit sich gestalten. Solch eine Ausbreitung und Vertiefung im Endlichen ist die einzige Möglichkeit, die dem Menschen gegeben ist, sich im Unendlichen zu halten, dem Unendlichen standzuhalten. Nur durch unsere Tätigkeit im Endlichen können wir das Unendliche uns aneignen und in fortschreitendem Maße vergegenständlichen und in ein Endliches für uns verwandeln.

Gegenüber dem „heulenden Elend" des Existentialismus finden wir bei Goethe die Angst überwunden durch die Gestaltwerdung, und den Gewalten eine Gestalt abgetrotzt zu haben – in diesem heroischen Trotzdem – übersteigt der Mensch sich unendlich und erhebt der Mensch zum Triumph sich auch über den Tod.

So ist es durchaus goethisch, wenn Gottfried Keller in seinem „Grünen Heinrich" bei einer Naturbetrachtung sagt, daß man sich nicht so weit mit der Natur einlassen dürfe, daß sich der Mensch angesichts ihrer Schönheiten auflöse, sondern daß der Mensch standzuhalten habe der Natur und ihr als Gestalt entgegentreten und sich ihr gegenüberstellen müsse. In der Aneignung der Natur sah Goethe die vordringlichste menschliche Aufgabe und nicht darin, sich von den Naturgewalten widerstandslos überwältigen zu lassen.

Wenn ein deutscher Dichter je ein diesseitiger war, so war es Goethe. Ein Jahrhundert später ruft Rilke nach einem Menschheitslehrer, der uns das Hiesige lehre. Solch ein Diesseitsbekenner und ein Lehrer des Hiesigen war Goethe.

Goethe war der große deutsche Lobgesang des Lebens. Er war das Hohelied, das aus ihm in deutscher Sprache das Leben gesungen hat. Er erfüllte den Erdenraum mit seinem Das-Leben-Preisen und

Den-Menschen-Rühmen. Dem gesetzmäßig Lebendigen vor allem galt sein Lob, wie er sagt: „Das Schöne sei, wenn wir das gesetzmäßig Lebendige in seiner größten Tätigkeit und Vollkommenheit schauen, wodurch wir, zur Reproduktion gereizt, uns gleichfalls lebendig und in höchste Tätigkeit versetzt fühlen."

Der goethische Himmel hat nichts von einem Jenseits mehr, er ist gottverlassen, er ist ohne metaphysische Rückverbundenheit, ohne spirituellen Hintergrund, kein Paradies mehr, kein ewiger Aufenthalt mehr für höhere Wesen; der goethische Himmel ist ein diesseitiger, ein Erdenhimmel, ein physikalischer Raum und ein Dichtergleichnis, alles höhere Leben spielt sich auf dem Schauplatz der Erde ab.

Dieses Hiesige und dieses Diesseitige war für Goethe, wie wir gesehen haben, ein „Gesetzmäßig-Lebendiges". „Der Mensch, wo er bedeutend auftritt, verhält sich gesetzgebend." Ein höchst Lebendiger war er, ein Wirklichkeitsbekenner, ein ganz und gar Hiesiger und Diesseitiger: er war ganz *da.* Er war die größtmögliche Nähe, die ein Mensch sich selber gegenüber gewinnen kann. Er war „Da-Sein". So irdisch, menschlich, so menschlich-sterblich, daß er ein Unsterblicher war.

Das Gedicht „Prometheus" scheint nur ein Gleichnis für ihn selbst. So hatte er die deutsche Dichtung auf die Erde heruntergeholt und ihr einen realistischen Untergrund gegeben. Die konkrete Bestimmtheit des Gegenständlichen wurde eine der Grundprinzipien der klassischen Ästhetik, aber ebenfalls eine ihrer Grundprinzipien war, daß eine bedeutende Schrift wie eine bedeutende Rede nur eine Folge des Lebens ist, also daß die Kunst im Leben des Menschen beginnt, und so äußerte sich auch Goethe über die junge Dichtung: „Aber wie gesagt, wären es nur bedeutende Personagen, die durch große Studien und Lebensverhältnisse gebildet würden, so möchte es wenigstens um unsere jungen Dichter lyrischer Art dennoch sehr gut stehen." Goethe warnt davor, daß man als Schriftsteller allzusehr danach frage, für welches Publikum man schreibe – „Der beste Dichter artet aus, wenn er bei seiner Komposition ans Publikum denkt" –, sondern die Aufgabe des Künstlers sei es, ein Objekt zu gestalten so wahrheitsgemäß wie nur möglich, dann würde der Erfolg bei dem kunstverständigen Publikum schon nicht ausbleiben. So kann man auch einen Stoff nicht eigentlich suchen, ein Thema sich nicht x-beliebig wählen. Die „freie Bewegung im Stoff" wird vom Leben her bestimmt, über Gunst und Ungunst des Stoffes entscheidet das Leben, die Geschichte. Aus dem Leben heraus wächst und erwächst dem Künstler der Stoff, das Thema kommt aus dem Leben heraus auf den Künstler zu. Das Leben, welches der Künstler führt, ist – Kunstbegabung natürlich vorausgesetzt – entscheidend für das Wesen und die Qualität des Kunstwerks. Man kann mit der Kunst niemals das Leben betrügen, und was ungelebt oder nicht gründlich durchlebt ist, läßt sich durch Anwendung von Kunstmitteln nicht erschwindeln. In der Konzentration, in der Beschränkung zeigt sich nach Goethe der Meister. Wenn diese Konzentration und Beschränkung auch, wie der universelle Geist Goethes zeigt, auf einen sehr weiten menschlichen Raum ausdehnbar ist. Aus diesem Wissen heraus, daß das Leben vor allem den Menschen bildet, erkennt Goethe auch für den jungen Dichter keine andere Schule an als die des Lebens. Die leidenschaftliche Erlebnisfähigkeit ist es, die den Menschen auszeichnet, der zum Künstler geboren ist: die Fähigkeit, die Widersprüche der Zeit tiefer zu erleben als andere, aber die Fähigkeit auch, diese Widersprüche in seiner Gestaltungskraft zu überwinden. Es ist nicht nur ein künstlerisches Problem, wenn Goethe in seinen Kunstbetrachtungen sich gegen das Abstrakte und das Schematische wendet, und keine Forderung der Epoche gibt es für ihn, die nicht zugleich als eine Forderung des Tages ständig zu realisieren wäre.

Goethe ist sich der gefährlichen Problematik des Künstlerischen wohl bewußt, worauf sein Ausspruch hinweist: „Man weicht der Welt nicht sicherer aus als durch die Kunst, und man verknüpft sich nicht sicherer mit ihr als durch die Kunst." Aber nur in einer solchen Kunst, die eine stete Verbindung hält mit dem Lebendigen, verwirklicht sich für Goethe sein Kunstideal, und nur ein wirklichkeitszugewandter Künstler ist es, von dem Goethe sagt, daß wir ihn im Augenblick des höchsten Glücks und der Not bedürfen. In der Vergegenständlichung liegt die Vermenschlichung, und in dem starken Betonen des Konkreten im Künstlerischen, wie es von Goethe geschieht, scheint auch uns sich der Weg zu einer neuen Dichtung zu eröffnen, und nicht in einer sterilen Stilsuche und Formpfuscherei. In der poetischen Durchdringung unserer Wirklichkeit, die Geschichte und Landschaft einschließt, sehen wir noch ungelöste Aufgaben vor uns. Gerade der Dichtung ist es gegeben, unsere deutsche Heimat uns zu einer konkreten deutschen Heimat werden zu lassen, indem unsere Dichter ihre Eigenheiten und Schönheiten in einem noch nie erlebten Maße uns nahebringen. Auch in diesem Sinn – im Sinne einer poetischen Durchdringung und Aneignung – muß Deutschland Deutschland werden.

Es ist charakteristisch für Goethe, daß er im Gedicht einen Stil gepflegt hat – Hölderlin würde ihn den Stil einer „heiligen Nüchternheit" nennen –, der sich nur ganz unmerklich in seinen Schwingungen von der Prosa abhebt und sich ins spezifisch Lyrische erhebt – daß also die Linienführung seines Gedichts in unmittelbarer Nähe des Lebens verläuft und in möglichster Annäherung an das Wirkliche – in schroffem Gegensatz zu den poetischen Konzeptionen, wie sie später Poe und Valéry gefaßt haben, die in einer unvermittelten, ja geradezu gegensätzlichen Abtrennung des Gedichts vom Leben die poetische Vollendung erblickten.

So ist es auch nicht nur ein künstlerisches, sondern ein allgemein menschliches Problem, wenn Goethe, was die künstlerische Freiheit der Persönlichkeit betrifft, von ihr verlangt, daß sie sich in Übereinstimmung bringe mit den geschichtlichen Notwendigkeiten ihres Zeitalters. Freiheit ist Übereinstimmung. Die Identität des Subjekts und Objekts, die Persönlichkeit als Personifizierung der sich fortentwickelnden menschlichen Kräfte, das ist das Humanitätsideal der persönlichen Freiheit, wie es von Goethe nicht nur gefordert, sondern auch als wesentlicher Bestandteil eines modernen Weltbildes in seinem Werk und in seinem Leben verwirklicht wurde.

## *Das Reich, das Goethe heißt*

„L'homme dépasse infiniment l'homme" – „Der Mensch übersteigt unendlich den Menschen." Für diesen tiefen Satz Pascals ist Goethe ein schönes, überzeugendes Beispiel. Er, der in seinem Leben und Werk in einem ständigen Sich-selber-Übersteigen begriffen war, und unendlich überstieg er sich selbst in der Vollendung des „Faust" – jedes seiner Werke übersteigt das andere, nicht, als ob es nur Steigerung wäre, sondern in dem Sinne einer Ausweitung und Vertiefung des menschlichen Gehalts innerhalb der goethischen Gesamtleistung –, wobei man vielleicht noch darauf hinweisen darf, daß die Schöpfung Goethes nicht in der Art und Weise erfolgte, daß er ein Werk nach dem anderen abschloß, sondern daß er, in der breiten Anlage seines organischen Wachstums, an mehreren Werken gleichzeitig arbeitete, seine schöpferische Kraft klug und allseitig verteilend, und daß er manches Werk jahrelang, wenn nicht jahrzehntelang in Arbeit hatte, so im Vorteil, durch die verschiedenen Phasen seines Lebens hindurch, seine Leistung überprüfen und durch die inzwischen gewonnenen Erfahrungen bereichern zu können.

Wenn Goethe davon sprach, daß der Mensch, dem es nicht gelinge, sich über die Natur zu erheben, notwendigerweise unterhalb der Natur bleiben müsse, hinter ihr zurückbleiben müsse, so ist dieser Satz gewissermaßen eine Antwort auf den Satz Pascals, der besagt, allerdings in fordernder und verpflichtender Weise, daß der Mensch, dem es nicht gelingt, sich über sich selbst zu erheben, sich zu übersteigen, notwendigerweise in sich selbst zurücksinken müsse, hinter sich selbst zurückbleiben müsse und daß also nur der Mensch, der unausgesetzt mehr von sich verlangt und sich somit über sich selbst erhebt und sich übersteigt, das ihm mögliche Maß des Menschlichen erfüllen könne. Dieser Satz, der in seiner Anwendbarkeit nach allen Richtungen hin ausstrahlt, ist auch höchst lehrreich, wenn wir ihn auf das Verhalten des Künstlers der Natur gegenüber anwenden. Der Künstler, dem es nicht gelingt, sich über die Natur zu erheben, muß notwendigerweise unterhalb der Natur bleiben, hinter der Natur zurückbleiben. Also die platte Abschirmung der Natur, Naturalismus, würden wir sagen, ergibt nicht Natur, sondern produziert Unnatur, hinter der Natur zurückbleibende Natur, denn nur, wenn der Künstler sich über die Natur erhebt, wenn er sein eigenes Menschliches in der Form einer über die Natur sich erhebenden Gestaltungskraft hinzugibt, entsteht in der Kunst eine der Natur adäquate Schöpfung.

Unendlich überstieg der Mensch Goethe den deutschen Menschen, wie er uns vor der Geburt Goethes entgegentritt. Unendlich fühlen wir uns selbst überstiegen von ihm, und als wären wir erst jetzt wieder – seine Größe, das Reich, das Goethe heißt, entdeckend – im Begriff, zu ihm anzusteigen. Es scheint so, wie Goethe es selbst einmal erwähnt, daß sich sämtliche Verdienste einer Nation, wenn es glückt, einmal in einem Individuum aussprechen können. Goethes Werk ist das große humanistische Friedens- und Befreiungswerk der Deutschen. In ihm hat das Beste deutschen Wesens seinen sprachlich vollendetsten Ausdruck gefunden. Der menschliche Wärmegehalt, den diese Persönlichkeit ausströmt, scheint unerschöpflich, als hätte in diesem menschlichsten aller deutschen Menschen die Lebenswärme der Kreatur selbst Gestalt angenommen. Goethe haben wir es zu danken und denen, die sich zu ihm bekannten, daß in den Zeiten der Barbarei der Glaube an ein anderes Deutschland in der Welt sich aufrecht hielt, mehr noch in uns selbst hielt Goethe diesen Glauben wach. Goethe kam uns nahe, Goethe war da in unserer Verlassenheit, Goethes Allgegenwart war Licht in unserer Finsternis. Angesichts dieser besten deutschen Möglichkeit, die sich in der Gestalt Goethes so lebendig vor uns hinstellt, mögen wir wohl, auf die unglückselige Entwicklung unserer Geschichte rückschauend, sagen: „Es ist schade um die Menschen; es ist schade um uns Deutsche!"

Was wäre uns zu vollbringen möglich gewesen, wenn es dem deutschen Menschen einmal gelungen ist, in der Gestalt Goethes sich so unendlich über sich zu erheben, sich so unendlich zu übersteigen und solch eine menschliche Höhe zu erreichen! Warum wird nicht eine alle deutschen Herzen bewegende Klage laut, daß wir das Reich verloren haben, das Goethe heißt? Warum zielen nicht dorthin unsere leidenschaftlichsten Wünsche, dieses Reich wiederzugewinnen?

Es ist so: zu der Forderung unserer Epoche und zu der unseres Tages gehört, was uns deutsche Menschen angeht: das Reich wiederzuentdecken und es uns wiederzugewinnen, das Goethe heißt, und nur, wenn die zweihundertste Wiederkehr der Geburtsstunde Goethes zu seiner Wiedergeburtsstunde im Herzen des deutschen Volkes wird, können wir ernsthaft sprechen von einer Wiedergeburt und Auferstehung Deutschlands. Möge also die zweihundertste Wiederkehr des Geburtstages Goethes zu einer Wiedergeburtsstunde des großen und des guten Genius unseres Volkes werden! Eine Goethe-Renaissance ist gleichbedeutend mit dem Wiederauferstehen unseres Volkes. So tief ist unsere Substanz, so unabdingbar ist das Beste, das wir Deutsche unser eigen nennen, verwandt mit dem Wesen Goethes, daß, in diesem Einssein und Aufeinander-Angewiesensein, es undenkbar ist, daß ein einheitliches, friedliches Deutschland erstehen kann, in dem nicht Goethe in allen deutschen Herzen beheimatet wäre.

Auch unser Zeitalter hat seine Fratze, aber auch über unserem Zeitalter liegt ein Glanz.

Bis zu ihrer unmenschlichsten Entstellung haben wir im Vergangenen die Fratze unseres Zeitalters kennengelernt, und ist es dem menschlichen Geschlecht gelungen, das Ungeheuerliche in den Abgrund zu stürzen, daraus es erstiegen war, so darf uns dieser Sieg der Menschlichkeit nicht darüber hinwegtäuschen, daß das Menschensein von neuen Gefahren umgeben und die Menschheit von neuem bedroht ist.

Der freie Mensch, das freie Volk auf freiem Grund ist die Forderung unserer Epoche geworden, aus der Forderung der Epoche Goethes hervorgehend. Dem Licht im Westen, das zur Zeit Goethes aufging, ist in unserem Zeitalter der Glanz gefolgt, den die russische Revolution über uns ausstrahlte. Unser Blick in die Zukunft ist nicht verhängt, wie es der Goethes war, denn nicht nur eine neue Klasse ist hinter dem Bürgertum aufgestiegen, diese Klasse hat sich auch zur

Nation konstituiert in der Sowjetmacht, und es braucht uns nicht bange zu sein, die wir den Triumph der freien Menschen und der freien Völker auf freiem Grunde herbeisehnen.

Dem jämmerlichen Betrug mit der Freiheit der Persönlichkeit, wie ihn das Bürgertum verübt, stellen wir das Bild von der freien Persönlichkeit entgegen, wie es Goethe gezeichnet hat. Wir haben uns nicht vorgenommen, eine erbauliche Goethe-Predigt zu halten, die keinem wehe tut, wir wollen in einer streitbaren Rede für Goethe zeugen, und so scheuen wir uns auch nicht an diesem so bedeutenden und festlichen Tage vor einer Abrechnung. Möge sich das eine vom andern scheiden, damit das Gute und Zukunftverheißende mit sich eins werde.

Das Reich, das Goethe heißt, wiederzuentdecken ist gleichbedeutend damit, daß wir Goethe, den Befreier, befreien müssen aus den Händen derer, die sein Erbe so schändlich verschwendet und so schamlos mißbraucht haben. Die Schuld an dem Tode von über fünfzig Millionen Menschen, hingemordet in zwei Weltkriegen, haftet an ihnen, die heute sich nicht laut genug tun können mit der Forderung nach einer freien Persönlichkeit und dabei schon wieder mit dem Krieg spielen und einen neuen Massenmord an der persönlichen Freiheit vorbereiten. Mit dem Anbruch unseres Jahrhunderts erwies sich die Unfähigkeit des Kapitalismus, die Welt neu und menschlich zu ordnen. Damit war, geschichtlich gesehen, seiner Herrschaft ein Ende gesetzt. Zwei Jahrhunderte hat die Geschichte dem Bürgertum Zeit gelassen, sich zu bewähren. Die Frist der Bewährung ist abgelaufen.

Wie der Haß gegen das Veraltete hellhörig macht und sehend, so macht der Haß gegen die Veränderung und den Fortschritt des Menschlichen nicht nur blind, sondern auch dumm. Diese Dummheit glaubt auch heute wieder mit Goethe ein Geschäft zu machen und ihn gegen das Neue auszuspielen – denn nichts ist den Dummen dumm genug, und Goethe hat schon solch ein Treiben gebrandmarkt, das darin besteht, das Absurde plausibel zu machen.

So müssen wir Goethe befreien von allen denen, die Goethe nach wie vor für ihre veralteten Anschauungen in Beschlag nehmen und ihn so auslegen, als wäre er nichts weiter als der Repräsentant irgendeiner guten alten Zeit, die vielleicht aus ihrer Versunkenheit sich erheben und irgendwie einmal wiederkehren würde. Diese antiquierte Goethe-Monumentalität, die neben den Denkmälern der Säbelraßler steht, gilt es zu erschüttern, gilt es zu stürzen.

Meine Worte wären ins Leere gesprochen, und ich hätte mir diese Rede sparen können, würde sie nicht Gehör finden bei denen, die vor allem berufen sind, das Reich, das Goethe heißt, wiederzuentdecken und Goethes Erbe anzutreten. Wäret IHR nicht, so würde ich nicht wagen, am Ende meiner Rede das Gedicht Goethes zu sprechen, das schließt mit den Worten: „Wir heißen euch hoffen."

Aber IHR seid.

Ich weiß, daß ihr seid, nichts ist so gewiß als das. Ich würde nicht nur nicht diese Rede halten können, wenn ihr nicht wäret, mir würde auch die Kraft versagen, ein deutscher Mensch zu sein, der an Deutschland glaubt.

Ich weiß, daß eine unerschöpfliche, wunderbare Kraft wieder da ist, welche Deutschlands Niederlage überstanden und die sich aus dem Schutt der Ruinen herausgearbeitet hat. Zu denen vor allem, die diese Kraft sind, spreche ich.

Vor allem zu euch spreche ich, junge deutsche Menschen! Dir vor allem gilt mein Wort, deutsche Jugend.

Ihr jungen Menschen, ihr, ihr und nochmals ihr, seid berufen, die Geburtsstunde Goethes zu seiner und zu Deutschlands Wiedergeburtsstunde werden zu lassen.

An euch ist es, diesen geschichtlichen Wiedergeburtsakt herbeizuführen!

Ihr jungen Menschen werdet an Goethe wiedergutmachen – auch das ist Wiedergutmachung –, was wir an ihm durch Unwissenheit und Gleichgültigkeit verfehlt haben, mögen wir uns auch darauf hinausreden, daß die Schule ihn uns verekelt hat.

Ihr werdet Goethe befreien, ihr sein Werk in Freiheit setzen! Es heißt nicht: zurück zu Goethe, sondern es heißt: vorwärts zu Goethe und mit Goethe vorwärts!

Geburtsstunde, Wiedergeburtsstunde. Goethe: Sternenstunde unseres Volkes, Sternenstunde der Menschheit.

Laßt euch nicht verwirren, laßt euch nicht irremachen durch irgendwelche lehrhaften Goethe-Traktätchen, laßt euch Goethe nicht verleiden durch unleidliches Gerede, wie es um seinen Namen herum sich ausbreitet. Laßt euch nicht wieder einen Goethe aufschwätzen, in der gipsernen Pose eines greisenhaften obersten Würdenträgers, laßt euch nicht durch einen widerlichen Goethe-Kitsch davon abschrecken, Goethe in seinen Werken zu suchen und dort ihn aufzufinden, wo er ist. Das Gegenteil eines Fehlers wäre wieder ein Fehler, wenn ihr von der Begegnung mit dem Besten unserer Nation euch dadurch abhalten ließet, daß man euch weismacht, Goethe habe euch nichts mehr zu sagen, nichts mehr zu bieten.

Das Reich, das Goethe heißt, ist kein Traumreich, kein Märchenreich, es ist ein irdisches Reich, ein wirkliches Reich. Es will ein wirkliches, *menschliches* deutsches Reich sein.

Wenn man ein Vorbild sucht, zu dem man aufblicken kann, oder wenn man nach deutschen Freiheitshelden auf der Suche ist, möge man mehr denn je die Befreierrolle Goethes erkennen, der nicht nur die geistigen Voraussetzungen dafür schuf, den deutschen Menschen vom Mittelalter zu befreien, sondern dessen Werk, wie wir gesehen haben, auch eine Antizipation, eine Vorwegnahme der Lösung wichtigster Menschheitsprobleme ist und somit nicht der Vergangenheit angehört, sondern einen Platz hat in der Zukunft.

Goethes Geist schwebt über *ganz* Deutschland. Und in ganz Deutschland soll er durch euch, junge Menschen, endlich verwirklicht werden. Geist werde Macht!

Durchdrungen, beseelt von Goethes Geist, kann deutsches Wesen genesen. Genesen an diesem Geist, kann deutsches Wesen wieder mit sich eins werden, auch in seinem politischen und staatlichen Gefüge.

Und es soll Friede sein! Daß der Mensch sich zum Menschen entwickeln kann, dazu bedarf es des Friedens. Und wenn wir gesagt haben, daß Goethes Werk ein Lobgesang des Lebens sei, so ist damit zugleich auch gesagt, daß in deutscher Sprache noch nie so innig das friedliche Wirken des Menschen gepriesen wurde wie in den Dichtungen Goethes. Mit einer geradezu liebevollen Andacht verharrt Goethe bei der Betrachtung der friedlichen Tätigkeit des kleinen Mannes. Ein Bild des Friedens, als ein solches zeichnet er das Bild einer höheren Menschenwelt. Ein von einer unermüdlichen harmonischen Menschentätigkeit erfülltes Panorama, das ist die friedliche Aussicht, die uns Goethe als das Bild einer künftigen Menschengemeinschaft entwirft. „Im Vorgefühl von solchem hohen Glück genieß ich jetzt den höchsten Augenblick", sagt Goethe-Faust, und in solch einer friedlichen Tätigkeit, unendlich sich übersteigend, darf der Mensch stolz die Botschaft seiner Unsterblichkeit verkünden mit den Worten: „Es kann die Spur von meinen Erdetagen nicht in Äonen untergehn."

An der Verwirklichung eines einheitlichen, friedlichen menschlichen Deutschlands mitzuarbeiten, das im Zeichen der Wiedergeburt Goethes steht, haben wir uns zur Aufgabe gestellt, im Großen und im Kleinen, vor allem auch im Kleinen, und gerade auch dort, wo es sich um Unscheinbares handelt. Denn das Große ist im Kleinen, und das Kleine ist im Großen enthalten – die Forderung der Epoche in der Forderung des Tages.

Seht hin, ihr jungen deutschen Menschen, euch wendet sich dies Bild heute zu, ihr seid von ihm gerufen!

Bei euren Entdeckungsfahrten in Goethes Reich werdet ihr seinen Rat nicht unbeachtet lassen: „Die menschliche Gestalt kann nicht bloß durch das Beschauen ihrer Oberfläche begriffen werden; man muß ihr Inneres entblößen, ihre Teile sondern, die Verbindungen derselben bemerken, die Verschiedenheiten kennen, sich von Wirkung und Gegenwirkung unterrichten, das Verborgene, Ruhende, das Fundament der Erscheinung sich einprägen, wenn man dasjenige wirklich schauen und nachahmen will, was sich als ein schönes ungetrenntes Ganze in lebendigen Wellen vor unserm Auge bewegt."

Goethe – ein schönes ungetrenntes Ganzes.

Ein schönes, ungetrenntes und ein Ganzes – auf ein solches Menschenbild hin wollen wir unsern Blick richten. Nach dem schönen, ungetrennten ganzen Menschen wollen wir streben, und ihn meinen wir auch, wenn wir sagen: freier Mensch, freies Volk auf freiem Grunde.

Ein schönes ungetrenntes Ganzes – wer aber wünscht sich nicht als ein solches auch sein Volk, seine Heimat, sein Vaterland?

Ihr jungen Deutschen könnt und werdet diesen Traum von einem schönen ungetrennten ganzen Deutschland verwirklichen. In diesem schönen ungetrennten Ganzen liegt dann auch, unerschöpfliche Kräfte ausströmend, als ein lebendiges Nationalheiligtum das unserem Volke und der Welt wiederentdeckte Reich, das Goethe heißt.

Ihr jungen Deutschen – ihr laßt uns darauf hoffen! Und ist es nicht so, als hättet IHR dieses SEIN Gedicht geschrieben, mit dem ich meine Rede beenden will:

Die Zukunft decket
Schmerzen und Glücke.
Schrittweis dem Blicke,
Doch ungeschrecket
Dringen wir vorwärts,

Und schwer und ferne
Hängt eine Hülle
Mit Ehrfurcht. Stille
Ruhn oben die Sterne
Und unten die Gräber.

Doch rufen von drüben
Die Stimmen der Geister,
Die Stimmen der Meister:
„Versäumt nicht zu üben
Die Kräfte des Guten.

Hier winden sich Kronen
In ewiger Stille,
Die sollen mit Fülle
Die Tätigen lohnen!
*Wir heißen euch hoffen.*“

## VON DER GRÖSSE UNSERER LITERATUR

1956

### *Literatur der Arbeiterklasse*

Von der Größe unserer Literatur – davon will ich sprechen. Gerade dieses Thema scheint mir geeignet zu sein, dem IV. Deutschen Schriftstellerkongreß gleichsam als ein Leitmotiv vorangestellt zu werden. Indem wir uns zur großen deutschen Literatur der Vergangenheit, insbesondere zu unserer Klassik, bekennen, sprechen wir zugleich auch von der Größe *unserer* Literatur, die mit dazu beigetragen hat, unser ruhmreiches deutsches Kulturerbe zunächst vor der Vergessenheit und der Fälschung und alsdann vor der Vernichtung zu retten. Diese Feststellung besagt, welcher Art unsere Literatur ist, woher sie kommt. Unsere Herkunft liegt nirgend anderswo als dort, wo die besten Genien unseres Volkes gewirkt haben, und sie liegt aber auch dort, wo dieses Schaffen in den Freiheitskämpfen unserer Nation verteidigt und erneuert wurde. Im Kampf um die schöpferische Bewahrung unvergleichlicher Kunstleistungen ist *unsere* Literatur entstanden und bewies so von Anfang an ihre Notwendigkeit und ihre Größe.

Bekanntlich war der klassischen Kunstperiode keine klassische Politik gefolgt. Das Bürgertum hatte in zwei von ihm selbst preisgegebenen Revolutionen im Jahr 1848 und 1918 auf die Chance verzichtet, ein demokratisches Deutschland aufzubauen, worin die humanistische Literatur in Erfüllung ihres historischen Auftrags eine geistige Heimat gefunden hätte. Der Arbeiterbewegung war es aufgegeben, die klassische Literatur der Nation und der Menschheit zu erhalten und ihr humanistisches Prinzip den neuen gesellschaftlichen Verhältnissen entsprechend fortzusetzen und zu verwirklichen. Unsere Literatur, entstanden, was wir nie und nimmer vergessen wollen, als *Literatur der deutschen Arbeiterklasse*, hatte damit auch ihrerseits die Verpflichtung übernommen, das klassische Erbe, nachdem es in der naturalistischen und expressionistischen Phase unserer Kulturentwicklung zurückgedrängt worden war, wieder in den Vordergrund zu rücken, es zu reinigen und zu befreien von Mißdeutungen und Mißbrauch und es in seinem wesentlichen Kunstgehalt wiederherzustellen.

Die Große Sozialistische Oktoberrevolution war die eigentliche Geburtsstunde unserer Literatur. An ihrer Größe ist auch unsere Literatur gewachsen und groß geworden, denn die Große Sozialistische Oktoberrevolution war nicht eine Revolution unter vielen, sondern mit ihr begann eine neue Periode der Menschheitsgeschichte, eine neue moralische und kulturelle Zeitrechnung. Es spricht für die Größe unserer Literatur, daß viele deutsche Schriftsteller, unmittelbar und von leidenschaftlicher Begeisterung ergriffen, das Neue, das diese Revolution von allen anderen Unterscheidende erkannt haben, und wir dürfen behaupten: Nicht wenige unserer Werke, die von dem geschichtlichen Ereignis der Großen Sozialistischen Oktoberrevolution singen und sagen, werden Bestand haben und die Zeiten überdauern.

### *Das Ganze wagend, aufs Ganze gehend*

Keine Literatur kann den Anspruch auf Größe erheben, die nicht ein Neues zu verkünden, die nicht ein Neues zu gestalten hat. Wir haben Neues verkündet, wir haben Neues gestaltet. Zu diesem Neuen, wie ich schon erwähnt habe, gehört auch, daß wir stets bemüht waren, ein neues lebendiges Bild unserer großen deutschen Literatur zu schaffen und, von ihr lernend, uns ihrer würdig zu erweisen und so tief und allumfassend zu werden wie sie. Denn wir wußten, und diese Gewißheit konnte uns niemals jemand abhandeln, daß wir nur imstande seien, die Errungenschaften des Vergangenen zu verteidigen und zu bewahren, wenn wir ihnen neue, ja noch bedeutendere Errungenschaften hinzufügen würden. Wir ließen also nicht davon ab, nach dem Allerhöchsten zu streben und der Arbeiterklasse mit Werken zu dienen, so wie vormals die Größten der Menschheit ihrer Klasse gedient hatten.

Es ist notwendig, diese Tatsachen hervorzuheben, um zu zeigen, daß unsere Literatur nicht irgendwoher mehr oder weniger zufällig entstanden ist oder daß sie gar „gemacht" wurde, sondern daß sie eine historische Notwendigkeit war, in harten, erbitterten Kämpfen sich durchsetzte und groß wurde. Unsere Schriftsteller waren überall dort zugegen, wo es galt, dem Faschismus die Stirn, aber auch die Faust zu bieten, und die Geschichte dieser Jahre zeugt davon, daß unsere Dichter nicht nur, wie Erich Weinert vor allem, in Kundgebungen vor Tausenden und aber Tausenden Menschen dem dichterischen Wort kühn und anfeuernd eine neue Wirksamkeit zu erobern gewillt waren, sondern daß unsere Schriftsteller sich auch nicht zu schade waren, um in Straßenkämpfen und Saalschlachten ihren Mann zu stehen. Das war keine Literatur für Feinschmecker und Snobs, nichts für Saturierte und Sensationslüsterne. Das war aber auch keine Literatur der gähnenden Langeweile, nichts für Mucker und Zimperliche. Das war eine Pionierliteratur, eine Literatur der aufgekrempelten Hemdsärmel, eine Literatur großartiger, vernichtender Attacken gegen die herrschende Klasse, eine Literatur, Dikkichte von Aberglauben, Urwaldhaftes rodend und das Dschungel der kapitalistischen Anarchie lichtend mit dem literarischen Buschmesser. Denn nur so wird Neues, wenn der ganze Mensch von dem Neuen ergriffen wird und ohne Kleinmütigkeit und Ängstlichkeit das Ganze wagt, aufs Ganze geht. So wie eine Wahrheit nur eine ganze wird im Prozeß ihrer Verwirklichung, um uns alsdann neue Wahrheiten zu entdecken, so erfüllt auch die Literatur ihre Aufgabe nur ganz, wenn ihre Gestalten Wirklichkeit werden und wenn sie auch tatkräftig dafür eintritt, daß ihre Postulate einen realistischen Charakter annehmen.

### *Eine Literatur des „Trotzdem", Gewissen der Nation*

Als 1933 Hitler an die Macht geriet, war es *unsere* Literatur, die im Namen alles dessen, was Deutschland an Gutem und Schönem hervorgebracht hatte, den Nazibarbaren den unversöhnlichen Kampf ansagte und führend allen deutschen Dichtern und Künstlern guten Willens voranging. In diesen dunklen Jahren zeigte sich unsere Literatur in ihrer wahren Größe. Sie zeigte ihre Größe innerhalb und außerhalb Deutschlands. In den Flammen der Bücherverbrennung, in den Konzentrationslagern, in der Verbannung darbend und verfolgt, und nur ein Land wurde ihr zu einer „Heimat der Heimat": die Sowjetunion. Unsere Schriftsteller waren Vorbild und Beispiel. Ihre Werke waren Rufe der Nation, mehr noch, sie waren das Gewissen der Nation selbst. Wie anders hätten wir solche Schriftsteller wie Thomas Mann, Heinrich Mann, wie Lion Feuchtwanger, Arnold Zweig und die vielen, vielen anderen um uns scharen können, wenn sie nicht in unserem Tun und Trachten eine Gewähr dafür erblickt hätten, daß Deutschland nicht ganz und gar verloren sei und daß Deutschland, ihr und unser Deutschland, auferstehen würde. Unsere Begeisterung, unsere Leidenschaftlichkeit steigerten sich in dem

Maße, als Widerstand uns zu zermürben drohte, als Schwierigkeiten sich uns entgegentürmten. Ja, so war es, unsere Literatur wurde groß in Entbehrungen, in unablässigen Auseinandersetzungen, im harten, unerbittlichen Ringen mit sich selbst, im Kampf. Sie nahm teil am spanischen Bürgerkrieg, sie stand in Reih und Glied in den Internationalen Brigaden, auf dem Schriftstellerkongreß in Madrid, unter dem Donner der Geschütze, legte sie ihr glühendes Bekenntnis ab zu Menschenwürde und Menschenfreiheit. Und als Hitler der Sowjetunion seinen Verbrecherkrieg erklärt hatte, kämpfte unsere Literatur durch Lautsprecher und in Millionen von Flugblättern wiederum auf den Schlachtfeldern. Es ist an der Zeit, die Geschichte unserer Literatur in diesen Jahren zu schreiben, denn es gehört mit zu unserer besten deutschen Tradition, die wir damals geschaffen hatten.

Als dank des Siegs der Sowjetarmee, die unser Land von der Naziherrschaft, dem schlimmsten Feind deutscher Geschichte, befreite, diejenigen Schriftsteller, die ihr Vaterland hatten verlassen müssen, wieder aus der Verbannung heimkehrten, war es ihr erstes Anliegen, gemeinsam an dem großen Aufbauwerk sich zu beteiligen, dem ganz Deutschland sich damals gläubig entgegensehnte. Durch die mißlichen politischen Umstände konnte aber eine wahrhaft demokratische Erneuerung Deutschlands nur in der damaligen sowjetischen Besatzungszone verwirklicht werden. Ähnlich wie 1917 beim Erleben der Großen Sozialistischen Oktoberrevolution waren wir von einem tiefen, unendlichen Dankgefühl ergriffen gegenüber den Sowjetsoldaten, die uns von der Nazibarbarei erlöst hatten. Dieses Dankgefühl haben wohl alle unsere Schriftsteller in ihren Werken kundgetan, und allem und jedem, was wir dichten und denken, wohnt dieses Dankgefühl zutiefst, organisch inne.

## *Dichten und Denken*

Es kann nicht von der Größe einer Literatur die Rede sein, wenn diese nicht imstande ist, das Neue zu erkennen auch dort, wo es erst im Begriffe ist zu entstehen. Dieses Neue verlangt aber auch, daß wir Dichter und Schriftsteller selbst neuer Art werden und uns in manchem, oft sehr wesentlichem unterscheiden von den Schriftstellern, die vor uns waren, mögen diese zu ihrer Zeit auch noch so bedeutend gewesen sein. Es kann keine Rede davon sein, daß wir imstande wären, eine neue Literatur zu schaffen, ohne in uns die Fähigkeit auszubilden, zu denken und zu erkennen. In einer Zeit solcher weltgeschichtlichen Auseinandersetzungen wie der unseren, in solch einem Zeitalter des ständigen politischen Wechsels und der menschlichen Veränderung, wie sollte da ein Schriftsteller nicht haltlos hin und her getrieben werden, wenn es ihm nicht gelingt, Fuß zu fassen, einen festen Standpunkt zu gewinnen. Es kann nicht bestritten werden, daß die Fähigkeiten des Denkens und Erkennens mit zur künstlerischen Meisterschaft gehören, ja das Dominierende sind. Wenn wir von der Erkenntnis und dem Denken als von einem innerhalb der künstlerischen Begabung Dominierenden sprechen, so meinen wir allerdings, daß damit als selbstverständlich vorausgesetzt wird, daß das Dominierende über irgend etwas zu dominieren vermag und nicht als eine Dominante an sich betrachtet wird.

Wenn der Erkenntnis, wenn dem Denken sich nicht ein tiefes Gefühl beigesellt, ein tiefes Gefühl vor allem für die Bedürfnisse des Volkes und für die geschichtlichen Notwendigkeiten einer Nation, wenn nicht Erlebniskraft, Miterleben und Nacherleben hinzukommen, wenn weder Erfindungsgabe noch Phantasie vorhanden sind, keine Ausdauer, keine unentwegte Lernbereitschaft, kein Fleiß, dann allerdings vermögen die ideologischen Fähigkeiten bei einem Menschen nichts anderes hervorzurufen als die Erkenntnis, daß er keineswegs zu einem Künstler berufen sei. Auch die künstlerische Begabung ist, das hat uns Goethe gelehrt und Gorki hat darauf hingewiesen, ein Kollektivwesen. Die verschiedenen Eigenschaften gehen in einem Künstler oft die seltsamsten, widersprüchlichsten Bindungen ein und bringen das Kunstwerk hervor, aber dieses Kollektiv untersteht einem sichtenden und ordnenden Prinzip, und dieses Prinzip ist nicht ein solches, daß es irgendeine Art von Willkürherrschaft ausübt, sondern dieses Prinzip verbindet sich mit allen anderen Qualitäten, die zum Künstlerischen gehören, durchdringt sie und wird im Verlauf der künstlerischen Entwicklung immer mehr eins mit ihnen. So ist es, das lehrt die Erfahrung, und die wenigen Ausnahmen können nur dieses, man kann es nicht anders nennen, künstlerische Schaffensgesetz bestätigen. Nur in dem Maße, als ein Künstler auf der Höhe der Weltanschauung seiner Zeit steht, vermag er sich auch in seiner Kunstausübung auf der Höhe zu halten. Im ureigensten Interesse jedes Künstlers also ist es, seine Denkfähigkeit zu vervollkommnen, seine Denkkraft zu stärken, sich, ja, so heißt es, ideologisch zu festigen und zu vertiefen. Denn der Künstler ist ein Kollektiv auch in dem Sinne, als in ihm nicht nur die spezifisch literarischen oder künstlerischen Interessen vertreten sind, sondern je bedeutender sein Allgemeinwissen, seine Universalbildung, je

hänomen, daß der Mensch auch nach den Gesetzen der
formiert, würde zu nichts führen und vor allem aus dem
Meisterschaft ein leeres Gerede machen, wenn wir uns
ien würden, den Künstler als eine Ganzheit zu erfassen,
Teil auf den anderen angewiesen ist, als eine Art von
ik, als ein Präzisionswerk, wenn auch der denkende Teil
endigen Gebilde der entscheidende ist. Nur im Zeichen
Denkens, nur im Zeichen durchdachten Dichtens, nur
er *ganzen* Persönlichkeit reift ein Werk seiner Vollen-
n.

nerkt in einem Gespräch zu Eckermann, daß alle
ten und in der Auflösung begriffenen Epochen sub-
dagegen aber alle fortschreitenden Epochen eine
ung hätten – damit weist er auch auf eine Verände-
leutung der Ideologie für den künstlerischen Schaf-
und betont indirekt die Notwendigkeit einer objek-
auung für das Kunstschaffen einer vorschreitenden

erer Literatur erfordert als eine gebieterische Not-
wir uns über diese Probleme selbst verständigen,
klaren sein sollen darüber, daß diese Selbstverstän-
cher Prozeß ist und mit dem Kongreß keinen Ab-
Selbstverständigung über diese Probleme wird
jeder von uns denkt und schreibt, und auch dar-
eses Problem aktuell bleiben. Nach wie vor wird
unseren Bemühungen das Abstrakte zu vermei-
ne zu vergegenständlichen und zu konkretisie-
häufig noch geschieht, uns gegen das Abstrakte
eln zu wenden und auf diese Weise aus dem
hierens nicht herauszufinden . . .

*Die Literaturgesellschaft*

Literatur als einer Literaturgesellschaft, der
ellers selbst als eines kollektiven Wesens ver-
neue Betrachtungsweise des künstlerischen
Literatur ist nicht nur ein Haus, das unend-
at und worin alles, was gut und schön ist,
s, was erst gut und schön zu werden ver-
schaftlichen Zusammenleben, wie es die Li-
aber auch alle wahrhaft literarisch Interes-



mehr Erkenntnisse er sich auf den verschiedenartigen Wissens- und Lebensgebieten aneignet, desto größer wird auch der Reichtum sein, über den er künstlerisch verfügt.

Wie sollte ein Künstler in der Lage sein, eine typische Individualität unter typischen Umständen darzustellen, wenn es ihm nicht gegeben ist, das Problem des Typischen zu erfassen und selbständig zu durchdenken! Wie sollte es einem Dichter gelingen, das Typische in der Auffassung des Durchschnittlichen künstlerisch zu bewältigen, wenn er sich selber nicht über den Durchschnitt erhebt und dadurch sich überhaupt erst instande setzt zu beurteilen, ob dieses Durchschnittliche statistisch oder ob es typisch ist! Aber wie sollte ein Künstler auch das Typische im Außergewöhnlichen zu erkennen vermögen, wenn er selber durch und durch gewöhnlich ist und kein Organ in sich ausgebildet hat, das mit dem Außergewöhnlichen korrespondiert! Wie könnte ein Künstler einen Helden gestalten, wenn er selber so ganz ohne Vorbild und Beispiel als menschliche Persönlichkeit ist! Wie sollte ein Held zu solch einem Dichter finden, der nur eine graue Schreiberseele darstellt, und wie sollte ein Dichter einen Helden entdecken, wenn ihm selber jeder Heroismus mangelt!

Wir möchten, was die Frage des weltanschaulichen Niveaus anbetrifft, zurück in unsere Vergangenheit auf Gottsched hinweisen, der bemüht war, das Vernünftige und das Zweckmäßige wieder als ein Kriterium in die Dichtkunst einzuführen, und der Aristoteles wieder als Kunstrichter einsetzte. Mag Gottsched des Guten zuviel, ja allzuviel getan haben, wodurch er das Vernünftige oft diskreditierte, immerhin, er hat's gewagt. Er hat den Kampf mit jenen dunklen Mächten aufgenommen, die sich gegen nichts so sehr wehrten als dagegen, daß in das Wolkige, Dumpfe, ossianhaft Brodelnde, Irreale hineingeleuchtet und daß in dem Chaos nicht nur der Dichtung Licht werde. Und es wurde Licht. Ohne Gottsched wäre uns keine Klassik beschieden gewesen, und ebensowenig wie die klassische Periode hätte auch nicht der Briefwechsel Goethe–Schiller stattgefunden, der in den literarischen Gattungsbegriffen Ordnung schaffte und noch heute im wesentlichen unser ästhetischer Kodex geblieben ist. Wir erinnern uns aber auch, daß in der russischen Literatur Dobroljubow, wenn auch nicht mit Gottscheds unbeholfenen und späterhin kaum mehr beachteten Versuchen zu vergleichen, die Bedeutung der Wissenschaft für die Kunst erkannt hat, ja, er träumte sogar von einer Verschmelzung von Wissenschaft und Poesie, einer zutiefst objektiven Poesie, welche die typischen Erscheinungen der Wirklichkeiten, ihre Gesetzmäßigkeiten vom Standpunkt der fortschrittlichsten wissenschaftlichen Weltanschauung aus widerspiegelt: „Die freie Verwandlung der höchsten Vernunfterkenntnis in lebendige Bilder und zugleich die volle Erkenntnis des höchsten, allgemeinen Sinnes in jeder noch so besonderen und zufälligen Tatsache des Lebens – das ist ein Ideal, das eine volle Verschmelzung von Wissenschaft und Poesie bedeutet und bisher von niemandem erreicht worden ist." Dieser Traum hebt aber nicht Gorkis Bemerkung auf, daß die Kunst des Sprachschaffens, die Kunst der Schaffung von Charakteren und Typen Phantasie erfordere, Vermutungen und Einfälle, und auch nicht Turgenjews Meinung, wenn er davon spricht, daß die schönen Werke der Kunst nur von einem Talent im Verein mit Instinkt, Kopf und Herzen geschaffen werden können.

Die dominierende Rolle der Ideologie gegenüber den anderen Qualitäten, welche die künstlerische Produktion bedingen, darf also nicht zu einem schematischen Gegeneinander-Ausspielen der einen Eigenschaft gegen die andere werden, denn diese Eigenschaften sind im Künstler als ein in sich oft widerspruchsvoller Komplex enthalten und können nicht schematisch voneinander getrennt werden. Wenn wir uns mit Recht gegen eine konfliktlose Literatur wenden, so müssen wir uns auch dagegen wenden, das künstlerische Schaffen „schönzufärben", indem wir es auf einen einheitlichen Nenner bringen und nicht erkennen wollen, daß bei den verschiedenen Persönlichkeiten der Komplex ihrer künstlerischen Qualitäten verschieden zusammengesetzt ist und oftmals nicht einmal dieselben Elemente enthält. Wenn wir uns in diesem Sinne gegen jede Vereinfachung wenden, so müssen wir uns aber auch abgrenzen gegen alle Versuche, das künstlerische Schaffen zu mystifizieren und als ein Unerklärliches auf sich beruhen zu lassen in der Annahme, dieses Unerklärliche sei eigentlich gerade die Seele der künstlerischen Natur und der Quell jeder Kunstschöpfung. Dem unfruchtbar Doktrinären, dem Vulgären und dem Scholastischen begegnen wir sowohl in der einen wie in der anderen Auffassung, und oft genug begehen wir den Fehler, daß wir im Gegensatz zu dem einen Fehler wieder in einen anderen verfallen.

Der Künstler birgt nicht mehr Geheimnisse in sich als alle anderen Menschen. Ihm wurde nicht durch einen unerklärbaren Ratschluß, sondern infolge durchaus erklärbarer Umstände die Begabung zuteil, dieses Geheimnishafte zu enträtseln und ihm Sprache zu verleihen und auch das Schweigen der Natur beredt zu machen. Eine Diskussion über das Problem der ästhetischen Aneignung der Welt und

sierten teil, und weder dürfen von dieser Teilnahme die Verleger, Redakteure, die Lektoren, die Buchhändler ausgeschlossen werden, aber schon ganz und gar nicht die Leser, die nicht als ein Konsument, als ein Partner dem Schriftsteller entgegenstehen, sondern dem Schriftsteller immanent sind als eine nie ruhende Stimme, als eine unsichtbar wirkende Korrektur – als sein besserer Teil, als sein Gewissen. Diese Literaturgesellschaft greift also über das eigentlich Literarische weit hinaus und schließt auch in sich alle Arten von Kunstschaffenden, wobei eine wechselseitige Bereicherung der Künste stets zur besten literarischen Tradition gehört hat.

### *Erscheinung des Neuen*

Es ist mir ein Bedürfnis, noch einige Fragen zu beantworten, wie sie sich aus unserer Literaturentwicklung ergeben. Die beiden übermäßig strapazierten Endsilben „ismus" sind dadurch bereichert worden, daß man gegen unsere Literatur häufig den Vorwurf des „Inhaltismus" erhebt. Die meisten erheben diesen Vorwurf wider besseres Wissen, denn sie kennen ihren Hegel nur zu genau, um nicht zu wissen, in welcher Art und Weise er eine Zeitenwende charakterisiert und mit welchen Eigenschaften er das spezifisch Neue einer kulturellen Veränderung kennzeichnet. Rom ist nicht an einem Tage erbaut worden, aber auch die Dome sind nicht vom Himmel gefallen, und so ist es auch uns nicht gegeben, Homere serienweise aus dem Boden zu stampfen, mag dieser auch noch so künstlerisch fruchtbar sein. Nichts Neues tritt in Erscheinung als vollendet Neues, aber selbst in seiner fragmentarischen, unfertigen Erscheinung kündigt sich seine Überlegenheit an gegenüber dem vollendeten Alten. „Sowenig ein Gebäude fertig ist", heißt es bei Hegel, „wenn sein Grund gelegt worden, sowenig ist der erreichte Begriff des Ganzen das Ganze selbst ... So ist die Wissenschaft, die Krone einer Welt des Geistes, nicht in ihrem Anfange vollendet. Der Anfang des neuen Geistes ist das Produkt einer weitläufigen Umwälzung von mannigfaltigen Bildungsformen, der Preis eines vielfach verschlungnen Weges und ebenso vielfacher Anstrengung und Bemühung."

Ja, wir müssen uns einen neuen Inhalt aneignen. Auch die Probleme, wie sie mit der Politökonomie, der Rentabilität, der Preisbildung, der Planung verbunden sind, gehören zu der ästhetischen Aneignung, die wir zu meistern haben werden, wenn wir ein reales Bild unserer sozialistischen Wirtschaft vermitteln wollen, so wie Balzac seinerzeit die Probleme der Geldwirtschaft künstlerisch bewältigt und uns damit einen tiefen Einblick in das Wesen der kapitalistischen Gesellschaft verschafft hat. Wir sind noch nicht so weit, daß das Neue unserer Weltanschauung uns so tief in Fleisch und Blut eingegangen wäre, um uns frei im Stoff bewegen zu können. Wir müssen uns diese Bewegungsfreiheit im Stoff erst erarbeiten, und es kann gar nicht ausbleiben, daß das Inhaltliche häufig als Rohstoff, künstlerisch unverarbeitet noch, in den Werken unserer Schriftsteller hervortritt. Aber dieser Inhalt, dieser Rohstoff, sei in aller Bescheidenheit und Entschiedenheit betont, ist *goldhaltig* im Gegensatz zu dem sogenannten künstlerisch verarbeiteten Material, das die bürgerliche Literatur zu liefern hat. Wie weit dieses Material noch die Möglichkeit überhaupt einer künstlerischen Verarbeitung bietet, sei dahingestellt und wäre einer eingehenden Untersuchung wert.

Unser Anliegen muß es sein, die richtigen Proportionen zu wahren und bei allen Fehlern und Schwächen, die wir zeigen, nie das Großartige aus den Augen zu verlieren, das in unserem Zeitalter, unserem wunderbaren zwanzigsten Jahrhundert, in die Welt gekommen ist. Dieses Neue, Wunderbare verpflichtet den Schriftsteller, seine Kraft vor allem darauf zu konzentrieren, dieses Neue, Wunderbare in sich selber zu verkörpern und sich in sich selber als einen überdurchschnittlichen, außergewöhnlichen Typus darzustellen. „Mensch, was du liebst, in das wirst du verwandelt werden", heißt es, und es heißt mit Recht so. Die Liebe zu seiner Heimat, die Liebe zu seinem Volk ist untrennbar verbunden mit jeder bedeutenden literarischen Persönlichkeit, aber auch dem Liebenden tut Erkenntnis not, um zu erkennen, was liebenswert ist. Wir lieben nicht blind und wir hassen nicht blind, und unsere Liebeskraft wächst in dem Maße, als wir nach unserer besten Erkenntnis, nach unserem besten Wissen zu lieben vermögen – denn liebt der Verstand, dann denkt auch unser Herz mit. Dadurch setzen wir unsere Literatur instand, nicht nur zur Bewußtseinsbildung der Menschen beizutragen, sondern auch an das Unbewußte zu rühren und den Menschen bis in den Traum hinein zu beeindrucken und ihn traumhaft zu verändern. Jeder von uns weiß, wie die von Dichtern geschaffenen Gestalten in uns lebendig geworden, in uns lebendig geblieben sind, uns zu Hilfe gekommen sind mit ihrem Rat, wenn wir ratlos gewesen waren, uns getröstet haben und aufgerichtet haben in unserer Verzweiflung, eins mit uns geworden sind in unserem Tun und Lassen. Solche Gestalten wollen die Menschen werden, die vor uns hintreten, fordernd: Nehmt Kenntnis von uns, laßt uns in euren Werken weiterleben. Sie haben ein Recht darauf zu diesem Weiterleben in uns, in unseren Werken, sie, die andere, sie, die neue Menschen geworden sind ...

### *Glückhafte Visionen, optimistische Perspektive*

Es zeichnet mit die Größe unserer Literatur aus, daß in ihr jener schöne Satz Alfred Mussets sich zu verwirklichen beginnt: „In jedem Menschen ist ein Dichter gestorben." Dieser Satz bedeutet, daß die Dichtung nicht eine Sache von Ausgewählten ist, sondern daß jeder Mensch dazu berufen ist, sie auszuüben, teils im schöpferischen Sinne, teils im Sinne des Aufnehmens und des Nacherlebens. In unserer Literatur feiert der Dichter im Menschen wieder seine Auferstehung, denn die gesellschaftliche Veränderung, wie sie inzwischen erfolgt ist, laßt den Menschen im besten menschlichen Sinne wieder zu sich selber kommen und dadurch auch in den Besitz und den Genuß einer erhöhten Form menschlichen Daseins: der Dichtung. Und Kunst wird sein einst allen das Gemäße.

„Das Leben in seinem Vergehen und Werden zu betrachten und zu fragen, was vergeht und was entsteht im Leben", das ist bestes literarisches Anliegen, und Gorki sagt: „Der Schriftsteller, das sind die Augen, die Ohren, die Stimme der Klasse." Die Augen, die Ohren und die Stimme der Klasse, die sich als Staat, als Arbeiter-und-Bauern-Macht konstituiert hat, haben die Kraft, in Zeit und Raum neue Möglichkeiten zu entdecken auch dort, wo sie noch nicht auf den ersten Blick sichtbar sind und erst heranreifen. So ist der Dichter wieder ein vates, ein Seher, ein Prophet geworden, einer, der glückhafte Visionen, optimistische Perspektive, eine Aussicht hat und der auch zum Schauen und zum Ausschauen bestellt ist. In seinem Schaffen vereint sind Sicht und Übersicht, Durchsicht, Einsicht und Aussicht.

Wenn Gorki ausruft: „Mensch, wie stolz das klingt!", so dürfen wir dieses stolze Menschenwort ergänzen und unsererseits sagen: ein Dichter, welcher diesen Menschenstolz verkündet, gestaltet und in sich selber verkörpert, welch ein herrlicher Beruf, welch eine hohe nationale Berufung!

„Die Literatur sieht die Grenze der Zukunft voraus, sie gibt die Gestalt des künftigen Menschen wieder", lesen wir bei Saltykow-Schtschedrin. Und weiter heißt es bei ihm: „Die gesunde Tradition jeglicher Literatur, die auf eine erzieherische Bedeutung

Anspruch erhebt, besteht in der Vorbereitung des Bodens für das Neue."

Was wäre es schon für eine Kunst, die, wenn ein geschichtlicher Prozeß abgeschlossen ist, ihn dann zu schildern unternimmt und bei dieser Schilderung außer acht läßt, daß wiederum neue Folgen und Folgerichtigkeiten sich aus der Abgeschlossenheit dieses geschichtlichen Prozesses ergeben.

Ein Schriftsteller muß das Gras und auch das Unkraut wachsen hören; zu spät, wenn er es erst erkennt, nachdem es schon für alle Menschen sichtbar aus dem Boden geschossen ist. Ein Schriftsteller muß zu erkennen vermögen, ob Stille Stille ist oder Stille vor dem Sturm, ob Stille Sturm bedeutet. Muß er auch kein Besserwisser und muß er auch kein Alleswisser sein, so muß er doch vieles, sehr vieles wissen und einiges davon gründlich, sehr gründlich . . .

### *Macht der Literatur*

So ist auch das Unzulängliche, was wir in unserer Literatur antreffen, nichts als der Schatten, wie er sich bei jedem Leuchten zeigt. Dieser Schatten ist nur in diesem Sinne typisch. Wir sind nicht aus einer vormals heroischen Phase in eine der Selbstberuhigung und der Selbstbefriedigung eingetreten, nichts dergleichen. Unsere revolutionäre, schöpferische Unruhe ist gewachsen. Unsere Schriftsteller, unsere alten und jungen, fühlen sich mehr denn je verantwortlich für die Größe ihrer Literatur. Muffigkeit und Kitsch sind als solche erkannt, Gartenlaube und Plüsch führen kein behagliches, kritikloses Dasein mehr; des Spießers Wunderhorn krächzt schon auf letzten Löchern. Im Gegensatz zu dem altmodischen, leeren und verbrauchten Pathetisieren bricht eine neue Pathetik hervor, in welcher sich revolutionäres, wahrhaft demokratisches und echt nationales Pathos vereinen. Das Reale und Romantische ergeben eine neue sozialistische Realität. Der Dichter erinnert sich an die Worte Hölderlins:

> Denn die Gerechten schlagen, wie Zauberer,
> Und ihre Vaterlandsgesänge
> Lähmen die Kniee den Ehrelosen,

und es drängt ihn, diesem Geist des Patriotismus in Hymnen und streitbarer Publizistik noch eine tiefere, umfassendere Gestalt zu geben, als es je in unserer Literatur geschah.

Nie zuvor war aber auch Hölderlins Warnung an die Dichter so aktuell wie heute:

Nämlich sie wollten stiften
Ein Reich der Kunst. Dabei ward aber
Das Vaterländische von ihnen
Versäumet, und erbärmlich ging
Das Griechenland, das schönste, zugrunde.

Möge keiner, der den Ehrennamen eines Schriftstellers, eines deutschen Dichters trägt, solch ein vaterländisches Versäumnis auf sich laden und gerade dadurch auch den Untergang des Reiches der Kunst mit herbeiführen!

(gekürzt)

# DIE SOZIALISTISCHE KULTUR UND IHRE NATIONALE BEDEUTUNG

1958

Wer Ohren hat zu hören, Augen hat zu sehen, muß erkennen, daß schon seit geraumer Zeit unter unseren Werktätigen eine Bewegung entstanden ist, die immer dringlicher fordert, daß nicht nur die kulturellen Schätze der Vergangenheit zugänglich gemacht werden in einem ganz und gar anderen Maße als bisher, sondern es wird darüber hinaus verlangt – wozu die hohen Arbeitsleistungen, wie sie vollbracht werden, durchaus berechtigen –, daß neue Kulturwerte, neue Werke geschaffen werden, worin die Gegenwart und ihre Probleme sich gestaltet finden und worin der schaffende Mensch von heute sich selber zu erkennen vermag. Jede Zeit, die sich ihrer Existenz bewußt ist, die zeitbewußt ist, verlangt, daß ihr eigenes spezifisches Gesicht im Kunstwerk wiedergegeben wird und in die Bildergalerie aller Zeiten eingeht. Ein Verlangen also ist in Bewegung geraten, das unseren Leistungen auf politischem und wirtschaftlichem Gebiet entspricht und darum nur natürlich ist, und niemand vermag diese Bewegung aufzuhalten. Die Kulturschaffenden, die sich außerhalb dieser Bewegung stellen, werden in ihren Leistungen absinken und immer mehr verkümmern. Keine technische Perfektion, keine Routine kann ihr Absterben verhindern. Sie werden nicht mehr gezählt werden zu denen, deren Stimme zählt und Gewicht hat.

Die sozialistische Kultur ist die höchste Form der menschlichen Kultur. Sie wurzelt im Zeichen der Arbeiter-und-Bauern-Macht, im Marxismus-Leninismus als der modernsten Weltanschauung, der fortgeschrittensten Lehre von der Erkenntnis der Wirklichkeit. Die sozialistische Kultur schließt alles in sich ein, was bisher an Kulturleistungen erreicht wurde, und darüber hinaus verbreitert und vertieft sie unser kulturelles Leben in einem Maße, daß wir von ihr zu Recht als der vollendeten Blüte der Menschheitskultur sprechen können. Die sozialistische Kultur ist der unversöhnbare Feind aller barbarischen Rückstände, aller faschistisch-klerikalen Entartungen auf kulturellem Gebiet und nicht zuletzt auch aller Verzerrungen, wie wir sie in der Kunst der letzten Jahrzehnte erleben mußten. Abstrakte Malerei ist nicht die Frage einer Technik, sondern es ist eine weltanschauliche Frage, und die Deformierung und Demontage der menschlichen Gestalt, die Verfratzung der Welt und des Menschenantlitzes können nicht bagatellisiert werden dadurch, daß man sich auf Experimente herausredet, ebensowenig wie die Frage Entmenschlichung oder Vermenschlichung eine Atelierfrage ist, die nur die Künstler unter sich selber auszutragen hätten.

Die Existenz der beiden deutschen Staaten, wie sie durch das Verschulden der imperialistischen Mächte und ihrer deutschen Handlanger uns aufgezwungen wurde, hat auch für unsere kulturelle Entwicklung und damit auch für den Kulturbund ernste und tiefe Folgen. Die Konsequenzen aus dieser Doppelexistenz sind bei weitem noch nicht in dem Sinne gezogen, daß sie uns befriedigen und insbesondere überzeugend auf die Mehrheit unserer Intelligenz wirken könnten. Wenn die Deutsche Demokratische Republik der fortschrittliche, der zukunftsweisende deutsche Staat ist, wenn in ihm die deutsche Kultur in ihren besten Leistungen nicht nur gewahrt wird, sondern auch auf neue kulturelle Errungenschaften hinzuweisen ist, die vor allem darin bestehen, daß der überwiegenden Zahl der Bevölkerung das Kulturgut der Vergangenheit und der Gegenwart zugänglich gemacht wird, dann ist uns als Bürger dieses Staates die Verpflichtung auferlegt, in einem berechtigten Stolz auf dessen Sendung aufzutreten und uns selber zu solchen Bürgern zu erziehen, die eines solchen Staates würdig sind.

Die Erziehung zum sozialistischen Bewußtsein, die Erziehung zum Staatsbewußtsein ist es, worin der Kulturbund mit allen übrigen Organisationen wetteifern muß. Wir wissen, daß diese Erziehung bereits in der Schule ihren Anfang nimmt, aber wie es heißt: Auch der Erzieher muß erzogen werden, und gerade die Erziehung der Erzieher zum sozialistischen Bewußtsein tut not, wenn wir dieses gewaltige Erziehungswerk erfolgreich vollbringen sollen.

Die Arbeiter-und-Bauern-Macht, die Deutsche Demokratische Republik, deren Bürger zu sein wir die Ehre haben und worauf wir zu Recht stolz sind, ist darum der Bundesrepublik überlegen, und ihr gehört darum die Zukunft, weil wir aus der Vergangenheit die geschichtlich notwendigen Folgerungen gezogen haben und weil als Lehre aus dieser Vergangenheit zunächst der Großgrundbesitz aufgeteilt, das Monopolkapital entmachtet und eine demokratische Schulreform durchgeführt wurden.

Die Zentralfigur der Deutschen Demokratischen Republik ist der werktätige Mensch, wir sind eine Arbeiter-und-Bauern-Macht. Aus dieser Tatsache ergibt sich der Aufbau des Sozialismus und das Werden einer neuen, einer sozialistischen Kultur.

Ich habe schon eingangs versucht, die führende Rolle der Partei zu erklären, aber mir scheint es auch notwendig, darüber zu sprechen, was man unter der führenden Rolle der Arbeiterklasse versteht. Wir sind der Ansicht, wie es Marx im Kommunistischen Manifest ausdrückt, daß die Geschichte eine Geschichte von Klassenkämpfen ist und daß die Arbeiterklasse dazu berufen ist, indem sie sich als Diktatur des Proletariats zur Nation konstituiert, die Klassengegensätze zu überwinden und damit sowohl dem Krieg als auch der Ausbeutung des Menschen durch den Menschen ein Ende zu setzen. In diesem Sinne sprechen wir von einer führenden Rolle der Arbeiterklasse, wobei wir zu berücksichtigen haben, daß die jahrhundertelange Unterdrückung durch die Bourgeoisie Folgen hinterlassen hat, die erst im Prozeß der Befreiung der Arbeiterklasse überwunden werden können. Wenn ein Arbeiter also nichts von Bach oder von Hölderlin versteht, so besagt diese Tatsache, daß die Bourgeoisie ihr Bildungsprivileg rücksichtslos mißbraucht hat, und zwar im Sinne der Heranbildung derer, die klassenmäßig zu ihr gehören. Die noch vorhandene Ungebildetheit kleiner, einfacher Leute ist ausschließlich als Vorwurf an die Adresse derjenigen gerichtet, die sich darüber aufregen oder ihre albernen Witzeleien machen. Die kulturelle Zurückgebliebenheit eines Arbeiters ist nichts als eine Anklage gegenüber denen, denen jahrhundertelang es oblegen hätte, das Bildungsgut der Menschheit dem ganzen Volke zu vermitteln, wobei ein mehr als klägliches Ergebnis zustande käme, wollte man diejenigen, die sich als Kulturträger aufspielen, auf Herz und Nieren, das heißt auf ihre tatsächlich vorhandene Herzens- und Verstandesbildung untersuchen.

Wenn unsere Kulturschaffenden den Charakter unseres Staatswesens betrachten, seine Geburt, sein Entstehen rückblickend verfolgen, so werden sie mit uns darin übereinstimmen, daß unsere Perspektiven reale sind. Sie werden aber auch mit uns darin übereinstimmen, dieses Staatswesen, das zu solchen realen Perspektiven berechtigt, in allen seinen Maßnahmen bedingungslos zu unterstützen.

Wer will, daß es vorwärtsgeht, der muß unter allen Umständen dafür sorgen, daß die Staatsmacht, die ihm ein solches Weiterkommen ermöglicht, gesichert und gefestigt wird. Unser Staat muß um so mächtiger sein, als er ein junger Staat ist; er muß um so begeisterter verteidigt werden, als er ein neuer Staat, ein sozialistischer Staat ist; er muß um so leidenschaftlicher unser eigen genannt werden, und wir müssen uns um so inniger mit ihm identifizieren, als er unter den beiden deutschen Staaten der wahrhaft deutsche Staat, der friedliche, der freiheitliche Staat ist . . .

(Auszüge)

# Verzeichnis der Abbildungen

# Literaturhinweise

Johannes R. Becher, Gesammelte Werke, Berlin und Weimar 1966–1981

| | |
|---|---|
| Band 1–6 | Gedichte |
| Band 7 | Epische Dichtungen |
| Band 8 | Dramatische Dichtungen |
| Band 9 | Kleine Prosa |
| Band 10 | Levisite/Der Bankier reitet über das Schlachtfeld |
| Band 11 | Abschied/Wiederanders |
| Band 12 | Auf andere Art so große Hoffnung. Tagebuch 1950 |
| Band 13/14 | Bemühungen |
| Band 15–18 | Publizistik |

Johannes R. Becher, Werke in drei Bänden, 2. Auflage, Berlin und Weimar 1976

Johannes R. Becher, Von der Größe unserer Literatur. Reden und Aufsätze, Leipzig 1971

Johannes R. Becher, Bildchronik seines Lebens, Berlin 1963

Erinnerungen an Johannes R. Becher, 2. Auflage, Leipzig 1975